新法科·法学核心课程系列教材

华东政法大学
教材建设和管理委员会

主　　任　郭为禄　叶　青
副 主 任　韩　强
部门委员　虞潇浩　杨忠孝　洪冬英
　　　　　　屈文生　陆宇峰
专家委员　王　迁　孙万怀　钱玉林
　　　　　　任　勇　余素青　杜素娟

本书受上海市高水平地方高校（学科）建设项目资助

Chinese Legal History

中国法律史

主　编　王　沛
副主编　王　捷　洪佳期　姚　远
撰稿人　（按撰写章节先后为序）
　　　　　王　沛　王　捷　陈　迪　姚　远
　　　　　邬　勖　邱　唐　洪佳期　龚汝富
　　　　　冷　霞　于　明　史志强

北京大学出版社
PEKING UNIVERSITY PRESS

图书在版编目(CIP)数据

中国法律史/王沛主编. —北京：北京大学出版社，2023.8
ISBN 978-7-301-34230-5

Ⅰ. ①中⋯　Ⅱ. ①王⋯　Ⅲ. ①法制史—中国—教材　Ⅳ. ①D929

中国国家版本馆 CIP 数据核字(2023)第 125321 号

书　　名	中国法律史 ZHONGGUO FALÜSHI
著作责任者	王　沛　主编
责任编辑	朱梅全
标准书号	ISBN 978-7-301-34230-5
出版发行	北京大学出版社
地　　址	北京市海淀区成府路 205 号　100871
网　　址	http://www.pup.cn　新浪微博：@北京大学出版社
电子信箱	zpup@pup.cn
电　　话	邮购部 010-62752015　发行部 010-62750672　编辑部 021-62071998
印刷者	涿州市星河印刷有限公司
经销者	新华书店
	730 毫米×980 毫米　16 开本　25.75 印张　彩插 8　476 千字 2023 年 8 月第 1 版　2024 年 6 月第 2 次印刷
定　　价	79.00 元

未经许可，不得以任何方式复制或抄袭本书之部分或全部内容。
版权所有，侵权必究
举报电话：010-62752024　电子信箱：fd@pup.cn
图书如有印装质量问题，请与出版部联系，电话：010-62756370

彩图 1 殷墟花园庄东地出土的与司法、监狱相关的甲骨（参见本书正文第 14 页）

彩图 2 殷墟出土的囚犯形象的陶俑，可见穿过颈、腰的绳索及手桔

彩图 3 载有誓言与各种刑罚的霸姬盘盉，铭文铸造于盘内壁与鸟形盉盖内（参见本书正文第 26 页）

彩图 4 䚻匜（参见本书正文第 29 页）

彩图 5 湖北随州叶家山西周早期墓葬出土的圆形铜锭

注：有学者推测这种圆形铜锭具有货币性质，重五寽，䚻匜所载的罚金即为三百寽。

彩图 6 里耶古城 1 号古井遗址

彩图 7 汉文帝霸陵出土的刑徒俑：身着赭衣的髡钳城旦钬左止（趾）

彩图 8 甘肃酒泉高闸沟魏晋墓出土的反映审判与行刑的画像砖

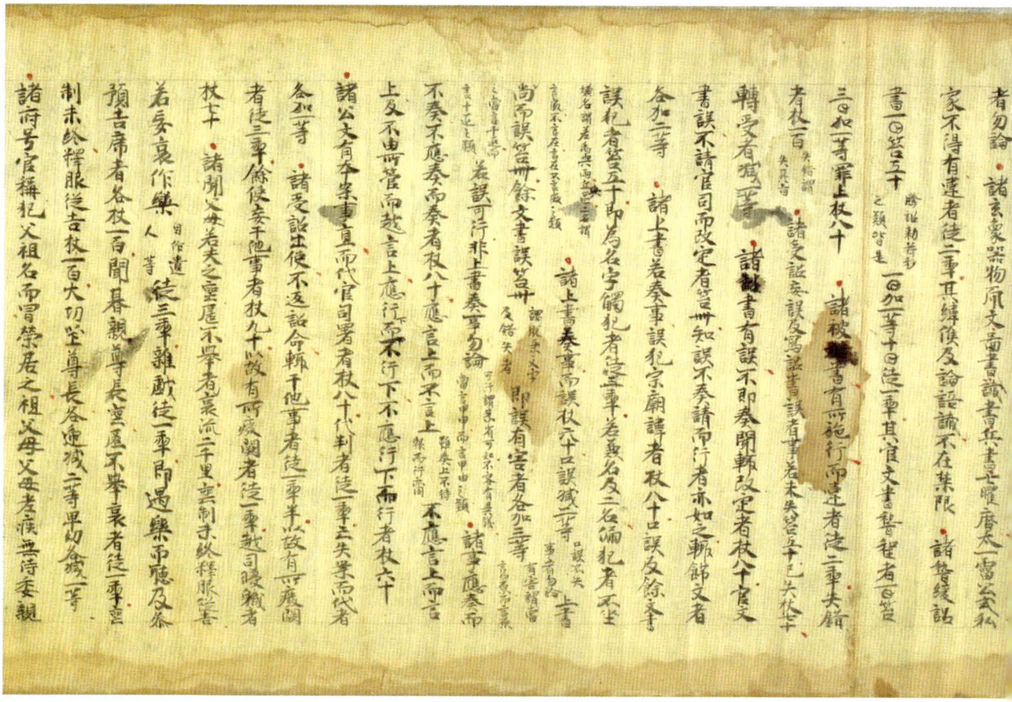

彩图 9 敦煌莫高窟藏经洞出土的《唐律疏议》残卷

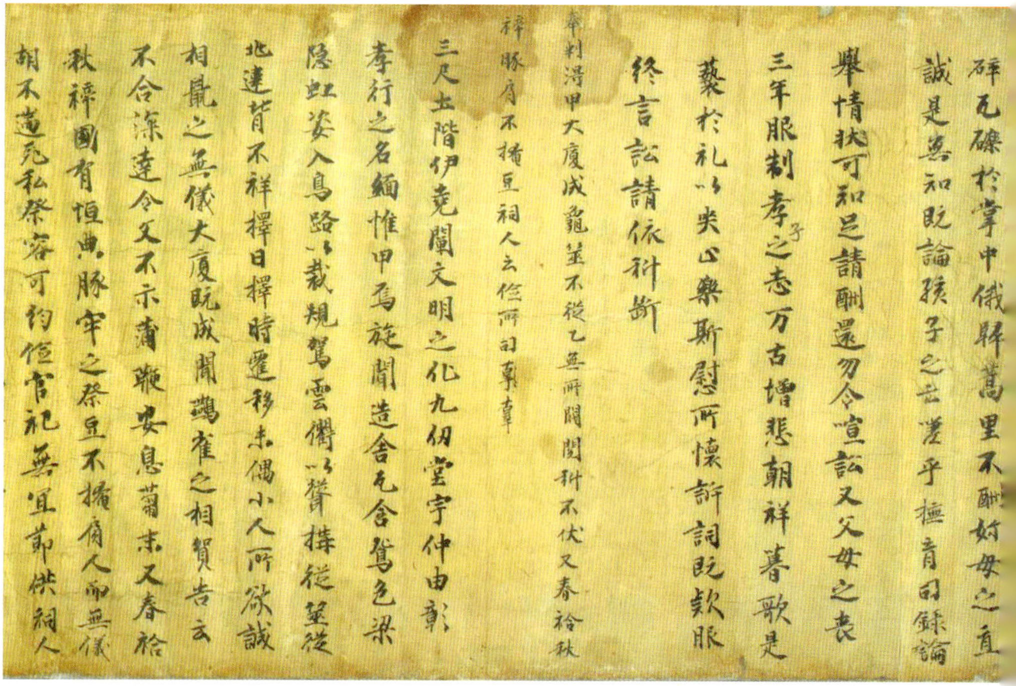

彩图 10 敦煌莫高窟藏经洞出土的《开元判集》残卷

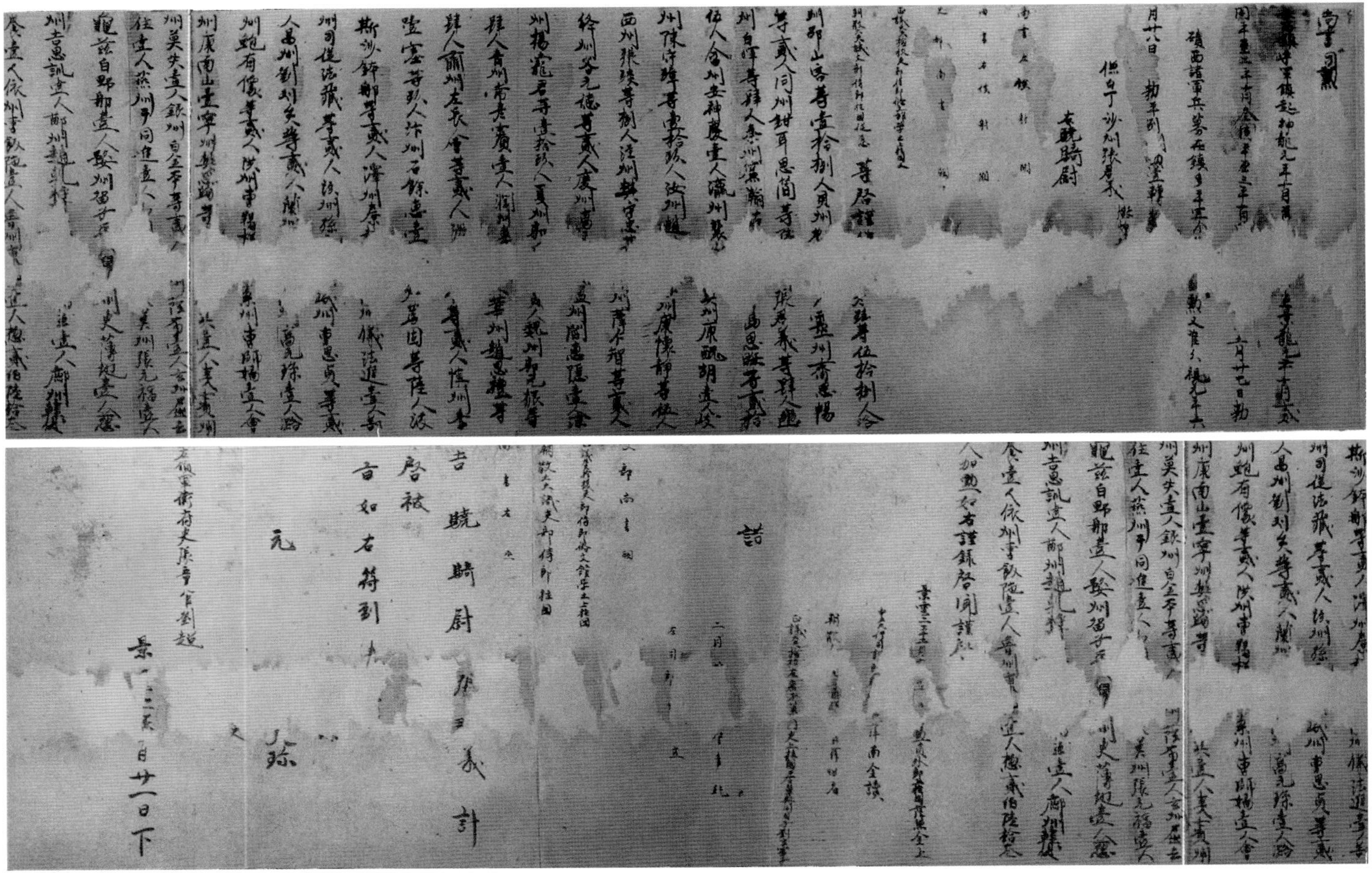

彩图 11 发现于敦煌莫高窟的唐代《张君义告身》

注：告身是唐宋官员的任职文书及身份证明，官员犯罪后必须验其告身，以确认其身份真伪与品级高低。

彩图12 南宋佚名《孝经图卷》五刑章部分

彩图 13 辽陈国公主墓壁画所见沙袋形骨朵

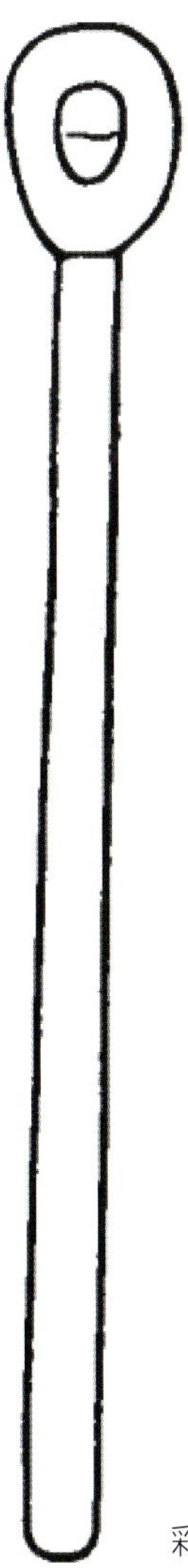

彩图 14 宋人王易《重编燕北录》所绘辽人沙袋草图

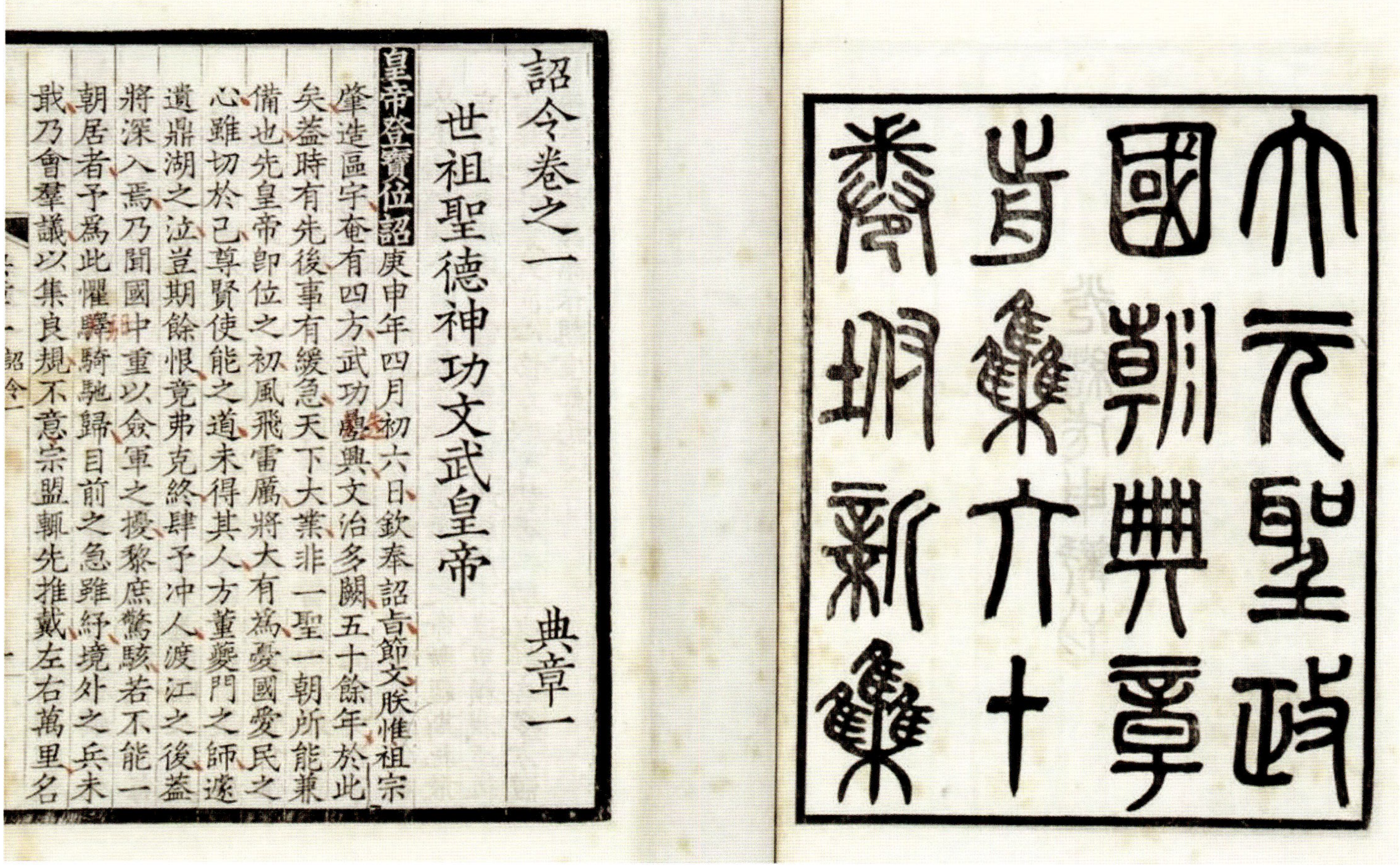
詔令卷之一　典章一
世祖聖德神功文武皇帝
皇帝登寶位詔 庚申年四月初六日欽奉詔旨節文朕惟祖宗
肇造區宇奄有四方武功迭興文治多闕五十餘年於此
矣蓋時有先後事有緩急天下大業非一聖一朝所能兼
備也先皇帝即位之初風飛雷厲將大有為憂國愛民之
心雖切於已尊賢使能之道未得其人方董夔門之師遽
遺鼎湖之泣豈期餘恨竟弗克終肆予冲人渡江之後蓋
將深入焉乃聞國中重以僉軍之擾黎庶驚駭若不能一
朝居者予為此懼驛騎馳歸目前之急雖紓境外之兵未
戢乃會羣議以集良規不意宗盟輒先推戴左右萬里名

大元聖政國朝典章前集六十卷附新集

彩图 15《元典章》书影

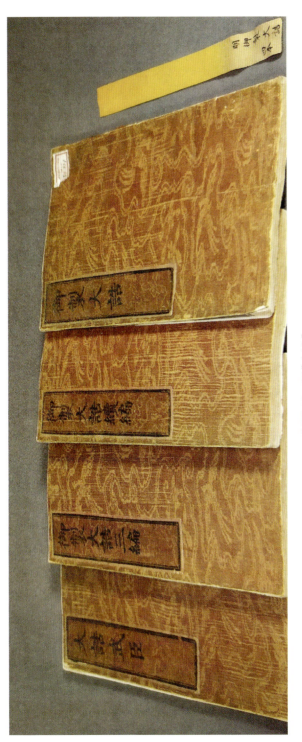

彩图 16 明《大诰》

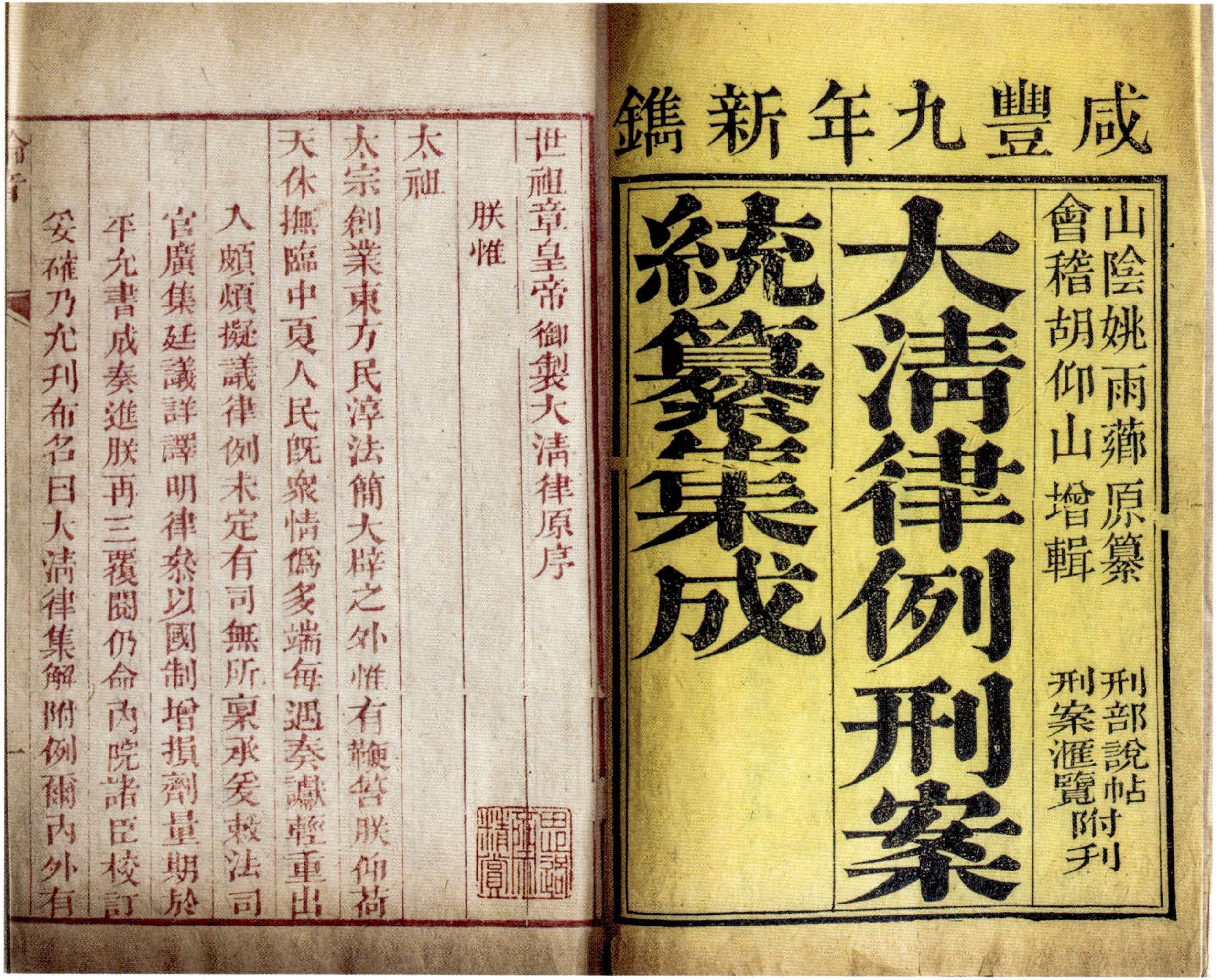

彩图17 《大清律例刑案统纂集成》（华东政法大学法律古籍整理研究所藏）

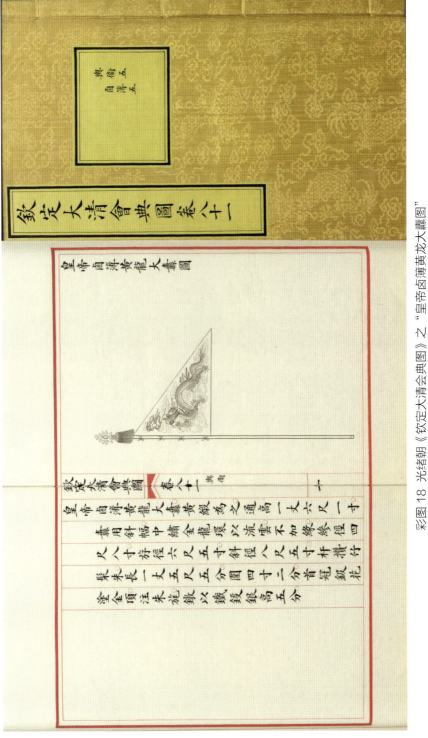

彩图 18 光绪朝《钦定大清会典图》之"皇帝卤簿黄龙大纛图"

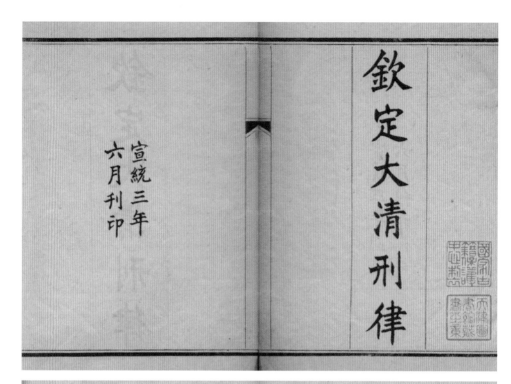

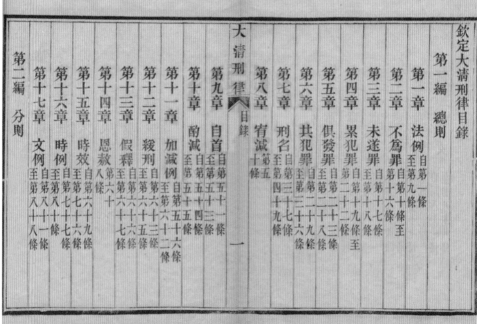

彩图 19 《钦定大清刑律》及其总则目录

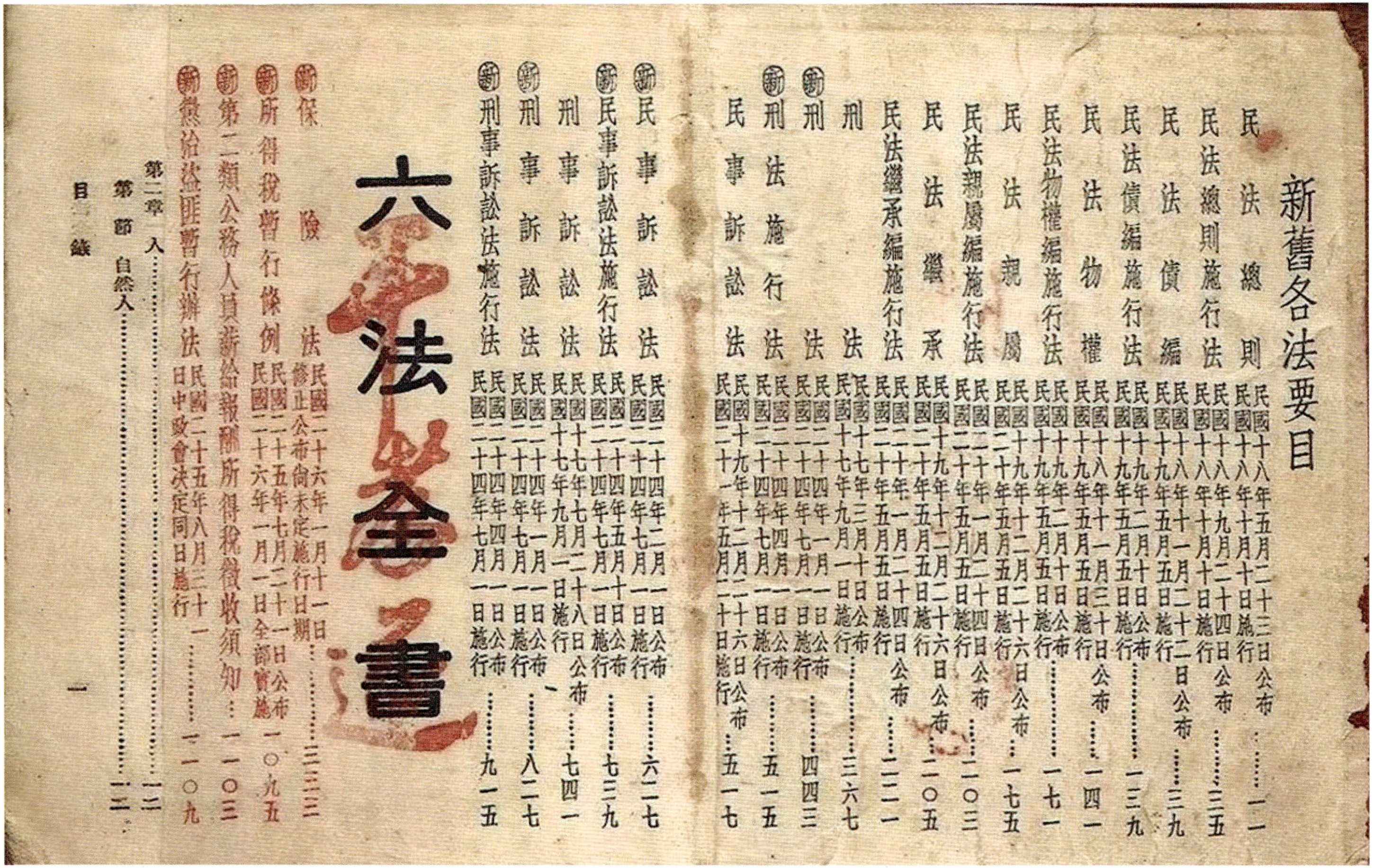

彩图20 "六法全书"目录

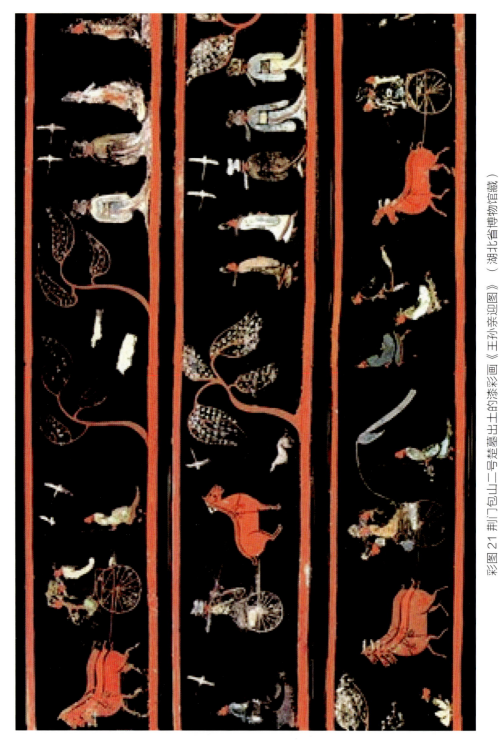

彩图 21 荆门包山二号楚墓出土的漆彩画《王孙亲迎图》（湖北省博物馆藏）

明德崇法　华章正铸

——华东政法大学"十四五"规划教材系列总序

教材不同于一般的书籍,它是传播知识的主要载体,体现着一个国家、一个民族的价值体系,是教师教学、学生学习的重要工具,更是教师立德树人的重要途径。一本优秀的教材,不仅是教师教学实践经验和学科研究成果的完美结合,更是教师展开思想教育和价值引领的重要平台。一本优秀的教材,也不只是给学生打下专业知识的厚实基础,更是通过自身的思想和语言的表达,引导学生全方位地成长。

习近平总书记深刻指出:"当代中国的伟大社会变革,不是简单延续我国历史文化的母版,不是简单套用马克思主义经典作家设想的模板,不是其他国家社会主义实践的再版,也不是国外现代化发展的翻版,不可能找到现成的教科书。"新时代教材建设应当把体现党和国家的意志放在首位,要立足中华民族的价值观念,时刻把培养能够承担民族发展使命的时代新人作为高校教师编写教材的根本使命。为此,编写出一批能够体现中国立场、中国理论、中国实践、中国话语的有中国特色的高质量原创性教材,为培养德智体美劳全面发展的社会主义接班人和建设者提供保障,是高校教师的责任。

华东政法大学建校70年以来,一直十分注重教材的建设。特别是1979年第二次复校以来,与北京大学出版社、法律出版社、上海人民出版社等合作,先后推出了"高等学校法学系列教材""法学通用系列教材""法学案例与图表系列教材""英语报刊选读系列教材""研究生教学系列用书""海商法系列教材""新世纪法学教材"等,其中曹建明教授主编的《国际经济法学概论》、苏惠渔教授主编的《刑法学》等教材荣获了司法部普通高校法学优秀教材一等奖;史焕章研究员主编的《犯罪学概论》、丁伟教授主编的《冲突法论》、何勤华教授与魏琼教授编著的《西方商法史》及我本人主编的《诉讼证据法学》等教材荣获了司法部全国法学教材与科研成果二等奖;苏惠渔教授主编的《刑法学》、何勤华教授主编的《外国法制史》获得了上海市高校优秀教材一等奖;孙潮教授主编的《立法学》获得"九五"

普通高等教育国家级重点教材立项;杜志淳教授主编的《司法鉴定实验教程》、何勤华教授主编的《西方法律思想史(第二版)》和《外国法制史(第五版)》、高富平教授与黄武双教授主编的《房地产法学(第二版)》、高富平教授主编的《物权法讲义》、余素青教授主编的《大学英语教程:读写译(1—4)》、苗伟明副教授主编的《警察技能实训教程》等分别入选第一批、第二批"十二五"普通高等教育本科国家级规划教材;王立民教授副主编的《中国法制史(第二版)》荣获首届全国优秀教材二等奖。1996年以来,我校教师主编的教材先后获得上海市级优秀教材一等奖、二等奖、三等奖共计72项。2021年,由何勤华教授主编的《外国法制史(第六版)》、王迁教授主编的《知识产权法教程(第六版)》、顾功耘教授主编的《经济法教程(第三版)》、王莲峰教授主编的《商标法学(第三版)》以及我本人主编的《刑事诉讼法学(第四版)》等5部教材获评首批上海高等教育精品教材,受到了广大师生的好评,取得了较好的社会效果和育人效果。

进入新时代,我校以习近平新时代中国特色社会主义思想铸魂育人为主线,在党中央"新工科、新医科、新农科、新文科"建设精神指引下,配合新时代背景下新法科、新文科建设的需求,根据学校"十四五"人才培养规划,制定了学校"十四五"教材建设规划。这次的教材规划一方面力求巩固学校优势学科专业,做好经典课程和核心课程教材建设的传承工作,另一方面适应新时代的人才培养需求和教育教学新形态的发展,推动教材建设的特色探索和创新发展,促进教学理念和内容的推陈出新,探索教学方式和方法的改革。

基于以上理念,围绕新文科建设,配合新法科人才培养体系改革和一流学科专业建设,在原有教材建设的基础上,我校展开系统化设计和规划,针对法学专业打造"新法科"教材共3个套系,针对非法学专业打造"新文科"教材共2个套系。"新法科"教材的3个套系分别是:"新法科·法学核心课程系列教材""新法科·法律实务和案例教学系列教材""新法科·涉外法治人才培养系列教材"。"新文科"教材的2个套系分别是:"新文科·经典传承系列教材"和"新文科·特色创新课程系列教材"。

"新法科"建设的目标,就是要解决传统法学教育存在的"顽疾",培养与时代相适应的"人工智能+法律"的复合型人才。这些也正是"新法科"3套系列教材的设计初心和规划依据。

"新法科·法学核心课程系列教材"以推进传统的基础课程和核心课程的更新换代为目标,促进法学传统的基础和核心课程体系的改革。"新法科"理念下的核心课程教材系列,体现了新时代对法学传统的基础和核心课程建设的新要求,通过对我国司法实践中发生的大量新类型的法律案件的梳理、总结,开阔学生的法律思维,提升学生适用法律的能力。

"新法科·法律实务和案例教学系列教材"响应国家对于应用型、实践型人才的培养需要,以法律实务和案例教学的课程建设为基础,推进法学实践教学体系创新。此系列教材注重理论与实践的融合,旨在培养真正能够解决社会需求的应用型人才;以"新现象""新类型""新问题"为挑选案例的标准和基本原则,以培养学生学习兴趣、提升学生实践能力为导向。通过概念与案例的结合、法条与案例的结合,从具体案件到抽象理论,让学生明白如何在实践中解决疑难复杂问题,体会情、理与法的统一。

"新法科·涉外法治人才培养系列教材"针对培养具有国际视野和家国情怀、通晓国际规则、能够参与国际法律事务、善于维护国家利益、勇于推动全球治理体系变革的高素质涉外法治人才的培养目标,以涉外法治人才培养相关课程为基础,打造具有华政特色的涉外法治人才培养系列教材。

"新文科·经典传承系列教材"以政治学与行政学、公共事业管理、经济学、金融学、新闻学、汉语言文学、文化产业管理等专业的基础和主干课程为基础,在教材建设上,一方面体现学科专业特色,另一方面力求传统学科专业知识体系的现代创新和转型,注重把学科理论与新的社会文化问题、新的时代变局相联结,引导学生学习经典知识体系,以用于分析和思考新问题、解决新问题。

"新文科·特色创新课程系列教材"以各类创新、实践、融合等课程为基础,体现了"新文科"建设提出的融合创新、打破学科壁垒,实现跨学科、多学科交叉融合发展的理念,在教材建设上突破"小文科"思维,构建"大文科"格局,打造具有华政特色的各类特色课程系列教材。

华东政法大学2022年推出的这5个系列教材,在我看来,都有如下鲜明的特点:

第一,理论创新。系列教材改变了陈旧的理论范式,建构具有创新价值的知识体系,反映了学科专业理论研究最新成果,体现了经济社会和科技发展对人才培养提出的新要求。

第二,实践应用。系列教材的编写紧密围绕社会和文化建设中亟须解决的新问题,紧扣法治国家、法治政府、法治社会建设新需求,探索理论与实践的结合点,让教学实践服务于国家和社会的建设。

第三,中国特色。系列教材编写的案例和素材均来自于中国的法治建设和改革开放实践,传承并诠释了中国优秀传统文化,较好地体现了中国立场、中国理论、中国实践、中国话语。

第四,精品意识。为保证系列教材的高质量出版,我校遴选了各学科专业领域教学经验丰富、理论造诣深厚的学科带头人担任教材主编,选派优秀的中青年科研骨干参与教材的编写,组成教材编写团队,形成合力,为打造出高质量的精品教材提供保障。

当然,由于我校"新文科""新法科"的建设实践积累还不够丰厚,加之编写时间和编写水平有限,系列教材难免存在诸多不足之处。希望各位方家不吝赐教,我们将虚心听取,日后逐步完善。我希望,本系列教材的出版,可以为我国"新文科""新法科"建设贡献华政人的智慧。

是为序。

华东政法大学校长、教授　叶青
2022 年 8 月 22 日于华政园

目　　录

导论 …………………………………………………………… (1)

第一章　中国法律起源与夏商法制 …………………………… (6)
　　第一节　中国法律起源与夏朝法律 ………………………… (6)
　　第二节　商朝法律 …………………………………………… (11)
　　第三节　中国法律起源的特征 ……………………………… (15)

第二章　西周法律 ……………………………………………… (19)
　　第一节　对神权法的革新 …………………………………… (19)
　　第二节　周礼与西周立法 …………………………………… (21)
　　第三节　刑事法律 …………………………………………… (25)
　　第四节　司法制度 …………………………………………… (28)

第三章　春秋战国法律 ………………………………………… (32)
　　第一节　春秋时期的立法活动 ……………………………… (32)
　　第二节　春秋战国时期的法律思想 ………………………… (35)
　　第三节　战国时期的变法活动 ……………………………… (44)

第四章　秦的法律 ……………………………………………… (48)
　　第一节　"厉行法治"的法律思想 …………………………… (48)
　　第二节　简牍法律文献 ……………………………………… (52)
　　第三节　秦的法律形式 ……………………………………… (55)
　　第四节　刑事法律与行政法律 ……………………………… (62)
　　第五节　司法制度 …………………………………………… (69)

第五章　汉朝法律 (72)
第一节　立法指导思想和法律体系 (73)
第二节　刑事法律 (85)
第三节　司法制度 (96)

第六章　魏晋南北朝法律 (103)
第一节　魏晋南北朝的法律思想与立法 (103)
第二节　魏晋南北朝法律内容的发展 (110)
第三节　魏晋南北朝的司法制度 (117)

第七章　隋唐法律 (122)
第一节　隋朝法律 (122)
第二节　唐朝的立法思想 (126)
第三节　唐朝的立法概况 (129)
第四节　唐朝的刑事法律 (139)
第五节　唐朝的行政法律 (147)
第六节　唐朝的司法制度 (152)

第八章　宋朝法律 (158)
第一节　承上启下的五代法律 (158)
第二节　法律思想 (160)
第三节　立法活动 (163)
第四节　刑事法律 (167)
第五节　司法制度与律学 (171)

第九章　辽夏金元法律 (178)
第一节　辽朝法律 (178)
第二节　西夏法律 (182)
第三节　金朝法律 (187)
第四节　元朝法律 (191)

第十章　明朝法律 (205)
第一节　法律思想 (205)

第二节　立法活动 …………………………………………… (212)
　　第三节　刑事法律 …………………………………………… (217)
　　第四节　行政法律 …………………………………………… (223)
　　第五节　司法制度 …………………………………………… (227)

第十一章　清朝法律(上) ……………………………………… (232)
　　第一节　法律思想 …………………………………………… (232)
　　第二节　立法活动 …………………………………………… (236)
　　第三节　刑事法律 …………………………………………… (241)
　　第四节　行政法律 …………………………………………… (244)
　　第五节　司法制度 …………………………………………… (247)

第十二章　清朝法律(下) ……………………………………… (254)
　　第一节　变法修律的肇始与思潮 …………………………… (254)
　　第二节　修律的主要活动 …………………………………… (262)
　　第三节　预备立宪活动 ……………………………………… (271)
　　第四节　变法修律的结果与特点 …………………………… (274)

第十三章　中华民国法律 ……………………………………… (277)
　　第一节　法律思想 …………………………………………… (277)
　　第二节　法律发展概况 ……………………………………… (281)
　　第三节　宪法性文件的制定 ………………………………… (285)
　　第四节　刑事法律 …………………………………………… (293)
　　第五节　民商法律 …………………………………………… (297)
　　第六节　司法制度 …………………………………………… (301)

第十四章　革命根据地时期人民民主政权法(1921—1949) … (310)
　　第一节　革命根据地时期的法律概况 ……………………… (310)
　　第二节　革命根据地时期的宪法与施政纲领 ……………… (313)
　　第三节　革命根据地时期的土地立法 ……………………… (322)
　　第四节　革命根据地时期的刑事立法 ……………………… (328)
　　第五节　革命根据地时期的婚姻立法 ……………………… (333)
　　第六节　革命根据地时期的劳动立法 ……………………… (338)

第七节　革命根据地时期的司法制度…………………………………(342)

第十五章　中国古代的民事法律…………………………………………(350)
　　第一节　婚姻………………………………………………………………(350)
　　第二节　家庭………………………………………………………………(358)
　　第三节　继承………………………………………………………………(363)
　　第四节　所有权……………………………………………………………(368)
　　第五节　债…………………………………………………………………(372)

第十六章　中国法律史视野下的西方法…………………………………(382)
　　第一节　夏至春秋时代的西方法(前21世纪—前476年)………(382)
　　第二节　战国至唐时代的西方法(前475—公元907)………………(387)
　　第三节　宋元明时代的西方法(907—1644)…………………………(391)
　　第四节　清至民国时代的西方法(1644—1949)……………………(395)

导　论

中国法律史是法学专业的必修课，这门课理论性强、涉及面广，兼具法学、史学的特征，包含制度史与思想史两部分内容。中国拥有悠久的法制历史、丰富的法律思想，中国法律在世界诸法系中独树一帜。中国法律史正是引导读者系统总结中国历代法制经验，考其得失、思其成败，以史为鉴，以知兴替、展望未来的课程，重要性不言而喻。不过，学好这门课程并不容易，不但得面对庞杂的史料、琐碎的制度，辨识生僻的文字、拗口的名词，更要利用包括法学方法在内的各种研究方法分析、考察千百年来的中国法律制度与法律思想。对于初学者而言，这是个不小的挑战。要学好这门课程，以下几方面是需要特别注意的：

一、把握中国法律演进的脉络

中国自古成文法发达，遗存至今的律令条文汗牛充栋，榜文告示、判牍案例数不胜数，诸家法律思想更是异彩纷呈。初学者若一头冲进浩瀚的史料海洋，必有"暗无天日"，不见星辰之感。这就要求我们从宏观角度把握中国法律演进的脉络，辨别那些数不清的故制遗规处于中国历代法制发展坐标中的具体方位、思考它们究竟起了怎样的历史作用；了解各时代涌现出来的法律思想，其背景、实质与影响体现在哪些方面。实际上，中国法律演进的脉络是相当清晰的，我们不难建构出中国法律演进的大体框架。我们可以把中国法律的演进过程分为三大阶段：先秦时期、秦至清末改制、清末改制至今。我们依次来看这三大阶段的特征。

先秦时期是中国法制的草创时期，此时期的特点是丰富多元：习惯法、成文法各有一席之地。由于中央集权尚未建立，所以法律也不统一，中央王朝和各邦国、各族群都有自己的法度习俗，立法、司法被各种贵族与机构所把持。此时法律思想也异彩纷呈，特别是在百家争鸣的东周时代，形形色色的法哲学、法理念争奇斗艳，盛极一时。此时期之法律演变乱中有序："明德慎罚""德主刑辅"等后世主流法观念已出现；法律形式也越来越朝着成文法的方向发展。至战国中后期，条文严谨的秦律模式已呼之欲出了。

秦至清末改制的两千余年，是中央集权占据主导地位的"帝制时代"。此时期法史演进的特点是成文法占据了主导地位，重要法典层出不穷，令人目不暇接，其中包括了《唐律疏议》这样立法水平极高、辐射东亚、影响深远的"法典之王"。如果我们以隋唐为界限，又可将此时期划分为两个阶段：从商鞅变法到南北朝，在这个阶段，庞杂的成文法条渐趋系统化、法典化；从隋唐到清末，这个阶段历经了中国法典传入东亚各国，中华法系形成、繁盛、转型的过程。清末改制使中国法律的发展方向彻底转型。

清末改制至今，是中国法律走向近代化、现代化的过程。这个过程走得十分艰辛，既取得过令人瞩目的立法成就，也经历了法制被破坏的重大挫折。直到改革开放以后，法制建设才得以继续发展，走上正常的轨道。

在中国法制数千年的演进中，有不少重要线索贯穿始终。如法典演变的线索：从《法经》六篇到秦汉律、魏晋律，至唐律十二篇，再至明清律七篇，篇数有差，其中蕴藏着立法理念的变迁；如刑罚制度的演变：从上古的五刑到中古的五刑，再到当今刑法中的五种主刑，种类相同，背后却发生过无数次激烈的思想论争。如能理出这些线索，体会古今之变中的三味所在，将对中国法律史学习大有裨益。

二、掌握中国法律史中的"关键词"

中国法律史中有不少提纲挈领的"关键词"，它们是了解传统法律文化的钥匙。掌握了这些"关键词"的意蕴，学习中国法律史就会变得游刃有余。

首先是那些"以数为纪"的关键词。中国传统文化有个明显特征，就是将重要的同类概念用数字归纳起来，不但表明数量多少，还能总括事物端绪。中国传统法制中的重要概念，很多都可纳入"以数为纪"的范畴。

比如"五刑""五礼"，涵盖了中国传统法制中两个重要领域即"刑"与"礼"的基本内容。再如"十恶""八议"，将古代法律重点打击的十类犯罪和享有法律特权的八类社会成员囊括其中。又如"九族""五服"，将亲属等级及相应的权利义务关系区分得清楚明了。其他诸如刑法中的"六杀""六赃"、结婚中的"六礼"、离婚中的"七出三不去"、司法中的"五听""三刺"等也均是如此。古人用"以数为纪"的思维方式抽象归纳法律概念，以简驭繁，读来朗朗上口，令人印象深刻且易于记诵，为我们学习传统法制提供了便利。

其次是作为特定称谓的关键词。比如律、令、科、比、格、式、典、敕、例等法律形式的名称，在不同时代有不同的含义，要做到可识记、能辨析。再如"明德慎罚""德主刑辅""亲亲得相首匿""举重以明轻""举轻以明重"等贯穿数千年古代法制的法律原则名称,包含着古人对社会、人性与秩序的深刻理解,内涵丰富,时至今日仍为重要的法学命题,需要认真研读思索。

最后是作为重要制度与重要法律事件的关键词。比如秦代的城旦舂、隶臣妾,汉代的录囚、春秋决狱,宋代的务限、鞫谳分司,明代的充军、廷杖,清代的秋审,近现代的五权宪法、三三制等,几乎每个历史时期都有若干重要的制度出现,这些制度既有鲜明的时代特色,又与历史传承息息相关,自然也要作为法史"关键词"来掌握。而重要的法律事件同样构成中国法律史的"关键词",比如"铸刑书""礼法之争"等关键词,是具有法制发展里程碑意义的事件名称。深入分析这些关键词,对理解法律演变的动力、价值、影响而言,无疑具有重要帮助。

三、多阅读,多发问,多思考

中华文明历经数千年风雨沧桑,遗留下了庞大的法律文化财富。若要像《论语·子张》里所说的那样,领略法史的"宗庙之美、百官之富",同时又能识其精华、弃其糟粕,使法史智慧成为构筑自己法律学养大厦的基石,那就不能仅止于课堂听讲或教材记诵了。做广泛的相关阅读,培养问题意识,多发问、多思考,尝试自己动手动脑解决疑问,方能真正从此学问中获益。

在系统学习教材的基础上,读者可以根据自己的兴趣广泛研读其他相关论著。研读可以循序渐进地展开,如想对古代法律的精神有更深入的了解,可以阅读瞿同祖先生著的《中国法律与中国社会》;如感到对某些法史问题难以理解,可以查阅杨一凡教授(总)主编的多卷本《中国法制史考证》《中国法制史考证续编》;如想了解遗存至今的历代法制史料状况,可以翻阅张伯元教授著的《法律文献学》。如感到必须亲自查阅诸子著作、秦汉简牍、唐代文书、明清契约、近现代司法档案等原始资料后才能解开心中的疑问,那就更好了,说明此时已逐步进入研究状态了。

在广泛阅读的同时,还要牢记"尽信书不如无书"。学术研究是无止境的,任何法史论著,包括中国法律史的教材,都只是作者根据已掌握的资料进行思考的产物。新资料会不断涌现,研究也会不断深入,没有任何论著、任何论断是必然正确的。我们通过阅读来增长知识,更要通过阅读来增长智慧。我们要学习思考钻研的方法,而不是机械记忆书中的某些结论。这就要求在阅读时始终怀有问题意识,多发问、多思考,这才是真正的学习。

我们可以对书中的材料提出疑问,看是否有更多的材料能佐证或颠覆作者的观点;我们也可以对书中的论点提出疑问,看作者是否论之成理。随着大量新材料的发现,我们对传统法制的认识不断更新。比如大量秦代法律简牍、档案的出现,使我们看到了秦法酷烈背后的深层原因,而秦律六篇的旧说也变得不那么牢固了。再如大量新视角的引入,使我们对某些法史现象的理解也变得丰富多元——怎样看待法律的继承问题?亲属相隐是不是破坏法制的元凶?诸如此类提问,学术界今日之回答在深度和广度上已大大超越往昔,这正是多发问、多思考的结果。多发问,看似无问题处可能隐藏着大问题;多思考,有价值的新观点可能由此而产生。问与思都是没有止境的。中国法律史(包括中国法制史、中国法律思想史)作为独立的学科,从晚清出现,发展至今已逾百年,法史学术百年间的进步,正是从质疑、论证、再质疑、再论证的过程中得来的,而法史研习者的成长之道与此并无不同。中国法律史是非常有意思的学科,融历代法制之经验、教训、思想、观念于一体,"夫以铜为镜,可以正衣冠;以古为镜,可以知兴替;以人为镜,可以明得失",中国法律史课程对法科学生有潜移默化的助益。

四、本书的特点

呈现在读者面前的这本《中国法律史》,由华东政法大学法制史教研室教师集体完成,本书以马克思主义作为基本立场、观点、方法,具体而言,有以下特点:

首先,有机融合制度史与思想史。中国法律史课程是根据教育部 2018 年公布的《普通高等学校本科专业类教学质量国家标准》而设立的法学专业核心课程,这门课将原"中国法制史"与"中国法律思想史"两课内容合而为一,更有利于完善学生的知识架构。制度史与思想史的演变线索同中有异,如何将二者有机融合,则需要不断研讨改进。本书的纲要是在近年来教学实践中逐步完善的,其内容涵盖了"国家统一法律职业资格考试"所涉及的所有知识点。

其次,广泛运用新材料。法律史中的观点与结论,都是从具体的材料中得出的。本书对重要的新材料多有涉及,以期读者了解相关领域的最新研究动态。如传统观点认为汉朝法律以《九章律》为核心,但新出土材料对此说提出了挑战。汉律结构究竟是何种面貌尚待定论,于是我们就将两种不同观点所依据的材料都列入教材,并提出自己的看法,以供读者参考。

最后,传承华政法史教学的优良传统。华东政法大学法制史教研室在四十余年的本科教学工作中,形成了不少有益的鲜明特色,如将中国古代民事法律制度作为整体单独讲授、注重从世界法史研究的宏观背景中讨论中国法律的演变特征等,这些在本书中均有体现。

本书的作者长期从事中国法律史的教学与研究,各章的撰写者虽有不同,但都经过集体研讨,融汇了每位作者的贡献。本书由华东政法大学王沛教授担任主编,王捷教授、洪佳期副教授、姚远副教授担任副主编,具体分工如下:

导论、第一章、第二章:王沛教授;

第三章:王捷教授、王沛教授;

第四章:王捷教授、陈迪助理研究员;

第五章:姚远副教授、邬勖助理研究员;

第六章:姚远副教授;

第七章:邱唐副研究员;

第八章:王捷教授;

第九章:邱唐副研究员;

第十章、第十一章、第十二章:洪佳期副教授;

第十三章:龚汝富教授;

第十四章:冷霞副教授;

第十五章:姚远副教授;

第十六章:于明教授。

史志强副研究员补充修订了部分章节内容。

华东政法大学茆巍教授、中国政法大学赵晶教授、中山大学杜金副教授提供了部分图版材料,华东政法大学博士研究生朱群杰、田好奇协助书稿的校对,在此特别致谢。

第一章　中国法律起源与夏商法制

距今 1 万年左右,地球上最后一次冰期宣告结束,全世界的气候都变得温暖湿润起来。到了公元前 7000—前 5000 年,无数小型聚落像雨后春笋一般出现在中国大江南北,聚落中的居民大量驯化动植物,以之作为食物来源,他们已不再完全依靠采集与狩猎为生。同时,磨制石器与陶器得到广泛应用,意味着新石器时代的到来。与旧石器时代相比,此时的社会面貌有了巨大变化:生产力的提高使社会结构变得复杂,阶层分化逐渐出现,公共权力的威力随之显现。至新石器时代晚期,也就是公元前 3000 年以后,原始国家的形象变得越发清晰,法律萌芽呼之欲出,中国法律史即由此开启。

第一节　中国法律起源与夏朝法律

一、早期复杂社会与法律的出现

公元前 3000 年以后,黄河流域与长江流域都出现了区域性的政治中心,由坚实城墙所护卫的大型聚落分布在各处,社会不平等现象加剧,少数上层贵族精英把控着权力、宗教、礼仪与财富。从考古资料来看,在星罗棋布的大小聚落之间,战争与奢侈品交换的现象都成为常态。在万邦林立的背景下,某些地域文化的影响力开始扩张,其中以良渚、陶寺、二里头最引人瞩目。

良渚文化(前 3300—前 2000)的政治核心在浙江杭州良渚附近,分布范围以环太湖地区为主,全盛时期扩展至江淮北部、山东南部,其文化的波及范围更为广阔,从黄河下游到广东北江上游都可见其踪迹。良渚古城反映出当时的社会结构高度复杂,社会等级明显,宗教气氛浓郁。良渚的贵族运用神权与军事力量统治社会,因此学界普遍认为良渚已步入国家进程。作为军权与法权象征的玉钺,频繁地出现在良渚贵族的墓葬中。良渚玉钺上可看到半人半兽的神徽图案,类似的神徽图案还镌刻在各种宗教礼器,特别是用以贯通天地的法器玉琮之上。带有神徽的玉钺体现出神权法的萌芽——神明认可的生杀行为是合理合法的,这也证明《尚书·甘誓》所言"天用勦绝其命"的观念源远流长。

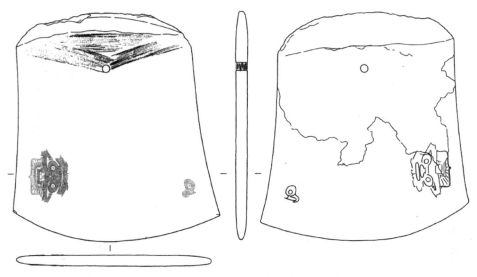

图 1.1　良渚反山出土的带有神徽的玉钺

陶寺文化（前 2600—前 2000）是属于龙山时代晚期的文化类型，其中心位于山西临汾盆地的塔儿山西麓，由规模宏大的城址与众多环绕其周围的小型聚落组成，其中陶寺古城包含宫城与郭城，面积达到 280 万平方米。陶寺文化的势力范围并不大，但人口非常稠密，社会组织高度复杂，政权机构十分发达。统治者居住在庞大的宫殿中，他们的墓葬规模甚至可与千年后奢靡的殷商妇好墓相比肩；权贵精英控制着物质生产与天文历法，青铜器与零星文字的出现更暗示出统治力量的增强。很多古书说陶寺所在的晋南一带是五帝时代尧、舜活动的地方，虽然文献传说与考古资料在时代上并不完全扣合，但我们还是能发现两者在法律起源上共同具有的印记。

陶寺晚期，一场政治浩劫突然袭来。城市陵夷，宫城被破，朝堂之侧尸骨散乱，"王族"大墓被集中捣毁，受尽酷刑的妇人遗骸出现在贵族坟茔的填土中。①征伐与暴力催生了刑罚，正如《汉书·刑法志》所言："大刑用甲兵，其次用斧钺……大者陈诸原野，小者致之市朝，其所繇来者上矣。"诸种迹象表明，陶寺的剧烈动乱发生在族群内部；而刑罚，则成为胜利者的利器。

---

①　参见中国社会科学院考古研究所、山西省临汾市文物局编著：《襄汾陶寺——1978～1985 年考古发掘报告》（第二册），文物出版社 2015 年版，第 433—435 页；何驽：《关于陶寺早期王族墓地的几点思考》，载中国社会科学院考古研究所夏商周考古研究室：《三代考古》（八），科学出版社 2019 年版。

二里头文化(前1800—前1520)得名于河南洛阳市偃师区的二里头遗址。①二里头文化的年代和古书中记载的夏王朝后期相重合,该遗址位于中原腹地,其影响力东至山东,西到甘肃,南抵江汉,北达内蒙古,气象远非此前诸种早期文化所能企及,其社会政治的复杂程度亦远超同期的周边地区。二里头遗址拥有庞大的宫殿群、频繁流动的密集人口和迅猛发展的手工业。青铜作坊紧紧依靠在宫殿旁,体现出统治者对高级产品的集中控制。② 上述情形使很多学者坚信,这里就是夏朝的都城。二里头遗址显示出愈发分明的社会分化,刚走出原始冶炼阶段的青铜器生产工艺并未用来制作农具,而是以之铸造彰显贵族身份的礼器。青铜礼器的生产,必须通过高度分层的社会组织工作才能完成;青铜礼器的使用,则因贵族阶层之高低而有显著差异。《左传·成公二年》说"器以藏礼",青铜礼器的制作与使用,正是社会成员各守其分之礼法秩序的缩影。这种礼法秩序,对后世中国产生了极为深远的影响。

社会不平等的加剧、公权力的出现与扩张、暴力机器的运转、对稳定秩序的需求,这些因素都为法律的出现创造了条件。事实上,法律产生的征兆在史前已随处可见。目前关于新石器时代后期政权的性质在学界还有争议,其社会形态究竟属于酋邦、古国还是国家,殊难定论,故本书使用"早期复杂社会"一词来描述其共同特征。不过,包括良渚、陶寺在内的各种史前政权,在发展到一定阶段

图 1.2 两周之际铸有推行法制铭文的曾伯陭钺拓片
注:铭文内容为:"曾伯陭铸戒钺,用为民刑(刑)。非历殴井(刑),用为民政。"

---

① 这里采用了较新的测年数据,参见仇士华、蔡莲珍:《夏商周断代工程中的碳十四年代框架》,载《考古》2001 年第 1 期。
② 参见刘莉、陈星灿:《中国考古学——旧石器时代晚期到早期青铜时代》,生活·读书·新知三联书店 2017 年版,第 279 页。

后皆停滞不前、走向衰落,甚至完全消亡,只有二里头文化冲出藩篱,迈向更高阶段的王朝时代。尽管如此,那些消亡的史前文化与后世中原王朝仍有千丝万缕的联系,这从法律传统的物质载体上看得相当清楚。正如图1.2所示,从远古洪荒的新石器时代以来,斧钺始终成为中国法权的象征。这体现出中国传统法制的某些固有特征:崇尚公权力以及对公法特别是对刑法的偏好。

二、皋陶与禹刑

考古资料中早期复杂社会出现的时代,也是古书中追述法律出现的时代。在各种古文献中,舜的臣子皋陶是最有名的"法律创造者"。《竹书纪年》说帝舜三年时,"命咎陶作刑","咎陶"就是皋陶。《左传·昭公十四年》说"昏、墨、贼杀,皋陶之刑也",是说那些掠人之美的人(昏)、贪以败官的人(墨)、杀人不忌的人(贼),都应该杀掉,这是皋陶所作的刑法,而类似规定直到春秋时期还被引来断案。《尚书·舜典》说舜命令皋陶担任"士",士是法官的意思。《论衡》中说"皋陶治狱,其罪疑者,令羊触之,有罪则触,无罪则不触",《说文解字》则说,这只断案的"羊"叫作"獬豸",其中"豸(廌)""水"和"去"三个构件,共同组成了古体的"法(灋)"字。

记录上述传说的文献大致撰写于战国到汉代,此时文字变得普及,很多古老的传说被书写下来。尽管各种文献的年代有别,细节有差,但它们共同反映出中国法律起源时期的某些现象,如皋陶既是立法者(作刑),又是司法者(为士);既制定确定的法则(昏、墨、贼杀),也借助神明的力量(令羊触之)。立法者兼司法者、法律中混杂着神判,应该是上古普遍存在的状况。至于把各种法律发明都归于皋陶所为,那是古时常见的套路。就像仓颉造文字、黄帝作舟车的传说一样,拟制出的创造者们,都成为后人记忆时代的符号。

在传世的战国文献中,夏朝法律之名称为《禹刑》。名之以"禹",是因为禹是开创夏朝的君王。根据史书的记载,夏朝是中国第一个王朝,这个王朝大约在公元前2070年建立,于公元前16世纪灭亡。夏朝的考古资料相对较少,即便是被推测为夏都的二里头遗址,也仅出现于文献记载的夏朝晚期。我们对《禹刑》的了解,来源于春秋时期一封非常有名的信件。这封信是晋国贵族叔向写给郑国的执政子产的,他写信的目的是反对子产为郑国立法。叔向在陈述自己的反对理由时说:"夏有乱政,而作《禹刑》;商有乱政,而作《汤刑》;周有乱政,而作《九刑》,三辟之兴,皆叔世也。"叔向固执地认为立法时代皆为乱世、末世。这封信被收入战国后形成的文献《左传》,使我们得知三部上古法律的名称:《禹刑》《汤刑》《九刑》。至于《禹刑》的具体内容是什么,就无从知晓了。

图1.3 西周青铜器豳公盨,铭文叙说了大禹"降民监德"之事

图1.4 山东嘉祥武梁祠东汉画像石里的大禹
注:左侧榜题:"夏禹长于地理,脉泉知阴,随时设防,退为肉刑。"

皋陶和禹都是远古传说中的人物,《史记·夏本纪》中说:"皋陶于是敬禹之德,令民皆则禹。不如言,刑从之。"将皋陶与禹并举而称,赞颂他们在德刑方针上的一致性,是后世之人为追溯华夏法统脉络正源而做的努力。虽然传说与史实未必完全相符,但不可否认的是,早期社会出现的法律萌芽,的确对后世产生了深远的影响。

第二节 商朝法律

公元前16世纪商人灭夏,至前11世纪,商朝又被周朝所取代。对于延续近600年的商王朝,学界的认识要丰富得多了。无论是甲骨文、青铜器,还是古遗址、古文献,各种类型的材料都不断展示这个强大王朝在政治、经济、文化等各方面取得的辉煌成就。不过遗憾的是,在这些材料中,法律史的内容不但匮乏,而且穿插着很多传说成分。时至今日,我们仍然无法全面描述商王朝的法律全貌,只能依据所掌握的有限材料揭示其片段信息。

一、商朝立法与五刑起源

商朝最有名的立法就是《汤刑》。传说《汤刑》是以商朝开国君主成汤的名字命名的法律,其具体内容则不得而知。

甲骨文的发现,让我们对商朝刑罚状况有了更为详细的了解。古书记载,上古最重要的刑罚有五种,通称为"五刑",分别是墨、劓、刖、宫、大辟,其特点是断肢体、刻肌肤。五刑历史非常久远,有文献说五刑源自远古神话中的蚩尤时期,如《尚书·吕刑》言蚩尤作乱,"惟作五虐之刑曰法";也有文献说帝舜时期改造过五刑,如《尚书·舜典》中说"象以典刑,流宥五刑";还有文献说夏朝使用五刑,其条文有三千,商周继承五刑而加以损益,就如《晋书·刑法志》说的那样:"夏后氏之王天下也,则五刑之属三千,殷周于夏,有所损益。"夏代及以前的情形渺不可考,但到了商代,这五种残害身体、剥夺生命的行为的确全部出现在甲骨卜辞中,这为探讨五刑起源提供了有力证据。以下结合甲骨卜辞来具体解释上古五刑:[①]

(一)墨刑

墨刑又称"黥刑",是用刀锥刻划于罪犯面部,再以黑土填充伤口以形成黑色印记的刑罚。据郭沫若先生研究,商代甲骨文中的"辛"字写作 ̄Y,即刀锥之象

[①] 关于商代五刑的论证,参见裘锡圭:《甲骨文中所见的商代五刑》,载裘锡圭:《裘锡圭学术文集·甲骨文卷》,复旦大学出版社2012年版,第1—6页。

形,从辛之字如童、妾、僕(仆)都为刀锥刻刺额头之状。①

(二) 劓刑

劓刑是割去罪犯鼻子的刑罚。商代甲骨文中有✦字,即以刀割鼻之状。

(三) 刖刑

刖刑又称"剕刑",是以刀锯砍去罪犯腿脚的刑罚。商代甲骨文中有✦字,即以刀锯断人腿足之状。

(四) 宫刑

宫刑又称"椓刑",是破坏男性罪犯生殖机能的刑罚。商代甲骨文中有✦字,即以刀去除男性生殖器官之状。对女子实施宫刑的材料,在甲骨文中尚未发现。后世文献说,女子也有宫刑,执行方法是"幽闭",即"执置宫中,不得出也"②,这种说法出现较晚,且幽闭并不属于残害肢体的肉刑。

(五) 大辟

大辟即死刑。商代处死人的方式并不固定,以砍头最为常见。甲骨文中的伐字为✦,便是以戈砍去人头之形。

从甲骨卜辞来看,针对个人实施的墨、劓、刖、宫、大辟等行为都已出现。需要指出的是,甲骨卜辞中的这些行为主要施加于异族战俘及奴隶,与法律意义上、刑罚意义上的五刑是不同的。当然,这不排除商代采用同样的方法对付罪犯。五刑与商代甲骨卜辞所载行为之间的联系,应该说是相当紧密的。

从古书记载的传说来看,商代的刑罚种类更为多样。如《韩非子·内储说上》有断手之刑:"殷之法,弃灰于公道者断其手。"史书说商末残暴的统治者纣王经常使用炮烙、醢、脯等方法处死罪犯。炮烙本是一种烘烤烹饪的方法,③据《列女传》所言,作为刑罚的炮烙,是涂油于铜柱,铜柱下烧炭,罪犯行走于柱上,继而坠入火中,被炙烤而死。醢,指将罪犯剁为肉酱。脯,指将罪犯晒成肉干。炮烙、醢、脯本为烹制肉食的方法,这种执行死刑的方式或与殷商祭祀用牲有某些内在联系,因为商代的社会与法律本身就充满了神权色彩。

二、商朝的神权法

早期中国的法律具有神权色彩,这在商代表现得极为突出。商代神权法之兴盛,与商人的神权社会背景密切相关。《礼记·表记》中说:"殷人尊神,率民以

---

① 参见郭沫若:《释干支》,载郭沫若著作编辑出版委员会编:《郭沫若全集·考古编》(第一卷),科学出版社1982年版,第177—186页。
② 《白虎通·五刑》。
③ 古代所谓炮食,是将猪羊内脏取出,将佐料于其腹内,涂泥而烧烤的烹饪方式。见《礼记·内则》。

事神,先鬼而后礼,先罚而后赏,尊而不亲。"如今考古资料所见数量庞大的甲骨资料及人牲人殉遗址,都是商代神权社会的产物。

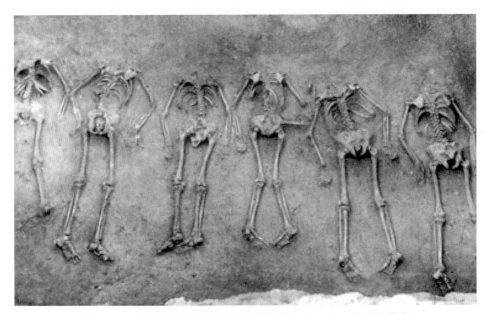

图1.5　河南安阳侯家庄商代后期大型墓 HPKM1001 中的殉葬者

《尚书》中保留了几篇商代的文献,它们虽然经过后世多次转抄修改,但依旧保留了商文化的基本特征,我们由此得以管窥商代神权法的面貌,《盘庚》就是这样的篇章。《盘庚》记录了商中期的国王盘庚迁都之际发布的诰令。值得注意的是,盘庚发布诰令时,不断强调法律发布自他已经故去、正在天上侍奉上帝的先王:

(1) 汝万民乃不生生,暨予一人猷同心,先后丕降与汝罪疾,曰:"曷不暨朕幼孙有比?"故有爽德,自上其罚汝,汝罔能迪。

(2) 汝有戕则在乃心,我先后绥乃祖乃父,乃祖乃父乃断弃汝,不救乃死!

(3) 兹予有乱政同位,具乃贝玉,乃祖乃父丕乃告我高后曰:"作丕刑于朕孙!"迪高后丕乃崇降弗祥。

第一段引文的大意是:若你们这些臣民不努力追求美好生活,与我同心迁都,我先王就会重罚你们,先王说:"你们为什么不和我幼小的孙儿同心协力,而对他三心二意呢?"此外,上帝也绝不会宽恕你们,你们是无法避免这个惩罚的。

第二段引文的大意是:倘若你们心中起了歹念,我先王就会撤掉你们先祖先父在天上的官职,而你的先祖先父受到你们的连累,就要弃绝你们,不再拯救你们的死罪!

第三段引文的大意是:你们这些在位的官员若是祸乱朝政、贪污财货,你们的先祖先父就会请求我先王说:"快制定大刑来惩罚我的不肖子孙吧",于是先王就会大降不祥于汝等。①

以上引文充分显示:第一,商朝的法律适用带有浓厚的神权色彩。盘庚不断借助先王与上帝的名义恐吓众人,用神权来保障王命的权威。第二,商代神权法的家族性特色非常鲜明。商朝的统治者坚信,其去世的父祖仍然在上天控制着人间社会——包括用法律手段控制人间社会。

三、司法与监狱

后世文献说上古时期的法官叫作"士",如《尚书·舜典》所言皋陶作士的记载,"士"字在商代甲骨文中已经出现。古文字学者认为,"士"和"王"的字形都源自ᅀ,ᅀ为斧钺之形,②斧钺本身就是刑具,士、王同源,或许意味着他们都拥有法权。

近年发掘的殷墟花园庄东地甲骨中,出现了和商代司法相关的卜辞:

何于辟逆?于母妇逆?
其圉何——其艰。
丁卜,弗其尸(夷)何。其艰。③

卜辞说的是商王同姓贵族"子"(即花东甲骨主人)贞卜一位叫何的异姓贵族违逆了武丁还是妇好,并占问何会不会被关进监狱,会不会被夷杀。何是商王朝的显贵,因违逆之罪触怒了商王武丁或其配偶妇好,故有被投入监狱甚至被判处死刑的可能。卜辞显示,商王的法权力量相当强大,贵族重臣战战兢兢,受其控制。《史记·殷本纪》中说纣王刑杀九侯、鄂侯,从制度上说,是自有传统的。

下面就要讲到监狱了。作为关押罪犯的场所,监狱具有非常悠久的历史。由汉代识字课本《急就篇》中"皋陶造狱法律存"可知,认为监狱的创始者是五帝时期的皋陶已成为汉人的普遍观念。后世将此类传说附会得更加细致,如《广韵》彭氏注云:"皋陶造狱,其制为圜,象斗,墙曰圜墙,扉曰圜扉,名曰圜土。"《竹

---

① 关于《盘庚》篇的考释与翻译,请参考顾颉刚、刘起釪:《尚书校释译论》(第二册),中华书局2005年版,第900—991页。
② 参见林沄:《王、士同源及相关问题》,载林沄《林沄文集·文字卷》,上海古籍出版社2019年版,第103—112页。
③ 参见林沄:《花东子卜辞所见人物研究》,载《林沄学术文集》(二),科学出版社2008年版,第231—232页;林沄:《商史三题》,台北"中研院"历史语言研究所,2018年,第85—86页。

书纪年》说夏朝的监狱也叫作"圜土"："夏帝芬三十六年作圜土。"如此种种，都是监狱起源的传说。

而古文字与出土资料表明，至少到商代监狱已真切存在了。前面所引甲骨文资料中的"圉"，就是商代监狱的名称。"圉"字在甲骨文中有多种写法，如写作🅐，是罪犯双手带着桎梏被囚禁起来的场景；写作🅑，是监狱中放着桎梏，外加口形以示审问的场景；写作🅒，是在监狱中用鞭子抽打戴着桎梏的罪犯，对其刑讯或施刑的场景。① 值得注意的是，殷墟出土的文物中有一批手带桎梏的陶俑。他们或许是俘虏，或许是罪犯，或许兼而有之。无论其具体身份是什么，这些陶俑都为我们提供了殷商时期身披械具者的最直观形象。

《史记》等古书还说，夏桀曾经把商汤囚禁在夏台，商纣王曾经把周文王囚禁在羑里，有论著因此认为夏台、羑里就是当时的监狱。不过，这类关押特定人物的场所，和真正意义上关押罪犯的监狱是有区别的。

第三节　中国法律起源的特征

前面我们用尽可能简短的文字描述了新石器时代后期到商代的法律发展轨迹。上古数千年时光中，社会结构从简单变得复杂，而原始酋邦发展为国家形态的进程，也是早期法律羽翼渐丰的进程。中国法律在起源时期有四个鲜明的特征，分别是军事特征、礼制特征、神权特征、家族特征。

一、军事特征

原始酋邦乃至国家的产生是在战争背景下完成的，故中国法律起源也渲染有浓重的军事色彩，具体而言体现在以下两方面：

首先，对外的征伐催生了法律。古书所言"大刑用甲兵"②，就是对此情状的描述。中央政权对反抗部落的镇压，是通过军事手段完成的；军事手段及其惩罚措施，被统称为"大刑"。1973年长沙马王堆三号汉墓出土的帛书《黄帝书》记载了黄帝征伐蚩尤部落的故事，黄帝在擒获蚩尤后，对他施以多种酷刑，以儆效尤。黄帝在惩罚蚩尤后说"谨守吾正名，毋失吾恒刑，以视（示）后人"③，"名""刑"都有法律制度的意思。虽然《黄帝书》成书于战国中期，但其叙述是符合早期社会之场景的。

---

① 字形分析参见林沄：《商史三题》，台北"中研院"历史语言研究所，2018年，第120页。
② 见《国语·鲁语下》及《汉书·刑法志》。
③ 马王堆汉墓帛书整理小组编：《经法》，文物出版社1976年版，第62页。

其次，对内的军纪转变为法律。战争对军纪的要求十分严格，军纪和法律都具有强制服从性、普遍遵守性，一定条件下，军纪亦可转化为法律。《尚书》中数篇古老的军事诰令，如《甘誓》《汤誓》《费誓》都反映出这个现象。以《费誓》为例，其军纪还包括诸如"无敢寇攘、逾垣墙、窃马牛、诱臣妾，汝则有常刑"之类的规定，其含义是不要抢劫财物，不要爬越墙垣，不要偷盗牛马，不要诱逃奴隶，如敢抗命，必被判刑。此类军纪与普通法律在性质、内容上都没有太大区别，在社会生活中亦被广泛遵守。而在规则的有效性与暴力支持方面，军纪更是法律所效仿的对象，这使得上古法律的军事特征非常明显。

二、礼制特征

法律起源的礼制特征与中国早期国家的形成方式密切相关。中国上古社会复杂化与国家的产生，并不像美索不达米亚平原或世界其他地方那样得益于生产力的显著进步或经济贸易的飞跃提升。在上古中国，青铜器技术的发展，并没有用在革新生产工具上，甚至到了西周时期，青铜农具仍然几乎没有用在农业生产上，但国家机构却在生产力的原始水平中诞生了。对此现象很多学者都有深刻认识，马克思所说的亚细亚生产方式[1]，汤因比所说的技术静止不动，而文明却会做前进或后退的变动，[2]都在提醒我们不能简单套用生产力与上层建筑的公式来解释纷繁复杂的社会现象。

中国上古时期的青铜器主要用来制作兵器与礼器，兵器增加了部落战争的力度，为早期国家的建立与安全提供了前提保障；而礼器则成为巩固政权秩序，并使之合理合法存在的重要工具。利用珍贵的青铜资源与高难度的青铜工艺制作礼器，在肃穆庄重的仪式上使用这些礼器，宣示政治秩序与社会等级不容侵犯，这正是礼的基本功能，上古社会的各种规则由此衍生，法律被打上了深刻的礼制印记。统治者利用礼仪手段，确保物质资源向上流动，社会控制向下延伸。《礼记·曲礼》说"夫礼者，所以定亲疏、决嫌疑、别同异、明是非也"，即指出捍卫社会分层与地位差异的礼制原则，乃是判定是非曲直的根本依据所在。

上古的统治者通过军事征伐建立政治秩序，又通过礼制手段维持这种政治秩序，法律在军事与礼制功能的实践中扮演着重要角色，古代文献对此现象有准确的概括，如《辽史·刑法志》所说："刑也者，始于兵而终于礼者也。"

---

[1] 参见《马克思恩格斯选集》第2卷，人民出版社2012年版，第3页。
[2] 参见〔英〕阿诺德·汤因比：《历史研究》（上卷），郭小凌、王皖强、杜庭广、吕厚量、梁洁译，上海人民出版社2010年版，第196页。

三、神权特征

我们前面介绍过商代的神权法,实际上不仅商代,在整个中国法律起源的过程中,神权特征都贯穿其中。在统治者使用"大刑"镇压敌对势力或反叛者时,会说"天用剿绝其命,今予惟恭行天之罚"[1];在惩治违抗军令的士兵时,会将其"戮于社"[2],即杀戮于土地神坛之前;在颁布法律时,会说法律是神人所赐,如"天锡禹洪范九畴"[3]或"伯夷降典"[4];在无法判定是非曲直时,会牵只神羊以"触不直者去之"[5]。这种鼓吹"天罚审判"的做法,是上古时期的世俗统治者需要神权加持,用以增强其统治力的表现。中国法律的神权法特征在商代达到极致,进入西周就黯淡下去了。不过,此后神权法的身影仍时有浮现,如春秋时期诸侯的盟书上会写"有渝此盟,明神殛之",战国时期墨家学派大力宣扬"天志明鬼",都说明直到此时神权法还有一定生命力。商代神权法具有浓郁的家族色彩,而家族性本身也是中国法律起源的重要特征。

四、家族特征

在中国国家起源的过程中,家族不但没有遭到破解,相反,其血缘纽带还被加强了。这是因为在较为原始的物质条件下,由血缘关联所造就的家族关系是推进各种社会活动的最有力保障,这些社会活动涵盖了战争、生产、工程以及生产生活的方方面面。如商王朝,实际就是以王族为核心,凝聚大量同姓及异姓家族而形成的社会共同体。[6] 法律制定伊始,就被赋予维护家族体系的重任。作为中国最古老罪名之一的"不孝",便与上古法律的家族特征紧密相关。《孝经》说"五刑之属三千,而罪莫大于不孝",《吕氏春秋》说《商书》有云"刑三百,罪莫重于不孝",应该是有历史依据的。武王灭商时发布了著名的《牧誓》,其中所列"昏弃厥肆祀,弗答;昏弃厥遗王父母弟不迪",是说背弃祖先,不举办报答祖先的祭祀,不任用自己的宗室兄弟,正是商纣王的大罪。虽然该罪是针对纣王的政治声讨,但却集中体现了敬祖收族的法文化背景。

在中国法律起源时期,上述四个特征是交织融合的。如《尚书·甘誓》说夏王启在征伐有扈氏之际发布军令,说自己是"惟恭行天之罚";他对将士们说"用

---

[1] 《尚书·甘誓》。
[2] 同上。
[3] 《尚书·洪范》。
[4] 《尚书·吕刑》。
[5] 许慎:《说文解字》,中华书局1963年版,第202页。
[6] 参见朱凤瀚:《商周家族形态研究(增订本)》,天津古籍出版社2004年版,第121页。

命,赏于祖;弗用命,戮于社",祖是祖庙,社是土地神坛。赏于祖、戮于社的活动,皆与祭礼相关。① 这则借助家族、神权、礼制力量而发挥威力的军事法令,体现出上古法律诸特征交融的现象。

在中国法律的发展过程中,则出现了四个特征剥离与交融并存的现象。剥离现象出现在军事与神权特征方面。随着法律部门的分化,普通法律的军事色彩逐渐减弱,至汉代以后,普通法律与军法的界限已十分清晰。神权色彩之淡化发生更早,从西周开始,法律的神权特征已不太明显,而东周以后的法律更以世俗性为主流。与剥离现象相反的是,法律的礼制特征与家族特征却越来越紧密地交融在一起,它们共同形成强大的力量,不断演进升级,直到清末还发挥着极其广泛的影响。

---

① 参见顾颉刚、刘起釪:《尚书校释译论》(第二册),中华书局2005年版,第860—863页。

第二章 西周法律

周人兴起于甘肃陇东到陕西西部。公元前 11 世纪下半叶,周武王灭商而成为天下共主。在摧毁殷商势力后,周的统治者在全国各处分封同姓贵族、异姓贵族与古代帝王后代,这就是西周的"封建制度"。西周王朝确立了明德慎罚的法律思想,制定完善各种礼仪典章制度,高度重视司法活动,并试图通过控制审判权来构建国家权力,上述举措对后世产生了深远影响。

第一节 对神权法的革新

一、天命观念的变革与"德"的提出

商代的神权思想认为,商的统治权来自天命,既然上天让商统治华夏,那么其政权必永远稳固。据说商的最后一位统治者纣王在覆亡之前还感叹"我生不有命在天"①,然而商最终为周所灭。以周公旦为代表的周初统治者对此现象进行了认真思考:为何天命原本在商,现在转移到周?既然能转移到周,那就有可能转移到其他部族,应当如何留住天命呢?周人思考后的结论是,天命只会授予有德的统治者,这就是"皇天无亲,惟德是辅"②,传统的天命观由此发生了巨大变革。

"德"是极为重要的概念,由周人论证宣扬,直到今天还影响着中国的政治与社会。在周初,"德"特指统治者具有的优秀品性,虽然其内涵丰富,但其最重要的含义在于"保民",即保护万民。三千多年前出现这样的观念,是石破天惊的。商人认为,王权来自天授,只要尊崇上帝,自然国祚永昌;臣民,特别是异族、奴隶的生命,都卑微不足道。我们从触目惊心的商代人殉、人牲遗址中就能感受到这样的风气崇尚。累累白骨中,人被肢解、活埋、视如猪犬,虐杀方式无所不有。而周人则与之不同,他们认为"敬德保民"才是万世基业的保障。周人依旧崇敬上天

---

① 《尚书·西伯戡黎》。
② 《尚书·蔡仲之命》。

图 2.1　何尊及其铭文

注：铭文说周成王沿用周武王的典礼，通过"廷告于天"的仪式，宣示自己有统治天下之中（中国）、治理人民的合法权力，并说"唯王恭德裕天，训我不敏"，体现出"德"的推崇。

（这是商周文明具有某种继承性的体现），但敬天的表象下，商周两族出现了相当重要的观念分歧，周人认为必须"以德配天"，天命只会授予有德的统治者，统治者不能一劳永逸地拥有统治天下的大权，若统治者无德，不能"怀保小民"[①]，天命就会变更，转移到其他值得拥有天命的新统治者那里去。要将德贯彻于法律领域，就要做到"明德慎罚"。

二、明德慎罚

明德慎罚思想在西周初年即已提出。明德，指提倡崇尚德、敬重德，这是慎罚的指导思想和保证；慎罚，指慎重用刑，不乱罚无罪，不乱杀无辜。

明德慎罚思想在西周得以贯彻。立法方面，可看到西周中期穆王颁布的《吕刑》中"惟敬五刑，以成三德"已被作为基本原则。司法方面，我们在《尚书·酒诰》中看到周人在适用禁酒法令时，对嗜酒成性的商人予以从宽，强调对其以教育为主；䕫匜铭文显示，被告因认罪态度较好而获得审判官的数次减刑。如是种种，都是明德慎罚的体现。《左传·成公二年》引《周书》说："明德慎罚，文王所以造周也。"实际上，明德慎罚的影响相当深远，不止于"所以造周也"，汉以后，明德慎罚成为历代王朝所奉行之圭臬。

[①]《尚书·无逸》。

周人以"德"为工具,对商代神权法思想作了全面改造,从西周以后,法律的神权色彩渐渐淡去,法律的世俗性开始占据主导地位。

第二节 周礼与西周立法

一、礼的概念及法律功用

礼是由原始社会祭祀礼仪衍生而来的规则,多以习惯或习惯法的形式呈现出来。正如《说文解字》所说,"礼,履也,所以事神致福也"。礼仪习俗种类繁多,渗透到社会生活的方方面面。国家产生以后,统治者根据其需要不断对礼仪习俗加以改造,使之制度化,以公权力推行实施,使之成为社会成员必须遵守的准则。

礼在西周被视为立国之根基。先秦古籍提道,西周初年周公旦曾经系统整理礼制,颁行天下,以确定统治秩序。这就是《礼记·明堂位》中所说的"武王崩,成王幼弱,周公践天子之位以治天下;六年,朝诸侯于明堂,制礼作乐,颁度量,而天下大服"。周公制礼贯彻了"德"的要求,《左传·文公十八年》说:"先君周公制周礼曰:'则以观德,德以处事,事以度功,功以食民。'"德与礼的结合,是周人的重大创造,并被后世王朝所继承。

西周之礼亦是从礼典仪式中衍生而来的规则。在庄严的礼典仪式中,参加者按等级身份使用不同的器物(即"名物度数"),表演着相应的仪容动作(即"揖让周旋"),以此体现尊卑等级。① 这种尊卑等级的核心在于"亲亲""尊尊"。"亲亲"是亲属关系,要求父慈、子孝、兄友、弟恭;"尊尊"是政治关系,要求下级服从上级,所有成员听命于天子。仪式有助于增强规则的神圣性,令人心生敬畏,进而心悦诚服,西周宗法秩序正由此而建立。若违背此秩序,则会以其程度不等而受到从道德谴责乃至于刑罚制裁的惩处。

西周时期,礼是立法的原则,某些部分甚至直接起到法律的作用。如作为礼之核心的孝友原则,本身就是西周王朝的金科玉律。《尚书·康诰》说,若敢不孝不友,将会"刑兹无赦"。但是,礼的范围又非常广,"经礼三百,曲礼三千"②,大到国家政治、经济、军事、文化制度,小到个人言谈举止,无所不包。违反那些细小的礼仪规范(曲礼),大多只会受到道德谴责,而无涉国法严刑。礼法相关,却

---

① 参见沈文倬:《略论礼典的实行和〈仪礼〉书本的撰作(上)》,载《文史》1982年第3辑(总第15辑);沈文倬:《略论礼典的实行和〈仪礼〉书本的撰作(下)》,载《文史》1982年第4辑(总第16辑)。

② 《礼记·礼器》。

并不完全重合,这是需要引起注意的。在礼法相重合的部分,两者区别也不少。究其要者:第一,两者发挥作用的场合不同。所谓"礼者禁于将然之前,而法者禁于已然之后"[1],即礼侧重于预防犯罪,而法侧重于惩戒犯罪。第二,两者适用的对象有所差异。所谓"礼不下庶人,刑不上大夫"[2],即某些贵族之礼并不为平民设置,而刑罚又会对贵族有所宽宥,如对贵族不适用宫刑,因为"不翦其类也"[3],以避免使其断绝后代;对贵族判处死刑,也不公开执行。

二、五礼

礼的内容包罗万象,《周礼·大宗伯》将各种礼归纳为五大类,统称为"五礼",可以帮助我们了解礼之概貌。

(一) 吉礼

吉礼居五礼之首,吉礼是祭礼方面的礼节仪式,"礼有五经,莫重于祭"[4],祭礼的对象为天神(如昊天上帝、日月星辰、风师雨师等)、地祇(如社稷、五祀、五岳、山林川泽、四方百物等)、人鬼(即宗庙)。吉礼规定了社会成员在祭祀仪式上的等级差别。

(二) 凶礼

凶礼是对不幸事件进行悼念、慰问方面的礼节仪式,包括丧礼(哀死亡)、荒礼(哀凶札)、吊礼(哀祸灾)、禬礼(哀围败)、恤礼(哀寇乱)五种形式。其中丧礼尤其重要,丧礼依据死者身份规定了其待遇等级差别、依据亲疏关系规定了死者亲属的义务等级差别。

(三) 宾礼

宾礼是天子款待来朝会的四方诸侯和诸侯派遣使臣向周王问安的礼节仪式,包括春见(朝)、夏见(宗)、秋见(觐)、冬见(遇)、时见(会)、殷见(同)、时聘(问)、殷頫(视)八种形式。宾礼规定了外交事务、朝聘会同及贵族往来中的主宾等级。

(四) 军礼

军礼用于征伐,是军事活动方面的礼节仪式,包括大师之礼(用于出兵征伐)、大田之礼(用于田猎操练)、大均之礼(用于校比户口以均平征赋)、大役之礼(用于营建工程)、大封之礼(用于界定疆域,以防相侵)五种形式。军礼与法制密

---

[1] 《汉书·贾谊传》。
[2] 《礼记·曲礼》。
[3] 《礼记·文王世子》。
[4] 《礼记·祭统》。

切相关。中国法律起源本有"刑始于兵"之说,而法律之颁布,多有在军礼场合者,以此显示法律的权威。①

(五)嘉礼

嘉礼是宴饮婚冠、吉庆活动方面的礼节仪式,包括饮食之礼(亲宗族兄弟)、婚冠之礼(亲成男女)、宾射之礼(亲故旧朋友)、飨燕之礼(亲四方之宾客)、脤膰之礼(亲兄弟之国)、贺庆之礼(亲异姓之国)六种形式。嘉礼是以喜庆之礼确定等级秩序和法律关系。

从五礼内容可以看出,礼的首要功能在于确定社会成员、社会集团之间的身份等级秩序,即"礼,经国家、定社稷、序民人、利后嗣者也"②。礼在法律领域中的作用于两方面体现尤著:第一,明确权利义务关系,树立是非标准,即"分辨争讼,非礼不决"③;第二,确立法律威严,以保障法律实施,即"莅官行法,非礼威严不行"④。

三、《九刑》

据两周史料记载,西周早期的立法为《九刑》。不少先秦古籍都有《九刑》的记载,如《左传·文公十八年》引周公之誓命说"毁则为贼,掩贼为藏,窃贿为盗,盗器为奸。主藏之名,赖奸之用,为大凶德,有常无赦。在《九刑》不忘";《左传·昭公六年》说"夏有乱政,而作《禹刑》;商有乱政,而作《汤刑》;周有乱政,而作《九刑》";《逸周书·尝麦解》说"惟四年孟夏……王命大正正刑书……太史策刑书九篇以升受大正"。我们从这些史料中大体可以得知《九刑》的如下信息:

(1)《九刑》是周代之重要立法成果。从《九刑》与《禹刑》《汤刑》并举可看出其地位崇高,为西周法律之代表。

(2)《九刑》在周初周公时即已出现,西周王朝有不断修订《九刑》的举措,即"王命大正正刑书"。前举史料中,《逸周书·尝麦解》撰写于西周,《左传》成书于东周,⑤这表明两周时期,《九刑》始终保持了相当的影响力。

(3)《九刑》可能因篇章有九而得名,其中包含惩罚贼、藏、盗、奸之类犯罪行为的内容。

---

① 参见杨宽:《西周史》,上海人民出版社1999年版,第708—710页。
② 《左传·隐公十一年》。
③ 《礼记·曲礼》。
④ 同上。
⑤ 参见杨伯峻编著:《春秋左传注(修订本)》,中华书局1990年版,第35—41页;李学勤:《〈尝麦〉篇研究》,载李学勤:《古文献丛论》,上海远东出版社1996年版,第94页。

四、《吕刑》

据《尚书·吕刑》记载,西周中期周穆王命令吕国国君吕侯制定的刑书通行天下。吕国又名"甫国",所以《吕刑》又称《甫刑》。《吕刑》原文已佚,但《尚书·吕刑》记录了《吕刑》的制定背景及主要内容,我们可以之了解《吕刑》文本之梗概。

(一)《吕刑》的制定原则是明德慎罚

明德慎罚是西周立法的基本原则,《吕刑》对此加以贯彻。明德慎罚在《吕刑》中体现为处理狱讼要审慎。对论处五刑(墨、劓、刖、宫、大辟)的囚犯,如果所犯情状尚未达到适用五刑之标准,就改为五罚论处,五罚指交付罚金。如果是因过失导致触犯当判五刑或五罚之罪,那就以五过论处,五过是可以赦免的。所有判决都应该经过严格的审核,断狱文书要上报,要让当事人信服。慎罚是明德的体现,正如《尚书·吕刑》所说:"惟敬五刑,以成三德。"①

(二)《吕刑》内容以五刑为中心而展开

上古刑书的特征是先列刑罚之名,而将相应罪行附之于后,这被称为"以刑统罪";而后世法典则是先列罪行,罪行后是应判处的刑罚,这被称为"以罪统刑"。《吕刑》之设计即是"以刑统罪",附于五刑之后的罪名有三千之多,称之为"五刑之属三千"。《尚书·吕刑》并没有记载三千罪名的具体称谓,只是笼统地讲:"墨罚之属千;劓罚之属千;刖罚之属五百;宫罚之属三百;大辟之罚,其属二百。"

(三)《吕刑》详细规定了赎刑制度

《尚书·吕刑》开篇即说,"五刑"起源于苗民,苗民以残暴的方式适用五刑,以至于"上帝监民,罔有馨香德,刑发闻惟腥"。周人作《吕刑》,力图使五刑成为良善之"祥刑",其方式之一就是在适用五刑有疑情况下,代之以赎金,而不轻易动用死刑或肉刑。具体做法是:墨刑有疑,代之以罚铜百锾;劓刑有疑,代之以罚铜两百锾;刖刑有疑,代之以罚铜四百锾;宫刑有疑,代之以罚铜六百锾;死刑有疑,代之以罚铜一千锾。赎刑的目的在于审慎处理疑难案件,以体现"明德慎罚"之指导思想。

---

① 《尚书·洪范》中说:"三德:一曰正直,二曰刚克,三曰柔克。"

第三节 刑事法律

一、刑法原则

西周统治者在"明德慎罚"思想的指导下,提出了一系列刑事法律方面的基本原则,这些原则不仅适用于西周,而且深刻地影响到后世。通过搜检周代文献,可整理出如下重要的刑法原则:

(一)罪刑适中

罪刑适中是说定罪量刑要轻重适中,既无不过,又无不及。这要求审判者能够准确把握"中"的尺度。《尚书·立政》所说"以列用中罚"、《尚书·吕刑》所说"爰制百姓于刑之中",都是对用刑适中的要求。

(二)罪疑从赦

罪疑从赦是指如果对案情有疑问,则加以赦免。《尚书·吕刑》所说"五刑之疑有赦、五罚之疑有赦",指对适用五刑、五罚的案件如有疑问,则赦免。周代有与众共审疑狱的传统,大家都对案情有疑问,亦赦免,如《礼记·王制》说:"疑狱,泛与众共之;众疑,赦之。"

(三)罪不相及

罪不相及是说刑罚止于犯罪者自身,而不相互株连。《左传·昭公二十年》引《尚书·康诰》佚文说"父子兄弟,罪不相及"就是这个意思。上古中国原有"孥戮""罪人以族"的传统,周人提出"罪不相及",极具进步性。

(四)矜老恤幼

矜老恤幼是说对于年幼者和年老者犯罪视情况予以宽免。《礼记·曲礼》中说:"八十、九十曰耄,七年曰悼,悼与耄,虽有罪,不加刑焉。"

(五)区分故意与过失、惯犯与偶犯

在西周,过失叫作"眚",故意叫作"非眚";惯犯叫作"惟终",偶犯叫作"非终"。对于过失和偶犯,可以宽宥;对于故意和惯犯,则要严惩。这在《尚书·康诰》中有详细的表述。

以上原则表明,西周刑法理念具有相当高的水平,这些原则有些被后世所继承,如矜老恤幼原则在汉唐以至于明清的法律中都有体现;有些原则被后世所摒弃,如罪不相及原则在东周以后就不再被坚持,株连之刑广泛复活,并为后代王朝所沿用。

二、有特色的罪名

西周时期罪名众多,有的罪名普遍见于人类社会,如杀人越货、盗窃财产等;有的罪名则具有鲜明的本时期特色。具有西周社会特色的罪名有:

(一) 不孝不友

孝指对父母长辈的孝顺,友指对同族兄弟的友爱。西周社会以宗法立国,孝友是根本性的伦理纲常,若有违背,则以严刑处罚。《尚书·康诰》说:"元恶大憝,矧惟不孝不友……曰:乃其速由文王作罚,刑兹无赦。"在这篇西周初年的文献中,已将不孝不友视为最重大的犯罪。类似表述在西周金文资料中也多有体现。大概在周康王时期的青铜器曆鼎说"曆肇对元德,孝友唯井"[①],即将孝友作为处世的法则。

(二) 违抗王命

西周时期天子权威至高无上,违抗王命将受到严惩,正如《尚书·多方》中周王说:"乃有不用我降尔命,我乃其大罚殛之";《国语·周语》中说"犯王命必诛"。西周时期王权加强,是国家机构、公权力壮大的体现,西周的政治秩序在此基础上得以巩固。

(三) 酗酒群饮

周王朝认为商人因纵酒而亡国,因此严厉禁止酗酒。《尚书·酒诰》说:"文王诰教小子有正有事:无彝酒;越庶国,饮惟祀,德将无醉",即文王命令大小官员不能酗酒,只有在祭祀等特定场合才能饮酒。周王朝尤其禁止群饮,《尚书·酒诰》说:"'群饮。'汝勿佚。尽执拘以归于周,予其杀",即对于群饮之周人要押回王朝处以死刑。但是,对商人群饮则有所宽宥,要先教育引导,不听劝诫再行严惩。从西周早期的青铜器大盂鼎到西周晚期的青铜器毛公鼎,其铭文中都有禁酒的内容,说明西周禁酒令实施力度大、时间久。

(四) 违背誓言

此罪在西周青铜器铭文中经常看到,西周时期非常重视誓言,对于违背誓言的行为要予以严惩。如霸姬盘记录了当事人"气"的四则誓言,其中特别提到"襄余改朕辞,则鞭五百,罚五百孚""襄余改朕辞,则出弃"[②],即倘若更改誓言中的

---

① "井"通"刑""型",是型范、法则的意思。参见中国社会科学院考古研究所编:《殷周金文集成(修订增补本)》,中华书局2007年版,第1322页;王沛:《"刑"字古义辨正》,载《上海师范大学学报(哲学社会科学版)》2013年第4期。

② 中国社会科学院考古研究所编:《殷周金文集成(修订增补本)》,中华书局2007年版,第5487页。

文辞,则处以鞭打五百下、罚金五百孚,甚至流放的惩罚。①

三、刑罚

西周的刑罚主要由墨、劓、刖、宫、大辟这"五刑"构成。这五种刑罚在商代已经出现,西周发展得更为成熟。如《周礼·秋官》中说:"墨者使守门,劓者使守关,宫者使守内,刖者使守囿",在西周青铜器和金文中有不同程度的印证,山西闻喜出土的刖人守囿六轮挽车(见图 2.2)就是"刖者使守囿"的形象体现。

图 2.2　刖人守囿六轮挽车及刖人线描图

除了五刑之外,还有四种刑罚在西周普遍适用,分别是流、鞭、扑、赎。《尚书·舜典》载,流、鞭、扑、赎是和五刑配合使用的刑种,具体介绍如下:

(一)流刑

流刑即流放。《尚书·尧典》有"流宥五刑"之谓,是说用流放来替代五刑,以显示宽大处理。从金文资料来看,西周流刑的名称并不固定,有"播""出弃"等多种称谓。

(二)鞭刑

鞭刑是鞭打犯罪人的刑罚。金文资料中数见鞭刑,其鞭打数目巨大,甚至多达一千。《尚书·尧典》有"鞭作官刑"之谓,是说鞭刑适用于官僚贵族。

(三)扑刑

扑刑是用杖扑责犯罪人的刑罚。《尚书·尧典》有"扑作教刑"之谓,是说扑刑用于惩戒轻微犯罪,主要目的在于教化。

(四)赎刑

赎刑是以赎金来替代五刑的制度。在西周,赎金以铜来计算,铜亦叫金,《尚

---

① 参见王沛主编:《甲骨、金文、简牍法制史料提要》,上海古籍出版社 2022 年版,第 62—64 页。

书·尧典》中"金作赎刑"之谓即此意。《尚书·吕刑》中有"五罚"制度,规定了赎铜的具体数额。

《尚书·尧典》中流、鞭、扑、赎四刑与墨、劓、剕、宫、大辟五刑配合使用,一共包含了九个刑种,古今学者普遍认为这九个刑种构成西周刑罚制度的主体。[①]

第四节 司法制度

一、司法机构

据《周礼·秋官》记载,西周有从中央到地方非常完备的司法机构,司法机构的长官为大司寇,属官有小司寇、士师、乡士、遂士、县士、方士等。不过更多的资料表明,这只是战国后期到西汉时期的学者们设想出来的制度,其中包含了某些上古遗制,并非西周司法制度的真实写照。综合各种资料来看,西周时期司寇之职地位并不高,与司法职能的关联也不密切,专门的司法机构尚未出现,而享有司法职能的机构较为多元。

(一)王室享有最高审判权

西周王室非常重视审判。根据《诗经》《史记》等文献的记载,周文王时诸侯遇有纠纷都来请文王裁决,文王因而享有盛誉,这种盛誉到解决虞、芮二国之狱讼时达到顶峰,诸侯皆称文王为"受命之君"[②],即文王获得天命,由此奠定了文王取代殷商统治的理论基础。因事关政权合法性之所在,周王室非常重视审判工作。金文资料中可见天子介入诸侯国之司法(肃卣铭文)[③]、贵族向东宫(即太子)提起诉讼(曶鼎铭文)等,都是王室享有最高审判权的表现。王室重视审判的传统在诸侯国也有体现。直到东周文献中,还常见到国君亲自审理案件的事例。如《左传·庄公十年》所载"曹刿论战",鲁国国君说自己"小大之狱,虽不能察,必以情",被曹刿高度评价为"忠之属也",便是其例。

(二)各级官员及宗族首领享有相应的审判权

在西周金文册命文书中可看到,周王任命某贵族担任诸种行政职务,在列举其具体职责时,常出现"讯讼"一词,其含义便是在其职务范围内可以审理案件。宗族内部遇有纠纷时,通常由宗君等宗族首领审理解决。

---

① 《周礼·司刑》贾公彦疏:"言九刑者,郑玄注《尧典》云,正刑五,加之流宥、鞭、扑、赎刑,此之谓九刑者。"
② 《史记·周本纪》。
③ 参见董珊:《山西绛县横水 M2 出土肃卣铭文初探》,载《文物》2014 年第 1 期。

值得注意的是，西周中期以后还出现了带有地域管辖色彩的职官，他们中的某些人亦被授予审判权力，其中以羚簋和𣪘甗的铭文所载最为典型。羚簋和𣪘甗的铭文非常相似，讲述了周王先后册命羚和𣪘去关中平原西部管理郑地事务，并授权其处理狱讼之事。二者的铭文如下：

> 唯正月初吉丁丑，昧爽，王在宗周，格太室。溓叔右羚即立中廷。作册尹册命羚，锡鋚。令邑于郑，讯讼，取𦻛五孚。（羚簋）

> 唯三月初吉戊寅，王在宗周，王锡𣪘赤市、幽黄，用［事］。邑于郑，［讯□］有𤔲，取𦻛十孚，子孙永宝。（𣪘甗）

郑是王畿西部的重要领地，金文中常见周王驻扎于郑的记载。关中地区类似的城市有五座，称为"五邑"，其部分行政职能由中央政府直接任命官员统一管理，无疑，这有力地彰显出西周国家权力之所在。郑地的管理分工细致，有司工、司徒，管理林牧业、田地、马匹的专员，以及善夫、官守友等下层官员。羚和𣪘受命"邑于郑"，当指担任郑地的行政长官，而处理狱讼事务，则是他们的重要工作任务。①

二、诉讼与审判

西周的诉讼通常由当事人亲自告诉，诉讼程序随之启动。《周礼·秋官·大司寇》中说，受理案件时需要告诉方缴纳诉讼费，其中民事案件要缴纳一百支箭，称之为"束矢"；刑事案件要缴纳三十斤铜，称之为"钧金"。审判时双方当事人都要到场，接受法官审问，并展开辩论。具有一定级别的贵族不需亲自到场，只要指派属下代理出庭即可，称之为"命夫命妇不躬坐狱讼"②。

西周时期的审判有如下特征：

（一）重视誓言

誓言的作用表现为：首先，当事人曾经发下的誓言具有法律效力，违背誓言会遭到惩处。其次，判决时审判官会让当事人发誓遵守判决结果。𤼈匜铭文中被告牧牛败诉的原因就是违背了自己发过的誓言，而审判官在判决时令牧牛再行发誓遵守判决结果，誓言中同时规定了违背誓言的惩罚方式。𤼈匜铭文是这样写的：

> 佳三月既死霸甲申，王才莽上宫。白（伯）扬父乃成𤼈曰：牧牛，䛊！乃可

---

① 参见王沛：《审判权与西周国家权力的构建》，载《四川大学学报（哲学社会科学版）》2022年第2期。

② 《周礼·秋官·小司寇》。

湛。女(汝)敢以乃师讼。女上卸先誓,今女亦既又卸(御)誓,尃𧽼啬䵼䙴,㝍亦兹五夫,亦既卸(御)乃誓。女(汝)亦既从辞从誓,弋可。我义鞭女(汝)千,𪔂𪔂女(汝)。今我赦女,义鞭女千,黜𪔂女(汝)。今大赦女(汝),鞭女(汝)五百,罚女(汝)三百乎。白(伯)扬父乃或吏(使)牧牛誓曰:"自今余敢 𢕢乃小大史(事)。"乃师或以女(汝)告,则致乃鞭千,𪔂𪔂。牧牛则誓,𢆶以告事虿、事習于会。牧牛辞誓成,罚金。䙴用乍旅盉。

这篇铭文的大意是:

　　三月既死霸甲申这天,天子在莽地的上宫,伯扬父定下了判词:牧牛啊,你应当接受审问,你还敢和你的上司争讼,你已背弃曾作出的誓言了。现在你重新践行誓言,前往啬地修好于䙴,交付那五个人。你能够履行誓言、认可供词、服从誓言,这应当获得肯定。我本要鞭打你一千下,并施以黑巾裹头、面颊刺字的墨刑。现加以赦免,改为鞭打一千下,并仅施以面颊刺字的墨刑。我对你进一步大赦,减轻为鞭打五百下,罚三百乎的铜。伯扬父于是又让牧牛发誓说:"从今以后,我再也不敢以大小之事打扰您了。"伯扬父说道:如果你上司再次把你控告上来,那我就要鞭打你一千下,并处以施以黑巾裹头、面颊刺字的墨刑了。牧牛照此立誓。此后将此事告知官吏虿、習,完成归档工作。牧牛的供词、誓言已定,被处以罚铜。䙴因此制作了旅盉。

西周审判中出现的誓言很少附着神权的色彩,与殷商相较,西周司法中的神权因素已相当式微。

(二) 使用"五听"

"五听"是审判官用五种观察当事人的方法来辨析供词是否真实可信。"五听"分别为"辞听",即言辞是否矛盾;"色听",即脸色是否正常;"气听",即呼吸是否急促;"耳听",即注意力是否集中;"目听",即眼神是否游移。"五听"的方法建立在审判心理学的基础上,具有一定进步性。但过于倚重"五听",则易因审判官的主观判断而导致冤假错案。

(三) 兼采"三刺"

由于"五听"过分倚重审判官的个人主观判断,具有局限性,故又设"三刺"之制以纠其偏。"三刺"指遇有疑难案件,需要讯问三类人的意见:"一曰讯群臣,二曰讯群吏,三曰讯万民"[①],最后根据群臣、群吏、万民的意见来决定审判结果。"三刺"是慎刑原则在司法中的体现。

---

① 《周礼·秋官·小司寇》。

（四）"三宥"与"三赦"

《周礼》还规定了"三宥"与"三赦"制度。"一宥曰不识,再宥曰过失,三宥曰遗忘"[1],即当出现"不识""过失""遗忘"三种情况时,有罪之人可以得到宽大处理。"一赦曰幼弱,再赦曰老旄,三赦曰蠢愚"[2],即幼弱、年长、痴呆之人犯罪可以得到赦免。

---

[1] 《周礼·秋官·司刺》。
[2] 同上。

第三章 春秋战国法律

西周后期政治混乱,战争和灾荒破坏严重。申侯联合缯国与犬戎,杀幽王于骊山之下,幽王之子宜臼被立为王,是为平王。此时西周都城丰镐一带夷戎遍布,平王无力控制,只得于公元前770年迁都洛邑,西周灭亡,历史进入东周时期。东周包含春秋(前770—前476)、战国(前475—前221)两个时期,此时期思想繁荣,变法频繁,成文法数量剧增,司法制度演进得更加成熟完善。秦国的商鞅变法是此时期最重要的法律事件,中国传统法律的基本形式由此奠定。

第一节 春秋时期的立法活动

一、时代背景

春秋时期是中国古代社会的转型时期,以周王为天下共主,诸侯并立、宗族血缘纽带牢固的传统社会开始瓦解,而以君主集权为特征的新体制尚未完全建立,社会动荡、斗争激烈,这尤其表现于以下三方面:

(一) 天子衰微诸侯争霸

作为名义上的天下共主,周天子的权威在春秋初期尚可勉强维持,但很快就一落千丈。公元前707年的周郑繻葛之战,周桓王被郑国的祝聃射中肩膀,"王命"的神圣性不复存在。此后王室接连变乱,王畿萎缩,地位与诸侯国相差无几。各诸侯国也上演着同样的故事,诸侯、卿大夫、士等统治阶层均不能保有其位,权力逐层坍塌,新贵族逐步控制各诸侯国政权。如鲁国公族势力强大,可以随意驱逐国君;晋国异姓世族占据主导地位,但相互之间争斗兼并,最后赵、魏、韩三家分晋;宋、卫等国先后被卿大夫夺取了政权;齐国则被外来的田氏所占据,史称"田氏代齐"。

(二) 任官制渐替世官制

西周时期职官以世袭为主,世家大族世享其官、世受其禄,称之为"世卿世禄"。春秋时期延续了此传统,但同时也出现了"择能而使之"的任官制,这种趋势在贵族家臣的选任上尤其普遍。如鲁国的阳虎为鲁国孟孙氏之后,却做了季孙氏的宰,后来又做了晋国赵氏的家臣。此类家臣与主人没有宗族上的关系,领取俸禄、去留自由,是种新型的任官制度。春秋末年到战国初期,一些新贵族取得政权当上国君后,这些家臣就转变为国家的官吏。任官制适用于集权政治,其出现与国家结构的转变密切相关。至战国后,任官制取代了世卿世禄,成为官僚制度的主流。

(三)原有土地制度瓦解

西周以分封制为基础,实行双重土地所有制度,周天子在名义上有天下土地的所有权,但实际上是诸侯、公卿大夫等贵族享有实际的土地所有权,包括处分、受益、继承等。周统治地域的土地被周天子(王畿)、诸侯、公卿贵族等分割所有,在西周晚期至春秋时期,此种土地制度已经瓦解,土地所有权开始下沉。齐、晋、鲁等国更是采取了将田地直接赏赐给国人,按照田亩收税,换取民众积极服兵役以效力国家的举措。周制的瓦解使社会结构发生了重大变革,逐层分封、间接管理的统治模式被国家直接管理每个社会成员的新模式所取代。

以上变化使原有社会秩序难以为继,周王统治力的削弱,使周礼规范不再被视为金科玉律,僭越礼制、摒弃旧俗的现象层出不穷,是谓"礼崩乐坏"。社会秩序亟须重建,所以各诸侯国陆续颁布了新的立法。到了春秋晚期,成文法的公布成为社会常态,也由此引发了不少争议。

二、诸侯国的立法活动

(一)郑国铸刑书

春秋后期,郑国的执政子产于公元前536年制定了刑书,并将其内容铸于金属器皿之上,称之为"铸刑书"。《左传·昭公六年》记载:"三月,郑人铸刑书。"后世有学者认为子产的刑书是铸造在鼎上面的,但并无确切证据。《左传·昭公六年》记录了反对子产铸刑书的声音:晋国的贵族叔向写信给子产,预测铸刑书的行为会导致"乱狱滋丰、贿赂并行",并指出"国将亡、必多制"。子产不为所动,回信道:"侨不才,不能及子孙,吾以救世也。"

不过,时人对子产的立法行为并非一概批评。清华大学藏战国楚简《子产》篇同样记载了子产立法的事迹,该篇便评价此次立法效果非常好:"为民刑程,上下维辑"[①],即其立法使国内各阶层团结而和谐。

---

① 转引自李学勤主编:《清华大学藏战国竹简(陆)》,中西书局2016年版,第138页。

子产所铸刑书的具体内容是什么已不得而知。清华大学藏战国楚简《子产》篇说子产立法包含"郑令""野令""郑刑""野刑"四部分。所谓郑、野，即国、野。国、野在古文献中也被称为"都""鄙"：国都及其近郊为都，郊外为野鄙。《左传·襄公三十年》说"子产使都鄙有章，上下有服"，所谓"都鄙有章"，即国（郑）、野分治的体现。所谓令、刑之别，当指其立法分为令与刑两类，令、刑的具体区别还有待进一步研究。

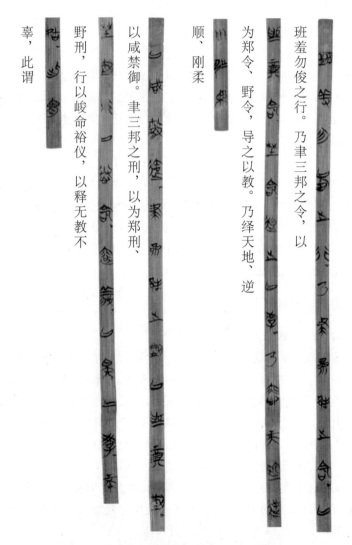

图 3.1　清华大学藏战国楚简《子产》篇局部

（二）晋国铸刑鼎

子产铸刑书后的第 23 年，也就是公元前 513 年，晋国发生了铸刑鼎事件。这年晋国的贵族赵鞅、荀寅将已去世多年的执政范宣子制定的刑书铸造在一件铁鼎上，而范宣子制定的这部刑书，又本于 108 年前（前 621）的执政赵宣子（赵盾）订立的刑书。赵宣子的专政地位是在"夷之搜"后，即夷地举办的大搜礼后确立的，这次大搜礼十分混乱，赵宣子通过非常规手段登上执政地位，随后颁布了刑书，以之为晋国的常法。① 晋国铸刑鼎事件遭到了孔子的批判。孔子说晋国原本就有很好的法律，比如开国君主唐叔虞的法律、霸主晋文公制定的"被庐之法"都很好，为什么都弃之不用，而去使用赵宣子在"夷之搜"后制定的那部乱制呢？晋国的蔡史墨同样认为这次铸刑鼎事件是"擅作刑器，以为国法，是法奸也"②。

春秋时期立法频繁，郑国甚至出现了"竹刑"。"竹刑"是郑国大夫邓析自己私造的刑书，因写在竹简之上而得名。《列子·力命》说："邓析操两可之说，设无穷之辞，当子产执政，作竹刑，郑国用之，数难子产之治。"郑国因之大乱，而邓析被杀。《左传·定公九年》又说"郑驷歂杀邓析而用其竹刑"，说明"竹刑"还是有其可取之处，但私自立法则为政权所不允许。成文法大量制定、公布的风潮到战国时期更为高涨，最终出现了秦律这样庞大的法律体系。

郑国铸刑书、晋国铸刑鼎以及邓析作竹刑都引发不少争议，这是春秋时期新立法大量出现后的正常反应。新立法是基于旧秩序轰然崩坏，新秩序亟须重塑而涌现的，在此背景下，新的法律思想随之产生。春秋晚期到战国，各种新的法律思想蓬勃而生，争奇斗艳，在中国古代法律史中闪耀着璀璨的光辉。

第二节　春秋战国时期的法律思想

一、儒家的法律思想

儒家为春秋末期鲁国孔子创立的学派，其特点是尊先王之道，恪守周礼，标举仁义。在礼崩乐坏的东周时代，儒家显得保守而传统。不过，儒家并非简单地继承西周礼乐制度，而是创造性地发展了西周礼乐制度——在吸取前代思想精

---

① 关于《左传·昭公二十九年》所载"著范宣子所为刑书焉"，"为"应从杜注训为"用"，范宣子"刑书"是用"赵宣子（赵盾）"之法并有所变动。范宣子所用"刑书"和之前的"赵宣子（赵盾）"之法是前后相承，但范宣子之"刑书"与范氏先祖"士蒍之法"、范武子（士会，士蒍之孙）之法也有相当的关系，因而有说法认为"范宣子"为"赵宣子"之误是不确切的。

② 《左传·昭公二十九年》。

华的基础上,融入各种新兴理论,继而形成拥有诸多恒常价值观的宏大学说体系。儒家法律思想以孔子、孟子、荀子的相关论述最具代表性,其内涵主要包括重礼治、重德治、施仁政、施法制等方面。

(一) 重礼治

重礼治是西周以来的传统。不过,西周之礼侧重于礼的外形,比如各种具体的典礼、揖让周旋的举止、标识身份的礼器等。而儒家诸子在此基础上发掘礼的精神,阐释礼的本质。礼的核心是确定名分等级。臣民要忠君尊王,倡导"天下有道,则礼乐征伐自天子出"①;子女要孝敬父母,即便父母犯罪,也要"为亲者隐"。同时还要注意,礼所设定的各阶层权利义务都是相对而言的:如果君贤,则臣忠;如果君不贤,则臣谏;如谏而不听,臣可去君而弃之,甚至将君易位,对于昏君、暴君则可以放逐、诛伐。② 礼是立法的依据,因为"礼乐不兴,则刑罚不中"③;礼又与法相辅相成,此之谓"治之经,礼与刑,君子以修百姓宁"④。

(二) 重德治

重德治也是西周以来的传统。不过,西周早期的德侧重于约束统治者,如《尚书》《诗经》或金文资料所推崇的文王德、先王德、先祖德等都是如此。到西周中后期,德逐渐转变为社会成员普遍遵循的准则,西周后期幽公盨铭文说"民好明德,顾在天下……民唯克用兹德,无悔",便是其反映。至东周,儒家学派将德治的理论发扬光大:对于统治者而言,自己有德百姓才会服从,如孟子所说:"以德服人者,中心悦而诚服也"⑤;对于被统治者而言,教其以德才会知荣辱、避犯罪。孔子说:"道之以政,齐之以刑,民免而无耻;道之以德,齐之以礼,有耻且格"⑥,这句名言表明刑固然重要,但德礼才是社会成员遵规守纪的本能约束。

正因如此,儒家学派非常重视教化的作用。统治者既要懂得"不教而杀谓之虐"⑦的道理,又要明白教化人民的基础是使其富裕,而德本来就有给人恩惠的意思。《论语》记载,孔子前往卫国时,曾感叹其人口众多。孔子的弟子冉有问道:"人口众多,应该怎么办呢?"孔子说:"让他们富裕起来。"冉有又问:"富裕之后该怎么办呢?"孔子说:"教育他们。"⑧在物质基础与上层建筑的关系方面,儒

---

① 《论语·季氏》。
② 参见《孟子·万章下》《孟子·尽心上》《孟子·滕文公上》。相关论述参见俞荣根:《儒家法思想通论》,广西人民出版社1992年版,第300页。
③ 《论语·子路》。
④ 《荀子·成相》。
⑤ 《孟子·公孙丑上》。
⑥ 《论语·为政》。
⑦ 《论语·尧曰》。
⑧ 参见《论语·子路》。

家学派多有朴实而精辟的论述,①这乃是其道大彰的重要原因。

(三) 施仁政

仁学是儒家学派创立的新意识形态体系。仁学渊源可以追溯到西周时代的民本思想,孔子用"爱人"来解释仁,②而孟子则进一步将其阐发为"仁政"理论。孟子宣称"仁者无敌",而仁政的具体举措则包括减省刑罚、少收赋税、富民重教:

> 王如施仁政于民,省刑罚,薄税敛,深耕易耨。壮者以暇日修其孝悌忠信,入以事其父兄,出以事其长上,可使制梃以挞秦楚之坚甲利兵矣。③

孟子主张统治者要慎刑,因为"杀一无罪非仁也"④。孟子论述如何才能"为民父母"时,特别提到谨慎处置死刑的重要性:

> 左右皆曰可杀,勿听;诸大夫皆曰可杀,勿听;国人皆曰可杀,然后察之;见可杀焉,然后杀之。故曰,国人杀之也。如此,然后可以为民父母。⑤

倘若国君是仁义原则的破坏者,那他就是独夫民贼,将其放逐或杀掉都是可以的。齐宣王问孟子,说汤放桀、武王伐纣,岂不是"弑君"?孟子回答道:

> 贼仁者谓之贼,贼义者谓之残,残贼之人谓之一夫。闻诛一夫纣矣,未闻弑君也。⑥

(四) 施法制

儒家学派重视法制的作用,同时深刻指出,法制并不是治理社会的最终手段。荀子认为法制是人制定的,"君子者,法之原也"⑦;孟子认为法制是靠人实施的,"徒法不能以自行"⑧。儒家学派认为人才是决定性的因素。制定法律的依据在于礼,此谓"礼者,法之大分"⑨,而把握"法义",也就是法制的原理更为重要。"有法而无志(识)其义,则渠渠然"⑩,即有了法律而不明其义就会坐立不安。制定法律一定要多听取各种讨论,不然就会因有遗漏而不行,此即"法而不

---

① 如《孟子·滕文公上》说:"民之为道也,有恒产者有恒心,无恒产者无恒心。苟无恒心,放辟邪侈,无不为已。及陷乎罪,然后从而刑之,是罔民也。"同时要注意,"德"本身亦有"恩惠"的意思。
② 《论语·颜渊》载:"樊迟问仁,子曰:'爱人。'"
③ 《孟子·梁惠王上》。
④ 《孟子·尽心上》。
⑤ 《孟子·梁惠王下》。
⑥ 同上。
⑦ 《荀子·君道》。
⑧ 《孟子·离娄上》。
⑨ 《荀子·劝学》。
⑩ 《荀子·修身》。

议,则法之所不至者必废"①。荀子的上述观点和其学生、法家的代表人物韩非子的观点形成鲜明的对比,如后者就认为君主制定的法律就是臣民行为的终极规范,臣民不得思考、不得议论,只能无条件地执行。

荀子还针对法制的实施提出了诸多有影响力的见解。如"有法者以法行,无法者以类举"②,即在无法律规定的情况下可以通过类推来审判,在后世此原则被运用得非常广泛。

儒家学派在战国时代已成为"显学",但在诸侯兼并、弱肉强食的时代背景下,儒家诸子又被讥为迂阔而不合时宜。不过到两汉承平以后,儒家学派备受尊崇,成为此后两千余年的正统思想。

图 3.2 陕西省靖边县杨桥畔镇渠树壕汉墓出土的"孔子礼老子图"

二、墨家的法律思想

墨家出现于战国初年,其创始人是宋国的墨子。在战国时期,墨家学派组织严密,纪律严明,具有很强的影响力,和儒家并称为显学。墨家学派的成员多出

---

① 《荀子·王制》。
② 同上。

身于社会下层,过着艰苦的生活,遵循自己的法律。墨家首领被称为"巨子",其成员服从巨子之命令,赴火蹈刃,死不旋踵。墨家巨子腹䵍之子在秦国杀人,秦惠王欲特赦,而腹䵍引墨家之法曰:"杀人者死,伤人者刑",尽管君主将其赦免,但自己仍会处死其子。《吕氏春秋》将此事誉为"去私"的典范,从中亦可体会墨家学派强烈的政治属性。墨家法律思想以"天志""尚同"为主旨。

(一)天志

在墨家法律思想中,天是有意志的。墨家非常重视法律,认为"天下从事者,不可以无法仪。无法仪而其事能成者无有也"①,而天的意志则是法律的来源。天的意志主要包括"爱天下之百姓""不欲大国之攻小国""人之有力相营,有道相教,有财相分"②等,这实际正是墨家自己的理想。无论是天子还是庶民,都要顺从天意,不然就会受到惩罚,即所谓"顺天意者,兼相爱,交相利,必得赏;反天意者,别相恶,交相贼,必得罚"③。"兼相爱""交相利"是指互爱互利。互爱要做到人与人之间无差等地相爱,无疑与儒家爱有亲疏差等的观念大为不同,孟子甚至斥之为"墨氏兼爱,是无父也"④。互利特别强调利人,"有力者疾以助人,有财者勉以分人"⑤,其精神至为可贵。

在天志学说中,鬼神是明察秋毫的监督者与裁判者,"鬼神之所赏,无小必赏之;鬼神之所罚,无大必罚之"⑥。《墨子》讲的齐庄公断狱的故事就很有代表性。故事说齐国的两个人打了三年官司还没有结果,齐庄公想把两人都杀掉,恐伤及无辜;想把两人都放掉,又恐开脱罪人。于是命人牵羊到神祠,令两人发誓。发誓后把羊血洒在社土上。之后开始宣读誓词,当读到真正罪犯所发的誓词时,死去的羊突然跳起来触断了他的脚。墨子坚定地声称在场的齐国人都目睹了此事,远方的人都听闻了此事,诸侯们都在感慨鬼神诛罚何其速也,故鬼神之有不容置疑。⑦儒家"执无鬼而学祭礼,是犹无客而学客礼"的态度不足为训。⑧儒家"敬鬼神而远之"固然是东周时代潮流的体现,而墨家对神权之极端信仰,则出于礼崩乐坏后重新追寻终极权威的努力,我们可将其视为东周时代潮流的另一面。

(二)尚同

尚同是指观念、行为准则、法律法令都要统一,是为"一同天下之义"。具体

---

① 《墨子·法仪》。
② 《墨子·天志上》。
③ 同上。
④ 《孟子·滕文公下》。
⑤ 《墨子·尚贤下》。
⑥ 《墨子·明鬼下》。
⑦ 同上。
⑧ 参见《墨子·公孟》。

而言,就是国君、乡长、里长和天下百姓都要服从天子的法律政令。"上之所是,必亦是之;上之所非,必亦非之。"这样做的原因有二:其一,人类社会必须要有统一的意见,不然就会导致彼此攻击、心生离散,如禽兽然。其二,天子是选出来的"贤良、圣知、辩慧之人"①,他有能力"上同于天",知道天、鬼喜欢什么,也知道天、鬼憎恶什么。理想中的圣王会虔诚地祭祀鬼神、公正地处理狱讼,会平均分配财物,居处不敢怠慢。天子明察秋毫,数千万里之外有人做好事,其家人还不完全知道,那人就已得到了天子的奖赏;数千万里之外有人做坏事,其家人还不完全知道,那人就已受到了天子的惩罚。之所以能做到这样,就是因为天子得众人之助,沟通上下之情,使大家的意见一致,"赏当贤,罚当暴,不杀不辜,不失有罪"。此即为尚同的功效。②

当然,若不能做到上同于天,即便尚同于天子,也会遭受上天的惩罚。倘若寒热不节、雨雪不时、五谷不熟、六畜不旺、疾病流行、飘风苦雨等现象一再发生,那就是上天在降罚。尚同意味着高度集权,令行禁止,战国诸家都有类似的主张。不过,墨家之集权始自选贤、附于鬼神、约以天志,这是有别于其他诸家的地方。

三、道家的法律思想

道家是以"天道"为终极依据,推衍"世道"与"人道"的学派。③ 道家思想中的某些要素在春秋时期就已出现,至战国时期盛行天下。《史记》评论道家"采儒墨之善,撮名法之要,与时迁移,应物变化,立俗施事,无所不宜,指约而易操,事少而功多"④,地位超然于各家之上,足见其影响之大。战国时期的道家派别较多,其中以《老子》《庄子》思想最具代表性。此外,托黄帝、老子立言的"黄老学说"亦相当流行,以下分别予以介绍。

(一)《老子》中的法律思想

一般认为,生活在春秋末期的老子是道家思想的创始者,老子的思想通过五千言的《老子》一书而传世。1993年,湖北荆门郭店战国楚墓中出土了竹简本《老子》甲、乙、丙三组,此版本与今天所见到的传世本《老子》有很多文句及思想上的差异,这说明和其他很多古籍一样,《老子》也是在几百年的流传中不断修改成形的,今本《老子》中既有最初作者思想的反映,也有后学观念的添加。研究

---

① 其他官长如三公、国君、左右将军、大夫以至于乡里之长,都是选出来的贤者。
② 本段引文均录于《墨子·尚同中》。
③ 参见葛兆光:《中国思想史》(第一卷),复旦大学出版社2001年版,第124页。
④ 《史记·论六家要旨》。

《老子》中的法律思想,应该将历代版本结合起来,从变化中把握其精髓,进而考察其对中国传统法律观的影响。

《老子》法律思想的核心是"道"论。《老子》认为人类社会的行为准则当以"道"为根据,这就是"人法地,地法天,天法道,道法自然"(《老子·二十五章》),"道法自然"则是指出"道"的运行依据就是它本身,这为取代天命观乃至于制度变革找到了新的依据。"道"虽然恍恍惚惚难以辨识,但是其作用于万事万物时,却有某种规律可循。如从自然界来看,狂风不会整天刮、暴雨不会整天下,这是规律的体现;从社会领域来看,强力妄为定然失败,拼命把持反会失去,这也是规律的体现。那些暗含其中的规律应当作为人类行为的准则。

正因如此,《老子》反对君主任意立法,正如《老子》所说:"天下多忌讳,而民弥叛""法令滋彰,盗贼多有"[①]。《老子》也批判诸如礼这类古来就有的规范,认为礼并不是规则的本源,"失道而后德,失德而后仁,失仁而后义,失义而后礼";礼只是拉着胳膊强迫人就范的规则:"上礼为之而莫之应,则攘臂而扔之";礼甚至是社会混乱的来源:"夫礼者,忠信之薄而乱之首也。"[②]

《老子》认为道可以通过"名"的方式落实为行为规范,即"始制有名,名亦既有,夫亦将知止,知止可以不殆"[③],如果名分确定,就可以知道限度,就可以避免危险。所以,"名"是将道落实为行为规范的关键。战国时代的"刑名"学正是从此出发,联结道与法,形成独具特色的法哲学理论。

(二)《庄子》中的法律思想

庄子生活在公元前4世纪的战国时代,其思想观点主要反映在《庄子》一书中。今本《庄子》有内、外、杂三篇。其中内七篇风格较为一致,相互之间具有明显的联系,可能为庄子所著;外、杂篇成书较晚,一般认为是庄子后学所著。《庄子》的形成,非一时一人所为,可以将之作为庄子学派的论著集来看待。

《庄子》各篇中的法律思想并不完全相同,但都延续了《老子》中的道论。其主流思想认为道是无处不在,作用于万物,但又难以为人把握的,人们应当顺应自己的本性生活。"仁义法度"既不是道德体现,也不是人类本性的体现,它们是当权者维持统治的工具。儒、墨学者孜孜于论证现有规则的神圣渊源,正可谓大盗之帮凶。"今世殊死者相枕也,桁杨者相推也,刑戮者相望也,而儒墨乃始离跂

---

① 参见郭店简本《老子》甲组。马王堆帛书甲、乙本,王弼本以及河上公本作"天下多忌讳,而民弥贫"。简本于意为长。

② 以上引文均录于《老子·三十八章》。《管子·心术上》曰:"德者,得也。得也者,其谓所得以然也,"《韩非子·解老》云:"上德无为而无不为",乃于《老子》之意更进。

③ 《老子·三十二章》。

攘臂乎桎梏之间。噫,甚矣哉! 其无愧而不知耻也甚矣!"①正因如此,在《庄子》主流思想中法律是被排斥的,这就是"殚残天下之圣法,而民始可与论议"②。

不过要注意的是,《庄子》外杂篇中也有重视法律的表述。如《天道》篇说:

> 古之明大道者,先明天而道德次之,道德已明而仁义次之,仁义已明而分守次之,分守已明而形名次之,形名已明而因任次之,因任已明而原省次之,原省已明而是非次之,是非已明而赏罚次之,赏罚已明而愚知处宜,贵贱履位,仁贤不肖袭情。必分其能,必由其名。以此事上,以此蓄下,以此治物,以此修身,知谋不用,必归其天。此之谓太平,治之至也。

这段文字显然是以告诫君主的口吻说道德、仁义、职守、名实、任命、考察、评价、赏罚等从根本上说都是符合大道的,而大道的应用是分阶段逐步推进的:

> 古之语大道者,五变而形名可举,九变而赏罚可言也。骤而语形名,不知其本也;骤而语赏罚,不知其始也。③

到了第五个阶段是"形(刑)名",到了第九个阶段是"赏罚"。形名、赏罚都很重要,只是骤而语形名赏罚,就会导致不知其本、不知其始。此观点与《庄子》主流思想有不小差异,而与黄老思想如出一辙。

(三) 战国时期的黄老法律思想

战国时期托黄帝、老子立言,推天道以明人事的学派,到了汉代被称为"黄老之术"。从广义来说,战国道家都可以称为黄老学说;从狭义来说,黄老学说与老庄学派又有所不同。不同之处在于,黄老学说很重视法律的作用,认为道中可以推衍出法律来,法律既然是道的体现,那么就要恪守遵行而不能偏废,这就是马王堆出土的帛书《黄帝书》所说的:

> 道生法,法者,引得失以绳,而明曲直者也。故执道者,生法而弗敢犯也,法立而弗敢废也。④

黄老法律思想为战国时代的变法与立法找到了新的哲学依据,其影响十分深远。不仅刑名学和法家学说中可见到黄老思想的印记,就是魏晋以降新型法典的编纂活动也深受其学理启发。⑤

---

① 《庄子·在宥》。
② 《庄子·胠箧》。
③ 《庄子·天道》。
④ 转引自裘锡圭主编:《长沙马王堆汉墓简帛集成(肆)》,中华书局2014年版,第127页。
⑤ 参见王沛:《刑名学与中国古代法典的形成——以清华简、〈黄帝书〉资料为线索》,载《历史研究》2013年第4期。

四、法家的法律思想

从地域看,法家以三晋法家、秦法家、齐法家为代表;从变法的侧重点看,有重法者如秦之商鞅,有重势者如慎到,有重术者如申不害。总而言之,法家法律思想的特点可以归纳为以下三点:

1. 以法治国

战国时期的法家主张"以法治国",这是法家最为鲜明的特点。记载齐法家思想的《管子》一书即主张君王必须以法治国。《管子·明法》云:"先王之治国也,不淫意于法之外,不为惠于法之内也。"《管子·任法》云:"君臣上下贵贱皆从法,此谓为大治。"秦法家也有"法任而国治矣"的观点,《商君书·慎法》明确提出:"故有明主、忠臣产于今世,而散领其国者,不可以须臾忘于法。破胜党任,节去言谈,任法而治矣。"三晋法家的代表人物申不害亦重"术",但以法治国是前提,他认为:"尧之治也,盖明法审令而已。圣君任法而不任智,任数而不任说。黄帝之治天下,置法而不变,使民安乐其法也。"[①]赵国慎到重"势"亦尚法,他认为:"法者,所以齐天下之动,至公大定之制也。"[②]

2. 轻罪重刑

具有法家理念的战国变革家们无一例外地重视"重刑治国"。《管子·法法》云:"上赦小过,则民多重罪。"《商君书·赏刑》云:"禁奸止过,莫若重刑。"《商君书·说民》中论证了"轻罪重刑"的内在逻辑,其云:"故行刑,重其轻者;轻者不生,则重者无从至矣。此谓治之于其治也。"即所谓的"以刑去刑"[③]。韩非子则指出实行轻罪重刑的理论依据:"今轻刑罚,民必易之。犯而不诛,是驱国而弃之也;犯而诛之,是为民设陷也。"[④]

3. 刑无等级

战国时期的法家倡导刑无等级,虽与近代以来的"法律面前人人平等"尚有区别,但在当时仍具有进步意义。《商君书·赏刑》云:"圣人之为国也:壹赏,壹刑,壹教。"此处的"壹刑"即含有刑无等级之意,即"所谓壹刑者,刑无等级。自卿相、将军以至大夫、庶人,有不从王令,犯国禁,乱上制者,罪死不赦。有功于前,有败于后,不为损刑;有善于前,有过于后,不为亏法"[⑤]。需要注意的是,刑无等级是针对原有"刑不上大夫"的旧传统进行改革而提出的。

---

① 《申子》。
② 《慎子》。
③ 《商君书·画策》。
④ 《韩非子·六反》。
⑤ 《商君书·赏刑》。

第三节 战国时期的变法活动

(一) 李悝变法与《法经》

中国传统成文法典的起源时代、编撰者等问题，限于史料匮乏，至今仍无定谳。自唐初以后，多依《晋书·刑法志》所述，认为战国时期李悝撰《法经》是中国成文法典起源时期的标志性事件。

战国时期，七国中最早进行变法的是魏国。魏文侯（前 445—前 396）在位期间礼贤下士，以为获人望而邀誉于各诸侯国，其所开战国时期各国养士、变法强国之风先河，先有"子夏居西河教授，为魏文侯师"①，又有段干木、田子方、魏成子诸贤士襄助，为一时之盛。李悝（前 455—前 395）亦为魏文侯师，继又拜为相，主持魏国变法，是战国初期魏国称雄于诸侯国的重要人物。② 李悝的变法是全方位的。在经济制度方面，李悝推行"尽地力""善平籴"政策③，提高农业生产效率，稳定物价；在政治制度方面，李悝推行"食有劳而禄有功、使有能而赏必行"④的政策，改革原有的世卿世禄体制，向君主专制制度迈进；在军事制度方面，他采取"中试则复其户，利其田宅"⑤的政策，以图达到练兵强国的目标。通过李悝的变法，魏国成为战国初期的诸强之一，李悝变法的诸多政策主张，也为后来的法家人物进行改革时采纳并改进，可谓战国法家改革之先驱者。据房玄龄等主持编修的《晋书·刑法志》，李悝曾撰辑《法经》，不过《法经》至当时早已佚失而不得见。⑥《史记》《汉书》等记载李悝相关史事时从未提及李悝撰有《法经》一书。直至唐初《晋书·刑法志》才见记载：

> 悝撰次诸国法，著《法经》。以为王者之政，莫急于盗贼，故其律始于《盗》《贼》。盗贼须劾捕，故著《网》《捕》二篇。其轻狡、越城、博戏、借假不廉、淫侈、逾制以为《杂律》一篇，又以《具律》具其加减。是故所著六篇而已，然皆罪名之制也。

依上引文，李悝撰《法经》一书，是参考当时的各诸侯国法，编成具有内在逻

---

① 《史记·孔子弟子列传》。
② 李悝或又名李克，其事迹考辨可参见钱穆：《先秦诸子系年》，载《钱宾四先生全集》，台湾联经出版事业股份有限公司 1998 年版，第 149—155 页。另可参见劳榦：《古代中国的历史与文化（上）》，中华书局 2006 年版，第 45 页。
③ 参见《汉书·食货志》。
④ 《说苑·政理》。
⑤ 《荀子·议兵》。
⑥ 《法经》或即《汉书·艺文志》儒家所列"李克七篇"，或法家所列"李子三十二篇"，今均已佚，无考。

辑关系的律书,《法经》六篇俱称为"律",皆为"罪名之制",各篇之间亦有其内在逻辑关系,《盗律》《贼律》《杂律》类于现代的刑法分则,《网律》《捕律》二篇则类于现代的刑事诉讼法,《具律》则是现代的刑罚适用原则。从睡虎地秦墓出土的秦简所载魏律残文看,《法经》所载六律或亦是当时实际行用的律。

但是,李悝是否著有《法经》一书,《法经》是否为当时魏国的律典,学界一直有争议。《法经》的原文,明代董说所撰《七国考》有载,董氏自称引用桓谭《新书》所见,查其所谓"原文"实为唐律改编而来。20世纪30年代,日本学者如仁井田陞[①]、贝冢茂树等均提出李悝所著《法经》可能系伪书。[②]

除《晋书·刑法志》外,唐代的《唐律疏议·名例》篇名疏议、《唐六典·刑法》注文等则沿袭其说,其文相似,试举《唐六典·刑法》注文如下:

> 律,法也。魏文侯师李悝集诸国刑书,造《法经》六篇:一、盗法,二、贼法,三、囚法,四、捕法,五、杂法,六、具法。商鞅传之,改法为律,以相秦,增相坐之法,造参夷之诛……

上述记载又改称"律"为"法",并添商鞅携《法经》入秦"改法为律"之说,但此说不见于《商君书》《韩非子》《战国策》等早期古书,汉代《史记》《汉书》等亦无见记载。最早记载商鞅携《法经》入秦一事,其文或见北齐魏收撰《魏书·刑罚志》的类似记载:

> 逮于战国,竞任威刑,以相吞噬。商君以《法经》六篇,入说于秦,议参夷之诛,连相坐之法。

可见,商鞅携《法经》入秦一事当在魏晋以后才有见载于史籍,其源自何处已经不可核查,《晋书》成书在《魏书》之后,其记载有可能就是源自《魏书》。

(二)商鞅变法与秦律

商鞅为卫国公族之后,也称"公孙鞅"。"少好刑名之学",曾做魏相公叔痤的家臣。后入秦,因变法成功,封为商君,故后世以"商鞅"称之。按《史记·商君列传》载,公元前361年秦孝公颁布求贤令,商鞅此时入秦。越二年,秦国朝廷经过论争,商鞅的变法主张占了上风,遂开始准备变法。变法共进行两次。

第一次是公元前356年秦孝公任命商鞅为左庶长主持变法。主要内容是:

(1)定连坐法,鼓励告奸。连坐法,即令民为什伍,建立相互监督与有罪连坐制度。告发"奸人"的可以如同斩得敌人首级一样得赏,不告发的要腰斩。如

---

① 参见〔日〕仁井田陞:《唐令拾遗》,栗劲、霍存福等编译,长春出版社1989年版,第802页。
② 参见〔日〕小川茂树:《李悝法经考》,载《东方学报》(京都版)第四册,1933年。

果一家藏"奸",与投敌的人受同样处罚;其余九家倘不检举告发,要一起办罪。旅客住客舍要有官府凭证,客舍收留没有凭证的旅客住宿,主人与"奸人"同罪。为了贯彻新法,还实行轻罪重刑之策。商鞅的连坐法在秦国取得了很好的成效,所谓"道不拾遗,民不妄取,兵革大治"①。

(2) 奖励耕织,抑制商业。商鞅颁布的法令规定:"僇力本业耕织致粟帛多者,复其身;事末利及怠而贫者,举以为收孥。"②在《商君书·垦令篇》中,甚至列举了二十条鼓励垦荒与抑商的政策措施。例如,规定提高市场上酒肉买卖的税额,要让税额比成本高十倍等。

(3) 奖励军功,禁止私斗。颁布按军功赏赐的二十等爵制度。规定军功以斩敌首数量为标准计算,斩敌首一赏爵一级。公族无军功不得属籍,即所谓"有功者显荣,无功者虽富无所芬华"③。

由于第一次变法的成效卓著,商鞅因功由左庶长升为大良造。公元前350年商鞅开始第二次变法,此次变法的广度与深度要超过第一次,其目的是进一步谋求富国强兵。主要有下列五点:

(1) 取消分封,推行县制。集乡、邑、聚(村落)为县,建置了41个县④,县设有令、丞、尉等官吏⑤。令为一县之长,丞掌民政,尉掌军事。后在县廷又设"有秩史"⑥,县级行政机构由此确立。县制有助于秦国的国君集权体制,发展经济,如《商君书·垦令篇》所云:"民不劳""民不敖""农多日,征不烦,业不败,则草必垦矣"。

(2) 废井田开阡陌封疆,改革田制。史载:"为田开阡陌封疆,而赋税平。"⑦"阡陌""封疆"分别指亩、顷(一百亩田)的田界,合称为"封"。"开阡陌封疆",即废井田制,破除"封疆",改采二百四十步为亩的大亩制,用以授田,授田制有利于促进小农经济的发展,增加国家税收。

(3) 统一度量衡制。统一度量衡制,对征收赋税、俸禄和发展手工业、商业均有促进作用。现存的商鞅方升(见图3.3),就是当时颁布的度量衡标准器之一。

---

① 《战国策·秦策一》。
② 《史记·商君列传》。
③ 同上。
④ 参见《史记·秦本纪》。
⑤ 参见《史记·商君列传》《商君书·境内篇》。
⑥ 《史记·六国年表》。
⑦ 《史记·商君列传》。

图 3.3 商鞅方升（藏于上海博物馆）

注：其铭文第一段记录了秦孝公十八年（前 344）商鞅订立了统一的度量衡，即一升的容量是十六又五分之一立方寸；第二段是 122 年后在秦一统天下时秦始皇发布的诏令，命丞相隗状、王绾把商鞅订立的度量衡制度推向全国。

（4）征收户赋，公元前 348 年秦"初为赋"，开始按户、口征赋，睡虎地秦简中称为"户赋"，"匿户"者严惩。为了保证充分征赋，强制"民有二男以上不分异者，倍其赋"[①]。

（5）革除戎狄风俗，禁止父子兄弟同室居住。秦国长期地处西疆，国人多有戎狄风俗。商鞅为加强统治，以中原风俗替代秦国残留的戎狄风俗。

商鞅变法成功而后获封商君，但因其变法损害了秦国旧贵族礼仪，尤其是变法过程中曾因执法而刑太子师傅公子虔等，在秦孝公去世后，秦惠王继位，公子虔等人告发商鞅"欲反"，商鞅最终被处车裂之刑。商鞅在秦变法，是吸收了前辈李悝、吴起等在魏、楚等国实行变法的经验教训并结合秦国国情而进行的，变法成效在当时列国中最为显著，秦国由此富强并奠定了以后秦统一天下之基础。汉代人称赞"商鞅相孝公，为秦开帝业"[②]。商鞅变法也形成了较为完备的秦法律体系，当代出土的秦法律简牍（如睡虎地秦简、岳麓秦简等）所载秦律令等均是在商鞅变法的基础上修订、补充、累积而成的。

---

① 《史记·商君列传》。
② 《论衡·书解篇》。

第四章 秦的法律

秦国自商鞅变法以后，厉行以法治国，历百余年至秦王政，完成统一天下的宏伟目标，建立了前所未有的统一帝国，与之相对应，秦法律成为中国传统法进入新阶段的开端，这一法律体系从商鞅变法以后不断演变完善，从而奠定了后世两千多年帝制法律制度的基础。秦法律具有浓厚的法家思想痕迹，从史籍记载的商君之法，到出土文献所见的律令、司法文书等，处处浸润着深刻的法家理念。

第一节 "厉行法治"的法律思想

自商鞅变法后，秦人能够达成扫灭六国统一天下的成就，从立法指导理念角度而言，一直以来都有赖于商鞅、韩非为代表的法家所提供的法治思想。至秦始皇统治时期，李斯等继续奉命推广"法治"于天下，最终达到所谓"治道运行，诸产得宜，皆有法式"①，从而促成了影响后世深远的律令法体系的初步形成。秦法律思想的重点与核心就在于坚持厉行"法治"，表现可大致归纳为以下三点：

（一）轻罪重刑，专任刑罚

战国法家从商鞅到韩非都主张"轻罪重刑""专任刑罚"，对较轻罪行施加重罚，以及重视严酷刑罚在实际执法治理过程中所具有的震慑作用，希望最终达到"以刑去刑"的目的。秦统一天下后承袭并进一步发展了这一理念，《汉书·刑法志》描述了秦始皇统治时期的情况："专任刑罚，躬操文墨，昼断狱，夜理书，自程决事，日县石之一，而奸邪并生，赭衣塞路，囹圄成市。"当时的丞相李斯也认同商鞅"轻罪重刑"的思想，其云："故商君之法，刑弃灰于道者。夫弃灰，薄罪也；而被刑，重罚也。彼唯明主为能深督轻罪。夫罪轻且督深，而况有重罪乎？故民不敢犯也。"②

出土秦简所见的秦律内容某种程度上也反映了这一思想。在"轻罪重刑"方

---

① 《史记·秦始皇本纪》。
② 《史记·李斯列传》。

面,如"或盗采人桑叶,臧(赃)不盈一钱,可(何)论? 赀徭三旬"①。盗采桑叶获利不足一钱,但处罚则是服徭役三十天。而传世文献中记载秦代"轻罪重刑"的律令规范更是屡见不鲜,《史记》载有"妄言者无类"②"诽谤者族"③"偶语诗书者弃市"④等严酷规定。"专任刑罚"思想表现在刑罚种类繁多,沿袭传统的有黥、劓、斩趾等刑罚,从战国即有的隶臣妾、鬼薪白粲、城旦舂等身份刑传承下来,死刑除了常规的腰斩、弃市之外,见于史籍与简牍的还有具五刑、车裂、戮、磔等,另外还有夷三族等连坐死刑。

(二) 法令由一统,事皆决于法

法家一般都强调法律的统一性,主张法律的制定与解释权归属最高统治者,以中央集权的方式实现国家长久有效的统治。秦统一天下后,统治集团在政治体制模式的选择上分歧较大:到底是继续采用西周以来传统的分封制还是贯彻战国时兴起的郡县制? 王绾等认为,燕、齐、荆等僻远地区中央鞭长莫及,难以控制,须因循周制分封诸子为王。⑤ 李斯则认为东周之所以诸侯争霸、分崩离析,就是因为西周以来分封诸侯的结果,现在天下统一,应该遵循战国以来中央集权制的经验,"海内为郡县,法令由一统"⑥,即天下以郡县为行政区划,不分封诸侯;法令应由中央统一发布,不允许政出多门。秦始皇认为"廷尉(李斯)议是",统一的郡县制度由此建立。与此相应,秦始皇也废除了"世卿世禄"的世袭制度,中央和地方的主要官吏由皇帝任免,实行俸禄制度,各部门的属吏则由主管官吏选拔任免,由此建立了全国统一的以皇帝为中心的官僚制度。以君主集权、郡县分置、官僚选拔为特征的政治体制模式正式形成。

另外,"法令由一统"的思想主张法律在治理国家的手段方式中占据核心地位,即所有大事小事均由法律直接作出规定。以此思想为指导,秦统治者为了改变过去战国时各诸侯国"律令异法"的局面,在秦国商鞅变法后所制定的法律基础上,经修订、补充而制定了统一的法律,颁行全国。从睡虎地秦简来看,秦确实在政治、军事、行政管理、官吏任免、手工业与农业生产管理、市场管理、交通管理、货币流通、案件审理等方面"皆有法式",体现了"事皆决于法"的"法治"思想。秦始皇还接受李斯的建议,颁布了"一法度衡石丈尺、车同轨、书同文字"⑦的法

---

① 睡虎地秦墓竹简整理小组编:《睡虎地秦墓竹简》,文物出版社1990年版,第95页。
② 《史记·郦生陆贾列传》。
③ 《史记·高祖本纪》。
④ 《史记·秦始皇本纪》。
⑤ 同上。
⑥ 同上。
⑦ 同上。

图 4.1　秦峄山刻石临摹拓片图

令,从而结束了"田畴异亩、车途异轨""言语异声、文字异形"的混乱局面,促进了全国经济与文化的交流和发展。秦"法令由一统"的思想以及在这一思想指导下制定的律令,对巩固疆域广大的多民族杂居的统一新王朝起到了十分重要的作用。

（三）以法为教，以吏为师

法家不仅注重法律的制定与权威性，同时也注重法律在实践中的作用，故而提出"以法为教，以吏为师"的思想，即主张"黔首"（即百姓）必须学习法律与法家思想，认可法律的地位，并将秦律令作为其日常社会生活的指导，即所谓"以法为教"。

战国中期以后，各国变法风潮汹涌，统一思想成为变法中必须面对的问题，商鞅变法有"燔《诗》《书》而明法令"[①]的做法，韩非则明确提出"无书简之文，以法为教；无先王之语，以吏为师"[②]的主张，均是以统一思想为目标。秦统一天下后，在始皇帝三十四年（前213）关于封建与郡县的争论中，李斯认为赞同分封的淳于越等人的说法是"语皆道古以害今，饰虚言以乱实，人善其所私学，以非上之所建立""不师今而学古，以非当世，惑乱黔首""私学而相与非法教"，"率群下以造谤"[③]，因此建议秦始皇下令焚书。其内容主要有：凡《秦记》以外记载上古史的史书和非博士官所藏的"诗、书、百家语"都要交官府烧毁，只准留下医药、卜筮、种树之书，令下后三十日内不烧者，"黥为城旦"；此后若有继续谈论诗、书者"弃市"，"以古非今者族"，官吏知而不检举者与之同罪。[④] 焚书令的效果就是"以法为教"的思想统一。

"以吏为师"，即"若欲有学法令，以吏为师"[⑤]，如果百姓需要学习了解法律，则必须通过官方所设立的法官法吏处获得相关知识，因此秦时重视法官的设置，《商君书·定分》即提道："吏、民（预）知法令者，皆问法官。故天下之吏民，无不知法者。"[⑥]对所选择的法官也提出了相应的具体要求，必须选择质朴稳重的官员以使百姓能够信任与理解，即"为法令，置官吏，朴足以知法令之谓者，以为天下正"。

需要说明的是，贯彻法家思想的秦政府通过禁止私学的方式来统一思想，也有助于推广"法治"理念，以达到维护法律的统一与稳定。"以吏为师"目的是为社会提供新的学习文化对象以替代以往的《诗》《书》等儒家经典，同时形成官方可以掌控的学习途径。当时百姓有学习法令的需求，是与焚书令相辅相成的。同时，官方也希望以这种法令之学来代替诗书百家语之学。《商君书·定分》说："诸官吏及民有问法令之所谓于主法令之吏，皆各以其故所欲问之法令明告之。"

---

① 《韩非子·和氏》。
② 《韩非子·五蠹》。
③ 《史记·秦始皇本纪》。
④ 同上。
⑤ 同上。
⑥ 《商君书·定分》。

可见"以吏为师"之令即含有满足这一需求的意味在内。另外,基于周代以来的"世官制",当时秦设有专门的"学室"从小培养基层官吏,①也为"以吏为师"的实现提供了必要的人员条件。

第二节 简牍法律文献

数十年来秦简牍的大量出土,已经极大地改变了我们对战国秦到秦代法律体系的认知。本节在将战国后期秦国、秦代法律视为整体的研究基础上,集中阐述秦时期的法律体系及其相关问题。自1975年云梦睡虎地11号秦墓出土简册,至2013年益阳兔子山遗址发现秦二世元年诏书,已发现13批秦简牍,其中有字简牍超过23000枚。已发现的秦简牍中包括多批法律文献,现择其要者简述如下:

（一）云梦睡虎地秦简

1975年12月至1976年初,因应当地建设需要,湖北省博物馆等部门在云梦县睡虎地发掘了12座战国至秦的墓葬,其中11号秦墓和4号秦墓发现简牍,尤其是11号秦墓出土了大量竹简,经过整理,共有1155枚简,另有80枚残片。

11号墓主名喜,生于秦昭王四十五年（前262）,曾任安陆令史、鄢令史等职,长期从事当时的基层司法实务工作（如负责鄢县案件审理的治狱鄢）,卒年为始皇帝三十年（前217）,竹简系随葬在棺内,多为其生前职务所需的法律资料。经整理者整理,竹简主要有《编年纪》《语书》《秦律十八种》《效律》《秦律杂抄》《法律答问》《封诊式》《为吏之道》《日书》（甲乙种）等,②可以发现其中相当多一部分属于法律文献。作为首批发现的出土秦简法律文献,引起了国内外学界的广泛关注,秦律研究从此进入了融合考古与历史的跨学科研究新阶段。

（二）青川郝家坪秦简

1980年,四川省博物馆与青川县文化馆在青川县郝家坪发掘的50号秦墓出土了木牍2枚,其中一枚正面抄写了与汉初《田律》条文内容相似的秦国《田律》,背面和另一枚木牍是除道记录,是与《田律》相关的道路修筑和维护的规定。③木牍记载了秦武王二年（前309）,王命左丞相甘茂更修《田律》等事。这是目前所见最早的秦律文件实物。

---

① 参见睡虎地秦墓竹简整理小组编:《睡虎地秦墓竹简》,文物出版社1990年版,第63页。
② 同上书,第1—2页。
③ 参见四川省博物馆、青川县文化馆:《青川县出土秦更修田律木牍——四川青川县战国墓发掘简报》,载《文物》1982年第1期。

第四章 秦的法律　　53

图 4.2　睡虎地秦简出土位置图

(三) 云梦龙岗秦简

1989年10月至12月,湖北省文物考古研究所、孝感地区博物馆、云梦县博物馆在云梦县龙岗发掘了9座秦汉时期墓葬,其中6号秦墓出土木牍1枚(系一份司法文书的抄本)、竹简150余枚。整理者将竹简按照残存内容分为禁苑、驰道、马牛羊、田赢、其他等五类。① 龙岗秦简内容大多未见于睡虎地秦简,为我们了解秦律提供了更多材料。

(四) 江陵王家台秦简

江陵王家台秦简于1993年出土,当时的荆州地区博物馆在江陵县荆州镇郢北村王家台发掘清理了16座秦汉墓,其中15号墓出土竹牍1枚、竹简800余枚,其中与法律相关的是《效律》,有96枚残简,内容与睡虎地秦简中所见《效律》大略相同。②

(五) 湘西里耶秦简

里耶秦简于2002年在湖南省龙山县里耶古城出土,其中1号古井里出土简牍达38000多枚,有字的约17000枚,内容多为以往史籍失载的秦洞庭郡迁陵县廷与上级及其下属官署、三乡的来往公文、簿籍、符券等。

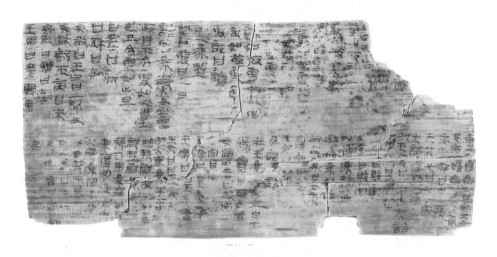

图4.3 里耶秦简所见"更名方"

2005年在里耶古城北护城壕11号坑又出土了51枚简牍,内容为秦时的户版。里耶秦简的内容丰富多彩,展现了秦时县级官署的运行图景,让我们得窥秦

---

① 参见刘信芳、梁柱编著:《云梦龙岗秦简》,科学出版社1997年版。
② 参见荆州地区博物馆:《江陵王家台15号秦墓》,载《文物》1995年第1期。

"法治"生活的真实面貌。目前里耶秦简在陆续出版公布当中。①

(六) 岳麓书院藏秦简

2007年底,湖南大学岳麓书院从我国香港地区古玩市场抢救性购藏了一批秦简,共编号2098个,较为完整的简1300余枚;2008年8月又获赠同批出土的秦简,共编号76个,较为完整的简30余枚。内容有质日、占梦书、数、为官治吏及黔首、律、令、奏谳类司法文书等。② 其中《为吏治官及黔首》与睡虎地秦简的《为吏之道》内容与性质相似,应是当时的宦学教材或官箴书;律、令等法规范均是当时行用的文本的摘抄;奏谳类司法文书与张家山汉简《奏谳书》相似,是以实际案件与司法文书为基础编写而成的疑案汇集。③ 岳麓秦简与前期出土的睡虎地秦简等记载的秦代法律内容上多有可相互印证之处,同时更有以前未见的诸多秦律、秦令等内容,因此现已成为秦法律史研究的重要资料,极大拓宽了我们对秦法律体系、法律形式及其内容的认知。

第三节 秦的法律形式

秦的法律形式多样,包括律、令、式、课、程、法律答问、廷行事等。我们根据出土秦法律文献的记载,将这些法律形式按照性质、作用划分为两大类,分别是律、令为代表的基本法律形式,是当时秦最为主要、适用范围最广的法律形式。其次,诸如式、廷行事、法律答问、课、程等或记载较少,或适用范围较窄,相较秦律、令,无疑处于相对次要的地位。

(一) 基本法律形式

1. 律

关于律,《尔雅·释诂》载:"律,常也。"邢昺疏云:"律者,常法也。"律是秦最基本、最主要的法律形式,其稳定性最强,适用范围也最为广泛,故而也以秦律作为所有秦法律形式的总称。秦律的体系,在出土文献尚未现世以前,通常认为由六篇基本律构成,承袭自战国李悝《法经》的体例。此说源自东汉班固撰《汉书·刑法志》以及唐初的《晋书·刑法志》的记述,传统观点认为中国古代法典的谱系脉络如下:律典起源于战国时期魏国李悝所撰《法经》六篇,商鞅携《法经》入秦改

---

① 截至2020年陆续出版有:湖南省文物考古研究所编著:《里耶秦简(壹)》,文物出版社2012年版;湖南省文物考古研究所编著:《里耶秦简(贰)》,文物出版社2017年版。

② 参见陈松长:《岳麓书院所藏秦简综述》,载《文物》2009年第3期。

③ 截至2020年,《岳麓书院藏秦简》已经陆续出版六辑。其中,叁、肆、伍、陆四卷内容基本都是秦代法律文献资料。

法为律。

在睡虎地秦简出土以后,新见的秦律篇名远远超过六种。目前已知的秦律篇目至少有 30 余种,涉及刑事、行政、经济、民事、军事、文化教育等诸多领域。在睡虎地秦墓竹简中,出现的律目名就有《金布律》《厩苑律》《田律》《捕盗律》《仓律》《关市律》《工律》《均工律》《徭律》《司空律》《军爵律》《置吏律》《效律》《传食律》《行书律》《内史杂》《尉杂》《属邦》《除吏律》《中劳律》《公车司马猎律》《傅律》《敦表律》《戍律》等。① 《岳麓书院藏秦简(肆)》中又有新见律篇名《尉卒律》《狱校律》《奔敬(警)律》《索律》②《具律》等③。

可见以上秦简法律资料记载的律篇目数量众多,与传统认为秦律六篇的记载相冲突。④ 根据一手出土材料的记载,我们推测当时大概率尚未出现编撰而成的统一法典,更可能的情况是秦律以单篇律的形式颁行,在施用过程中则根据实际情况不断进行调整变化,一个依据就是目前所见秦的单篇律之间并不存在明显的统属关系。

2. 令

令,作为一种法律形式,源自君主的诏令,本意为发布指示的行为,早于律出现。其渊源甚古,三代时期君主的命令即是。至秦时,则开始出现皇帝专用的命令与制诏,《史记·秦始皇本纪》所言"命为'制',令为'诏'",则是从文书本体上说明令具有至高效力。具有代表性的秦令是 2013 年在湖南益阳兔子山 9 号井发掘的秦二世胡亥元年十月甲午的登基诏书。⑤

传世文献中关于秦令的记载极少,⑥而睡虎地秦简与岳麓书院藏秦简当中保留了丰富的秦令内容。岳麓秦简中大约有 1000 余枚的内容与秦令有关,有 20 多种令存在,依其名称不同,包括内史郡二千石官共令、内史户曹令、内史旁

---

① 其中大部分公认是秦律篇目名称,亦有一小部分可能是律条规定事项的代称,或为律条名称。
② 整理者认为"当是'捕律'的秦代称法'索',犹'搜索、搜捕'也",并引《史记·留侯世家》"秦皇帝大怒,大索天下"为据。参见陈松长主编:《岳麓书院藏秦简(肆)》,上海辞书出版社 2015 年版,第 175 页注释 257。
③ 另还有因竹简文字残泐无法完全辨别的律名,如《赀律》。
④ 《晋书·刑法志》记载:"是时承用秦汉旧律,其文起自魏文侯师李悝。悝撰次诸国法,著《法经》。以为王者之政,莫急于盗贼,故其律始于《盗》《贼》。盗贼须劾捕,故著《网》《捕》二篇。其轻狡、越城、博戏、借假不廉、淫侈、逾制以为《杂律》一篇,又以《具律》具其加减。是故所著六篇而已,然皆罪名之制也。商君受之以相秦。"可见传统文献叙事当中认为秦律承袭自李悝《法经》六篇。
⑤ 具体内容可参见湖南省文物考古研究所、益阳市文物处《湖南益阳兔子山遗址九号井发掘简报》,载《文物》2016 年第 5 期。
⑥ 《史记·商君列传》记载商鞅变法时颁布法律:"民有二男以上不分异者,倍其赋",一般被认为是"分户令"。

子杀伤、殴詈、牧杀父母，父母告子不孝；及奴婢杀伤、殴、牧杀主、主子父母，及告杀，其奴婢及子亡，已命而自出者，不得为自出。

图 4.4 《岳麓书院藏秦简(肆)》013—014 红外图版

金布令、祠令、备盗贼令等多种秦令。①

目前所见，可以将秦令依据内容与令名分为职事令与官署令。所谓职事令，就是针对某一事项专门颁布的令，如新黔首挟兵令，涉及新占领地区百姓携带兵器的法律规定，还有诸如地方治安管理的备盗贼令等。

官署令，顾名思义，以某个官署名称命名，令的内容当与该官署的职能直接相关，进一步可分为单主体令和多主体令。前者如内史仓曹令、内史户曹令等，是与内史下属机构仓曹、户曹有直接关系的相关规定；后者如内史郡二千石官共令、廷内史郡二千石官共令、内史官共令等以"共令"名称表述的令。目前来看，秦令已经开始出现有意识编辑整理的倾向，整理之后称为"令集"，如某些"令"之下开始有甲、乙、丙之类的天干排列序号，也有在此下再按照数字排列序号等。

秦律和秦令作为秦的基本法律形式，两者之间的关系问题一直以来是研究者关注与探讨的热点。就目前出土文献为主所见的秦律令资料，我们认为两者从内容与形式上存在以下一些特征：其一，从规定的内容上看，律令分野不明确，两者并没有明显的差异；其二，令在一定条件下会转化为律，而以前的律有时也会以令的形式被重申或重新启用；其三，有时令对律起到补充作用，秦律除了刑事性规范外，还有一些是行政规范，律作为相对成熟、稳定存在的法规范形式，有时需要令来进行补充，比如以令文的形式扩大律的适用范围，或以单条令来解释、修订已有的律条等。当然，两者关系的讨论远远未达到定谳的程度，还存在进一步讨论的空间。

（二）其他法律形式

1. 式

式，秦时一种特殊的法律形式，即秦时具有普遍适用效力的办事章程、文书格式等。其最初本意为产品样式，作为标准供生产者参照使用，以后"式"的标准、参照含义不断扩展，固定的行为模式、办事程序也称为"式"。

作为法律形式的"式"至迟在战国时期就已经出现，"式"往往和品、程、法等连用，称为"品式""程式""法式"，属于由国家强制力保障实施的法规范，《史记·秦始皇本纪》有一段著名的记载说："治道运行，诸产得宜，皆有法式。"在出土文献中见到的"式"，以睡虎地秦简的《封诊式》最为典型，"式"在这里既指文书格式，也指审案程式；"封"指对犯罪嫌疑人家室查封；"诊"指对案件的侦查、勘验等。《封诊式》起始二条为"治狱"，是与审案程式的规则有关，其内容如下：

---

① 参见陈松长：《岳麓秦简中的秦令令名订补》，载王捷主编：《出土文献与法律史研究》（第六辑），法律出版社2017年版，第95—99页。

治狱,能以书从迹其言,毋治(笞)谅(掠)而得人请(情)为上;治(笞)谅(掠)为下,有恐为败。①

狱,泛指各类讼案,"治狱"的内容就反映出当时审案的基本理念,通过缜密分析包括证人证言、当事人陈述等书面记录推断出案情是当时所推崇倡导的调查审理原则。相较之下,对犯罪嫌疑人拷打刑讯而获得真相就是等而下之的审讯方法,因为这必然会带来"败"的可能性,即很可能造成冤假错案。汉初《奏谳书》就记载了一件发生在秦王政二年(前245)的盗牛冤案,造成冤案的原因就是审讯的官员对犯罪嫌疑人进行拷掠刑讯。②

此外,《封诊式》里还记载了很多文书范式,比如睡虎地秦简《封诊式》简8—12记载的一则关于查封的范式文书:

封　守

乡某爰书

以某县丞某书封有鞫者某里士五(伍)甲家室、妻、子、臣妾、衣器、畜产。甲室、人:一宇二内,各有户,内室皆瓦盖,木大具,门桑十木。妻曰某,亡,不会封。子大女子某,未有夫。子小男子某,高六尺五寸。臣某,妾小女子某。牡犬一。③

这是一份十分典型的查封犯罪嫌疑人家产的公文,从记载的内容上看,其中涉及的人名均以天干或"某"代替,有鞫者,即被调查审理的当事人甲被查封的家产与亲属关系十分详细,诸如不动产房屋,乃至家具、栽植的桑树也被统计得十分清楚,另外还包括其妻子、儿女的情况,以及家中奴婢的情形。该"封式"应当就是典型模板,以供当时基层司法官员参照使用。

2. 廷行事

廷行事是中央司法机关颁布的作为下级司法官吏审案时参照执行的判案成例。在睡虎地秦简中有见,如《法律答问》中简38—39的记载:

告人盗百一十,问盗百,告可(何)论?当赀二甲。盗百,即端盗驾(加)十钱,问告者可(何)论?当赀一盾。赀一盾应律,虽然,廷行事以不审论,赀

---

① 睡虎地秦墓竹简整理小组编:《睡虎地秦墓竹简》,文物出版社1990年版,第147—148页。
② 案件的具体内容可参看张家山二四七号汉墓竹简整理小组编著:《张家山汉墓竹简〔二四七号墓〕》(释文修订本),文物出版社2006年,第100—102页。
③ 睡虎地秦墓竹简整理小组编:《睡虎地秦墓竹简》,文物出版社1990年版,第149页。

二甲。①

实际盗窃赃值百钱,而有人诬告盗窃赃值百一十钱,多了十钱,按照秦律规定应该处罚一盾,但廷尉定性为"不审",判处赀二甲,即上文所谓"廷行事以不审论",这个判决可供之后司法官员在处理同性质案件时作为裁判的依据。

3. 法律答问

法律答问是权威机关对法律术语与疑难问题的解答,此种解答属于有权法律解释的一种,且颁布下行至县级基层司法官吏,与律令一样具有法律效力。法律答问内容针对案件定罪量刑、刑罚适用原则、诉讼程序、专门术语等方面可能存在的疑问与难点,通过一问一答的方式,以案例进行具体解释说明,供基层司法官吏在实际办案过程中进行适用。比如《法律答问》简14的记载:

夫盗千钱,妻所匿三百,可(何)以论妻?妻智(知)夫盗而匿之,当以三百论为盗;不智(知),为收。②

上引的答问,就是关于夫妻是否构成共同犯罪(盗罪)的解答,其指明以妻是否知情为判断依据,如果知道是盗窃的赃物而藏匿,则与丈夫共同犯罪,量刑以藏匿的赃款价值进行确定;不知情则不认定是罪犯,但因其丈夫盗窃数额较大而被"收"。该条答问内容明确,可以作为司法官吏判案的指导。

4. 课

秦代的课,动词意义是政府官吏从事公务的考课,名词意义则是指法律形式之一。目前所见记载较少,睡虎地秦简《秦律杂抄》简31记载了"牛羊课",其载:

牛大牝十,其六毋(无)子,赀啬夫、佐各一盾。羊牝十,其四毋(无)子,赀啬夫、佐各一盾。③

这是关于考核牛羊蓄养方面的规定。性质相类似的还有睡虎地秦简《秦律十八种》简19—20的规定,其内容如下:

今课县、都官公服牛各一课,卒岁,十牛以上而三分一死;不[盈]十牛以下,及受服牛者卒岁死牛三以上,吏主者、徒食牛者及令、丞皆有罪。内史课县,大(太)仓课都官及受服者。④

这是关于地方官吏驾车用牛的考核规范,目的在于加强公务驾车用牛的管

---

① 睡虎地秦墓竹简整理小组编:《睡虎地秦墓竹简》,文物出版社1990年版,第102页。
② 同上书,第97页。
③ 同上书,第87页。
④ 同上书,第24页。

理。从以上内容来看,秦课是关于某些公务监督检查的法律规范,里耶秦简里所见的课文书,则向我们展示了秦课在官府政务运行时产生的文书样式。比如编号为 8-482"尉课志"就是一份秦课的目录,记载了县尉考核直接涉及的三个方面:卒死亡课、司寇田课以及卒田课,即戍卒的死亡人数、司寇的垦田数量以及戍卒的垦田数量。①

5. 其他

此外,睡虎地秦简中还有《工人程》,所谓"程,法式也"②。从睡虎地秦简中《工人程》的规定看,主要是官属手工业作坊里关于下吏、隶臣妾、城旦等特殊身份者的生产定额、劳动量计算标准方面的规定。如:

隶臣、下吏、城旦与工从事者冬作,为矢程,赋之三日而当夏二日。③
隶妾及女子用箴(针)为缗绣它物,女子一人当男子一人。④

另外,值得一提的是,在最新的岳麓秦简中又出现了所谓的"有等比",多是以皇帝认可具体某案的处理意见,并将之推广为一般案件均适用的条文;从其形式看,或收入律文或令文之中,构成律或令的一部分。如:

东郡守言,东郡多食,食贱,徒隶老、病、毋(无)赖,县官当就食者,请止,毋遣就食。它有等比。制曰:可。⑤

原秦律有规定,每年七月要上报本地徒隶老弱病残者不能劳作的相关情况,需将此类人送至外地诸如蜀郡等物产较为丰富的地方就食,而东郡太守因本地粮食较多,价格较为低廉的原因,特别上书请求皇帝允许东郡停止执行该规定,允许本地就食。同时,他进一步提出希望有相同情形的地方也可参照东郡的形式来处理。最终皇帝通过制书形式同意了东郡太守的这一请求。

以上介绍的式、法律答问、课、程以及有等比性质问题,学界就其是否可理解为秦的法律形式还存在一定的争议。

秦的法律体系在传世文献中语焉不详,汉代人形容"秦法繁于秋荼,而网密于凝脂"⑥,可知秦已经形成较为严密的法律体系。出土秦简牍记载了诸多秦法律的内容,为我们弥补了这一传世文献记载的缺失。大体而言,秦自商鞅变法后,法律形式逐渐发展,至统一天下,律、令、式、课、法律答问、有等比等诸多产生

---

① 参见陈伟主编:《里耶秦简牍校释》(第一卷),武汉大学出版社 2012 年,第 165 页。
② 《汉书·高帝纪下》颜师古注。
③ 睡虎地秦墓竹简整理小组编:《睡虎地秦墓竹简》,文物出版社 1990 年版,第 45 页。
④ 同上书,第 46 页。
⑤ 陈松长主编:《岳麓书院藏秦简(肆)》,上海辞书出版社 2015 年版,第 214 页。
⑥ 《盐铁论·刑德》。

方式、效力等级、适用范围不同的法律形式并存;刑事、行政、经济、民事等多方面内容混杂,从而共同形成了相对较为完整的法律体系。

第四节　刑事法律与行政法律

一、刑事法律

(一) 基本原则

秦法律在刑法方面的基本原则,体现在定罪量刑的刑罚原则上,主要包括以下几点:

1. 区分故意与过失

秦法律已经出现依据犯罪者主观心理状态不同而区别定罪量刑的内容,睡虎地秦简《法律答问》中简43记载了一个错误告发犯罪的案例:

> 甲告乙盗牛若贼伤人,今乙不盗牛,不伤人,问甲可(何)论?端为,为诬人;不端,为告不审。①

"端"即故意,甲告发乙有盗牛或者故意伤害(贼伤)他人的犯罪行为,经过调查发现乙是清白的,既不盗窃牛,也没有伤害他人。官方就根据甲的主观心理状态不同分别定罪:如果是故意的,那么甲的行为就是诬告他人;如果不是故意,即过失的话,那就是"告不审",即控告不实。

2. 教唆犯与实行犯同罪

睡虎地秦简《法律答问》中有这样一个案例:

> 甲谋遣乙盗,一日,乙且往盗,未到,得,皆赎黥。②

甲教唆乙去盗窃,乙实施盗窃行为但未遂,就被抓获,最终教唆乙盗窃但未实际执行的甲与实际实施盗窃的乙的刑罚是相同的。

3. 共同犯罪与集团犯罪加重处罚

睡虎地秦简中记载,凡是五人以上的集团盗窃犯罪,盗窃金额赃值只要超过一钱,其刑罚就是"斩左止,又黥以为城旦",而单人普通盗窃罪只有在赃值超过六百六十钱时,才处最高的法定刑即"黥为城旦舂"③。从法定刑的设置对比可

---

① 睡虎地秦墓竹简整理小组编:《睡虎地秦墓竹简》,文物出版社1990年版,第103页。
② 同上书,第94页。
③ 秦汉时盗窃罪按照赃值多少确定法定刑,其中单人普通盗窃罪的最高刑是赃值超过六百六十钱,"黥为城旦舂",而赃值一钱以上不足二十二钱的,则是赀一盾。

以看出,前者明显重于后者。如果是多人,但不超过五人的共同盗窃犯罪,也较一般单人盗窃的法定刑重,赃值超过六百六十钱,处黥劓以为城旦。①

4. 自首减刑

岳麓秦简律文中规定:

> 其自出殹(也),减罪一等。②

自出即逃亡者向官府投案自首,在此情况下,秦律明文规定自首者可减一等量刑,目的在于鼓励逃亡者自首,减少治安、司法资源的支出。但是,对于某些特定犯罪,即使罪犯投案自首,法律也明确规定不视为"自出",因此也得不到减刑的待遇,如罪犯与被害人之间存在特定关系的犯罪:

> 子杀伤、殴詈、牧杀父母,父母告子不孝;及奴婢杀伤、殴、牧杀主、主子父母,及告杀,其奴婢及子亡,已命而自出者,不得为自出。③

该秦律就规定如果发生子女或奴婢杀伤、殴打、试图谋害自己父母或主人的犯罪行为,父母向官府告发子女不孝,或者主人向官府请求惩治奴婢的,奴婢与子女逃亡后自出的,不得视为自出,也就无法获得减刑一等的待遇。

5. 诬告反坐

这是中国传统法律中长期存在的定罪原则。即诬告他人者,法律规定以其所诬告之罪罪之。当然,反坐的前提是故意陷害他人,如果是非故意告发,最终查明与告发事实不符的,则告发者以"告不审"论处。

6. 广泛适用连坐

连坐,即本人虽未犯罪,但因与犯罪之人存在某些关系而连带受罚。按照连坐的适用范围,大致有亲属连坐,即因与犯罪者的亲属关系而受到连坐处罚;同居连坐,即因为共同生活关系,法律规定某些特定犯罪行为,如盗窃、收容逃亡罪犯等,同居者不告发就要受到连坐,此处同居者不仅仅包括同居的妻子等,还包括奴婢等非亲属人员;什伍连坐,一般可理解为邻里连坐,里典、同伍之人可能因为邻里关系而受罚;职务连坐,秦律中存在大量因属下犯罪而导致上级长官因此连坐受罚的规定。

7. 年龄与刑罚的关系

这是秦律中十分有意思的规定,睡虎地秦简《法律答问》简6记载:

---

① 参见睡虎地秦墓竹简整理小组编:《睡虎地秦墓竹简》,文物出版社1990年版,第93页。
② 陈松长主编:《岳麓书院藏秦简(肆)》,上海辞书出版社2015年版,第45页。
③ 华东政法大学出土法律文献研读班:《岳麓秦律令释读(一)》,载王沛主编:《出土文献与法律史研究》(第八辑),法律出版社2020年版,第166页。

天下失始皇帝，皆遽恐悲哀甚。朕奉遗诏，今宗庙吏（事）及箸以明，至治大功德者具矣。律令当除定者毕矣。以元年与黔首更始。尽为解除故罪，令皆已下矣。朕将自抚天下，（简牍正面）

吏、黔首其具行事，毋以繇（徭）赋扰黔首，毋以细物苛劾县吏。亟布。以元年十月甲午下，十一月戊午到守府。（简牍背面）

图 4.5　秦二世元年十月甲午诏书

甲盗牛,盗牛时高六尺,毄(系)一岁,复丈,高六尺七寸,问甲可(何)论?当完城旦。①

提问者在对作为盗牛犯的甲如何量刑问题上产生了疑问,是以盗窃时的身高确定刑罚还是以被羁押一年以后的身高确定刑罚?从回答来看,应该是以盗牛时的身高作为量刑的依据。

表面上看似乎是身高与刑罚上的关系问题,但实际上还是涉及年龄与刑罚的关系问题,丈量犯罪者身高的目的在于确定年龄,因为身高与年龄的关系较为明显,而身高也是易于确定的。秦律中区分成年与否的身高标准是,男性一般为"六尺五寸",见于睡虎地秦简《仓律》的规定:"隶臣、城旦高不盈六尺五寸,隶妾、舂高不盈六尺二寸,皆为小。"

回到上面的那个盗牛案,显然,从身高上看,甲盗牛时似乎还处于小的程度,而最终甲的刑罚是"完为城旦舂",轻于成年者盗牛的法定刑"黥为城旦舂"②,可见秦时年龄较小者犯罪可减轻刑罚。

(二) 主要罪名

秦刑法是以刑统罪为原则,往往将处同种刑罚的罪名归于同一律令中,秦律令中所见的罪名都很具体而不抽象,概括的罪名还不曾出现。同时,基于"法治"的原则,基本上所有违反律令的行为都会被处以刑罚,即所谓的"动辄得罪"。常见的罪名有:

1. 谋反罪

史籍记载,商鞅、李斯、赵高等最终都被定为谋反,商鞅被车裂而灭其家,李斯则被具五刑,"论腰斩咸阳市"③,赵高则被认定为有阴谋篡位的行为,被斩首并灭其三族。

2. 盗罪

盗罪为秦时常见罪行,有强盗、窃盗。律令对强盗尤为重罚,尤其是强盗中的"共盗""群盗",动辄处以黥、劓、斩左趾等残酷肉刑乃至死刑。窃盗有"宵盗""穴盗""抉钥"等,犯罪对象种类繁多,包括公私财产,如钱、牛、马、羊,甚至公祠贡品、王室祠祭品等。基于轻罪重罚的原则,窃罪无论轻重或既未遂,均要处以刑罚。如"或盗采人桑叶,臧(赃)不盈一钱"者,处以"赀徭三旬"的惩罚。但是,

---

① 睡虎地秦墓竹简整理小组编:《睡虎地秦墓竹简》,文物出版社1990年版,第95页。

② 关于秦时成年男子盗牛的法定刑可参见《奏谳书》记载的秦时"讲盗牛乞鞫"一案,成年男子讲被诬告盗牛,一审被判"黥为城旦舂",可知秦律盗牛的法定刑即"黥为城旦舂"。参见张家山汉墓竹简整理小组编:《张家山汉墓竹简〔二四七号墓〕》(释文修订本),文物出版社2006年版,第100—102页。

③ 《史记·李斯列传》。

家庭成员的父母子之间的"盗"不予以处罚,即"父盗子,不为盗"。在律令中,一般盗罪的量刑规定往往成为其他以财产确定法定刑犯罪行为的处罚标准,即所谓"与盗同法""坐赃为盗"等。

3. 杀伤罪

秦律中对杀伤行为分为"贼"与"斗"。"贼杀人""贼伤人"指杀人、故意伤害,"斗杀人""斗伤人"指斗殴引发杀伤人。律文中对此二者有严格区分,贼杀伤人的刑罚较重。还有所谓的"牧杀",即臣妾"欲贼杀主,未杀而得,为牧"①。主人擅杀、刑、髡其臣妾或父母擅杀、刑、髡其子,属于"非公室告"类案件,原则上不构成犯罪,随着国家权力的强化,开始介入家庭关系内部,以往属于"非公室告"的"擅杀子"犯罪行为,现在犯罪者也要被处"黥为城旦舂"。

(三)刑罚

秦存在多种刑罚,包括死刑、肉刑、徒刑、财产刑、迁徙刑等,其中多见徒刑与肉刑结合的复合刑罚。文献中出现的秦刑罚名称繁多,主要有:腰斩、戮、磔、弃市、腐、斩左趾、黥为城旦、黥劓为城旦、黥为城旦舂、黥颜頯、完为城旦舂、耐为鬼薪白粲、耐为隶臣妾、耐为司寇、耐为候、系城旦舂六岁、笞、赀刑、赎刑、迁等。以上所见的秦刑罚是否已经构成完整的体系,目前尚未有一致意见,一般认为秦的刑罚体系处于过渡时期。依据当时的刑罚特征,并结合现代刑罚体系的概念,这里就比较常见的几种刑罚进行了初步分类:

1. 生命刑

秦时剥夺生命的执行方式繁多且残酷,如前列的腰斩、戮、磔、弃市等,但秦律明文规定的、较为普遍的死刑主要是腰斩与弃市两种,前者是斩刑,后者是绞刑,故前者比后者更为残酷。② 但是需要指出的一点是,目前所见秦律中直接以死刑论处的罪行较少。另外还有连坐刑,如夷三族,史籍记载李斯被夷三族,这一刑罚适用于如谋反等最为严重的罪行。

2. 肉刑

秦律记载的肉刑主要有:腐刑,即宫刑;斩趾刑,即斩足刑,秦律中写作"斩止","止"通"趾",一般秦律中斩趾刑多为斩左趾;③劓刑,即割鼻;黥刑,即在面额上刺刻涂墨。

以上肉刑均为直接残害身体的刑罚,并多与劳役刑连用,如一般盗窃罪最重

---

① 睡虎地秦墓竹简整理小组编:《睡虎地秦墓竹简》,文物出版社1990年版,第111页。
② 参见张建国:《秦汉弃市非斩刑辨》,载张建国:《帝制时代的中国法》,法律出版社1999年版,第161—166页。
③ 目前秦律未见斩右趾刑的明确记载。

的法定刑是"黥为城旦舂",城旦舂是最重的一种劳役刑。其他肉刑均重于黥刑,多是作为附加刑罚存在。例如,已经被处黥刑者再犯,法定刑为黥刑的,因为无法对同一罪犯实施两次黥刑,故刑罚升级为劓刑。另外,秦律中多以"刑"特指肉刑。①

3. 耐刑

耐,即剃去面部胡须。耐刑在秦律中演变成为一种伴有劳役的刑罚总称,在秦律中适用范围很广。耐刑主要包括耐为隶臣妾、耐为司寇、耐为候等。相较上文肉刑附加劳役的复合刑罚而言,耐刑总体程度上属于轻刑行列。

4. 劳役刑与身份刑

劳役刑即剥夺罪犯的人身自由,强制其为国家服役劳作的刑罚。秦法律中劳役刑从高到低有城旦舂、鬼薪白粲、隶臣妾、司寇,同时也是犯罪者的身份,除非遇到赦令或者获得军功等特殊原因,多数情况下这些身份会跟随犯罪者的一生,因此可以说秦时劳役刑与身份刑很大程度上是合为一体的。

(1) 城旦舂,最重的一种劳役刑,男性罪犯为城旦,女性罪犯为舂。《汉书·惠帝纪》颜师古注曰:"城旦者,旦起行治城;舂者,妇人不豫外徭,但舂作米",即男性修筑城墙,女性舂米,但实际上从事的重体力劳作范围不限于以上两项。(2) 鬼薪白粲,次于城旦舂的劳役刑,男性为鬼薪,为祭祀鬼神伐木;女性为白粲,为祭祀鬼神择精米。从秦法律文献记载看,鬼薪白粲是作为特殊身份罪犯的一种替代刑罚,如"葆子"可适用鬼薪白粲,有一定优待。② (3) 隶臣妾,秦律中最为常见的劳役刑,男性犯人称为"隶臣",女性犯人称"隶妾",简单理解就是官方奴婢,身份高于鬼薪白粲、城旦舂。(4) 司寇,原义可能是侦查敌寇,后成为一种轻罪身份刑,身份低于普通百姓,高于隶臣妾。

以上几种劳役刑多与肉刑或者耐刑结合使用,如比较常见的"黥为城旦舂""耐为隶臣妾""耐为司寇",有时某些罪行秦律着重打击,就会特别规定加重处罚,就会出现"斩左趾黥为城旦"这种附加多种肉刑、劳役刑的残酷刑罚。这些劳役刑有时候也会单独适用,如所谓"完为城旦舂",完就是完好之义,表明该罪犯未受肉刑,仅仅身份变成了"城旦舂"。

另外还有一种特殊身份者,即"隐官",一般理解为某些人被实施了肉刑,因某些特定原因,被免除了上述罪犯身份,但由于身体上存有不可复原的肉刑痕迹,无法复归正常社会,当时官方将其安置在隐蔽之处。

---

① 参见〔日〕冨谷至:《秦汉刑罚制度研究》,柴生芳、朱恒晔译,广西师范大学出版社2006年版,第8—9页。
② 参见睡虎地秦墓竹简整理小组编:《睡虎地秦墓竹简》,文物出版社1990年版,第134—135页。

5. 流刑

即"迁",官府将犯罪者迁徙到边境地区,不得回迁。从效果上看,它既是一种刑罚,也是一种充实边境人口,巩固边防的举措。

6. 财产刑

主要是赀刑与赎刑。赀刑有赀甲、赀盾、赀徭等多种类型,其中最为普遍的是赀甲与赀盾。赀甲盾有一甲、二甲、一盾、二盾的轻重之分。岳麓秦简中已经出现甲盾与秦钱的换算数字,即赀一盾相当于缴纳三百八十四钱,赀一甲相当于缴纳一千三百四十四钱。①

赎刑有赎耐、赎迁、赎黥以及赎死等不同级别,相应所赎金钱数额按照被赎刑罚的轻重不同存在差异。赎刑既是独立的刑种,直接适用于某些罪行,又可作为替代刑而存在,此时其性质就变成了减轻刑罚的优待措施,后世的赎刑都是适用特殊身份者,诸如老幼残疾、有一定身份者等。

二、行政法律

秦在统一全国后有了较为齐整的行政体制架构。中央是以三公与诸上卿构成基本行政运行体制,后世多冠以"三公九卿制"的称呼。② 地方则是郡县制。秦代是以行政为核心的集权制度,在中央以皇帝为核心,在地方以郡县长官为核心,行政与司法合一,因此秦代行政法制比较完善,官吏管理制度较为齐备。

秦始皇创立皇帝专制制度,意味着皇帝掌握最高权力。中央行政机构以三公与上卿为核心架构,三公被认为是地位最为尊崇的官职,后世以丞相、大(太)尉以及御史大夫作为"三公",实际上秦时有左右丞相,而御史大夫地位逊于丞相,秦之前文献几乎没有将御史大夫归入"三公"行列的记载,大(太)尉不常设;③ 上卿包括奉常、郎中令、卫尉、太仆、廷尉、典客、宗正、治粟内史、少府、中尉等。这些高级官员既是各类政务的管理者,各有分工,同时也是最高权力者皇帝的助手。

秦代的地方行政机构在秦统一天下之后曾有分封制与郡县制的争论,后秦始皇采时任廷尉李斯的上言,彻底废除周代以来实行八百年之久的分封制,全面推行郡县制,即所谓"天下为郡县"。郡为最高一级地方机构,设郡守为长官,全

---

① 参见于振波:《秦律中的甲盾比价及相关问题》,载《史学集刊》2010年第5期。
② 所谓"三公九卿"是后世史书的概括,其官制的形成是一个发展的过程,这一称呼未必符合秦及汉初时中央官制的实际面貌。故不应拘泥于具体实数,"三公"以丞相为首,而"九卿"则是在丞相以下负责掌管实际职务的机构长官的统称。
③ 参见卜宪群:《秦汉三公九卿制度探微》,载卜宪群:《秦汉官僚制度》,社会科学文献出版社2002年版,第111—112页。

面负责一郡事务；郡丞为协助，并掌管司法事务；郡有郡尉，掌管一郡军事；另有监郡御史，掌监察事宜；从岳麓秦简记载的律令看，郡一级还设有"执法"，主要负责上计、狱政统计等事宜，执法与郡守同级。在郡之下的基层政府为县、道。县、道设有令、长，为行政长官，下属设有：丞，掌管文书与仓、狱等事务；尉，掌武事；司空，掌工程建设等事务。

秦代相应的行政法制也较为成熟。秦代以法家思想治国，法家最为强调的就是严于治吏，由此产生了严格细密的官吏日常管理与行为上的指导与规范。在睡虎地秦简中有《为吏之道》，在岳麓秦简中也有类似内容的《为吏治官及黔首》，对官吏的任用、考核、赏罚、行为规范等均有详尽要求，在秦律令中也处处可见对官吏行政的严密规范。

第五节 司法制度

一、司法机构

秦的司法机构开始有了明确的中央与地方之分，地方亦有郡县审级区分。

秦统一天下后，中央的司法官署是廷尉，李斯曾经长期担任廷尉，后升任丞相。按《汉书·百官公卿表》记载，廷尉官署的属官有廷尉正、左右廷尉监，廷尉职掌主要是审理皇帝交办的案件与地方上报的案件，并对地方的重大疑案进行审核。另外，御史大夫主负责监察百官与掌管国家典册、法律令等重要文书。据岳麓秦简的记载，负责监察的还有"执法"职官。

秦郡县的郡守、县令/长有时兼理下辖区域的司法事务，还设有"丞"，掌管司法事务，对郡县首长负责，同时分别设有各种专门官吏负责审判。秦汉基层法吏主要是县廷中的"史"，有"狱史""令史"等名目，他们在案件办理中广泛执行侦查、逮捕、搜查、查封、没收、勘验、鉴定、监狱管理等工作，并可参与审讯和判决工作。另外，最高审判机关廷尉设有"廷尉史"（或简称"廷史"），郡一级则有"卒史"，参与地方案件的复审，"都吏"也具有司法职能，中央的御史和郡里的监御史也常常涉足案件审判和监察工作，"史"是秦司法体制运行的主要执行者。

二、诉讼制度

1. 起诉

起诉分为"告"和"劾"。

"告"是百姓起诉至官府，分为公室告与非公室告，根据睡虎地秦简《法律答问》记载,贼杀伤、盗窃他人为"公室告";子盗父母,父母擅杀、刑、髡其子及奴妾,主擅杀、刑、髡其子、臣妾等涉及家庭内部事务的都属"非公室告"。只有"公室告"才会为官府所受理。"非公室告"勿听,即官府不予受理,如果有"行告"者,则要对其定罪。但是,随着国家权力增加,逐渐介入家庭内部事务,秦代可能逐渐取消了"非公室告"的限制。

"告"的情形,根据睡虎地秦简《封诊式》的记载,有"告子""告臣""自告""自出"等等。"告"还存在"告不审"或者诬告的情形。"告不审",如睡虎地秦简《法律答问》记载的例子有:"甲告乙盗牛,今乙盗羊,不盗牛。问可(何)论?为告不审。"若有人"告不审"后又以其他罪相告发的,则为"州告","州告"不予受理,且要论其"不审"之罪。

"劾",是指御史、执法或其他官吏举劾的案件,主要是涉及官吏失职、违法等案件。在《岳麓书院藏秦简(叁)》奏谳类司法文书记载的"癸、琐相移谋购案"中,郡监御史启动了"劾"的程序;《岳麓书院藏秦简(肆)》记载的《徭律》里就规定了负责"兴徭"的乡啬夫、吏主者,如果有不恰当征发徭役的情形发生,则会被处以赀二甲的惩罚,相关负有领导责任的尉、尉史、士吏、丞、令、令史等必须对该不法行为提出"劾",否则与其同罪。① 另外,官吏如果进行虚假的举劾,称为"劾人不审",构成"不直"之罪。

2. 侦查与审判程序

案件起诉至官府后,有相当缜密的审理流程进行侦查并审判。

侦查,如需要逮捕被告人,官府会派出官吏前往实施逮捕,"即令令史某往执丙"②;如需要进行勘查,则会有令史、丞前往现场,称为"诊","即令令史某往诊"③;如有需要查封,则要进行现场记录并由乡里正等作为保证人,以确保查封公正,最终形成查封爰书。

秦时案件审理的流程一般可以分为"讯""鞫""论"三个大的步骤。

"讯"即由狱吏进行讯问,具体又有"诘""诊""问"等区分,即讯问、调查、查询等。

当事人到案后,就要开始讯问,当事人的供述称为"辞",按睡虎地秦简《封诊式》的记载,讯问审查过程中需要遵循相应的"治狱"与"讯狱"规则,尽量不动用刑讯,不用刑讯而获得案件实情者为上,反之"笞掠为下,有恐为败"等等。同时还记录了询问的方法与技巧,即首先详细记录涉案人员特别是犯罪嫌疑人的口

---

① 参见陈松长主编:《岳麓书院藏秦简(肆)》,上海辞书出版社2015年版,第117页。
② 睡虎地秦墓竹简整理小组编:《睡虎地秦墓竹简》,文物出版社1990年版,第161—162页。
③ 同上书,第158—159页。

供,针对其口供内容的矛盾之处反复诘问以求得具体真相,只有在发现作供不实,蓄意欺骗的情况下,才可以依照秦律规定在刑讯时才进行"笞掠"。① 在审理过程中,需要核实当事人的信息或者进行财产查封,也会将"有鞫"文书送达当事人原籍所在县、乡,回复的文书称为"覆"。

"鞫"广义上理解就是法官通过调查审理确定事实,这一事实是定罪量刑的法律依据,因此"鞫"是审案的核心程序,由县令、丞等官员主持,对前期审讯获得的事实及法律性质进行认定,并最终确认可供判决的法律事实(即"审")。"鞫"是适用法律的前提。

"论"即"当论",即根据"鞫"程序所确认的事实,确定法律的适用,进行论处定罪,作出判决。当事人如果不服,则可提请"乞鞫",申请进行再审。

另外,还有所谓的"报",即"谳报",指案件在基层作出初步判决后,可能因事实或法律适用有疑问,向郡乃至中央廷尉上报,进行复审的程序,这一程序即"奏谳",上级必须进行回复作出最终判决。

三、司法责任制度

司法官审理案件必须依据查明的事实,准确适用律令,作出判决。司法官如果在审案过程中因故意或过失导致出现轻罪重判或重罪轻判等情形,均需要承担责任。司法官故意错判的,出现轻罪重判或重罪轻判的判决,称为"不直";出现有罪不判或判无罪的,称为"纵囚"。司法官审判时存在过失的,即"失刑"。以上情形,视其轻重,司法官需要承担赀盾乃至反坐其罪的惩罚。

司法实践当中确实存在司法官因为审判上造成"失刑罪"而被论处的例子。《奏谳书》记载了秦王政二年(前245)的"讲盗牛乞鞫案",一个叫讲的当事人因为被认定是一件盗牛案的共犯而被判处黥城旦的刑罚,后其乞鞫,上级机关重新调查发现讲是无辜的,造成这一冤案的相关责任人被认定"论失之",即判决失当,无罪而判处有罪。②

---

① 睡虎地秦墓竹简整理小组编:《睡虎地秦墓竹简》,文物出版社1990年版,第147—148页。
② 参见张家山汉墓竹简整理小组编著:《张家山汉墓竹简〔二四七号墓〕》(释文修订本),文物出版社2006年版,第100—102页。

第五章 汉朝法律

公元前202年,历经三年灭秦战争和四年楚汉战争,刘邦集团建立汉王朝,统一全国,建都长安,史称西汉。西汉末年,外戚王莽篡权,建立"新朝"(9—23)。后绿林、赤眉起义,新朝崩亡。25年,刘秀称帝,重建汉室,建都洛阳,史称东汉,直至220年被曹魏篡夺。这段时期称为"两汉"。

两汉四百年是古代政治和法律发展史上的重要阶段,各项制度在秦代的基础上进一步发展完善,经济、文化呈现繁荣局面,汉初的"文景之治"堪称中国古代的一大"盛世"。西汉前期,逐步废除或改革了秦的"苛法"如"挟书律""三族罪、妖言令""收孥相坐律",以及肉刑制度等等,在法的实施方面奉行黄老思想,定罪案件稀少,据说文帝时曾一年"天下断狱四百,与刑错亡异"[①]。到西汉中期,土地兼并严重,加之武帝连年征战,"海内虚耗,户口减半"[②],人民反抗此起彼伏。武帝任用酷吏推行"见知故纵""监临部主""腹诽"等严酷法律,一方面钳制臣下言论,另一方面督促官吏强化统治,但最后还是"扬汤止沸,抱薪救火",无济于事。武帝之后,"昭、宣、元、成、哀、平六世之间,断狱殊死率岁千余口而一人,耐罪上至右止三倍有余"[③],宣帝时曾一年"天下断狱四万七千余人"[④],汉初一度形成的社会安定局面永久地终结,法吏"深文巧诋""锻炼周纳"制造冤假错案给人民造成的荼毒也愈演愈烈。武帝还与大儒董仲舒合作,引入"春秋决狱""原心定罪""秋冬行刑"等儒家化的法律原则和制度,深刻改变了汉朝法律的内涵和价值取向。

王莽统治时期,法律秩序遭到严重破坏。东汉时期,法律进一步向儒家化发展,"春秋决狱"得以更广泛地推行,血亲复仇受到司法实践的认可;同时,统治者愈发倾向将刑狱用作政治斗争工具,严厉处理政治性案件,往往一案牵连数百至数千人之众;而随着经济发展,民事诉讼"词讼"兴盛起来,"豪富"勾结

---

① 《汉书·王贡两龚鲍传》。
② 《汉书·昭帝纪》。
③ 《汉书·刑法志》。
④ 《风俗通·正失》。

听讼官吏欺压"赢民",酿成了普遍的"冤结"现象,①加剧了东汉社会的衰败。

西汉初期的立法体系主要继承自秦代,此后通过不断的立法活动,法律的规模日益膨胀,至西汉中期达到"律令凡三百五十九章,大辟四百九条,千八百八十二事,死罪决事比万三千四百七十二事"②的庞大体量。王莽之乱破坏了汉代法律典藏,导致"旧章不存"③。东汉初期最重要的九种律篇开始以"九章律"之名著称于世④,产生了深远的影响。汉末董卓之乱中"典宪焚燎,靡有子遗"⑤,后经应劭等人整理,到曹魏制定《新律》时,尚可见到《律》六十篇、《令甲》以下三百余篇、《法比都目》九百零六卷等大量汉代法律文本⑥。魏晋之后,汉代法律逐渐散佚而鲜为人知。清末民国学者薛允升、沈曾植、杜贵墀、沈家本、张鹏一、程树德等人孜孜不倦搜辑典籍丛残,试图勾勒汉代法律的轮廓。20世纪80年代以来,陆续出土了几批汉代简牍法律和文书,使得今天的人们对汉代法律的体系、内容、沿革、实施状况等各方面的了解都大大超越了前人。

第一节 立法指导思想和法律体系

一、立法指导思想

汉朝是传统法律思想发展史上承前启后的重要阶段,其立法指导思想发生了几次大的转折:(1)政权初建时,基于对秦朝苛法速亡的反思,面对经济凋敝、国库空虚、民不聊生的现实,其整体统治思想以黄老学说为主,辅之以儒家、法家思想,"与民休息""约法省刑"。(2)经过几十年的休养生息,汉武帝即位时经济繁荣,社会安定,他急于有所作为,寻求新的统治思想。董仲舒维护大一统和专制皇权的新儒学迅速取代了黄老学说,立法指导思想开始儒家化。(3)东汉时期,儒家思想的影响渗透到社会各阶层,立法指导思想的儒家化进一步加深。

(一)西汉初期的立法指导思想——黄老学说

秦采用法家重刑主义,统一天下后十五载即短命而亡,其后多年的战争将社

---

① 参见〔日〕夫马进:《中国诉讼社会史概论》,范愉译,载徐世虹主编:《中国古代法律文献研究》(第六辑),社会科学文献出版社2012年版,第20—28页。
② 《汉书·刑法志》。
③ 《晋书·刑法志》。
④ 《汉书·刑法志》《论衡·谢短》。
⑤ 《后汉书·应劭传》。
⑥ 《晋书·刑法志》。

会拖入混乱的泥淖。汉朝建立时,社会已遭到严重破坏,人口锐减,国库枯竭,民穷财尽,统治集团被迫寻求能适应新现实的统治思想。陆贾首先尖锐地指出秦亡"乃举措暴众而用刑太极"①,向往周公时代"师旅不设,刑格法悬"②的景象,以此为基础,他向统治者描绘了"无事""无声""无吏""无民""不讼""不愁""无议""无听"的美好社会景象。汉初社会由陆贾开始倡导黄老之治,同时对儒学兼收并蓄,强调"圣人怀仁仗义,分明纤微,忖度天地,危而不倾,佚而不乱者,仁义之所治也"③。此后淮南王刘安与其门客集体撰著了《淮南子》,以道家为主,博采阴阳、儒、墨、名、法诸家之言,成为这一时期黄老学说的代表之作。

"黄老"是黄帝与老子的合称,黄老学说属于道家学派,强调清静无为、约法省刑,汉初统治者据以制定了"休养生息"的基本国策。高祖弭平大小战事后,惠帝、高后二朝"从民之欲而不扰乱"④,使得"天下晏然,民务稼穑,衣食滋殖"⑤。文帝躬行节俭,"即位二十三年,宫室苑囿狗马服御无所增益"⑥,景帝田租三十而税一,天下家给人足,财富充溢,出现了"文景之治"的盛世。汉代人描述说:"至武帝之初七十年间,国家亡事,非遇水旱,则民人给家足,都鄙廪庾尽满,而府库余财。京师之钱累百巨万,贯朽而不可校。太仓之粟陈陈相因,充溢露积于外,腐败不可食。众庶街巷有马,阡陌之间成群,乘牸牝者摈而不得会聚。守闾阎者食粱肉,为吏者长子孙,居官者以为姓号"⑦。遵循黄老学说实行的"休养生息"政策使汉朝的经济和社会发展臻于极盛。

在法律方面,鉴于秦以苛法招致"百姓怨望而海内叛"的惨烈后果,高祖初入关时即约法三章:"杀人者死,伤人及盗抵罪"⑧,法令简约。其后直至文景时期,对省约法律的讨论和实施,使汉初的法制体系一改秦时的狰狞面目,成为"因民之性而治天下"的有效途径,并对统治者提出"为威不强还自亡,立法不明还自伤"⑨的警示。

要言之,汉初的立法指导思想与其整体统治思想保持一致,依循黄老学说,追求"无为而治",提倡"清简""因循",主张约法省刑,逐渐革除秦代苛法之治,促使法律制度稳步向宽缓方向发展,为文帝、景帝时期的刑罚制度大改革创造了思

---

① 《新语·无为》。
② 同上。
③ 《新语·道基》。
④ 《汉书·刑法志》。
⑤ 《汉书·循吏传》。
⑥ 《史记·孝文本纪》。
⑦ 《汉书·食货志》。
⑧ 《汉书·刑法志》。
⑨ 《新语·至德》。

想氛围。

（二）西汉中期的立法指导思想——新儒学

在经济繁荣、秩序安定的大环境下，汉初社会也潜藏着尖锐的矛盾，并时常爆发出来造成巨大破坏。随着经济发展，诸侯积累了巨大财富，波及全国的吴楚七国之乱促使中央政权对诸侯国提高警惕；地方豪强、贵族骄纵不法，大肆兼并土地，僭越制度，对基层政权造成威胁；匈奴在北方边境不断侵扰，"和亲"政策难以为继。武帝即位之初，坐拥历经数朝积累下来的巨量财富，他感到有必要彻底结束汉初以来的"无为而治"，通过积极的进取政策全面解决这些棘手的难题，这就需要首先对统治思想进行改弦更张。

汉初黄老思想造就的不仅仅是经济民生的发展，同时也为遭受秦政压抑的诸子学术提供了宽松的环境。经过这一时期的思想者对秦的反思和汉初社会的认真分析，有利于政治大一统的儒家思想逐步进入统治者的视野，而推动这一思想变革的首要人物即是董仲舒。

董仲舒在答对武帝"天人三策"中提出："《春秋》大一统者，天地之常经，古今之通谊也。今师异道，人异论，百家殊方，指意不同，是以上亡以持一统；法制数变，下不知所守。臣愚以为诸不在六艺之科孔子之术者，皆绝其道，勿使并进。邪辟之说灭息，然后统纪可一而法度可明，民知所从矣。"①这一观点深得武帝赏识，此后武帝设立五经博士传习儒家经典，由董仲舒所推崇的新儒学逐步占据主流思想地位。

董仲舒的新儒学不是先秦儒学的简单重复，它以《公羊春秋》为主干，包容道、法、墨、阴阳等诸家思想，符合中央集权政治的需求，成为此后中央集权统治的正统思想。这一思想继承了先秦儒家的基本理念，通过对"天者，百神之大君也"②的阐述，结合"君权神授"说，确立了天子的绝对统治地位，"唯天子受命于天，天下受命于君子"③，"受命之君，天意之所予也"④。同时，董仲舒也告诫君主，天有谴告，需顺从天意，不可过于残暴，君主亦受制于天。"国家将有失道之败，而天乃先出灾害以谴告之，不知自省，又出怪异以警惧之，尚不知变，而伤败乃至。"⑤

---

① 《汉书·董仲舒传》。
② 《春秋繁露·郊语》。
③ 《春秋繁露·为人者天》。
④ 《春秋繁露·深察名号》。
⑤ 《汉书·董仲舒传》。

以"天人感应"为核心的新儒学的确立成为西汉中期立法原则"德主刑辅"的理论基础。董仲舒通过天道阴阳论证了德刑关系。"天道之大者在阴阳。阳为德,阴为刑。刑主杀而德主生。是故阳常居大夏,而以生育养长为事;阴常居大冬,而积于空虚不用之处。以此见天之任德不任刑也。"①董仲舒将德刑生杀与阳阴夏冬相作比较,要求圣人君主应当遵从天意,"多其爱而少其严,厚其德而简其刑,以此配天"②。

　　同时,董仲舒还将阴阳德刑学说引入司法领域,强调司法应顺时而行,成为"秋冬行刑"的重要理论支撑,为后世立法者所共同尊奉。唐律的"立春后不决死刑"制度,明清律的"热审""秋审"制度,均渊源于此,成为中国古代司法制度的一大特色。

　　汉武帝虽然确立了新儒学的主导思想地位,但在当时的政治现实中,多任用酷吏,实施严刑峻法。德主刑辅的理论与司法实践的矛盾,使得新儒学的地位岌岌可危。武帝去世后,汉昭帝于始元六年(前81),下令召集全国贤良文学六十余人,商讨治国之策。在会议上,桑弘羊、车千秋等就盐铁官营、对外战争、德刑关系等重大问题展开论战,儒法两家正式展开正面交锋。崇尚法治的桑弘羊虽然竭智力争,但最终所表现的无奈与窘迫预示着法家思想所受到的冷落,礼治思想日渐隆盛。盐铁会议三十年后,甘露三年(前51),宣帝召开的石渠阁讲经中,经学的统治地位得到强化,法家思想已经悄然隐退,淡出历史舞台。

(三) 东汉的立法指导思想

　　经过西汉时期经学整理活动的准备,东汉章帝颁布诏令,提出"欲使诸儒共正经义,颇令学者得以自助"③的主张,并效仿石渠阁会议,在洛阳白虎观举行经学会议,讲论五经异同。"三纲"之义在此次讲经中正式提出,并成为儒家学说的核心思想之一,进一步丰富了儒家学说的社会关系建构功能。

　　新确立的儒家纲常思想要求立法作出相应表示。律令已定,然而诏令这种异常灵活的立法形式开始大量传播新思想。白虎观会议后不久,有人杀死了侮辱自己父亲的仇人,章帝亲自判决此案,免除了复仇者的罪行。此后,官吏在遇到类似情况时,比照此案进行判决。白虎观会议后形成的《白虎通义》成为这一时期的思想准则并指导司法。

---

① 《汉书·董仲舒传》。
② 《春秋繁露·基义》。
③ 《后汉书·肃宗孝章帝纪》。

二、法律体系

（一）律

"律"在汉代法律体系中居于核心地位，是最基本的法律渊源。古人常说"汉承秦制"，汉律的结构和内容多承袭秦律而来，但又有自己的发展。汉律的制定活动主要集中于西汉初至武帝时期，这时律的篇章和内容常有较大幅度的变更。到东汉，律的体系进入相对稳定的状态，"后汉二百年间，律章无大增减"①，但律的内容仍在不断变更。汉律对后世影响深远，魏晋人称之为"律经"②，将它比拟为地位极高的经典，但传世文献和出土文献关于汉律的记载有较大差异。

1. 传世文献关于汉律的记载

根据传世文献记载，刘邦意识到秦朝的苛法是其速亡的重要原因之一，他初入咸阳城时就向关中父老宣布省约法律："杀人者死，伤人及盗抵罪，余悉除去秦法。"③此即所谓"约法三章"，是为刘邦政权立法的开端。这一举措收到了良好的效果："秦人大喜，争持牛羊酒食献飨军士。"④随着时间发展，刘邦发现"三章之法不足以御奸"⑤，于是命丞相萧何、张苍等人在秦律的基础上作《九章律》，此后该律就一直构成汉律的核心部分。据唐初人的记载，《九章律》是在所谓《秦律》六篇《盗》《贼》《囚》《捕》《杂》《具》的基础上，续增三篇《户》《兴》《厩》而成。⑥

同样据唐初人的记载，此后儒士叔孙通又补充了《律》十八篇，称为《傍章》⑦，也写作《旁章》。过去的论著如杜贵墀《汉律辑证》、程树德《九朝律考》等，多认为《傍章》即叔孙通所作的规范宫廷礼仪的《礼仪》，"与律令同录，藏于理官"⑧。此外，文帝时期还制定了单行律文《酎金律》，专门规定王侯向国家缴纳黄金的数量和成色。"酎金"即王侯向国家缴纳用以供奉宗庙祭祀的黄金。

惠帝、文帝、景帝均奉行黄老思想，并未开展大规模立法活动。至武帝时，政

---

① 《魏书·刑罚志》。
② 《汉书·宣帝纪》文颖注。
③ 《史记·高祖本纪》。
④ 同上。
⑤ 《汉书·刑法志》。
⑥ 史家对《九章律》的记述详略不一，《汉书·刑法志》载："相国萧何，捃摭秦法，取其宜于时者，作律九章"，并未述及九章各篇的名称。唐初的《晋书·刑法志》云："萧何定律，除参夷连坐之罪，增部主见知之条，益事律《兴》《厩》《户》三篇，合为九篇。"《唐律疏议·名例》则一一历数了《九章律》各篇的名称。
⑦ 《晋书·刑法志》。
⑧ 《汉书·礼乐志》。

治上内忧外患,为稳定统治秩序,乃命张汤等人修订法律,时人称为"张廷尉论定律令""张大夫革令"①。据唐初人说,张汤制定了《越宫律》二十七篇,赵禹制定了《朝律》六篇,②它们与《九章律》和《傍章》一起构成了所谓的汉律"六十篇"③。此外,武帝为进一步制约诸侯王,又制定了《左官律》《附益法》,④为了镇压盗贼行为,又制定了《沉命法》和《通行饮食法》等多部单行法规。据东汉初的《汉书·刑法志》记载,武帝时达到了"律、令凡三百五十九章"的庞大法律规模,以至于"文书盈于几阁,典者不能遍睹"。而据昭帝初期人的说法,"方今律、令百有余篇"⑤,与东汉人的追述有所不同。

总体而言,在传世文献的记载中,汉代的律以《九章律》为核心,加上《傍章》(《礼仪》)《朝律》《越宫律》,构成汉律六十篇的整体规模。

2. 出土文献关于汉律的记载

上述传世文献对汉律的记载常常互相抵牾,这是因为各文献的形成年代和方式不同,也无法避免流传过程中产生的讹误。相比之下,当代从地下出土的文献为我们提供了关于汉律的真实可靠的第一手信息,并呈现出与传世文献记载截然不同的面貌。

出土文献中的汉律主要有两种来源:墓葬的随葬品和官署的废弃文档,分为两种形态,即专门抄写或摘抄的律文和官文书引用的律文。目前已知的成篇成卷地系统抄写的汉律令都是随葬品,且都出自西汉前期的南郡/临江王国地区,主要有以下几批:

(1) 张家山 M247 汉简《二年律令》。1983 年出土于湖北省江陵县(今荆州市)张家山墓地二四七号墓(M247),抄写于吕后二年,共一卷,现存 526 枚简。全卷总题为《二年律令》,"二年"即吕后二年,篇目总计为"律令廿□种"(脱字有"六""七""八""九"等意见)。现存律篇名二十七种,令篇名一种,分别为:《贼律》《盗律》《具律》《告律》《捕律》《亡律》《收律》《杂律》《钱律》《置吏律》《均输律》《传食律》《田律》《□市律》《行书律》《复律》《赐律》《户律》《效律》《傅律》《置后律》《爵律》《兴律》《徭律》《金布律》《秩律》《史律》《津关令》。另外,同墓出土的案例集《奏谳书》也引用了几条律文。这批资料已经全部发表。

(2) 张家山 M336 汉简律令。1985 年出土于张家山墓地三三六号墓

---

① 《盐铁论》。
② 《朝律》,《太平御览》卷六百三十八引作《朝会正见律》。
③ 《晋书·刑法志》。
④ 《左官律》旨在限制诸侯国官吏的政治权力,《附益法》旨在禁止中央官员与诸侯王交通。
⑤ 《盐铁论·刑德》。

(M336)，抄写于文帝时期，共有两组。第一组是《功令》，现存 184 枚简；第二组是律令十五种，现存 372 枚简，律篇有《盗律》《朝律》等。

（3）睡虎地 M77 汉简律。2006 年出土于湖北省云梦县睡虎地墓地七十七号墓(M77)，抄写于文帝前十年至后七年间，共两卷。

第一卷总题《□律》（"□"为无法释读的字），现存 306 枚简，律篇十五种：《盗律》《告律》《具律》《贼律》《捕律》《亡律》《杂律》《囚律》《兴律》《关市律》《复律》《校（效）律》《厩律》《钱律》《迁律》。

第二卷总题《旁律》，现存 544 枚简，律篇二十四种：《金布律》《均输律》《户律》《田律》《徭律》《仓律》《司空律》《尉卒律》《置后律》《傅律》《爵律》《市贩律》《置吏律》《传食律》《赐律》《史律》《奔命律》《治水律》《工作课律》《腊律》《祠律》《赍律》《行书律》《葬律》。①

（4）胡家草场 M12 汉简律令。2018 年出土于湖北省荆州市胡家草场墓地十二号墓(M12)，现存 1500 余枚简，抄写于文帝以前，②包括律典三卷和令典两卷，各自带有目录。

律典第一卷无总题，目录记"凡十四律"，除缺少《迁律》外，律篇与睡虎地 M77 汉简的《□律》相同。律典第二卷总题《旁律甲》，目录记"凡十八律"，律篇有《朝律》《田律》《户律》《置吏律》《赐律》《市贩律》《置后律》《秩律》《均输律》《仓律》《爵律》《徭律》《行书律》《金布律》《傅律》《尉卒律》《奔命律》等。第三卷总题《旁律乙》，目录记"凡十三律"，分别为：《腊律》《祠律》《司空律》《治水律》《工作课律》《传食律》《外乐律》《葬律》《蛮夷复除律》《蛮夷士律》《蛮夷律》《蛮夷杂律》《上郡蛮夷间律》。胡家草场 M12《旁律甲》和《旁律乙》的律篇与睡虎地 M77《旁律》大多重合，也互有出入。

令典第一卷总题《令散甲》，目录记"凡十一章"，分别为：《令甲》《令乙》《令丙》《令丁》《令戊》《壹行令》《少府令》《功令》《蛮夷卒令》《卫宫令》《市事令》。令典第二卷无总题，目录记"凡廿六章"，令名有《户令甲》《户令丙》《厩令甲》《金布令甲》《金布令乙》《诸侯共令》《禁苑令》《仓令甲》《尉令乙》等。③

---

① 参见熊北生、陈伟、蔡丹：《湖北云梦睡虎地 77 号西汉墓出土简牍概述》，载《文物》2018 年第 3 期。

② 律文中有"盈"字，不避惠帝讳。

③ 参见李志芳、蒋鲁敬：《湖北荆州胡家草场西汉墓出土大批简牍》，http://www.kgzg.cn/a/554.html，2022 年 10 月 22 日访问；《胡家草场墓地首次公开简牍高清图片》，载于"古文字微刊"微信公众号 2020 年 1 月 8 日(https://mp.weixin.qq.com/s/rsrVkRBfiXgyRFPkIpw1VQ)；荆州博物馆：《湖北荆州市胡家草场墓地 M12 发掘简报》，载《考古》2020 年第 2 期；李志芳、蒋鲁敬：《湖北荆州市胡家草场西汉墓 M12 出土简牍概述》，载《考古》2020 年第 2 期。

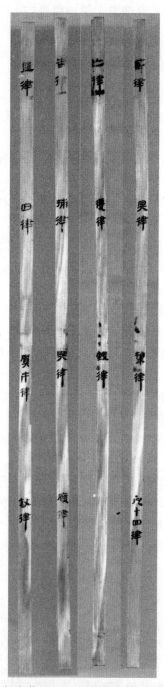

图 5.1 胡家草场 M12 汉简律典第一卷的总目录

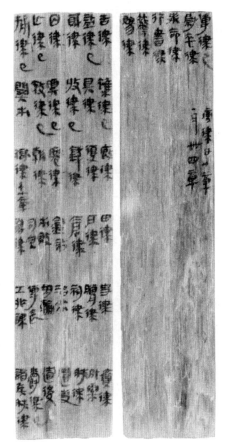

图 5.2　兔子山遗址律目木牍

除系统抄写的汉律令外,湖南益阳兔子山汉代官署遗址出土的一枚律篇目录木牍也对我们认识汉律的整体面貌有极大帮助。该木牍可能抄写于惠帝时期,共收入律篇四十四种,分为"狱律十七章"和"旁律廿七章"两大部分,其中"狱律"很可能就是睡虎地 M77 汉简的《□律》。其各律篇也与睡虎地 M77 汉简律篇接近,只是"狱律"比后者多出《收律》《朝律》二篇,"旁律"比后者多出《外乐律》《秩律》《诸侯秩律》三篇。①

出土文献中的汉律结构与传世文献的记载既可相互印证,又有明显区别,如表 5.1 所示:

---

① 参见张忠炜、张春龙:《汉律体系新论——以益阳兔子山遗址所出汉律律名木牍为中心》,载《历史研究》2020 年第 6 期。

表 5.1

睡虎地 M77、胡家草场 M12、兔子山汉简	《晋书·刑法志》
《□律》/《狱律》	《九章律》
盗、告、亡、贼、囚、捕、复、具、关市、兴、钱、杂、效、厩、迁、收、朝	盗、贼、囚、捕、杂、具、户、兴、厩
《旁律》	《傍章》
朝、秩、诸侯秩、金布、均输、户、田、徭、仓、司空、尉卒、置后、傅、爵、市贩、置吏、传食、赐、史、奔命、治水、工作课、腊、祠、赍、行书、葬、外乐、蛮夷、蛮夷士、蛮夷复除、蛮夷杂、上郡蛮夷间	叔孙通所增《律》十八篇（多认为即《礼仪》）

《晋书·刑法志》记载早期汉律由《九章律》和《傍章》构成，出土文献表明早期汉律由《□律》/《狱律》和《旁律》构成，二者大致对应。在内容上，《九章律》的律篇除《户律》外全都包含于《□律》/《狱律》中，且二者都将《盗律》等篇排在前列，除《杂律》外，二者共有各篇的排序也十分相近；在名称上，《傍章》也可与《旁律》对应。但是，《旁律》的大多数律篇在秦律中已经存在，这与《晋书·刑法志》的叔孙通增益《傍章》之说直接冲突。张建国先生曾提出《傍章》与叔孙通《礼仪》无关，而是指《正律》即《九章律》以外的律，①显然更为可信。另外，兔子山、胡家草场汉简中都已有《朝律》，因此《晋书·刑法志》关于武帝时赵禹作《朝律》的记载也无法成立。

上述各种汉律目录的年代都在文帝以前，其总数已达四十七篇，再加上不少于三十七章的令，若按照武帝、昭帝时期的"方今律、令百有余篇""律、令凡三百五十九章"来估算，则《魏书·刑罚志》关于武帝"增律五十余篇"的记载也有疑问。

除系统抄写的汉律外，兔子山汉简、居延汉简、敦煌汉简、敦煌悬泉汉简、武威汉简、张家界古人堤汉简、长沙五一广场东汉简、长沙尚德街东汉简等汉代官署遗址出土文书简牍中都可见一些零散的汉律律文，但尚未发现超出上述律目范围的律篇名。

律是汉朝最重要的法律形式，被汉代人认为是政府处理公务的基本依据，具有很强的稳定性，其效力甚至可在一定程度上对君主意志构成制约。

（二）令

令是汉代仅次于律的重要法律形式，直接源自皇帝的诏书。律的稳定性虽然满足了法律规范性质的基本要求，但随着社会不断变化，律在司法实践中的适

---

① 参见张建国：《叔孙通定〈傍章〉质疑——兼析张家山汉简所载律篇名》，载《北京大学学报（哲学社会科学版）》1997 年第 6 期。

用性必然逐渐变差,于是统治者顺应形势而不断颁布立法性质的诏书,用来调节、补充律。立法性质的诏书经官方编纂即转化为"令"。魏晋人解释说:"天子诏所增损,不在律上者为令。"①

并非所有的规范性诏书都具有立法性质,只有皇帝指示应"具为令""著为令"的立法草案,经皇帝宣布"制曰可"并下达后,才成为可反复适用的法律,并转化为"令"。汉令的数量非常庞大。综合传世和出土文献来看,汉令的篇章有的是按颁布的先后顺序来编纂的,即所谓"令有先后,故有《令甲》《令乙》《令丙》"②,目前已知的此类篇章直至《令戊》为止;有的则是按实施机构或地方来编纂的,如《少府令》《兰台令》《兰台挈令》《御史令》《御史挈令》《太尉挈令》《廷尉挈令》《光禄挈令》《北边挈令》《乐浪挈令》等;还有按规制事类来编纂的,如《功令》《秩禄令》《市事令》等。

汉律与汉令的关系一直是受人关注的问题,或认为律和令在规制事项方面存在分工,或认为令对律起到补充、解释或细化的作用,或认为二者并无显著的性质区别。但在形式上,律和令确实存在明显差异:其一,汉律只含有纯粹的规范性内容,汉令则常常保留有诏书的原始格式和对立法程序的记载,如张家山M247汉简《津关令》载:"十三、相国上内史书言:……御史以闻。制曰:可。"这些文字就是对该令文立法程序的记载。其二,汉律不带编号,而汉令的篇章有以天干编号者,如《令甲》《户令甲》等,条文则有以数字编号者(此特征类似"施行诏书"),如"令甲第六"③、"令丙第九"④、"功令第卅五"⑤、"御史令第卅三"⑥等。

"律"和"令"是汉代两种最重要的法律形式,二者常常并称,甚至合为一词,被视为法律的代名词。在汉代,官方保存的律、令文本必须书写在形制有严格规定的简册上,因此又获得了"二尺四寸之律"⑦、"三尺法"⑧的别称。

(三) 科

"科"在汉代有两种含义:一是作动词,指处罚的判处,《释名·释典艺》载:"科,课也,课其不如法者,罪责之也。"二是作名词,指法律条文,《后汉书·桓谭传》载:"今可令通义理明习法律者,校定科比",李贤注:"科谓事条,比谓类例。"作为法律形式的"科",是补充律令规定的具体法条。目前所见汉代的科有"首匿

---

① 《汉书·宣帝纪》文颖注。
② 《汉书·宣帝纪》如淳注。
③ 《续汉书·律历志》。
④ 松柏汉简。
⑤ 居延汉简。
⑥ 武威汉简。
⑦ 《盐铁论·诏圣》。
⑧ 《汉书·杜周传》。

之科"①、"亡逃之科"②,以及据称是"萧何创制"的"宁告之科"③等。

传世文献对"科"的记载不多。20世纪70年代出土的居延汉简中留存有两种关于捕、斩匈奴、反羌获得赏赐及除罪的细则规定:《捕匈奴虏购科赏》和《捕反羌科赏》,总题为《捕斩匈奴虏反羌购偿(赏)科别》,④或即汉科的实物。据同出的文书记载,它们是根据"旧制律令"制定而成的。不过,须注意的是,"科"在汉代是否确实已发展为一种独立的法律形式,目前仍有不同意见。⑤

传世文献中还可见到对"品"的描述,其含义与"科"相近,并常与"科"并称,有人认为"品"也是法律形式的一种。

(四) 比

"比"本指司法类推行为,即司法官通过比照成文法或成案来审理案件。秦代将可比照适用的成案称为"比行事",汉代则称为"比"或"决事比",汉高祖七年(前200)诏书说:"廷尉所不能决,谨具为奏,附所当比、律令以闻"⑥。随着司法类推实践的不断积累,"比"的数目急剧增加,武帝时"死罪决事比万三千四百七十二事"⑦。要注意的是,成案并不会当然获得可比照适用的效力,只有经过特定的程序才可以成为"比"。

汉代的"比"现在基本已散佚。武威汉简"王杖十简"和《王杖诏书令》两种简册所抄录的令文中引用了几条"行事",或许就是可比照适用的"决事比"。

(五) 式

秦汉时期的"式"是政府机构办理特定行政或司法事务的范式或制作行政文书的模式,多由行政机关向其下级机关下发并要求执行。目前已知的汉代的式,有敦煌悬泉汉简中的"爰书式""书言鞫所式"等。

总体来说,"律"和"令"这两种成文法在汉代立法体系中居于主体地位,是处理行政和司法事务的主要依据。"律"是具有稳定性的常法,是各种制度的基本规定。"令"来自立法性质的诏书,具有更强的灵活性和可适用性。可比照的成

---

① 《后汉书·梁统列传》。
② 《后汉书·陈忠列传》。
③ 同上。
④ 参见甘肃省文物考古研究所等编:《居延新简——甲渠候官与第四燧》,文物出版社1990年版,第492页。
⑤ 《中国法制通史》将"品"独立为与"科"并行的法律形式。但张建国认为"科"在汉代是对"比"中的事条及律、令、诏书等法律的条款的称呼,而非一种法律形式的名称。参见张晋藩总主编:《中国法制通史》(第二卷),法律出版社1999年版,第282—287页;张建国:《"科"的变迁及其历史作用》,载《北京大学学报(哲学社会科学版)》1987年第3期。
⑥ 《汉书·刑法志》。
⑦ 同上。

案"比"则是司法类推的依据,在审判中对"律""令"起到辅助作用。

(六)两汉的法律整理活动

自武帝开始,汉代的统治思想趋于严峻,"竣文决理""转相比况"等行为受到司法官吏的推崇,法网日渐严密,立法不断膨胀,给奸佞之吏提供了弄法的机会。班固在《汉书·刑法志》中生动地记载:"文书盈于几阁,典者不能遍睹。是以郡国承用者驳,或罪同而论异。奸吏因缘为市,所欲活则傅生议,所欲陷则予死比。"这种状况至宣帝时引起重视,开启了汉代第一次律令整理工作,但这次整理收效甚微,死刑定罪条数反而增加。至西汉末,法律数量和形式愈益繁杂。

东汉光武帝开始,要求整理律令、规范律令体例的呼声再起。至章帝时,陈宠、陈忠父子受命着手厘定律令,但由于陈宠希望以西周《吕刑》为样本规范律令体系,这种过于理想化的设计在庞大的律令规模面前难以实现,最终也不了了之。

由于董卓之乱导致"典宪焚燎",建安元年(196),汉朝为了保存旧制典章,应劭受命对律令进行最后一次整理。他将律令删定为《汉仪》,内容包括了《律本章句》《尚书旧事》《廷尉板令》《司徒都目》《春秋决狱》《决事比例》《五曹诏书》等共计二百五十篇。这次整理对汉代法律进行了系统化重构,为后世借鉴继承汉代法律提供了重要的文献基础。

纵观汉朝立法体系的调整,律、令不分的状况一直无法得到突破,数次修订不过是在"严"与"宽"的不同尺度之下增减律、令的数量,而未能如晋代以后那样,发展出不同法律形式在性质、功能和效力位阶上的明确分野,正如杜周所言:"三尺安出哉?前主所是著为律,后主所是疏为令。"①

第二节 刑事法律

一、刑法的基本制度

汉代逐渐建立起的一些刑法上的原则性、总则性制度对后世产生了深远影响,许多制度一直延续至唐律。

(一)刑事责任年龄制度

汉宣帝元康四年(前62)规定,八十岁以上的人犯诬告、杀、伤人以外的罪的,免除其罪责②。西汉后期又规定七十岁以上的人犯亲手杀、伤人以外的罪

---

① 《汉书·杜周传》。
② 《汉书·刑法志》。

的,即免除罪责①。东汉后期,法律规定不满八岁和八十岁以上的人犯亲手杀人以外的罪的,免除罪责②。

(二) 矜恤制度

矜恤即尊敬、同情、体谅之意。刑法上的矜恤主要针对老(年老)、小(年幼)、妇女、孕妇、侏儒、教师等对象。刑事责任年龄制度本身也是矜恤制度的重要组成部分,此外还有以下几类矜恤:

(1) 不受肉刑。惠帝规定七十岁以上、不满十七岁的人不受肉刑处罚③。

(2) 减轻刑罚。汉初规定:"女子当磔若要斩者弃市,当斩为城旦者黥为舂,当赎斩者赎黥,当耐者赎耐。"④

(3) 刑罚执行的优待。汉平帝元始元年(1)规定:"天下女徒已论,归家,顾山钱月三百"⑤,即女性刑徒在判决后可返家,以钱代替服刑。女性刑徒免刑后的"复作"劳役也较男性为轻。⑥

(4) 受刑事羁押时的优待。汉景帝后三年规定:"年八十以上、八岁以下,及孕者未乳、师、朱儒当鞠系者颂(松)系","松系"即受关押时不加械具。⑦

(5) 受刑事逮捕、传唤时的优待。西汉中后期规定,七十岁以上的人犯罪,以及七十岁以上受王杖的人犯"耐"以上的罪,官吏未经告劾不得擅自征召、侵辱。⑧ 汉平帝元始四年(4)规定,犯罪者亲属中的妇女和八十岁以上、七岁以下的人,除非其罪为"不道"或犯罪者为诏书所指示逮捕的,否则不受传唤和关押。⑨

(6) 上请减死特权。汉成帝鸿嘉元年(前20)规定,不满七岁的人犯贼、斗杀人的罪,以及应处"殊死"刑罚者,官吏应上请廷尉,经皇帝批准可减死论处⑩。

(三) 司法特权制度

张家山 M247 汉简所载律令说明有爵者享有"减""免""除""赎"等司法特权,《奏谳书》中的案例则表明拥有高级爵位者享有"上请"特权。"减"即减罪,卫宏《汉旧仪》载:"男子赐爵一级以上,有罪以减";《二年律令》规定,年满七十岁的

---

① 武威汉简《王杖诏书令》。
② 《周礼·司刺》郑玄注。
③ 《汉书·惠帝纪》《二年律令》。
④ 《二年律令》。
⑤ 《汉书·平帝纪》。
⑥ 《汉书·宣帝纪》李奇注。
⑦ 《汉书·刑法志》、居延汉简"施行诏书目录"。
⑧ 武威汉简。
⑨ 《汉书·平帝纪》。
⑩ 《汉书·刑法志》。

公士（第一级爵）以上的人及其部分亲属，以及上造（第二级爵）以上的人及其部分亲属，不受肉刑处罚。"免"即免罪；"除"即完全免除罪责；"赎"即以缴纳金钱替代应处的刑罚；"上请"即定罪量刑后不得直接执行刑罚，而须将案卷上呈给皇帝裁决。除有爵者外，一些特定人员也享有司法特权，如高祖规定"郎中"（皇帝的亲随人员）犯有"耐"以上罪的，也应上请。

（四）身份不平等

汉代的身份制度将皇帝和诸侯以外的人自上而下分为二十级爵者、无爵平民、贱民与罪人三个大的层级，在三个层级之间和各层级内部，以尊犯卑的减轻处罚，以卑犯尊的则加重处罚，如张家山 M247 汉简《二年律令》规定，"下爵殴上爵"而未造成受伤的，处"罚金四两"，与"殴同列以下"造成受伤时的处罚相同；而奴婢、鬼薪白粲"殴庶人以上"的，不论是否有伤，都要处肉刑"黥"。

（五）侵害亲属加重处罚

汉代法律沿袭秦制，对侵害亲属的行为加重处罚。汉初，此制度所针对的侵害行为有贼杀伤、谋贼杀伤、殴、詈（辱骂）等类型，其所保护的亲属种类则颇为繁杂，有父母、大父母、后母、假大母、兄、姊、父母之同产、大父母之同产、夫父母之同产、夫之同产、父之偏妻父母、妻之父母、夫之大父母、男子同产之妻等，与儒家所讲的"五服"范围出入甚多，也不尽限于尊长亲属。法律儒家化之后，这一制度又获得了新的内涵。长沙尚德街东汉木牍载："伤兄姊，加罪二等"，是此制度的一条具有代表性的规定。

（六）"亲亲得相首匿"制度

秦汉法律都注重打击藏匿亡人、罪人的"首匿"行为。秦代将藏匿亲属与藏匿一般人等同视之，至汉宣帝地节四年（前 66），对此作出重大调整："自今子首匿父母，妻匿夫，孙匿大父母，皆勿坐。其父母匿子，夫匿妻，大父母匿孙，罪殊死，皆上请廷尉以闻"[①]，其总体精神是卑匿尊免罪，尊匿卑也可体恤，这是儒家"亲亲"思想的体现。

（七）首恶从重

"首恶"即共同犯罪的首倡犯意者或领导者。处理共同犯罪时严惩首恶、宽待从犯并非秦汉法律的传统，而是儒家的主张。董仲舒在《春秋繁露》中说："《春秋》之听狱也，……首恶者罪特重，本直者其论轻"，认为《春秋》中的案件审理要注意对共同犯罪中的首恶加重处罚。从武帝时期开始，严惩首恶开始进入司法实践，如淮南王刘安谋反案中的谋士伍被，武帝本想免除其死罪，但张汤认为：

---

① 《汉书·宣帝纪》。

"被首为王画反计,罪无赦",于是将伍被处死;间接造成齐王自杀的主父偃,武帝本也无处死之意,但公孙弘提出认为"偃本首恶,非诛偃无以谢天下",最终也处死罪。汉宣帝时,楚王延寿致书广陵王胥,意图与之相约谋反,宣帝"下诏书无治广陵王,独诛首恶楚王"①。

图 5.3　山东嘉祥武氏祠"七女为父复仇"画像石

（八）宽待复仇

汉代法律并未明文对复仇行为作出特别规定,但随着法律儒家化的加深,儒家赞许亲族复仇的思想逐渐影响司法实践。东汉时期往往对亲族复仇行为减免处罚,并演变成事实上的法秩序,成为唐律以后复仇减刑制度的先声。②

二、犯罪

汉代的犯罪类型比较驳杂,以下择其要者介绍。

（一）危害政权和君主的犯罪

1. 反和谋反

"反"即反对汉朝政权,"谋反"即"反"的预谋行为。张家山 M247 汉简《二年律令》规定:"以城邑亭障反,降诸侯,及守乘城亭障,诸侯人来攻盗,不坚守而弃去之若降之,及谋反者,皆要斩。其父母、妻子、同产,无少长皆弃市。"这一规定明确了"反"和"谋反"的法定刑为最高刑等的"夷三族"。汉代人常将"谋反"和

---

① 《史记·三王世家》。
② 参见牧野巽:《汉代的复仇》,载杨一凡总主编:《中国法制史考证（丙编）》（第一卷）,中国社会科学出版社 2003 年版,第 434—501 页。

"大逆无道"并列为两种恶性最重的犯罪,如王充说:"王者大恶,谋反、大逆无道也。"①

2. 大逆

"大逆"指侵害皇帝的人身、名誉、统治权的行为,多适用死刑,且一般不得赦免。其常见的行为有"怨望""祝诅""谋废立"等等。

3. 不敬和大不敬

"不敬"指对皇帝或诸侯礼节上的冒犯。如成侯董朝"为济南太守,与成阳王女通,不敬,国除",戚侯季信成"坐为太常,纵丞相侵神道壖,不敬,国除"②。长沙尚德街东汉木牍记载:"上书言变事不如式,为不敬","天下有服,禁不得屠沽,吏犯,不敬"。程度更重的"不敬"即构成"大不敬",如长沙尚德街东汉木牍记载:"对悍使者,无人臣礼,大不敬","惊动鬼神,大不敬","上书绝匿其名,大不敬","漏泄省中语,大不敬",都是对皇帝的直接且严重的冒犯。"大不敬"一般应处死罪,如丞相申屠嘉指责文帝宠臣邓通说:"通小臣,戏殿上,大不敬,当斩。吏今行斩之。"③

4. 帮助诸侯危害汉朝

汉代实行郡—国二元行政体制,汉朝郡县与分封的诸侯国并立。从汉初开始即立法防范诸侯势力。张家山汉简《二年律令》和《奏谳书》所载的一条汉初律文规定:"从诸侯来诱及为间者,磔。"该规定意为引诱汉朝人民去往诸侯国的,以及为诸侯在汉朝开展间谍活动的,要处以严重的死刑"磔",反映了汉初中央与诸侯的紧张关系。

5. 左官、附益、阿党

景帝平定"吴楚七国之乱"后至武帝时期,又制定了一系列法律,继续消解诸侯对中央政权的潜在威胁。汉代朝位"尚右",离开中央至诸侯国任职,类同降级,故称为"左官"。汉武帝制定"左官之律"禁止左官,以杜绝诸侯王利用汉朝旧臣危害汉朝。"附益"指汉朝大臣结交诸侯王,协助其取得不法利益。"阿党"指诸侯国的傅相与诸侯王私结为党,明知诸侯犯罪而不举奏,"诸侯有罪,傅相不举奏,为阿党"④。傅相是由中央任命、监视、控制诸侯王的官吏。通过对这些行为的限制,可以孤立、打击诸侯王,削弱其势力。

在遭受景帝、武帝的多次立法打击之后,诸侯势力衰微,"自吴楚诛后,稍夺

---

① 《论衡·雷虚》。
② 《史记·高祖功臣侯者年表》。
③ 《史记·张丞相列传》。
④ 《汉书·高五王传》颜师古注。

诸侯权,左官、附益、阿党之法设,其后诸侯唯得衣食租税,贫者或乘牛车"①。

(二)危害社会治安的犯罪

1. 不孝

秦律建立了一套惩处"不孝"的法律制度,即在父母的告发和请求(谒杀)下,应对"不孝"者处死刑,但年老者的告发则须经过"三环"程序才能被受理,此制为汉朝所继承。张家山 M247 汉简《二年律令》规定:"……及父母告子不孝,皆弃市。其子有罪当城旦舂、鬼薪白粲以上,及为人奴婢者,父母告不孝,勿听。年七十以上告子不孝,必三环之。三环之各不同日而尚告,乃听之。"与秦制的不同之处在于,汉代的"不孝"可以由奴婢对主构成,范围较秦代为广,《奏谳书》中有主错告奴"不孝"的案例。

2. 杀伤

杀伤类犯罪在汉代法律上分为"贼""斗""过失""戏"等形态,其中"贼"的预谋行为称为"谋"或"谋贼",意欲贼杀父母则称为"牧杀"。张家山 M247 汉简《二年律令》规定,贼杀和斗杀应处"弃市"死罪,过失杀和戏杀则处"赎死"之罪,贼伤处"黥为城旦舂"之罪,斗伤处"完为城旦舂"或"耐"罪,过失伤和戏伤无罪,谋贼杀伤适用与贼杀伤相同的规定。

3. 盗

"盗"泛指各类非法谋取经济利益的行为,普通的"盗"即偷盗,在张家山 M247 汉简《二年律令》中,普通盗罪的量刑以赃值为标准划分为五等。此外还有"强盗""攻盗""群盗""盗杀伤"等种类。法律又规定,一些其他种类的犯罪所涉及的财物也要被视为"赃",并按照"盗"来论处该犯罪,这种情形称为"坐赃为盗",是为唐律"六赃"中"坐赃"的"远祖"。

(三)官吏的职务犯罪

汉朝的政治非常重视对官吏的管理,官吏的贤能与否,直接影响国家政治的得失。在手段有限的选官制度面前,统治者更加重视通过法律手段对官吏的监督和制约,希望通过这种手段提高官吏奉公守法的自觉性。对此汉代统治者不仅制定了《上计律》等专门法律,还在其他法律中制定了有关官吏犯罪的处罚规定。

1. 贪污受贿

汉朝法律所惩处的贪污受贿犯罪类型较多,最重要的是"受所监"和"受赇枉法"。"受所监"指官吏接受被管理者或所监临者的饮食、财物等;"受赇枉法",即

---

① 《汉书·高五王传》。

官吏接受有偿请托而为枉法行为。

2. 错误审判

汉朝法律所惩处的错误审判行为有"鞫狱故纵""鞫狱不直""诊、报、辟故弗穷、审""论而失"等类型，其程序（"鞫""论""报"）、主观心态（"故""失"）及错误的后果（出罪或入罪）各有不同。

"鞫狱不直"指审理案件时故意入罪，也就是使嫌疑人无罪变有罪、轻罪变重罪；"鞫狱故纵"则是故意出罪，使嫌疑人有罪变无罪、重罪变轻罪。武帝时"缓深故之罪，急纵出之诛"①，减轻对故意入罪的处罚，加强对故意出罪的打击。

3. 选举不实

汉代的官吏任用实行"选举法"，即由地方官向上级推举本辖区内"德行"出众之人出任官吏。为了打击选举过程中的弄虚作假行为，汉代规定了"选举不实"的犯罪，凡推举人才不符合实情的，推举者要处以免官之罚。

（四）思想言论犯罪

秦汉统治者一直倚重刑罚来钳制人民和臣下的思想言论。汉代的思想言论犯罪行为主要有"诽谤""腹诽""妖书妖言""非所宜言"等。"诽谤"即以言论指责国家的政策、制度、法律等行为；"腹诽"即不说话而在腹中诽谤，发端于武帝时张汤对政见与己不合的大司农颜异的构陷；"妖书妖言"指写作并传播与统治者思想不一致的文章或言论；"非所宜言"指言语失误，说了不该说的话，在定罪上具有极强的随意性。

三、刑罚

汉初国家草创，崇尚简易，未开展实质性的制度革新，刑罚体系基本沿袭秦制。经过数十年的"休养生息"，经济发展、社会稳定，人们开始感到刑罚过于残酷。文帝、景帝时期，开展了一系列的刑罚改革，建立了汉朝自己的刑罚体系，并沿革至后世。

（一）汉初沿袭秦制的刑罚体系

1. 死刑

死刑主要有两种，轻者为"弃市"，重者为"腰斩"。弃市意为"刑人于市，与众弃之"②，即在市场上处死，以实现公示效果。弃市的执行方式应为"绞"。③ "腰斩"即从腰部斩断，其刑具为"斧"和"质"（垫在犯人身下的木块）。此外，还有

---

① 《汉书·刑法志》。
② 《礼记·王制》。
③ 参见张建国：《秦汉弃市非斩刑辨》，载《北京大学学报（哲学社会科学版）》1996年第5期。

"磔"(张开身体处死)和"枭首"(斩首并高悬示众),但仅用于反、间等极其严重的罪行。斩断身体的"腰斩"和"枭首"又称为"殊死",①由于不能留全尸,其惩罚性尤为严重。还有称为"夷三族"的残酷死刑,即犯罪者本人处腰斩,其父母、妻子、子女、兄弟姐妹则处弃市。

2. 身体刑和身份刑的结合

身体刑包括仅处理毛发的"耐"和"完",以及"断支体、刻肌肤"的肉刑,即"黥""劓""斩左止""斩右止""腐"。身份刑是终身的身份减等,并须为国家服特定劳役,其刑种自轻至重分别为:"司寇""隶臣妾""鬼薪白粲""城旦舂"。身体刑和身份刑必须结合起来适用,如"耐"在法律未明确其身份刑时,即指"耐为司寇"。

图 5.4 山东诸城东汉画像石"髡笞图"

---

① 参见张建国:《秦汉弃市非斩刑辨》,载《北京大学学报(哲学社会科学版)》1996 年第 5 期。

3. 罚金刑和赎刑

罚金即罚缴黄金,有"一两""二两""四两"三等。赎刑即以缴纳黄金来免除法定刑,其缴纳数量远高于罚金刑,仅适用于法律明文规定可赎的犯罪。

4. 迁刑

即强制性的永久迁徙,相当于古书和后世的流刑。

5. 作刑

即有期间的强制劳动,根据劳动场所的不同,可分为"作官府""作县官"等种类。

6. 附加刑

有"收"(没收包括妻、子、奴婢在内的财产)和"锢"(不得免罪)等刑种。文帝二年(前178),"尽除收律、相坐法"①,《收律》和连坐制度被同时废除,但此后仍存在类似"收"的"没入为官奴婢"刑罚,连坐的废除也不彻底。

简言之,汉初基本沿袭了秦代的刑罚体系,其调整都是局部的。

(二) 文帝、景帝的刑罚制度改革

汉朝刑罚制度在文帝、景帝时期发生了一系列变革,如文帝废除了收孥(即"收")和宫刑(即"腐"),景帝将犯罪应处"磔"的改处"弃市"。但真正具有决定意义的彻底变革,还要属"除肉刑"系列改革。

据《汉书·刑法志》记载,汉文帝前十三年(前167),齐国太仓令淳于意有罪应处肉刑,文帝诏狱逮赴京城,小女儿缇萦随父亲至长安城,向文帝上书请求没收自己为官婢,以换取免除父亲的肉刑,给予其改过自新的机会。文帝大为感动,认为肉刑给受刑者带来的只是终身无法停止的折磨,无助于改正,于是指示丞相张苍、御史大夫冯敬等大臣集议,制定废除肉刑的法律,由此拉开了文景"除肉刑"系列改革的序幕。

此系列改革分三次进行,文帝进行了一次,景帝进行了两次。文帝的改革为:

> 诸当完者,完为城旦舂;当黥者,髡钳为城旦舂;当劓者,笞三百;当斩左止者,笞五百;当斩右止,及杀人先自告,及吏坐受赇枉法,守县官财物而即盗之,已论命复有笞罪者,皆弃市。罪人狱已决,完为城旦舂,满三岁为鬼薪白粲。鬼薪白粲一岁,为隶臣妾。隶臣妾一岁,免为庶人。隶臣妾满二岁,为司寇。司寇一岁,及作如司寇二岁,皆免为庶人。其亡逃及有罪耐以上,不用此令。前令之刑城旦舂岁而非禁锢者,如完为城旦舂岁数以免。②

---

① 《汉书·刑法志》。
② 同上。

其主旨有二:(1)废除肉刑,改换为"髡钳"(处理毛发并在颈部加铁械具);(2)使罪犯经过一定年限后复免为平民,即废除无期的身份刑,改为有期的劳役刑。这就从整体上瓦解了沿袭自秦代的刑罚体系。

但是,文帝的改革并不彻底,罪犯逃亡或再犯应处耐以上罪的,仍要服终身的身份刑。改革也有其暴虐的一面,比如原先当斩右止的,以及因杀人先自告等三种犯罪被判决后又犯笞罪的累犯,都加重为死刑;而且笞的数量巨大,受罚者难以幸存,几乎与死刑无异。因此,汉代人评价这次改革说:"外有轻刑之名,内实杀人"①,相当中肯。

为了真正实现改革的初衷,景帝即位当年(前156)即下诏:"加笞与重罪无异,幸而不死,不可为人。其定律:笞五百曰三百,笞三百曰二百。"中六年(前144)又下诏:"减笞三百曰二百,笞二百曰一百。"同年又制定了关于"笞"的刑具的细则规定《箠令》:"箠者,箠长五尺,其本大一寸。其竹也,末薄半寸,皆平其节。当笞者,笞臀。毋得更人,毕一罪乃更人。"②这样才使"笞"真正具有相对于肉刑的"轻刑"效果。

表5.2 "除肉刑":改肉刑为髡钳和笞

改革前	文帝前十三年	景帝元年	景帝中六年
当完者	完为城旦舂		
当黥者	髡钳为城旦舂		
当劓者	笞三百	笞二百	笞一百
当斩左止者	笞五百	笞三百	笞二百
当斩右止者	弃市		

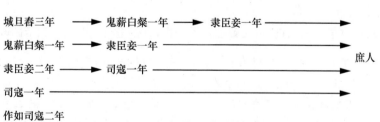

图5.5 "有年而免":改身份刑为有期劳役刑

---

① 《汉书·刑法志》。
② 同上。

经过"除肉刑"系列改革,肉刑和身份刑基本消失,肉刑被"髡钳"和"笞"取代,各种身份刑转变为有期劳役刑,再加上变化不大的死刑、迁刑,经过魏晋南北朝时期的沿革,至隋唐时期终于形成了"笞、杖、徒、流、死"的五刑体系。

图 5.6　山东临沂东汉画像石"执刑图"

改革后的有期劳役刑仍要与身体刑(仅处理毛发)结合适用,具体的刑种有"髡钳城旦舂""完为城旦舂""耐为鬼薪""耐为隶臣""耐为司寇"等,这些新型的结合刑有时被统称为"耐罪",相当于后世的"徒罪"。其中"髡钳城旦"也简称为"髡钳"。城旦中罪行较重者,还要处以足部加铁械具的附加刑,分为"釱左止""釱右止"二种。

图 5.7　汉景帝阳陵刑徒墓出土的铁械具"钳"和"釱"

有期劳役刑的服刑者称为"徒"或"刑徒",他们是各种大型土木工程的重要劳力来源,其劳役是极为沉重的,常常发生非正常死亡甚至被故意杀害,在西汉景帝阳陵和东汉洛阳故城遗址附近,都发现了集中埋葬的简陋的刑徒墓地。刑徒因赦令等原因被免刑后,仍须为国家服一定期间的劳役才可完全复免为民,这种制度称为"复作"。另外,还有一种解除刑徒的铁械具和囚服的优待制度,称为"弛刑"。

图 5.8　洛阳出土的东汉刑徒墓志砖
注：砖铭记载："右部无任南宛髡钳陈便，永初元年五月廿五日物故，死（尸）在此下。"

第三节　司法制度

一、司法机关

汉代的司法机关在中央由皇帝、廷尉、丞相和御史大夫组成，在地方上一般由地方行政长官兼理司法。

（一）中央司法机关

中央集权制社会中，皇帝统揽国家管理中的所有权力。在司法审判中，皇帝拥有最高司法审判权。此外，皇帝还时常亲自参与疑难案件的审理工作。

廷尉是中央最高司法官。原系秦官，汉代沿袭，属于九卿之一，地位非常重要。在两汉的历史中，廷尉组织不断强化，职能不断完善。其主要职权有：一是审判公卿和二千石官吏的罪案；二是审判高级军官违犯军法的案件，汉代军事案件属于专门管辖的范围；三是受理地方移送的疑难案件，廷尉的判决结果可转化为"比"，此后类似案件的审理皆可比附判决；四是审理皇帝直接交办的案件。可见廷尉一职事繁权重，中央政府对廷尉人选非常重视。

丞相、御史大夫皆属汉代三公，政治地位最高，仅次于皇帝。除日常国家行政管理权之外，他们也参与司法。他们对于中央和地方百官都有举劾之权。此外，还要调查审讯皇帝交办的案件，对涉及诸侯和高级官吏的案件定罪量刑。

(二) 地方司法机关

汉初地方司法机关沿袭秦制,分为郡县两级,郡的长官郡守、县的长官县令兼任地方最高司法官,拥有对地方司法事务的审理监督之权。汉武帝时为了加强对地方的监督和控制,在全国设立了十三部刺史,掌控了对下级郡县的监督权。东汉后期,刺史所辖之州逐渐成为凌驾于郡之上的地方行政机关,州、郡、县三级体制形成,州刺史/州牧、郡守、县令成为各级司法主官。三级之间的审判权限并未明确区分,案件一般由县级司法机关受理,郡、州司法上的职权更多落实在对已经审判完结的案件进行监督、复核,或审理判决下级司法机关上报的疑难案件。

图5.9　内蒙古和林格尔汉墓壁画中的东汉护乌桓校尉府,可反映汉朝行政官署建筑的布局

二、诉讼程序

传世文献中汉律散佚已久,但20世纪80年代在湖北江陵张家山出土的《奏谳书》比较完整地保留了西汉诉讼审判制度的概貌。

(一) 诉讼的提起

汉代提起诉讼称为"告劾"。"告"即"下告上",是由吏民向官府检举、揭发、告诉违法犯罪行为,同时也包括当事人自己向官府提出的控告行为。"劾"即"上告下",是官府的官吏依职权向官府提出诉讼的行为,即"举罪曰劾"。

此外,汉朝允许鼓励自首行为,逃亡者自动投案称为"自出",自动告发己罪则称为"自告",两种自首法律都规定可减免处罚,如张家山M247汉简《二年律令》记载:"诸亡自出,减之","罪人自出,若先自告,罪减",《汉书·淮南衡山济北王传》记载:"先自告除其罪"。

汉律在规定当事人的告诉行为的同时,对诉权作出诸多限制:一是不许越级诉讼。汉代一般案件均由县级司法机关受理,限制越级诉讼。二是限制亲属之间的诉讼。根据"亲亲得相首匿"的原则,禁止卑幼控告尊长。三是诬告反坐。汉代沿用秦制,严格禁止故意以不实之语陷害诬告行为,并实行反坐处罚。至汉宣帝时,对八十岁以上老人的诉讼规定中仍旧禁止诬告:"诸年八十以上,非诬告杀伤人,它皆勿坐。"[①]

(二) 审理判决

汉代案件审判过程由多个阶段构成,包括"讯""辞服""具狱""读鞫"等。

"讯"即法庭调查阶段,讯问的对象既有被告,也有证人和原告。讯问的内容需要记录在案,称为"辞"。"辞"既包括被告的供词也包含证人的证词。由于时代问题,证据取得手段有限,"辞"成为立案、定案和结案的重要参考依据,采用形形色色的严刑酷法拷问囚犯的情况屡见不鲜。"掠治"即为汉代的刑讯,刑讯的过程中,仍然以"五听"为基本方法取得被告人的口供。取得被告人及证人原告一致的口供称为"辞服","辞服"是定案的前提。

"具狱"是汉代地方司法机关在审理案件过程中所形成的文字材料的汇总。汉代规定,县、郡等司法机关审理的案件中,如有大案(如杀人案)或疑案,则须将具狱向上级司法机关汇报。具狱也成为记录案件的基本档案资料,不可缺少。《汉书·于定国传》中记录了于定国对已经审理完结的案件心生疑惑,上具狱奏

---

① 《汉书·刑法志》。

报的情况。对于死刑案件,汉朝更加严格地规定了"每冬月封具狱"①,这一制度从三国延续至隋唐,完善为死刑奏报制度。

"读鞫"即宣读判决,是司法审判的最后环节。案件调查结束后,审判官对所审理取得的犯罪事实进行归纳,并引用相关的法律确定罪名,决定刑罚。

(三) 乞鞫

当事人或其家属对已经审结的案件不服,请求重新审理,称为"乞鞫"。"狱结竟,呼囚鞫语罪状,囚若称枉,欲乞鞫者,许之。"②汉律对乞鞫有时间限制:"徒论决满三月,不得乞鞫"③,意思是徒罪判决满三个月后,不能再乞鞫。这说明汉朝乞鞫的期限是三个月,超过此限,不允许请求复审。

(四) 奏谳和报

在张家山汉简《奏谳书》中可以发现,除了基本司法程序外,还有"奏谳"和"报"。

汉朝的"奏谳"是一种疑难案件上报的制度。汉高祖时正式确立了这一制度。"高皇帝七年,制诏御史:'狱之疑者,吏或不敢决,有罪者久而不论,无罪者久系不决。自今以来,县道官狱疑者,各谳所属二千石官,二千石官以其罪名当报之。所不能决者,皆移廷尉,廷尉亦当报之。廷尉所不能决,谨具为奏,傅所当比律令以闻。'"④这份诏令规定的奏谳程序是逐级谳报:县有疑难案件谳报至郡守,郡能决断的当决断,不能决断的谳报至中央廷尉,廷尉仍无法裁决的则上奏皇帝,所有的谳报需要附上书面审讯记录,以及可以比照判决的案例或相关律令条文,以供参考。奏谳制度是为解决疑难案件而设立的,同时也对地方审判官提出更高的要求。《奏谳书》中有这样一起案件:隐官解娶了女子符,符是逃亡之人,被原来的主人发现诉至官府。官府按照逃亡人的规定处罚了符。但如何处理解,司法官之间产生了争论。县府将此案作为疑狱上谳,上级回复如下:"廷报曰:娶亡人为妻论之,律白,不当谳。"意思是:娶逃亡女子为妻应当定罪处罚,这在法律中明确规定了,不应当上谳。这种奏谳制度对案件的审慎处理具有较高的价值。

"报"指上级司法机关对奏谳的回报,是案件的最终生效判决。奏谳机关在收到"报"之后可立即执行该"报"的法律适用指示。

---

① 《汉书·杜周传》。
② 《史记·夏侯婴传》注。
③ 《周礼·秋官·朝士》郑玄注。
④ 《汉书·刑法志》。

三、春秋决狱

西汉中期,儒家思想正统地位的确立,不仅对国家指导思想、国家政策影响深远,也对司法产生了巨大的影响。春秋决狱就是这一时期受儒家思想影响而产生的一种制度。这一制度兴起于西汉,发展于魏晋,随着唐律的制定和实施逐步弱化消失。

（一）春秋决狱的兴起

春秋决狱,又称"经义决狱""引经决狱",是西汉武帝时期董仲舒提出的一种用儒家思想指导判决的审判方式,由于实践中所援引的儒家经典以《春秋》及其传、注最为普遍,故"春秋决狱"之名流传最广。除《春秋》外,《诗》《书》《礼》《易》也是汉代常常用作审判依据的经典。春秋决狱要求司法官在疑难案件的审判中,引用儒家经典的义旨分析案情、解释法律,它既是儒家思想直接影响司法实践的方式,也是中国传统法律儒家化的重要内容。

董仲舒是春秋决狱的倡导者和实践者。《汉书·艺文志》记载有"《公羊董仲舒治狱》十六篇",《后汉书·应劭列传》载:"董仲舒老病致仕,朝廷每有政议,数遣廷尉张汤亲至陋巷,问其得失。于是作《春秋决狱》二百三十二事。"从现存的董仲舒《春秋决狱》案例看,它具有很强的实务性和指导性,可见该书是以当时的真实案件为基础,比附经义而成的。《春秋》是孔子修订的鲁国编年史,儒家认为它的书写体现了孔子的"微言大义",将之赞许为"上明三王之道,下辨人事之纪,别嫌疑,明是非,定犹豫,善善恶恶,贤贤贱不肖"的"礼义大宗"①。战国儒家以注解《春秋》为形式撰著的《公羊传》《谷梁传》,对《春秋》的"微言大义"作了翔实的阐发,其中《公羊传》在西汉初期流传甚广,影响巨大,董仲舒便是公羊派传人,故其《春秋决狱》以《公羊传》作为主要依据,因此又称为《公羊董仲舒治狱》。

（二）春秋决狱的方法和影响

董仲舒提出:"《春秋》之听狱也,必本其事而原其志;志邪者不待成,首恶者罪特重,本直者其论轻。"②意思是:《春秋》一书中的案件审理,都以犯罪事实为基础,同时考察行为人的主观动机;如果行为人的动机不纯,即使案件没有发生,也要对其加以处罚;共同犯罪中首倡者要特别加重处罚;如果行为人没有主观恶意,即使有犯罪行为,也可以从轻处罚。这成为春秋决狱的基本原则。

盐铁会议时,再次对春秋决狱的方法进行了深入讨论,最终一言以蔽之:"故

---

① 《史记·太史公自序》。
② 《春秋繁露·精华》。

《春秋》之治狱,原心定罪:志善而违于法者免,志恶而合于法者诛。"[1]这是对董仲舒的春秋决狱的再次归纳:春秋决狱的核心原则在于"原心定罪"。在哀帝时的薛况伤人案的审理中,"原心定罪"原则得到了典型的体现。

哀帝即位之初,博士申咸诋毁丞相薛宣不孝,薛宣之子薛况知情后,收买杨明在宫门外砍伤申咸面部。案件由朝廷议罪,辩论双方都运用"原心定罪"的原则,从不同的角度展开讨论。御史中丞根据《春秋》"意恶功遂,不免于诛"的经义,主张薛况为首恶,杨明则为实施者,犯罪既遂,"功意俱恶",且在宫门外犯罪,二人俱为大不敬,杨明应从重,与薛况一并论处弃市。廷尉引汉律规定,以刀刃贼伤人,应处髡钳为城旦、笞一百,与谋者同罪;又引《传》文,认为对待他人不义而被打伤的,应与伤人者同罪,因其行为"不直",申咸宣扬薛宣之恶即为"不义""不直";薛况伤害申咸,是因父亲受诽谤而发怒,没有其他大恶,其情可原,故杨明、薛况应以刀刃贼伤人律,以爵减罪,处完城旦。

春秋决狱是汉代人纠正秦以来机械适用法律的严重问题的重要尝试,是司法理念进步的成果。但是,它过分强调主观动机,儒家经义本身也难以成为客观、明确、确定的原则或规则,这就为司法官吏附会经义、肆意弄法提供了机会和借口,又形成了新的流弊。

春秋决狱在汉代盛行一时,至魏晋风气尤盛,如北魏太武帝时,"有司断法不平,诏诸疑狱皆付中书,依古经义论决之"[2]。直到唐朝,唐律颁布,礼法完全结合,儒家经义完成了对律令的改造,春秋决狱逐步消亡。

四、录囚和秋冬行刑

录囚,"录"读为"虑",指皇帝、中央司法机关或上级司法机关通过审录囚徒,对已经审结的案件进行复核,并通过这种复核监督下级司法机关的司法工作。这一制度带有司法监察性质,可以平反冤狱、督促司法、监督官吏。录囚制度始于西汉,武帝设州监督地方,州刺史或郡太守"常以八月巡行所部郡国,录囚徒"[3],即每年定期巡视辖区内的囚徒,平理冤狱。至东汉时,皇帝也亲自参与录囚,汉明帝时"车驾自幸洛阳狱,录囚徒,理出千余人"[4]。

汉朝的录囚制度对于规范司法、监督基层司法公正、平决冤狱、统一法律的适用起到了重要的作用。这一制度在魏晋南北朝被广泛适用,至后世也多有

---

[1] 《盐铁论·刑德》。
[2] 《魏书·刑罚志》。
[3] 《续汉书·百官志》。
[4] 《后汉书·第五锺离宋寒列传》。

沿用。

秋冬行刑是指中国古代将死刑的执行安排在秋冬两季进行的制度。这一制度的思想早在先秦已经出现,《周礼·秋官》有载:"狱讼成,士师受中,协日刑杀",《礼记·月令》有载:"仲春之月……毋肆掠,止狱讼","孟秋之月……命有司修法制,缮囹圄,具桎梏",《左传·襄公二十六年》有载:"赏以春夏,刑以秋冬",都是直接的体现。战国时期的阴阳家也认为,春夏万物萌发,生长茂盛,与赏庆类活动相得益彰,而进入秋冬,万物肃杀,正是实施刑罚的好时节。董仲舒将阴阳思想杂糅进儒家思想中,在提出国家统治思想时也将这种思想贯彻实施。桓宽认为"春夏生长,利以行仁。秋冬杀藏,利以施刑"[①]。因此,汉代法律规定,死刑要待秋冬之后才能处决。此后成为定制。

唐以后,死刑执行的管理制度越来越严格,至明清形成了秋审、朝审等大典形式的制度。一般认为,这些制度都是对录囚和秋冬行刑的继承和吸收。

---

① 《盐铁论·论灾》。

第六章 魏晋南北朝法律

从220年曹丕称帝开始,至589年,中国历史进入第二次大分裂大动荡的时期。其间经历了三国(魏、蜀、吴)、两晋(西晋、东晋)、南朝、北朝等诸朝代。除西晋曾有过短暂统一外,魏晋南北朝长期处于分裂动荡时期,政权迭起。豪寒之别、民族冲突、儒学发展等成为这一时期的特点。

这一时期,魏晋两朝在秦汉法制的基础上进一步发展和完善。《魏律》和《晋律》在中国法制发展史上占有重要地位。南朝和北朝在立法上总体来说"北优于南"。南朝崇尚清议,主要沿用《晋律》,在法制上少有创新。北朝是少数民族政权,为稳固中原地区的统治,北魏、北齐、北周在立法方面表现突出。《北魏律》兼采魏晋律,《北齐律》和《北周律》在《北魏律》的基础上进一步完善和发展,为后世隋唐法律的发展奠定了基础。

总体上,这一时期各个朝代比较重视通过立法维护统治,在前代立法的基础上总结法治的经验与教训,探索立法和司法的发展规律。因此,这一时期各个朝代立法频繁,律学发达,儒家思想逐步与法律融合,礼法结合,成为中国传统立法逐步完善的过渡阶段。

第一节 魏晋南北朝的法律思想与立法

东汉末年,天下大乱,拉开了魏晋南北朝时期的序幕。在这几百年的乱世之中,华夏文明发生了不少的变化,法律自然也不例外。

在法律思想方面,魏晋时期法家思想、玄学思想等相继而起,对儒家正统法律思想产生了一定的冲击。但在这些思想的冲击之下,儒家思想不仅没有失败,反而通过法律儒家化进一步确立了自己的正统地位。至隋唐最终确立了以儒家思想为绝对主导的法律思想,并将这种法律思想传播至周边其他国家,形成了为人所熟知的中华法系。

在立法方面,魏晋南北朝时期朝代众多,制定了大量的律令,其中有些律令散落在历史的尘埃之中,难以识得;有些在史料记载中语焉不详。陈寅恪在《隋唐制度渊源略论稿》中谈道：西晋建立后，"其所制定之刑律尤为儒家化，既为南朝历代所因袭，北魏改律，复采用之，辗转嬗蜕，经由（北）齐、隋，以至于唐，实为华夏刑律不祧之正统"①。这基本上概括了魏晋南北朝立法的特点。

一、魏晋南北朝时期的法律思想

220年，曹丕代汉称帝，建立曹魏政权，历史进入魏晋南北朝时期。这一时期大体可以分为四个阶段：三国时期、两晋时期、五胡十六国时期、南北朝时期。其中，除了西晋时期出现了极为短暂的全国统一，其他时期天下均处于分裂割据的状态。分裂割据造成的必然现象之一便是思想界的多元化，这也表现在法律思想上，这一时期，除了儒家思想之外，主要兴起的法律思想有法家思想与玄学思想。

（一）三国时期的法家思想

法家思想在三国时期曾流行一时，尤其是在当时的当权者之中，不少人参照法家思想治国，其中的代表人物有曹操与诸葛亮。

曹操"运筹演谋，鞭挞宇内，揽申、商之法术，该韩、白之奇策"②。他认为"拨乱之政，以刑为先"③，主张在乱世需要以刑法为先，而汉末正是乱世，故而需要"以刑为先"。正如他自己所言，"天下尚未安定，未得遵古也"④。也正因为曹操"以刑为先"，故其对于司法官吏的选任非常重视，《三国志·魏书·武帝纪》载其言："夫刑，百姓之命也，而军中典狱者或非其人，而任以三军死生之事，吾甚惧之。其选明达法理者，使持典刑"，对于司法官吏，一定要求"明达法理"，如此才可"使持典刑"。诸葛亮与曹操的情况类似，他认为"宠之以位，位极则贱，顺之以恩，恩竭则慢。所以致弊，实由于此。吾今威之以法，法行则知恩，限之以爵，爵加则知荣；荣恩并济，上下有节。为治之要，于斯而著"⑤，针对当时蜀国的现状，主张"今威之以法"。

这里需要注意的一点是，三国时期流行的法家思想与先秦时期的法家思想不同。一方面，这一时期主张法家思想治国的统治者都承认法家思想只可作为权宜之计，真正的治国之本还是在于儒家；另一方面，在强调法治的同时，他们并未忽视礼教对社会的作用。

（二）玄学思想

玄学思想在三国末期与两晋时期极为流行。当时的人们将《老子》《庄子》与

---

① 陈寅恪：《隋唐制度渊源略论稿·唐代政治史述论稿》，商务印书馆2011年版，第111—112页。
② 《三国志·魏书·武帝纪》。
③ 《三国志·魏书·高柔传》。
④ 《三国志·魏书·武帝纪》。
⑤ 《三国志·蜀书·诸葛亮传》裴松之注。

《周易》三本典籍合称为"三玄",以这三本典籍为基础的学问,便是当时流行一时的玄学。玄学糅合了儒家、道家等流派的思想,又多有变化。

总体而言,玄学的中心论点在于自然与名教的关系。所谓名教便是儒家所言的礼教。从玄学的发展历程来看,其对于名教的态度是由轻视到摒弃的。曹魏时期的何晏与王弼认为自然为本,名教为末,尚未完全否认名教;到了稍后的嵇康与阮籍等人,已经发展成为"非汤武而薄周孔,越名教而任自然",主张摒弃礼教;西晋时期因为国家的统一,此时的玄学代表人物郭象与向秀主张调和自然与名教,但到了东晋时期,因为天下又归分裂,所以玄学进一步走向对名教的批判,代表人物如张湛,主张彻底摒弃名教。可以说,玄学的思想在魏晋时期一步步走向了纯任自然的极端。其对法律的整体态度自然也可想而知,基本所有的玄学家均不重视法律的作用,甚至认为应该摒弃法律。但是,玄学思想对现实中的法律并未产生太大影响,从这一时期的立法成果来看,仍然是以儒家思想为主导思想。

(三)主导法律的儒家思想

魏晋南北朝时期虽然思想界非常活跃,有不少法律思想兴起,但自汉末以来,占据主导地位的法律思想仍然是儒家思想。同时,历代统治者不断的立法活动推进了儒家思想与法律结合的进程,使得儒家在法律思想上彻底取得了支配地位,这一切与律学的兴起不无关系。因为律学家大多同时兼通儒家经典,很多律学家甚至是当世大儒(如杜预),所以他们在立法及解释法律的时候,自然会将法律与儒家思想结合在一起。最典型的例子便是西晋武帝时期编纂的《晋律》(又称为《泰始律》),参与编纂的诸人中多有博学鸿儒,律文内容本身便已深受儒家思想影响,之后张斐、杜预二人所作的注释更进一步加深了这种趋向。

总而言之,魏晋南北朝时期,法律思想方面呈现出了多元化的趋势,但是与此同时,儒家思想的地位不仅没有降低,反而通过官方的力量彻底成为法律主导思想。

二、三国时期的立法

三国时期,魏、蜀、吴各自独立建立政权后,在沿袭汉律的基础上各有律令,曹魏制定了《甲子科》和《魏律》(又称《曹魏律》《新律》),蜀有《蜀科》,吴有科条、科令。其中对后世立法最有影响的是曹魏制定的《魏律》十八篇。

曹魏早在曹操时期就制定了《甲子科》,但其中的主要内容是对汉律和汉科的沿袭。至魏明帝时,考虑到"法令滋章,犯者弥多,刑罚愈众,而奸不可止"[①],

---

① 《三国志·魏志·明帝纪》。

下令改订刑制,命司空陈群、散骑常侍刘邵等"删约旧科,傍采汉律,定为魏法,制《新律》十八篇、《州郡令》四十五篇、《尚书官令》《军中令》,合百八十余篇"①。《魏律》在《晋书·刑法志》中留存了序言,其他法令均散佚不存,难以考证。

《魏律》在序言中记录了它与汉律相比较而形成的新的变化和调整,如下:

第一,总则篇的调整。汉律的总则篇"具律"位于第六,"既不在始,又不在终,非篇章之义"②。《魏律》改"具律"为"刑名律",并置于律首,"集罪例为刑名",突出刑名作为刑罚原则的作用,统率全文,符合"篇章之义"。这种体例皆为后世历代法典所沿用。

第二,篇目增省。《魏律》的篇目增修为十八篇。汉《九章律》律篇数量有限,后世随着发展,令文内容急剧增多,"前主所是著为律,后主所是疏为令"③。至东汉末,实际断罪所用律令远远超出《九章律》的范畴。因此,《魏律》在《九章律》的基础上,将汉时除《九章律》外的律、令、科、比的内容修订为"劫掠""诈伪""毁亡""告劾""系讯""断狱""请赇""惊事""偿赃"等九篇,与原《九章律》合为十八篇。《魏律》"于正律九篇为增,于旁章科令为省"④。

第三,调整篇章之间重复抵触的条文。由于汉律数次编修皆无疾而终,造成了"事类虽同,轻重乖异"的情况,律令之间前后矛盾,交相混杂。"盗律有贼伤之例,贼律有盗章之文,兴律有上狱之法,厩律有逮捕之事。"⑤《魏律》对各篇的内容进行重新修订的时候,将各个篇章之间重复抵触的篇目进行了调整,如将原"盗律"中劫掠、恐喝、和买卖人等分出,作为"劫掠律";将"囚律"中的鞠狱、断狱之法另分为"断狱律"。

第四,重新统一刑种。汉朝文景帝废肉刑,更改了刑罚种类,虽后世数有复废肉刑的讨论,但刑罚文明化的趋向是难以逆转的。曹魏修律时,除了调整律文外,将刑罚"更依古义制为五刑"⑥,刑种有:"死刑有三,髡刑有四,完刑、作刑各三,赎刑十一,罚金六,杂抵罪七,凡三十七名,以为律首。"⑦可见,经过调整的刑罚有死、髡、完、作、赎,另有两种经济刑即罚金和杂抵,肉刑完全被排除了。

第五,"八议"入律,礼法结合。曹魏时期,为了笼络贵族官僚集团,巩固统治,在法律中正式规定了"八议"以保护贵族特权。

---

① 《晋书·刑法志》。
② 同上。
③ 《史记·酷吏列传》。
④ 《晋书·刑法志》。
⑤ 同上。
⑥ 同上。
⑦ 同上。

三、两晋的立法

司马昭魏末受命辅佐幼主,封为晋王之后,即着手定礼仪、修律令、立官制。他认为前代(曹魏)的律令,虽已经对汉律进行了改革,然而所制定的《魏律》"本注烦杂""科网严密",汉朝遗留的章句律学仍然在频繁地对律令进行注释,"未承可用",便命贾充、郑冲、羊祜、杜预等人参酌旧律,制定律法。泰始三年(267)律法初定,史称《晋律》或《泰始律》,次年颁布天下。

《晋律》的制定者与《魏律》的制定者有所不同,《晋律》在制定的过程中吸收了当时知名的人士参加。例如,贾充"有刀笔才……所定新律……百姓便之"[①];杜预博学多识,长于经籍,另著有《律本》和《杂律》等法学著作;其他参与人如羊祜、郭欣等皆是当时名儒。与《魏律》相比照,《晋律》有以下特点:

首先,《晋律》贯彻了"务从简约"的立法思想。《晋律》对汉魏旧律进行了大刀阔斧的修改,篇章内容删改调整为二十篇,依次为:"刑名""法例""盗律""贼律""诈伪""请赇律""告劾律""捕律""系讯律""断狱律""杂律""户律""兴擅律""毁亡律""卫宫律""水火律""厩律""关市律""违制律""诸侯律",共六百二十条、二万七千六百五十七言,篇目数量多于汉律,但条目少于汉律。这是对旧律删繁就简的改革,是中国法制史上由繁入简的典范。正因为此,后世南朝(宋、齐、梁、陈)多沿用《晋律》。

其次,篇章体例的调整。《晋律》进一步调整了《魏律》的总则篇,将《魏律》的"刑名"从内容上因事分类,调整为"刑名"和"法例"两篇。总篇目数量为二十篇、六百二十条。

再次,一改律令混杂的情况,明确区分律令。汉时律令混杂,"前主所是著为律,后主所是疏为令"。令替代、修改律的情况比比皆是。晋对律令进行了明晰的区分,"律以正罪名,令以存事制"[②],"违令有罪则入律"[③]。可见,律是稳定性的法条,令则是临时性的条款,由此律令区分。此后又将品式章程单独列出,称为"故事",各归主管机关执行。

最后,颁布"张杜律"。《晋律》颁布后,为使朝廷百官理解新律,让百姓知所避就,武帝诏令天下,注解新律,《隋书·艺文志》载《晋律》有十七家注。其中张斐和杜预的注"兼采汉世律家诸说之长",经武帝批准,与《晋律》具有同等法律效力,并附于律后,颁行天下,这种添附了张斐、杜预注的《晋律》,称为"张杜律"。

---

① 《晋书·贾充传》。
② 《太平御览》卷六百三十八。
③ 《晋书·刑法志》。

其中张斐的注又称《注律表》,从法理学角度对《晋律》的篇章结构、定罪量刑等基本原则作了阐述,并对一些法律术语作了科学的分析。由于西晋是这一时期唯一的统一王朝,《晋律》也成为这一时期唯一一部通行全国的法典。

图 6.1　甘肃玉门花海毕家滩出土的《晋律注》

四、南北朝的立法

南朝(宋、齐、梁、陈)在立法上多沿用《晋律》,没有什么新的建树。刘宋朝在立法上沿用《晋律》,没有编制过律典,仅制定了一些单行的法令,补充《晋律》。南齐的立法情况与刘宋大体相同,沿用《晋律》作为自己的律典。南梁虽然制定了自己的律典,但也是在《晋律》的基础上稍加损益,即成梁律。而南陈律典,"轻重简繁,一用梁法"。归根结底,南朝所编制的法典的体例和内容都没有超出《晋律》的范围。

北朝各国都比较注意修订法律,这些律令对后世的影响远远超过南朝。北魏、北齐、北周都制定了律令。北魏先后七次议改律令,《隋书·经籍志》中记载魏律二十篇,但到唐末已经散佚,《唐六典》中载:"后魏初,命崔浩定令,后命游雅等成之,史失篇名。"程树德在《九朝律考·后魏律考》中考证认为,北魏律目有:刑名、法例、宫卫、违制、户律、厩牧、擅兴、贼律、盗律、斗律、系讯、诈伪、杂律、捕亡、断狱等十五篇，此外可能还有请赇、告劾、关市、水火、婚姻等五篇，但不能确定。北魏律的情况究竟怎样，史无记载，只能"姑列之以存疑"。

北魏分裂后，东、西魏皆议定新制。东魏于孝静帝兴和三年（541）命群官于麟趾殿删定法令，名为《麟趾格》。西魏则于大统元年（535）对北魏的律令加以损益，"总为五卷，班于天下"①，称为《大统式》。自此"格"和"式"这两种法律形式确立下来，并对隋唐立法有直接影响。

北齐初年沿用东魏《麟趾格》于司法审判，高洋受禅后，即着手制定律令，但数年未成。至北齐武成帝河清三年（564）完成，前后耗时14年。《北齐律》在《北魏律》基础上而成，共十二篇、九百四十九条。首先，在篇章体例上，《北齐律》将"刑名""法例"合为"名例律"，冠于律首，自此，中国传统法典的总则篇正式形成。"名例律"的篇目名称一直沿用至清末修律，在法典中起到了"校举上下纲领"的统摄作用，完善了体例作用。其次，在内容上，《北齐律》对前朝旧律进行简化，形成十二篇的结构，为隋唐定律奠定了基础。《北齐律》的显著特点是"法令明审，科条简要"。再次，开启了律、令、格、式并行的先河。《北齐律》修订颁布后不久，即颁布了《北齐令》《别条权格》等多种法律形式，并明确了格的制定在于补充"律无正条"的情况。最后，《北齐律》为隋唐律的修订奠定了重要的基础。史料记载，《北齐律》的修订花费了大量精力，聚集了一批擅于律学的士人，"校正古今所增损十有七八"②。因此，当隋朝建立后，杨坚虽承北周之业，在定律上却以《北齐律》为蓝本。程树德在《九朝律考》中言："南北朝诸律，北优于南，而北朝尤以齐律为最。"对《北齐律》和唐律的比较研究发现："盖唐律与齐律篇目虽有分合，而沿其十二篇之旧；刑名虽有增损，而沿其五等之旧；十恶名称，虽有歧出，而沿其重罪十条之旧。"③

北周也进行了积极的立法活动，周武帝时制定《大律》，《隋书·刑法志》评价为："大略滋章，条流苛密，比于齐法，烦而不要。"可见，隋唐时对《北齐律》和《北周律》的优劣已有定论。

总体来说，魏晋南北朝时期，朝代较多，修律频繁，然而史料有存，并对后世产生重要影响的律典不过《魏律》《晋律》和《北齐律》。此外，"格"和"式"这两种新的法律形式正式出现，并影响隋唐立法。

---

① 《周书·帝纪·文帝下》。
② 《北齐书·崔昂传》。
③ 程树德：《九朝律考》，商务印书馆2010年版，第521页。

第二节 魏晋南北朝法律内容的发展

魏晋南北朝时期,战争频繁,各朝所制定的律典在继承前朝律令的基础上,在体例、罪名、刑制等问题上也有重大的发展,并为隋唐法制奠定了重要的基础。

一、立法体例的变化

(一)篇目条文删繁就简

魏晋南北朝的立法总体由繁入简。战国时《法经》仅六篇,商鞅携《法经》入秦,继承法家思想,秦律令"繁于秋荼,而网密于凝脂"①。刘邦初入咸阳城时,立"约法三章",事从轻典,汉朝初建,因"三章之法不足以御奸"②,又制《九章律》。至武帝时,采董仲舒建议,"罢黜百家,表彰六经"③,强化立法,此后春秋决狱兴起,以经注律蔚然成风,至东汉律令数量极度膨胀,数次修律皆未果,言数益繁,以至于律令数达26000多条、773万余字。曹魏时删繁就简,整汉律令为十八篇。西晋任用律学家修律,再次删减,法律条目数量仅为汉时十分之一。北齐律修订过程中,删减量最大,形成的十二篇结构基本为隋唐所继承。

(二)《名例律》的形成

《名例律》相当于法典的总则篇,它集中体现了立法的指导思想和基本原则。战国《法经》中的"具法"就是法典的总则,置于律末,"具其加减"。西汉萧何定《九章律》,直接在六篇之后增加三篇,"而具律不移,因在第六"④。曹魏时将"具律"改为"刑名",置于律首。《晋律》改"刑名"为"刑名""法例"两篇。至《北齐律》时,终将"刑名""法例"合为"名例律","冠十二篇之首",标志着中国古代法典编撰技术的成熟。"名例律"作为中国古代律典的总则篇名,直到1910年《大清新刑律》的制定才被废除。

表6.1 《名例律》的演变过程

律名	总则篇	篇章数量
汉《九章律》	具律,第六	九篇
《魏律》(即《新律》)	刑名,篇首	十八篇
《晋律》(即《泰始律》)	刑名、法例两篇,篇首	二十篇
《北齐律》	名例律,篇首	十二篇

---

① 《盐铁论·刑德》。
② 《汉书·刑法志》。
③ 《汉书·武帝纪》。
④ 《晋书·刑法志》。

二、以礼入律

魏晋南北朝在汉代以礼入律的基础上更进一步,除了调整篇章体例外,历代统治者也注意到礼律的密切结合,强化等级特权。

(一)"八议"入律

"八议"入律始于曹魏。"八议"是皇帝为维护贵族官僚的特权地位,而在法律中确定的违法处罚的特权原则。"八议"的对象有"亲"(皇亲国戚)、"故"(皇帝故旧)、"贤"(德行有佳)、"能"(有大才干者)、"功"(有大功勋者)、"贵"(官僚贵族)、"勤"(为国家勤勉服务者)、"宾"(前朝宗亲)。这八类人犯罪在处罚上均享受减免特权,尤其是"亲贵犯罪,大者必议,小者必赦"[①]。

"八议"源于《周礼》的"八辟丽邦法"。汉已有"八议"之名,但并未入律。《北齐律》进一步限制了"八议"制度的适用范围,"八议"原则仅适用于一般刑事犯罪,凡严重威胁统治秩序和伦理纲常的犯罪,即"重罪十条","不在八议论赎之限"[②]。此后,八议"自魏、晋、宋、齐、梁、陈、后魏、北齐、后周及隋,皆载于律"[③]。"八议"之制从曹魏确立一直沿用至清末,虽内容略有变化,但一直作为中国传统法典的基本原则而见之于律。

(二)"重罪十条"

"重罪十条"在北齐时期入律。所谓"重罪十条","一曰反逆,二曰大逆,三曰叛,四曰降,五曰恶逆,六曰不道,七曰不敬,八曰不孝,九曰不义,十曰内乱。其犯此十者,不在八议论赎之限"[④]。至隋改定律典,改"重罪十条"为"十恶","虽会赦,犹除名"[⑤],形成中国传统法典的核心原则。

"重罪十条"虽形成于北齐,但早在汉朝律典之中就可以见到"谋反""大逆""不道""不孝"等内容,主要打击严重侵犯统治阶级利益、威胁家长权等行为,维护传统礼教,使得礼教与法律进一步融合。

(三)"准五服以制罪"

《晋书·刑法志》中载:《晋律》"峻礼教之防,准五服以制罪也",明确了亲属相犯需要按照五等服制定罪量刑。五服是指中国古代以丧服为标注,规定亲属的范围、等级,明确亲属亲疏远近尊卑的制度。五服分为五等,每等的服丧期和

---

① 《太平御览》卷六百五十二。
② 《隋书·刑法志》。
③ 《唐六典》。
④ 《隋书·刑法志》。
⑤ 同上。

所穿丧服的质地均不同,亲者服重,疏者服轻,依次递减。五服又称为"丧服",即亲属在服丧期间所穿的衣服,共有五等,这五等服制依次是:(1)斩衰(音"崔")三年,用极粗生麻布制作丧服,衣服不缝边。儿子及未出嫁女儿为父母、妻为夫、臣为君(以日代年,服丧三日)服丧皆如是。(2)齐(音"资")衰,用次等生麻布制作丧服,衣服缝边。丧期有三年、一年、五月、三月等。一般为祖父母、曾祖父母、高祖父母服丧。(3)大功,用稍粗的熟麻布为丧服,丧期九月。(4)小功,用略细的熟麻布为丧服,丧期五月。(5)缌麻,用细熟麻布为丧服,丧期三月。丧服是确定刑等的基本标志,五服之内的亲属为有服亲。①

五服制度是明确划分家庭内部等级关系的基本原则。"准五服以制罪"原则的确立,从律典上保障了家长对家庭内部的管理权、彰显了家庭内部的尊卑等级。一般来说,相比较于普通人之间的纠纷,服制愈近,以尊犯卑,处罚愈轻;以卑犯尊,处罚愈重。反之,服制愈远,尊卑相犯的处罚愈接近于普通人。"准五服以制罪"是以礼入律、礼律结合的重要表现,在西晋入律后,至清末才修改。

三、刑罚体系化

魏晋南北朝朝代迭起,随着立法的系统化,刑罚的演化发展也逐步从汉朝的混乱状态中厘清体系,逐步发展,为隋唐新五刑的确立奠定了重要的基础。

(一)三国时期的刑罚

汉文、景帝在废肉刑后,整体刑罚结构比较混乱,《魏律》开始着手改变这一现状,将刑罚归纳为死、髡、完、作、赎、罚金、杂抵。"改汉旧律不行于魏者皆除之,更依古义制为五刑。其死刑有三,髡刑有四,完刑、作刑各三,赎刑十一,罚金六,杂抵罪七,凡三十七名,以为律首。"②

蜀汉以汉室正统自居,继承了汉文帝废肉刑后的刑罚制度。东吴则是重刑主义的信奉者,不仅恢复了肉刑,死刑的执行也更加残酷。

(二)晋的刑罚

进入晋朝,刑罚总体上向轻刑化方向发展,刑罚种类越来越简要,刑罚强度减轻,《晋律》"宽简为本"的立法思想在刑罚制度上基本得到了实现,正如《晋书·刑法志》中记载:《晋律》"事从中典,归于益时"。

在刑罚种类上,《晋律》中记载的主要有死、髡、赎、杖、鞭、杂抵及罚金等,其中死、髡、赎为正刑。死刑主要有枭首、斩、弃市三种。晋朝的髡刑合并了曹魏的

---

① 有关丧服制度的内容,参见丁凌华:《中国丧服制度史》,上海人民出版社2000年版。
② 《晋书·刑法志》。

第六章　魏晋南北朝法律　　113

图 6.2　明代《御制孝慈录》中的斩衰全服图
注：中国古代各个朝代在五服的细节上略有出入，囿于史料所限，此处仅展示明代制作的斩衰全服图。

髡刑、完刑和作刑,分五年、四年、三年、二年几等,同时附加刑具或耻辱刑等。西晋时期赎刑广泛使用,死刑可赎,髡刑可赎,免官等刑也可以赎,"其年老小,笃永隆,病及女徒,皆收赎"①。另有专门针对官吏的禁锢、免官、除名等刑罚。

西晋在汉景帝《箠令》基础上对杖刑有所调整。"应得法杖者,以小杖过五寸者稍行之,应杖而髀有疮者,臀也。"②"应受杖而体有疮者,督之也。"③"杖皆用荆,长六尺,制杖大头围一寸,尾三分半。"④西晋杖刑既用于刑罚,也用于拷囚。

《太平御览》卷六百四十九引晋令《鞭杖令》,明确了鞭刑的规定:"应得法鞭者,即执以鞭过五十稍行之,有所督责,皆岁过大小,大过五十,小过二十。鞭皆用牛皮革廉成,法鞭生苇去四廉,常鞭用熟靶,(之列反,柔革也)不去廉,作鹄头,纫长一尺一寸,鞘长二尺二寸,广三分,厚一分,柄皆长二尺五寸。"

(三)北朝的刑罚

北魏初入中原,经济文化比较落后,刑罚也因此比较严酷,尤其是族刑运用范围比较广泛。《北魏律》定"五刑"之名,依次为死、流、徒、鞭、杖。其正式将髡刑定名为徒刑,并规定了流刑,此时流刑不分远近,统称"远流","恕死从流",作为死刑的减等刑罚。此外,北魏恢复了宫刑,并对犯大逆不道之子年十四以下者适用。

至北齐时,立法虽然提倡"思存轻典"的原则,但具体司法多采用重刑主义原则,文宣帝高洋建北齐后,廷上设刑具,多次亲杀大臣。同时对盗贼行为,多用重刑处罚。刑罚上基本沿用北魏"五刑"。

北周《大律》沿用"五刑"之名,但具体刑罚排列顺序与北魏、北齐不同,采用由轻至重的排列顺序,依次为杖、鞭、徒、流、死,为隋唐五刑的最后确定提供了参考模式。

(四)魏晋南北朝时刑罚变化的特征

1. 总体上限制族刑连坐

魏晋南北朝时期,族刑连坐的范围与处罚方法同前代相比,产生了一些重要的变化。

三国时期,由于战争频繁,曹魏用刑严酷,律令中有"夷三族"的规定。但曹魏时程咸上表,讨论有关父母有罪不应追刑已出嫁女子。由于程咸的建议,曹魏

---

① 章宗源撰、王颂蔚批校、黄寿成点校:《隋经籍志考证》,中华书局2021年版,第356页。
② 《北堂书钞》卷四十五《杖刑六》。
③ 《太平御览》卷六百五十。
④ 《北堂书钞》卷四十五《杖刑六》。

时期,免除了出嫁女子与父母连坐的责任,缩小了连坐范围。

至北魏时,少数民族主政,刑罚也颇为酷烈。连坐范围极广,甚至姻亲之家也会受到株连。因此,北魏的连坐之法前后进行了两次改革,但它仍是南北朝时期使用时间最久、株连范围最广的。此后,至唐,逐步限制连坐范围,连坐亲属中的女性,如母、妻、姊妹等得以免除死刑,没为官奴婢。

2. 流刑逐步规范化

自汉文帝废除肉刑后,刑罚上轻重无品,生死等差过大,为解决此问题,汉朝开始多使用徙边之刑,作为死刑的减等之刑。北魏北齐之时,根据汉晋的立法经验,把"赦死从流"确定为量刑的原则,并固定为法定刑。至北周时期,在《大律》中依照《尚书》"五流有宅,五宅三居"的思想,把流刑分为卫、要、荒、镇、蕃五等,对应"去皇畿"二千五百里至四千五百里五等,每等相差五百里,各等均加鞭笞。从此流刑按照距离分等成为定制,并成为缓解生死等差的重要刑罚。此后,自唐至清,多用流刑及其近似刑罚解决生死等差问题。

3. "新五刑"体系逐步成形

从"旧五刑"到"新五刑"的转变是逐步完成的:

汉文帝开始废肉刑,至《魏律》"更依古义制为五刑",其中规定了刑名有死刑、髡刑、完刑、作刑、赎刑、罚金、杂抵罪等,其中死、髡、完、作、赎是"五刑"。

《晋律》中所规定的刑罚相比较《魏律》又有简化,以死刑、髡刑和赎刑为正刑,此外尚有杂抵罪和罚金,完刑和作刑均成为髡的并科刑。

《北魏律》正式定"五刑"之名,依次为死、流、徒、鞭、杖。其将髡刑定名为徒刑,并规定了流刑。

《北齐律》沿用北魏"五刑"的总称,内容略有调整,依次为死、流、耐、鞭、杖。

北周《大律》进一步规范了"五刑",刑罚分为:杖刑五等,十至五十;鞭刑五等,六十至一百;徒刑五等,徒一年至徒五年,并附加鞭笞;流刑五等,流二千五百里至四千五百里,每等加五百里,均附加鞭笞;死刑五等,依次为磬、绞、斩、枭首、裂。

杨坚建隋后,立法多从北齐,刑罚则在北周《大律》基础之上修订而成"新五刑",并基本为唐所沿用。

(五)复废肉刑之争

汉文、景帝废除肉刑,到东汉初期屡有批评之声,至魏晋之时复废肉刑屡有争议之声。东汉班固在《汉书·刑法志》中即提出:文帝废肉刑使得民俗不如古,轻刑不足以镇压被压迫者的反抗;用死刑替代斩右趾之刑,"外有轻刑之名,内实杀人"。而用髡笞替代剕刖,民既不怕,又不知耻,不足以惩奸。班固认为汉文帝废肉刑,将刑罚由重改轻,为了"刑可畏而禁易避",班固虽未明确主张恢复肉刑,但对文帝废肉刑多有贬抑。至东汉末年,仲长统明确提出了恢复肉刑的主张。他认为当时的刑罚制度本身存在问题,"肉刑之废,轻重无品"。"杀之则甚重,髡之则甚轻"①,应当制定"中刑"来处罚,才能刑罚相当,他认为解决"中刑"的方法即是恢复肉刑。孔融则认为,身受肉刑之人"虑不念生,志在思死"②,再也没有改过自新的机会,所以从犯罪预防和纠正来说,不应该恢复肉刑。

至三国曹魏,复废肉刑之争始终不断,《晋书·刑法志》详细记录了四次争论。在这些争论中陈群、钟繇、傅干、夏侯玄等人数次参与讨论。陈群、钟繇、傅干等反对废除肉刑,他们认为肉刑是有效的以牙还牙的报复主义,能够解决现有刑罚体系"名轻实重"的缺陷。王脩、王朗、夏侯玄等人反对恢复肉刑,他们认为三国争霸,重点在得民心,恢复肉刑,必然失去群众的支持,为解决轻重有差的问题,可以用"倍其居作之岁数"③的方法,弥补生死刑罚的等差,而且如果不能从根本上杜绝犯罪行为,即使恢复肉刑也无济于事。

晋朝建立以后,又针对复废肉刑展开了三次较大的争论,第一次在晋武帝时,"刘颂为廷尉,频表宜复肉刑,不见省"④。第二次在晋元帝时,廷尉卫展又主张恢复肉刑。"元帝犹欲从展所上,大将军王敦以为:'百姓习俗日久,忽复肉刑,必骇远近。且逆寇未殄,不宜有残酷之声,以闻天下。'于是乃止。"⑤第三次是在安帝元兴末年,时论大多反对恢复。最终,晋朝未恢复肉刑。

南北朝时,由于时局影响,肉刑时有恢复。南朝刘宋政权有诏:"五人以下相逼夺者,可特赐黥刖,投畀四远。"⑥至南梁时规定,劫者遇赦施黥、髡钳。此后肉刑在南朝屡有复废。北朝相对照南朝,肉刑适用更加广泛。《魏书·刑罚志》载:魏世祖命崔浩修订律令,复用宫刑,并多适用于谋反大逆之子孙,为绝其后也。直至北齐,天统五年(569)二月下诏令:"诏应宫刑者,普免刑为官口。"⑦宫刑被正式废除。

---

① 《后汉书·王充王符仲长统列传》。
② 《后汉书·孔融传》。
③ 《三国志·魏书·钟繇华歆王朗传》。
④ 《晋书·刑法志》。
⑤ 同上。
⑥ 《宋书·明帝纪》。
⑦ 《北齐书·后主纪》。

第三节 魏晋南北朝的司法制度

一、司法机关

魏晋南北朝时全国分裂，局势动荡不安，但在各个小朝廷内部，权力却越发集中。与立法权相同，司法权牢牢掌握在统治者手中，并不断强化，变化增多。

（一）曹魏时期

三国曹魏的司法机关基本延续了汉朝的司法机关结构，在中央为皇帝、丞相（三公）和廷尉（大理），地方由州、郡、县的行政长官兼理。值得注意的是，曹魏政权受法家思想影响，重视法律。魏明帝在位时，在中央廷尉之下增设律博士一职，专门向官吏传习法律，培养司法人才。律博士的设置，对律学的发展起到了重要的推动作用。

（二）两晋时期

西晋的中央司法机关，在晋初以三公尚书郎掌刑狱，后定为廷尉，主要职能有典刑狱、审理诏狱及地方州郡的大案、疑案，以及审理皇帝交付的案件。此外，对于重大疑难案件，采用八座议罪的制度。①

地方司法机关与汉魏近似，地方行政长官兼理司法，此外另设狱吏等官职负责具体司法事务。要案、疑案上奏廷尉。

东晋中央与地方司法机关与西晋基本相同。

（三）南北朝时期

南朝时期，朝代更迭频繁。司法行政机关的设置与两晋基本一致。在地方上，东晋以来设立的持节都督统领州军政权，后逐步"假黄钺"，代表皇帝镇守一方，取得地方司法行政权。这种军事长官在地方上兼理司法的情况贯穿于整个南朝时期。另外，南朝皇帝普遍热衷于录囚。

至北齐，中央最高审判机关为大理寺，"大理寺掌决正刑狱"，自此，大理寺成为中国古代重要的中央司法机关之一。大理寺建成后，任职人员比北魏的廷尉大为扩充，增加了四十五人之多。

北周在职官设置上，仿《周官》之制，中央最高司法审判机关称"司寇"。《周

---

① 八座议罪是东汉至曹魏及至晋时的一种中央会审制度。"八座"各代略有差异，皆指代中央高层官吏。东汉时以三公曹为核心的中央六曹并令仆二人为"八座"；曹魏时设五曹尚书、二仆射、一令为"八座"；晋初沿曹魏旧制，后又有多番调整。八座议罪是对重大疑难案件由中央高层官吏合议审理的制度。

书·卢辩传》载:"秋官府领司寇等众职。"

二、诉讼审判制度

(一) 刑讯的文明化

秦汉以来,刑讯是一种取得证据的重要手段,滥施刑讯、野蛮逼供常常会带来口供失实等效果。汉景帝定《箠令》后,刑讯行为开始纳入法律限定范畴,并逐步制度化。但到魏晋南北朝,刑讯泛滥残酷,除笞掠外,南梁与南陈均发明了新的刑讯方法。

南梁测罚法,又称"测囚法",即通过饥饿审讯的方法,以获得犯人的口供。凡人犯不招供者,三天不给饭吃,妇女、老人和孩子则饿一天半,然后允许家人送二升(南梁时期计量单位)粥,共持续十天方止。"断食三日,听家人进粥二升,女及老小,一百五十刻乃与粥,满千刻而止。"①这种方法在梁末陈初引起一场争论,虽然争论结果是基本保留了测罚法的执行,但一些文明刑讯的观点在争论中被反复提出,如都官尚书周弘正认为,断狱判罪"必应以情",不可"全恣考掠",他认为刑讯是造成冤假错案的重要原因,并提出审判要"罪疑惟轻,功疑惟重"②。

至南陈,刑讯方法改为测立法,又称"立测法"。"其有赃验显然而不款,则上测立。立测者,以土为垛,高一尺,上圆,劣容囚两足立,鞭二十,笞三十讫,著两械及杻,上垛。一上测七刻,日再上。三七日上测,七日一行鞭。凡经杖,合一百五十,得度不承者,免死。"③对刑讯的前提条件作了更加细致的规定,并结合鞭笞的惩罚,以达到获取口供的目的。

相对于南朝,北朝由胡人主政,刑讯更加严酷。北魏之时用大枷刑讯逼供,后发展为刑石,在大枷之内,"复以缅石悬于囚颈"④。北齐、北周比北魏花样更为翻新,如"立烧犁耳""臂贯烧车釭"等。

(二) 死刑奏报制度的形成

死刑奏报制度是指人犯在被判处死刑后,死刑执行的最终决定权属于皇帝,死刑执行前必须奏请皇帝核准。秦汉以来,地方长官均享有专杀之权,随着中央集权制度的进一步确立,北魏时期,开始设立死刑复奏制度。"当死者,部案奏闻。以死不可复生,惧监官不能平,狱成皆呈,帝亲临问,无异辞怨言乃绝之。诸

---

① 《隋书·刑法志》。
② 《陈书·沈洙传》。
③ 《隋书·刑法志》。
④ 《魏书·刑罚志》。

州国之大辟,皆先谳报乃施行。"①

（三）建立会审制度

会审制度是指对重大疑难或屡诉冤枉的案件,由中央各机关长官会同审理的行为。南朝陈时,为防止司法滥权,建立了朝廷重官会审制度,"常以三月,侍中、吏部尚书、尚书三公郎、部都令史、三公录冤局令史、御史中丞、侍御史、兰台令史,亲行京师诸狱及治署,理察囚徒冤枉"②。除三月众官会审一般疑难案件外,还复审已经判决的刑徒,以防冤滥。这种由中央朝廷各机关长官会同审理案件的制度正式确立,对后世司法审判有深远的影响。

北魏时期,中央司法工作由廷尉与都官共掌,廷尉是中央最高的司法审判机关,都官为尚书省属下,司法行政机关长官称都官尚书。

三、律学的发展

律学是中国古代研究法律原理的学说。中国古代的律学可能起源于春秋末期。邓析是这一时期研究传播律学的重要人物之一。《左传·定公九年》载:"郑驷颛杀邓析而用其竹刑。"杜预注:"邓析,郑大夫,欲改郑所铸旧刑,不受君命而私造刑法,书之于竹简,故言竹刑。"可见,邓析的"竹刑"是不受君命而为,是个人学术研究成果,与国家制定的成文法不同。邓析"竹刑"的内容已不可考,但它无疑是中国历史上较早的一部研究法律的法学著作。此后商鞅、申不害、慎到、韩非等人逐步完善了法家学术体系。

至汉时,汉高祖刘邦在废除苛法的同时,为汉初学术的再度兴盛发展创造了条件,至武帝时虽在学术上"罢黜百家,独尊儒术",但对汉初黄老思想影响下所形成制度的儒家化解读,为律学的繁荣发展提供了巨大的契机,"汉来治律有家,子孙并世其业,聚徒讲授,至数百人"③。在这样繁荣昌盛的律学研究基础上,形成了大量的法律解释成果,"叔孙宣、郭令卿、马融、郑玄诸儒章句十有余家,家数十万言。凡断罪所当由用者,合二万六千二百七十二条,七百七十三万二千二百余言,言数益繁,览者益难"④。这些律学研究者多为当时的名儒,对法律所作的解释具有一定的权威性,甚至可以作为定罪量刑的指导性意见。但这些观点之间不尽相同,甚至相互抵触,这使得在汉朝随着律学的发展,司法的不确定性更强。

---

① 《魏书·刑罚志》。
② 《隋书·刑法志》。
③ 《南齐书·崔祖思传》。
④ 《晋书·刑法志》。

到魏晋南北朝,针对汉时律学解释众多的情况,魏文帝"于是下诏,但用郑氏章句,不得杂用余家"①。这肯定了郑玄的法律解释与法律的同等作用。律学至此进入一个高速发展的时期。汉时律学仍然是为解说汉初政治制度而成,至魏晋时期,律学开始逐步独立形成一门专门的学科,甚至有些家族以律学研究为主,并出现了一批专业性著作,如《隋书·经籍志》所载晋朝张斐《汉晋律序注》一卷、《杂律解》二十一卷,杜预《律本》二十一卷,南梁《杜预杂律》七卷。这些著作均标注着律学发展进入一个新的阶段。

此外,这一阶段律学研究的内容不仅仅局限于对国家律令的解释,而是开始涉及法律内部逻辑结构、罪名的法理概念、定罪量刑的原则等一些专门性法律问题。对这些问题进行解读的人员也不再是汉时儒学者,而是长期从事立法和司法的人员,以长期经验为基础,展开专业性研究。

张斐,晋武帝时任明法掾,解释律令,为《晋律》作注,著有《汉晋律序注》一卷、《杂律解》二十一卷。《晋书·刑法志》中记录了张斐上表的内容,表文中保存了张斐对近似罪名在适用上的区分、立法的原理、法律篇章逻辑结构等问题,确立了总则篇在法典中的地位,强调刑名为法典中众篇之首领、全律的中心,并对二十种近似罪名作了详细的区分,很多概念至唐仍然沿用。"其知而犯之谓之故,意以为然谓之失,违忠欺上谓之谩,背信藏巧谓之诈,亏礼废节谓之不敬,两讼相趣谓之斗,两和相害谓之戏,无变斩击谓之贼,不意误犯谓之过失,逆节绝理谓之不道,陵上僭贵谓之恶逆,将害未发谓之戕,唱首先言谓之造意,二人对议谓之谋,制众建计谓之率,不和谓之强,攻恶谓之略,三人谓之群,取非其物谓之盗,货财之利谓之赃。凡二十者,律义之较名也。"②其中一些概念与当代刑法理论一致。另外,在定罪量刑的过程中,张斐也强调考察犯罪者的主观动机,"论罪者务本其心,审其情,精其事,近取诸身,远取诸物,然后乃可以正刑"③。这要求在审理案件的过程中通过大量搜集犯罪事实,结合犯罪者的主观动机,查清犯罪的原因。

杜预,晋武帝太和年间任河南尹、秦州刺史等职,后封当阳县侯。其人长于经籍,著《春秋左氏经传集解》,汇集了前人对《春秋左传》的注解,并对先秦历史和礼仪政治法律制度均有说明,此外还著有《律本》二十一卷等。对于立法,杜预强调"简直","法者,盖绳墨之断例,非穷理尽性之书也。故文约而例直,听直而禁简。例直易见,禁简难犯。易见则人知所避,难犯则几于刑厝"④。简是简练,

---

① 《晋书·刑法志》。
② 同上。
③ 同上。
④ 《国故论衡》下卷。

去掉繁芜;直是直截了当,明白易懂。他认为立法要做到简单明白,人民才易遵守,知所避就,这样违法者自然也就少了。对于前朝汉魏律令繁多、科条繁要情况,这是一种有效的解决方案。

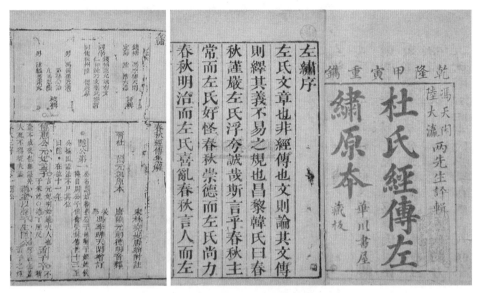

图 6.3 杜预注《春秋左氏经传集解》书影

东晋以后,由于清谈的盛行,南朝宋、齐、梁、陈皆未出现比较有影响的律学家。北朝虽非汉人政权,但由于政权更迭频繁,各个政权反而更加注重立法行为,因此北魏的崔浩、北齐的渤海封氏、北周修订《大统式》的苏绰都是这一时期知名的律学家。正是有这些律学家的存在,北朝的法律制度相对于南朝更加丰富,也成为隋唐法律的重要渊源。

第七章 隋 唐 法 律

北周大定元年(581),历仕西魏与北周两朝,掌握北周军政实权的外戚杨坚迫使北周静帝宇文阐"禅位"于己,改国号为"隋",定都大兴城(今陕西西安),是为隋文帝。建立隋朝后,杨坚先后平定南朝陈国和岭南诸州等势力,最终使中国在历经三国两晋南北朝数百年乱世之后重归大一统。但由于嗣位之炀帝一系列统治政策急躁、冒进,社会阶级矛盾不断被激化,最终导致大规模民变爆发。619年,皇泰主杨侗禅位,隋朝灭亡,杨氏有国仅三十八载。隋代上承北朝,下启李唐,在法制建设方面沿革汉魏传统,确定律、令、格、式等法律形式体系,先后颁布了以《开皇律》《大业律》为代表的一系列法典,是中华法系至关重要的成形期。

继隋而起的是李唐王朝。隋大业十三年(617),唐国公李渊于晋阳起兵,次年称帝建元,国号为唐,定都长安。初盛唐的统治者吸取隋亡之鉴,励精图治,先后开创了"贞观之治""开元盛世"等大治承平时代,在法治建设层面前因开皇遗绪,远稽魏晋之大成,编纂出中华法系法典的巅峰之作《唐律疏议》,完备了以律、令、格、式为主要法律形式的法典体系,不惟为宋明后世法制之标杆,亦为当时东亚各国法制之楷模,形成了所谓"东亚法文化圈",流布广远。安史之乱后,藩镇割据、宦官专权等痼疾导致唐朝国力渐衰;唐僖宗乾符五年(878),黄巢起义的爆发,更彻底动摇了唐朝的统治根基。但此一时期法典编撰的技术与体例出现了一些新的变化,这也为五代、宋元新的法律形式产生奠定了基础。哀帝天祐四年(907),朱温篡唐,唐朝覆亡,共传二十一帝,享国二百八十九年。

第一节 隋 朝 法 律

杨氏出身北朝军事贵族,系高度鲜卑化的汉人,因而隋代的法制建设,讲求"沿革不同,取适于时"①,呈现出不拘泥于国族之偏见,兼采北南立法之优长,吸

---

① 《隋书·刑法志》。

纳各家法律文化尤其是儒家法律文化之精华的立法取向,定型了许多中华法系最根本、最重要亦是最具代表性的法律原则与制度。

一、立法概况

1. 法律形式

就法律形式而言,隋朝形成了以律、令、格、式为主要形式的法律体系。其中,律是隋朝最重要的法律形式。终隋一世,经历过两次大型律典编纂活动,即文帝时期的《开皇律》与炀帝时期的《大业律》。在制定律典的同时,隋代还编订了令、格与式。令的内容多涉及职官、铨选、考课、行政程序以及田土赋税、军事行政、司法行政等面向,开皇初年有《开皇令》三十卷二十七篇,大业初年有《大业令》三十卷。隋格与隋式名目见于《隋书·刑法志》,但条文已湮没于史。

2. 《开皇律》

文帝开皇元年(581),命高颎等"上采魏晋刑典,下至齐梁,沿革轻重,取其折衷"①,撰定新律并颁布,是为《开皇律》;开皇三年(583)又令苏威、牛宏等重修改定,作成名例、卫禁、职制、户婚、厩库、擅兴、贼盗、斗讼、诈伪、杂、捕亡、断狱十二篇,削除原律中死罪八十一条,流罪一百五十四条,徒、杖罪一千余条,将原本一千七百余条之律文删定为五百条。

就体例而言,《开皇律》以《北齐律》为蓝本,对原十二篇的结构排布重作调整,使其自身在形式上进一步趋于合理,标志着我国古代立法技术已臻成熟。《开皇律》不仅代表了隋朝立法的最高成就,其结构与内容也为唐律继承与沿用,因此,《开皇律》虽已佚失,但其在中国法律文明史上仍具有不可磨灭的重要意义。

3. 《大业律》

隋朝第二次大规模修律发生在大业初年。炀帝新立,感于文帝晚年"禁网深刻"②,乃令牛宏等人重修律令,于大业三年(607)颁布《大业律》,一仍《开皇律》五百条之规模,但将原本十二篇改为名例、卫宫、违制、请求、户、婚、擅兴、告劾、贼、盗、斗、捕亡、仓库、厩牧、关市、杂、诈伪、断狱十八篇。相较于《开皇律》,《大业律》更加标榜宽刑,对于《开皇律》旧有条文减轻刑罚的有二百余条,并删除了"十恶"的罪名。但是,为了遏止由于自身"外征四夷,内穷嗜欲"③等一系列施政作为所激起的民变,炀帝又于律条之外"更立严刑",规定"天下窃盗已上,罪无轻

---

① 《北史·裴政传》。
② 《隋书·刑法志》。
③ 同上。

重,不待奏闻,皆斩"①,甚至恢复了籍没之法与轘裂、枭首等酷刑,因而炀帝时期的法制,徒有《大业律》宽缓虚文,而实际却较前代更为严苛。

二、刑事法律制度

1. 五刑

在刑罚制度方面,传统所谓的"封建"五刑制度虽于秦汉时期渐次确立,但其刑名与刑等一直处于变动之中。隋律以北朝五刑制为基础,取消了枭首、轘裂等酷刑,并对刑罚体系作出重大调整,确立了死、流、徒、杖、笞五刑体系。其中,死刑分斩、绞二等;流刑分三等,流一千里、流一千五百里、流两千里;徒刑为五等,徒一年至徒三年,以半年为差等;杖刑分五等,从杖六十至杖一百,以十杖为差等;笞刑亦分五等,自笞十至笞五十,以十下为一等。此种五刑二十等刑罚体系,自《开皇律》定型后,一直沿用至清朝,其历史影响与意义可见一斑。

2. 十恶

对于侵犯皇权权威与统治,违犯家族伦理纲常等有悖于传统社会基本价值观的犯罪,隋律继承《北齐律》中"重罪十条"的制度设计,略作调整,将原来的"叛"与"降"合并为"谋叛"条,并增加"不睦"条,形成了包括"谋反""谋大逆""谋叛""恶逆""不道""大不敬""不孝""不睦""不义""内乱"等十项传统中国性质最为严重的罪名在内的"十恶"体系,并一直为后世历朝律典所沿袭。对于犯十恶者,隋律处罚从严,也不适用一般性的赦免,"犯十恶及故杀人狱成者,虽会赦,犹除名"②。

3. 八议与官当

"八议"是中国传统法制对于贵族与官员阶层优待的特殊制度设计,其渊源可追溯到《周礼》中的"八辟"之条,于曹魏时期正式入律。《开皇律》承袭《魏律》,保留"八议"作为一项对于贵族、官僚犯罪减免处罚的法定特权。隋律规定,具有"亲、故、贤、能、功、贵、勤、宾"八种特殊身份者,以及官在七品以上者犯罪,"皆例减一等"处罚。而所谓"官当",顾名思义,即以官当罪,从而减免处罚。据《开皇律》,对于犯罪之官员,可根据所犯之罪的性质、对应的刑罚、官吏本人的品级等,分别适用不同的去官抵罪方法,以实现减免处罚的目的。隋律中的"八议"与"官当"制度,在法律规范层面实现了对于官僚、贵族阶层特殊的法律保护,充分反映了中国传统法律上的身份等差主义色彩,为后世唐、宋、明、清诸朝律法所沿用。

---

① 《隋书·刑法志》。
② 同上。

三、行政法律制度

1. 三省制

在中央官制层面,对于中国政治史影响深远的三省制,溯源可追至东汉的尚书台,经魏晋南北朝演变,最终确立于隋。隋于中央置尚书、门下、内史①三省掌理中枢政务,尚书省长官称尚书令,另置左右仆射各一;门下省主官为纳言,设两名;内史省原设内史监、内史令各一,后废监设令二。尚书省之下设吏部、礼部、兵部、都官、度支、工部六部,分理官员、经济、文化、军事、司法、工程等各项行政事务。此三省六部的中央行政管理体制,是中国官制体系自秦汉七百余年以降的重大发展与成熟标志,经过唐朝的进一步完善,为宋、辽所沿用,对元、明、清诸朝产生深远影响。

2. 州县制

在地方上,隋初沿用东汉末年以来的州、郡、县三级制度,但由于魏晋以来战乱之故,行政区划多变且普遍缩小,因此文帝于开皇三年(583)"存要去闲,并小为大"②,改州、郡、县三级建制为州、县两级;炀帝时一度改州为郡,但终隋一世,地方行政基本保持了两级建制。隋朝地方行政体制的这一变革,本质上有效地加强了中央集权,而为了进一步打击魏晋以来的地方割据势力,隋朝还将对地方官员的任免与考课权收归中央,凡九品以上地方官,由吏部统一任免,且每年考核一次。刺史、县令以下官员,异地任官,三年一换。在司法权层面,循北魏例,明确死刑处决权归于中央:"诸州死罪不得便决,悉移大理案覆,事尽然后上省奏裁。"③

3. 科举制

魏晋以来的官员选拔制度"九品官人法"尽管在初期对于选拔人才,取消州郡长官自辟僚属,加强中央集权,推动国家统一等方面起到了积极的作用,但三百余年的运行,也出现了官僚阶层为门阀士族所垄断的弊端,即所谓"上品无寒门,下品无士族"④。而经南北朝之乱离,士族没落,庶族地主崛起,新兴势力在出仕参与政治的诉求上与旧世家矛盾尖锐,不利于统治基础的扩大与中央集权的加强。因此,隋朝在官吏选拔机制上废九品官人法而行科举制度。据现有史料,隋文帝时除原有的孝廉、秀才与明经三科之外另开"志行修谨""清平干济"两

---

① 即原中书省,因隋代避杨坚父忠讳而改。
② 《隋书·杨尚希传》。
③ 《隋书·刑法志》。
④ 《晋书·刘毅传》。

科;炀帝时则出现了更多选试科目,其中最重要的属"进士科",成为后世历代官吏选拔最受重视的途径。

四、司法制度

1. 司法机构

隋朝在中央司法机构设置上已初见三法司体制,以大理寺为最高审判机构,御史台负责监察事务,都官(刑部)为最高司法行政机关。这三个中央司法机构各有分工又相互配合制约,保障了隋朝司法机制的有效运行。在地方司法上,隋朝仍然采行行政兼理司法的传统,以州(郡)、县主官主理地方狱讼,各级衙署内亦设有法曹行参军、法曹佐等专职司法佐员。

2. 审判制度

隋朝已经初步形成了审级体系,隋律规定,诉讼应先向县衙官署提起,若不受理,方可向州郡甚至中央提起,若仍然不被受理,则可直接向皇帝提起。司法机构受理案件后,可对当事人进行刑讯,但是隋律对于刑讯具体的杖数、行杖制式以及行刑人都作了非常详尽的规定:"讯囚不得过二百;枷杖大小,咸为之程品;行杖者不得易人"[①],在一定程度上有效遏止了屈打成招的冤案成狱,也折射出隋律较为宽缓的色彩。

3. 死刑判决

在死刑的判决执行方面,隋文帝除了明确死刑审核权收归中央外,对于死刑的执行,还确立了"三复奏"制度:"死罪者三奏而后决"[②],即必须上奏皇帝三次,获准后方能执行死刑,这在相当程度上体现了隋律恤刑慎罚的价值取向。但隋代的司法实践亦有例外。自汉武帝抑黜百家而独采董学之后,"天人感应"理论深刻影响了传统法制,历代一般都以秋冬行刑为定制,以应合天时。但隋文帝却"尝发怒,六月棒杀人"[③],并辩解道,"六月虽曰生长,此时必有雷霆。天道既于炎阳之时震其威怒,我则天而行,有何不可"[④]。此类言行,实为中国传统法制文明史上的异色。

第二节 唐朝的立法思想

唐代法制是我国传统法制文明发展过程中的巅峰,以《唐律疏议》为代表的

---

① 《隋书·刑法志》。
② 同上。
③ 同上。
④ 同上。

立法成果体系俨然，内容完善，技术纯熟，称绝于当时之亚洲，更煌耀于千秋史册。唐代的法制建设成就之高，影响之深远，一个重要原因就是唐代立法者以史为鉴，"动静必思隋氏，以为殷鉴"[①]，发展出一套相对先进与成熟的立法思想，指导了唐朝的法制建设。

一、一准乎礼

对于唐律，清人曾有评价"唐律一准乎礼，以为出入得古今之平"[②]，充分揭示了唐律对于礼刑关系的认知与处理。事实上，自汉武帝推行"罢黜百家，独尊儒术"政策之后，儒家所提倡的道德、伦理与礼制深入浸润到传统中国的法制文明当中，中国传统法即走上了所谓"法律儒家化"或"礼法融合"的发展道路。而这一进程，至《唐律疏议》渐趋完熟，后世发展大抵不出其余响之外。对于德礼与刑罚之间的关系，《唐律疏议·名例》卷首的疏文有云："德礼为政教之本，刑罚为政教之用，犹昏晓阳秋相须而成者也。"可见唐时立法者认为，作为治理社会、维护统治的工具，教化黎庶的德礼与禁奸止邪的刑罚正如日夜春秋一般缺一不可，相辅相成。而对于两者权重，则明确指出德礼为本，是统治的核心理念、价值与原则；而刑罚为用，是治理的辅助手段与工具；主张君主统治要宽仁，对于百姓以道德教化为主要手段，而刑罚是不得已时才可适用。而律法的最高价值是"平"，要符合儒家道德、伦理与礼义的价值要求，不可严刑、滥刑。

二、法律统一、简约、稳定

唐代的统治者把追求法律的统一、简约与稳定作为立法活动的指导思想之一。所谓法律统一，是指律条所表达的含义应当保持一致，尤其是定罪量刑的标准更要力求齐一，避免参差，否则将不利于法制的通行和政权的稳定。唐太宗曾明令"不可一罪作数种条"[③]，要求律法条文"毋使互文"[④]，否则就给不肖法司以上下其手的空间，"若欲出罪即引轻条，若欲入罪即引重条"[⑤]，进而导致《唐律疏议·名列》卷首疏文中"大理当其死坐，刑部处以流刑；一州断以徒年，一县将为杖罚"这样同罪异罚的司法混乱现象。

唐代的立法者还强调法律要简明易知，不可烦琐。唐代统治者清醒地认识

---

① 《贞观政要·论刑法第三十一》。
② 《四库全书总目·史部·政书类二》。
③ 《贞观政要·论赦令》。
④ 同上。
⑤ 同上。

到，法律过于晦暗繁复，必然滋生"格式既多，官人不能尽记，更生奸诈"①之弊端，因此，高祖执政初期就强调"法应简约，使人易知"②；太宗亦强调"国家法令，惟须简约"③，并在司法层面也告诫大臣"用法务在宽简"④。

唐代立法者以隋代法律宽严数变造成社会动乱的历史教训为鉴，始终强调法律的稳定与延续，寄望律法能够"永垂宪则，贻范后昆"⑤。唐太宗认为，法律的不稳定必然带来社会的不稳定，一方面，法律"若不常定则人心多惑，奸诈益生"⑥，即法律多变会使人民无所适从，更加滋生犯罪；另一方面，也容易使官员出现法律适用差错与舞弊问题，正所谓"法令不可数变，数变则烦，官长不能尽记；又前后差违，吏得以为奸。自今变法，皆宜详慎而行之"⑦。正是在这样的立法思想指导之下，终唐一世，法律内容虽不可能一成不变，但其总体的规范架构与内在价值追求基本上保持了一贯性。

三、宽刑慎罚

唐代统治者感于隋代后期刑罚泛滥严苛，激化了社会矛盾，动摇了统治基础，因此强调宽仁立法，"尽削大业所用烦峻之法"⑧，"增损隋律，降大辟为流者九十二，流为徒者七十一，以为律"⑨。但唐朝立法也并非一味追求宽缓，而是强调宽严适中，得乎其平。太宗要求司法官员"罚不阿亲贵，以公平为规矩"⑩；房玄龄亦主张"理国要道，在于公平正直"⑪。而立法上的宽刑思想落实在司法实践层面就是慎罚思想。唐朝形成了一系列司法制度设计以落实慎罚思想的要求，太宗朝要求流罪必须由"所司具录奏闻"⑫才能执行，而死刑犯罪更须"中书、门下四品以上及尚书、九卿议之"⑬后，再经"三复奏"或"五复奏"程序后方可执行。

---

① 《贞观政要·论赦令》。
② 同上。
③ 同上。
④ 《贞观政要·论刑法》。
⑤ 《旧唐书·刑法志》。
⑥ 《贞观政要·论赦令》。
⑦ 《资治通鉴·唐纪十》。
⑧ 《旧唐书·刑法志》。
⑨ 《新唐书·刑法志》。
⑩ 《贞观政要·论择官》。
⑪ 《贞观政要·论公平》。
⑫ 《贞观政要·论忠义》。
⑬ 《贞观政要·论刑法》。

第三节 唐朝的立法概况

一、法律形式

传统中国的法律体系,自秦汉以来皆呈现出以"律"为中心的发展趋势;至西晋时,"令"也逐渐成为基本的规范形式之一,进入律令并行时代;之后,律令以外的法律规范逐渐法典化,南北朝时期,"格"与"式"先后产生;隋初,以律、令、格、式为主干的国家法律体系基本形成,这种法律形式在唐代进一步发展、完善;至中晚唐,"格后敕"与"刑律统类"产生,对律、令、格、式为主的法律形式体系产生了冲击。

1. 律

"律"是唐代法律的主体形式,其作为规范形式,可溯源于商鞅变法。传统中国之律,主要是关于犯罪与刑罚的刑事法律规范,用以作为定罪量刑的主要依

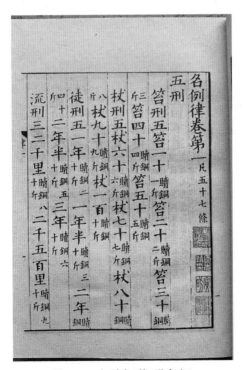

图 7.1　宋刊本《律 附音义》

据,即所谓"律以正刑定罪"①。但其规范内容亦兼有涉及民事、行政法律关系以及诉讼程序,这也是传统中国法律诸法合体、以刑为主特征的具体体现。唐律的制定与修订,主要集中在初、盛唐时期,唐高祖武德七年(624)撰定《武德律》,太宗贞观十一年(637)更定《贞观律》,高宗永徽二年(651)删定《永徽律》,玄宗开元二十五年(737)删定《开元律》,皆承袭隋《开皇律》体例,分十二篇、五百条(一说五百零二条)。

2. 令

"令以设范立制"②,是国家规章制度的汇编,所谓"令者,尊卑贵贱之等数,国家之制度也"③。相较于律,令的效力位阶较低,唐代司法中不允许"破律从令"④。唐代先后颁布了《武德令》《贞观令》《永徽令》《开元令》等令典,惜均已散佚,据《唐六典》,《开元令》共三十卷、一千五百三十六条,分为官品令、三师三公台省职员令、寺监职员令、卫府职员令、东宫王府职员令、州县镇戍岳渎关津职员令、内外命妇职员令、祠令、户令、选举令、考课令、宫卫令、军防令、衣服令、仪制令、卤簿令、公式令、田令、赋役令、仓库令、厩牧令、关市令、医疾令、狱官令、营缮令、丧葬令、杂令,共二十七篇。日本学者仁井田陞所著的《唐令拾遗》与池田温主持编纂的《唐令拾遗补》二书,钩沉索隐,是今人考察唐令的重要资料。

3. 格

格是皇帝临时、临事而颁布的各种敕令的汇编,用以"禁违正邪"⑤。由于格的内容是皇帝针对特定情势或事件临时发布的诏令,因此属于"特别法",对于特定事项,格的效力往往高于其他法律形式,《唐律疏议》中也明确规定"有别格,从格断"⑥。唐朝先后颁行过《武德格》《贞观格》《永徽格》《垂拱格》《开元格》与《元和格敕》等,其中《开元格》共七卷、二十四篇,以六部各司为名编目。以效力范围论,唐格可分为"留司格"与"散颁格"两种,前者留于尚书省下属六部二十四司中内部使用,后者颁行全国各州、县。唐格大都亡佚,仅于敦煌文书中发现部分残卷。

安史之乱后,唐朝的社会、政治、经济结构发生了重大变化,原有的律文不再能够适应这种变化。但唐律不能随意修改,统治者只好另辟蹊径,格、敕这些能及时有效反映统治者意志、立法程序相对灵活简便的法律形式的地位渐次提高,甚至有取代正律之势。唐朝自开元以后就不再修律,而是不断编纂《开元格后

---

① 《唐六典·尚书刑部》。
② 同上。
③ 《新唐书·刑法志》。
④ 《唐律疏议·名例》。
⑤ 《唐六典·尚书刑部》。
⑥ 《唐律疏议·名例》。

第七章 隋唐法律

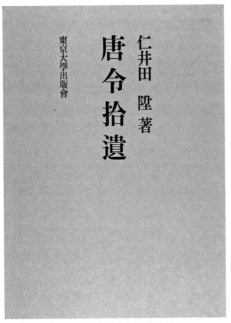

图7.2 《唐令拾遗》书影

敕》《元和格后敕》《太和格后敕》《开成详定格》《大中刑法总要格后敕》等格、敕来作为调整社会关系的主要规范形式，这也成为宋朝编敕制度的先声。

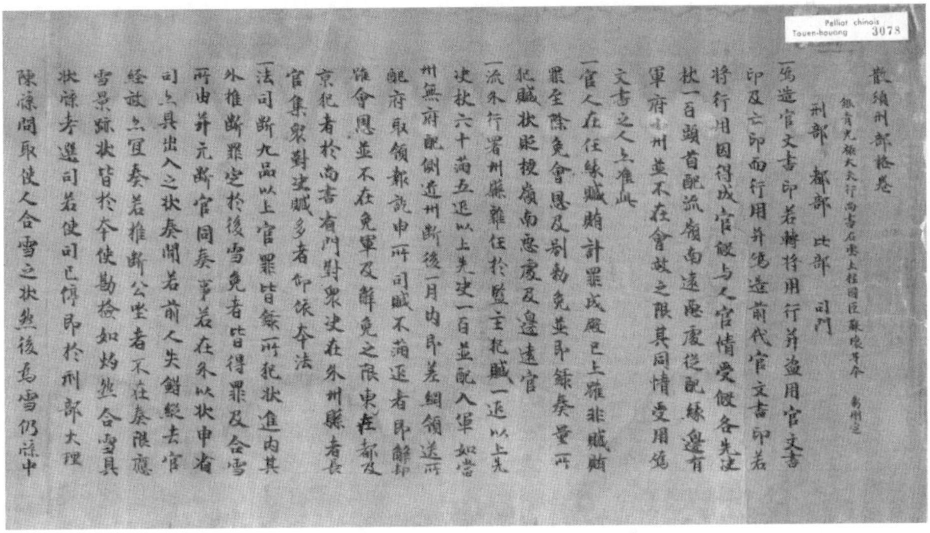

图7.3 敦煌莫高窟藏经洞出土的唐代散颁刑部格残卷

4. 式

"式以轨物程事"①，是唐朝中央各机构的办事细则与公文程式。中央政府内的每一司曹衙署基本都有对应的"式"作为其行使职权、处理政务的行政内规。唐朝先后颁行过《武德式》《贞观式》《永徽式》《垂拱式》《神龙式》及《开元式》等，其中《开元式》二十卷、三十三篇，"以尚书省列曹及秘书、太常、司农、光禄、太仆、太府、少府及监门、宿卫、计帐为其篇目"②。今仅存《开元水部式》残卷。

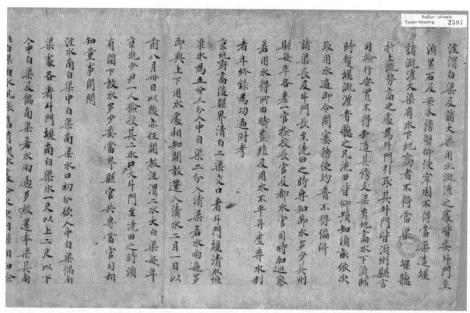

图 7.4 敦煌莫高窟藏经洞出土的唐代水部式残卷

5. 典

开元十年（722），唐玄宗命大臣以《周礼》为模板，编修唐代政典。原本欲以玄宗亲书理、教、礼、政、刑、事六条作为纲目，故称《唐六典》。《唐六典》以唐代官制为纲目，详细记述了自中央到地方各级各类官员之职司、品秩、员额编制、历史沿革以及各行政管理事项的原则、方法与规程，是一部官修的行政法规汇编，其编纂体例与规范内容，开明、清两代编修"会典"之风气。

---

① 《唐六典·尚书刑部》。
② 同上。

6. 相互关系

作为唐代法律规范体系中主要的四种形式，律、令、格、式之间有明确的分野，又互相配合。《唐律疏议·断狱》"断罪不具引律令格式"条载："诸断罪皆须具引律、令、格、式正文，违者笞三十。"由此可见，律、令、格、式四者皆可作为唐代"断罪"的准据。但就规范内容而言，令、格、式三者更多是正面规范时人行为；律则更偏重于负面表列罪状，有明确的刑罚后果与量刑标准，"凡邦国之政，必从事于此三者（即令、格、式），其有所违及人之为恶而入于罪戾者，一断以律"①。

二、律典沿革

唐代的律典沿革大致以开元、天宝为界，前期均承《开皇律》之制，不断更定律典；后期则不再更动律典，而是不断编纂"格后敕"与"刑律统类"，并逐渐以之为法律体系的主干形式。

1.《武德律》

史载唐高祖李渊平定隋都长安之后，感于隋法严苛，改革律法，"约法为十二条，惟制杀人、劫盗、背军、叛逆者死，余并蠲除之"②。其称帝建元之后，又命刘文静等"制五十三条格，务在宽简，取便于时"③，与开皇旧律一并成为新朝律法的基础。武德七年（624），高祖命裴寂、殷开山等撰定新律，定名《武德律》，共五百条，分十二篇。同年，又颁行《武德令》三十一卷、《武德式》十四卷。《武德律》之内容与《开皇律》相较，变化不大，"其篇目一准隋开皇之律，刑名之制又亦略同，唯三流皆加一千里，居作三年、二年半、二年皆为一年，以此为异。又除苛细五十三条"④。《武德律》作为唐朝第一部律典，其历史意义在于废除了《大业律》，而以《开皇律》为蓝本，为唐律的发展确立了方向与基调。

2.《贞观律》

唐太宗贞观元年（627），"命长孙无忌、房玄龄与学士法官，更加厘改……玄龄等遂与法司定律五百条"⑤，至贞观十一年（637）始完成修律，颁行天下，史称《贞观律》。此次定律，一方面肯定了《开皇律》十二篇的体例结构与篇目名称，完善了自魏晋以来逐步成形的传统中国法律制度，诸如五刑二十等的刑罚体系，议、请、减、赎、当、免与"十恶"等刑罚适用原则等；另一方面，也对几乎全面承袭

---

① 《新唐书·刑法志》。
② 《旧唐书·刑法志》。
③ 同上。
④ 《唐六典·尚书刑部》。
⑤ 《旧唐书·刑法志》。

《开皇律》的《武德律》在内容方面作了比较大的删改,"比隋代旧律,减大辟者九十二条,减流入徒者七十一条。其当徒之法,唯夺一官,除名之人,仍同士伍。凡削烦去蠹,变重为轻者,不可胜纪"①。贞观定律之后,唐代法制的基本面貌已经确立,尤其是唐律的内容再无实质性更动。因此,论者谓"唐律以贞观所修为定本"②,"唐代法制之建立,虽始于武德,而实定于贞观"③,此言得之。《贞观律》之外,太宗朝还定《贞观令》三十卷、《贞观格》十八卷、《贞观式》十四卷,并颁天下施行。

3.《永徽律》及其律疏

永徽元年(650),唐高宗再次组织修律,"敕太尉长孙无忌、司空李勣、左仆射于志宁……共撰定律令格式,旧制不便者,皆随删改"④。翌年,"勒成律十二卷、令三十卷、式四十卷,颁于天下。"⑤此次删定的《永徽律》对于《贞观律》的改动极少,在法典结构与体例、法律原则等方面没有任何更动。

永徽三年(652),高宗感于"律学未有定疏,每年所举明法,遂无凭准"⑥,又因各地司法实践中对于律条的认识不同,定罪量刑出现畸轻畸重的差异,因此"广召解律人条义疏奏闻,仍使中书、门下监定"⑦。长孙无忌等人遂"参撰律疏,成三十卷"⑧,于永徽四年(653)颁行,是为《永徽律疏》。其内容是对于《永徽律》的逐条阐释,由于其为官方解释,因而内容具有与正律同等的法律效力,可于司法审判中直接引用,"自是断狱者,皆引疏分析之"⑨。《永徽律疏》在后世又被称为《唐律疏议》,清代律学家沈家本在《重刻唐律疏议序》中指出其名称含义:"名疏者,发明律及注意;云议者,申律之深义及律所不周不达。"《永徽律疏》为中国历史上最早的注释法典,在法律史与法学史上具有极其重要的地位。

4.《开元律》及其律疏

玄宗朝共进行过两次修律,第一次始于开元六年(718),玄宗"敕吏部侍郎兼侍中宋璟……九人删定律、令、格、式,至七年三月奏上。律、令、式仍旧名,格曰《开元后格》"⑩。第二次发生在开元二十二年(734),李林甫、牛仙客等受命修改

---

① 《旧唐书·刑法志》。
② 沈家本:《历代刑法考》,商务印书馆2011年版,第137页。
③ 刘俊文:《唐代法制研究》,文津出版社1999年版,第27页。
④ 《旧唐书·刑法志》。
⑤ 《唐会要·定格令》。
⑥ 《旧唐书·刑法志》。
⑦ 同上。
⑧ 同上。
⑨ 同上。
⑩ 同上。

律令,"总成律十二卷,律疏三十卷,令三十卷,式二十卷,开元新格十卷"①,于开元二十五年(737)颁行。玄宗朝的两次大规模立法活动,从结果来看,除《开元后格》的名称有所变化外,传世文献中未见内容有所变化的记载,无论是《开元七年律》还是《开元二十五年律》对于《永徽律》的改动主要是名词术语和避讳用字方面,没有实质性的变革。

5.《大中刑律统类》

在开元二十二年(734)的修律过程中,为了便于查明法律规范,出现了将律、令、格、式各项法律形式合编汇纂的《格式律令事类》四十卷,"以类相从,便于省览"②,开启了中国立法史上诸法混编的法典编纂传统。中晚唐时,随着"敕"作为法源地位的提升,亦将敕加入法典。宣宗大中七年(853),左卫率府仓曹参军张戣将唐律按规范内容重新分为一百二十一门,又将同类或相近的令、格、式、敕附于相应的律文之后,共计一千二百五十条,称为《刑律统类》,上奏后获宣宗诏令刑部颁行,史称《大中刑律统类》。这一全新的法典编纂体例改变了秦汉以降的法典编纂传统,对五代和宋朝的法典体例产生了直接而深远的影响,后唐《同光刑律统类》、后周《显德刑统》以及《宋刑统》均可溯源于此。

三、《唐律疏议》的体例结构

《唐律疏议》三十卷,共五百条,分为十二篇:名例、卫禁、职制、户婚、厩库、擅兴、贼盗、斗讼、诈伪、杂律、捕亡、断狱。就规范内容论,大致可以分为两个部分,第一部分是篇首的名例律。该部分相当于现代刑法典中的总则部分,共六卷五十七条,其规范内容包括:刑名,即刑罚种类及其适用细则,如五刑二十等之刑制、赎刑金额等;法例,即定罪量刑过程中的通则性条款,如共同犯罪、十恶、八议等;字义,如"谋""皆""罪止"等术语之含义。从法典结构的角度来看,作为总则性规范的名例律中所包含的法律规范具有超越其他篇章的效力位阶。

其后十一卷为第二部分,规定的是各种具体的犯罪行为及相应的罚则,类似于现代刑法典中之分则部分,其中卫禁律二卷,计三十三条,主要是关于宫廷警卫与关口、边境等相关制度规范与违反之罚则。《唐律疏议·卫禁》"序"《疏》议曰:"卫者,言警卫之法;禁者,以关禁为名。"卫禁律置于名例律之后,足见立法者对于此部分规范之重视。

职制律三卷,计五十九条,主要是关于官吏职务与行政公务的规范与罚则。

---

① 《旧唐书·刑法志》。
② 同上。

《唐律疏议·职制》"序"《疏》议曰:"言职司法制,备在此篇",诸如官吏贪赃、枉法等吏治范畴的规范均见于此篇。

户婚三卷,计四十六条,主要涉及户口、土地、赋役、继承、婚姻、家族等属于现代民事法律关系的规范,如"嫁娶违律""同姓为婚""子孙别籍异财"等。

厩库律一卷,计二十八条,主要是关于饲养、使用公私牲畜与仓库管理方面的规范。《唐律疏议·厩库》"序"《疏》议曰:"厩者,鸠聚也,马牛之所聚;库者,舍也,兵甲财帛之所藏"。

擅兴律一卷,计二十四条,是关于军事、徭役、兴造的相关法律规范。《唐律疏议·擅兴》"序"《疏》议曰:"大事在于军戎,设法须为重防。"

贼盗律四卷,计五十四条。《唐律疏议》中的贼,指的是杀人与作乱;盗,则可理解为取货、劫物,根据"盗"之手段,又可分为"强盗"与"窃盗"。本篇分为"贼"与"盗"两部分,前者包括叛乱、煽惑、巫蛊、杀人等行为的罚则,后者包括盗贼、抢劫、勒索、掠卖、窝藏及共盗、累盗等犯罪的处罚规定。

斗讼律四卷,计六十条。本篇包含两方面内容:"斗殴"与"告诉",即关于伤害他人与诉讼程序方面的规范。

诈伪律一卷,计二十七条,主要内容是各种欺诈、伪造等行为的罚则,具体规定了伪造、假冒、欺诈、伪证等四类行为的处罚。

杂律两卷,计六十二条,主要内容是对于其他各篇无法包含的各类犯罪行为之处罚。《唐律疏议·杂律》"序"《疏》议曰:"诸篇罪名,各有条例。此篇拾遗补阙,错综成文,班杂不同,故次诈伪之下。"

捕亡律一卷,计十八条,主要内容是抓捕逃亡罪犯、逃亡士兵、逃亡丁役的相关规范以及对抓捕过程中违法行为的处罚。《唐律疏议·捕亡》"序"《疏》议曰:"然此篇以上,质定刑名。若有逃亡,恐其滋蔓,故须捕系,以置疏网,故次杂律之下。"

断狱律两卷,计三十四条,主要是司法审判相关制度及违反之罚则,此篇为唐律中关于司法审判之"专则"。《唐律疏议·断狱》"序"《疏》议曰:"此篇错综一部条流,以为决断之法,故承众篇之下。"其中的"决断之法"是关于处理官员在监狱管理、审讯、判决、执行方面犯罪的法律,涉及刑讯、审理、复审、死囚复奏、疑罪处理以及狱囚管理方面的具体犯罪。其中,犯罪主体既包括主持审讯、判决的司法官员,也包括监狱管理人员、刑罚执行机构的官员等主体。

在每一篇内部,条文排列亦有一定的顺序,即立法者越关切、越重点打击的犯罪,往往越排在前面。以贼盗律为例,篇首即侵犯皇权,危害统治的"谋反大逆"条。作为帝制社会治民之具的《唐律疏议》,将危害皇权统治与政权稳定的"谋反大逆"作为重点打击的犯罪行为,是不难想见的,将其列于贼盗律篇首,亦足见立法者对于此项犯罪的重视与痛恶。

就单独的律条来看,《唐律疏议》名例律之外的律文均可分为现代刑法理论上之罪状与法定刑两个部分。如"御幸舟船有误"条规定:"诸御幸舟船,误不牢固者,工匠绞。"①其中,"诸御幸舟船,误不牢固"是罪状,"绞"是法定刑。在某些涉及民事法律关系的条文中,刑罚之外往往还附带民事责任,如"放畜损食官私物"条规定:"诸放官私畜产,损食官私物者,笞三十;赃重者,坐赃论;失者,减二等;各偿所损。"②其中"各偿所损"相当于现代侵权责任中的损害赔偿,但对于"放畜损食官私物"的处罚,仍以刑罚为主,"各偿所损"只是附带适用而已。

四、唐律的影响

1. 历史影响

"一准乎礼"的唐律充分体现了李唐礼刑并用的国家治理理念,特别是"德礼为政教之本,刑罚为政教之用"原则在法律领域的运用,有效化解了儒家理论与法律治理的内在冲突。同时,唐律无论是对于规范实质层面的罪名、刑罚、司法程序等问题,还是形式层面的法典体例、结构、术语定义等问题,均有非常精细的设计,展现出极为高超的立法技术,是传统中国法制发展史上的一座丰碑。唐以后宋、元、明、清各朝立法,多以唐律为依归,并对其中相当多的重要制度和原则直接沿用。《宋刑统》虽于篇下设门,但大的规范架构仍然沿用唐律十二篇体例,规范内容更多因袭唐律,后人评价其"莫远离唐律之范围"③。元之《至元新格》篇目虽有稍异于唐律者,但八议、十恶、官当等唐律的重要制度仍为元律所接受。明、清两代律典虽打破唐律十二篇制式,改以六部为篇,但仍保留了名例律,其律文内容亦多有与唐律一致者,故曰"明清两代,更直承唐律也"④,可见唐律对后世各朝定律影响之深远,有论者谓,对于唐律,"宋世多采用之。元时断狱,亦每引为据。明洪武初,命儒臣同刑官进讲唐律,后命刘惟谦等详定明律,其篇目一准于唐"⑤,由是观之,唐律实为后世历朝立法之本。

---

① 《唐律疏议·职制》。
② 《唐律疏议·厩库》。
③ 陈顾远:《中国法制史概要》,商务印书馆2011年版,第36页。
④ 同上。
⑤ 《四库全书总目·唐律疏议提要》。

2. 域外影响

唐律对东亚、东南亚诸国立法也产生过重要影响。日本历史上第一部成文法典《近江令》即由遣唐使高向玄理等人据唐令改定。文武天皇大宝元年(701)制定《大宝律》，其篇目、体例、罪名、原则等方面，均高度仿照唐律。《大宝律》共十二篇，包括：名例、卫禁、职制、户婚、厩库、擅兴、贼盗、斗讼、诈伪、杂律、捕亡、断狱。刑种亦采用五刑制，只是将唐律的"十恶"改作"八虐"，将唐律的"八议"改作"六议"。元正天皇养老二年(718)制定《养老律》，同样在篇目、体例、原则、制度等方面，基本采用唐律。日本学者自陈："我国《大宝律》大体上是采用《唐律》，只不过再考虑我国国情稍加斟酌而已"①；"古代日本的法律制度是在学习唐朝律令制度的基础上制定出来的"②。朝鲜高丽王朝(918—1392)于10世纪初制定、实施的《高丽律》共十三篇，其中十二篇与唐律相同；其条文内容，也大多取自唐律。所谓"高丽一代之制，大抵皆仿乎唐。至于刑法，亦采唐律，参酌时宜而用之"③。越南李朝太宗明道元年(1042)颁布《刑书》，陈朝太宗建中六年(1230)颁布《国朝刑律》，其原则、内容亦多以唐律为依据，所谓"遵用唐宋之制，但其宽严之间辰加斟酌"④。

3. 唐律与中华法系

经过长期的法制建设实践，尤其是汉魏以降，传统中国法制基本上形成了一种以内容上引礼入律、礼刑结合，即所谓法律儒家化；形式上以刑为主、诸法合编为主要特征的法制习惯与传统，近世比较法学者往往将之与世界其他诸民族所创造的法制文明并举，称之为"中华法系"。⑤ 而成其为一个独立的法系，不惟须有自身个性化的特点，对于本国法制传统以及域外法律文化产生影响亦是应有之义。唐律对于后世以及周边诸国法制进程的深远影响，亦足证传统中国法制文明发展至唐时已使中华法系完全确立。⑥ 作为中华法系最重要代表的唐律，于本国法律文明发达史上之地位固然举足轻重，于世界法制发展史亦具有重要历史地位。

---

① 〔日〕桑原隲藏：《支那法制史论丛》，弘文堂书房1935年版，第357页。
② 〔日〕池田温：《隋唐律令与日本古代法律制度的关系》，载《武汉大学学报(社会科学版)》1989年第3期。
③ 《高丽史·刑法志》。
④ 《历朝宪章类志·刑律志》。
⑤ 详见〔美〕约翰·H.威格摩尔：《世界法系概览》，何勤华等译，上海人民出版社2004年版。
⑥ 参见张晋藩：《中华法制文明史(古代卷)》，法律出版社2013年版，第344页。

第四节 唐朝的刑事法律

一、刑罚体系

1. 五刑

唐律的刑罚体系基本沿用隋代的五刑二十等体系,即笞、杖、徒、流、死五种主刑,这是帝制中国刑罚体系的核心,亦成为后世历朝历代所奉行的圭臬。值得注意的是,《唐律疏议》与《隋书·刑法志》中五刑的排列顺序是刚好相反的,隋由重刑至轻刑排列,而唐律则由轻刑开始胪列,或许可以一瞥两代立法者不同的立法价值取向。五刑条款列于唐律篇首,亦足见其于唐代法制体系之重要性。

笞刑是用荆条或小竹板击打受刑人的臀部与腿部的刑罚,分五等,自笞十至笞五十,每等级递加十下。笞刑是五刑中最轻的刑罚,"言人有小愆,法须惩戒,故加捶挞以耻之"[①]。

杖刑是以较大的竹板捶击受刑人的背、臀与腿部的刑罚,亦分五等,自杖六十至杖一百,每等同样递加十板。为体现"恤刑",唐律还特别规定,因故累加受杖者,合计不得超过二百杖。

徒刑是一定期限内剥夺受刑人人身自由且强制其服劳役的刑罚,同样分五等,自徒一年至徒三年,每增加半年为一等。徒刑较笞、杖刑为重,所谓"徒者,奴也,盖奴辱之"[②]。

流刑是将受刑人遣送到边远之地并强制其服劳役的刑罚,分为三等,故也称"三流",分为流二千里、流二千五百里和流三千里,服劳役期即"居作"时限均为一年,这与隋律中关于流放距离与居作时间的规定都产生了较大差异,是唐律对于五刑体系最显著的调整。三等"常流"之外还有"加役流",即流三千里,居作三年,作为流刑与死刑之间的刑罚。唐律中还将"加役流""反逆缘坐流""子孙犯过失流""不孝流"与"会赦犹流"五种特殊情形的流刑称为"五流",不得适用赎刑的相关规定。

死刑是剥夺受刑人生命的刑罚,是五刑体系中的极刑。死刑分两等:斩与绞。在古人看来,绞刑尚能留得全尸,因此在五刑体系中被视为轻于身首异处的斩刑。

---

① 《唐律疏议·名例》。
② 同上。

2. 赎刑

赎刑制度为我国固有法之传统,最早可追溯至《尚书》之"吕刑"篇。唐朝延续这一传统,对于五刑皆可以铜赎。唐律五刑条款正文之下均有小字注明各等刑罚赎铜斤数,笞刑赎铜自一斤起至于五斤,每笞十下赎铜一斤;杖刑赎铜自六斤至十斤,每杖十递增一斤;徒刑赎铜自二十斤至六十斤,每徒半年递增十斤;流刑赎铜自八十斤至一百斤,每流五百里增加十斤;死刑不分斩、绞,均赎铜一百二十斤。

但唐朝赎刑的适用范围相当狭窄,并非任何犯行均可以铜赎罪。从犯罪主体来看,可以适用赎刑的主要是三类:一是有法定"赎"之特权的人,包括全部流内官、五品以上官之妾以及七品以上官之祖父母、父母、妻子与子孙;二是限制责任能力的人,包括七十岁以上的老人、十五岁以下之孩童以及废疾以上之病人;三是犯有某些特别法定可以适用赎刑的主体,如过失杀伤人或疑罪等。在赎刑适用程序上,唐律也规定有官爵之人,犯罪须先以官当,只有在罪轻不尽其官时可以留官听赎,或者官少不尽其罪,才可以收赎余罪。另外,死刑、五流、过失杀伤尊长应徒、男夫犯盗应徒以及妇人之奸罪不允许适用赎刑。①

二、重罚与减免

1. 十恶重罚

唐律恢复了隋《开皇律》中的"十恶"之条,并因"五刑之中,十恶尤切,亏损名教,毁裂冠冕"②,而将十恶条款紧列于名例律五刑条之后,"以为明诫"③。唐律对于"十恶"给出了更为明确的定义:"一曰谋反,谓谋危社稷。二曰谋大逆,谓谋毁宗庙、山陵及宫阙。三曰谋叛,谓谋背国从伪。四曰恶逆,谓殴及谋杀祖父母、父母,杀伯叔父母、姑、兄姊、外祖父母、夫、夫之祖父母、父母。五曰不道,谓杀一家非死罪三人,支解人,造畜蛊毒、厌魅。六曰大不敬,谓盗大祀神御之物、乘舆服御物;盗及伪造御宝;合和御药,误不如本方及封题误;若造御膳,误犯食禁;御幸舟船,误不牢固;指斥乘舆,情理切害及对捍制使,而无人臣之礼。七曰不孝,谓告言、诅詈祖父母父母,及祖父母父母在,别籍、异财,若供养有阙;居父母丧,身自嫁娶,若作乐,释服从吉;闻祖父母父母丧,匿不举哀,诈称祖父母父母死。八曰不睦,谓谋杀及卖缌麻以上亲,殴告夫及大功以上尊长、小功尊属。九曰不义,谓杀本属府主、刺史、县令、见受业师,吏、卒杀本部五品以上官长;及闻夫丧

---

① 详参刘俊文:《唐律疏议笺解》,中华书局1996年版,第55页。
② 《唐律疏议·名例》。
③ 同上。

匿不举哀,若作乐,释服从吉及改嫁。十曰内乱,谓奸小功以上亲、父祖妾及与和者。"①

纵观唐律的"十恶"规定,其打击的犯行主要是三类,一是危害皇权尊严与统治的,如谋反、谋大逆、谋叛与大不敬等;二是侵害礼教纲常伦理的,如恶逆、不孝、不睦、不义与内乱等;三是犯罪手段特别残忍恶劣的,如不道等。这些行为未必都是唐律中刑罚后果最严重的,但都是严重危害社会秩序与统治稳定的犯罪,是以礼教立法的唐律重点打击的行为。因此,对于"十恶",唐律在通常刑罚之外设立了一些特别加重的处理。一是若犯"十恶"之条,原可依律议、请、减、赎之人皆不得享有特权,须依律断罪;二是有官爵之人若犯"十恶"则会赦犹除名,官身无法保留;三是若犯"十恶"之条,听同居亲属告,不必遵循同居相容隐的规范;四是若犯"十恶"死罪,虽父、祖年老疾病亦不准上请侍亲;五是若犯"十恶"则决死不待时,决前仅须一复奏;六是一般犯罪遇有赦免,刑罚得以减、降,若犯"十恶"则会赦不原。②

2. 官员、贵族之刑罚减免

作为中国传统社会自汉武以后的主流思想的儒家学说,其核心理论就是"礼",也即等差。而引礼入律的唐律则通过议、请、减、赎与官当之法,将儒家"尊尊"之义合法化,以律文的形式确认了官僚贵族阶层在刑罚适用上的特权。

(1) 议

唐代承继并完善了隋代的"八议"制度,《唐律疏议》更加明确了享有"议"之特权的主体范围:"一曰议亲,谓皇帝袒免以上亲及太皇太后、皇太后缌麻以上亲,皇后小功以上亲。二曰议故,谓故旧。三曰议贤,谓有大德行。四曰议能,谓有大才艺。五曰议功,谓有大功勋。六曰议贵,谓职事官三品以上,散官二品以上及爵一品者。七曰议勤,谓有大勤劳。八曰议宾,谓承先代之后为国宾者。"③对于属于"八议"范围之内的主体犯罪,流刑以下的,由主审官司依律径减一等量刑;若犯死罪,则由审判机构将其罪行与符合议的具体条件上奏皇帝,经群臣集议,由皇帝最终裁断。

(2) 请

请,是指通过"上请"程序而减免刑罚的特权制度。这一制度可以追溯到汉高祖时期,当时主要是针对一些高官与勋爵的减刑制度。唐律中的"请",在位阶上低于"议",符合"请"的主体包括皇太子妃大功以上的亲属、符合"八议"者的期

---

① 《唐律疏议·名例》。
② 详见刘俊文:《唐律疏议笺解》,中华书局1996年版,第96页。
③ 《唐律疏议·名例》。

以上亲属与孙子女、五品以上的官爵。"请"只针对死刑,若上述主体罪犯死刑,有司须将其犯行、罪名以及符合"请"的具体条件另外上奏,由皇帝最终裁决。

(3) 减

减,是指对于特定级别的官员贵族及其部分亲属,若犯流以下罪,可减一等处罚的制度。唐律中的"减"在位阶上又低于"请",其范围是七品以上官员,可以"请"者的祖父母、父母、兄弟、姊妹、妻子与子孙等。唐律中,"减"之下还有"赎",前文已及,兹不赘述。

(4) 官当

官当,顾名思义,是以官抵罪的制度设计。具体来说,犯私罪,五品以上之官职,一官当徒二年;六至九品官职,一官当徒一年;公罪则各加一年。若一身数官的,先以职事官与散官当;不足的,以勋官当;仍不足的,还可用历任官当。官吏因官当而解职的,一年后可降原官品一级叙用。

3. 老小废疾之刑罚减免

唐律对于年老、年幼以及疾病之人首先是规定了刑罚减免之优待:"诸年七十以上、十五以下及废疾,犯流罪以下,收赎。八十以上、十岁以下及笃疾,犯反、逆、杀人应死者,上请;盗及伤人者,亦收赎。余皆勿论。九十以上、七岁以下,虽有死罪,不加刑;即有人教令,坐其教令者。若有赃应备,受赃者备之。"①其中,据《开元户令》,"废疾"是指"痴症、侏儒、腰脊折、一肢废"等情况;而"笃疾"是指"恶疾、癫狂、两肢废、两目盲"等情况。②

另外,唐律还对老小病残等人享有法定优遇时特殊情况的认定作了具体规定,据"犯时未老疾"条,犯罪时属于完全责任能力人,但刑罚执行时已达年老标准或身体疾病,则仍享有法定优遇;在刑罚执行过程中达到年老标准或者身体疾病,仍享有法定优遇;犯罪时年龄在十五岁以下,事后案发,审判以及刑罚执行之时虽然达到完全责任能力年龄,但仍按照行为时的年龄享有法定优遇。由此也可折射唐律省刑慎罚、矜老恤幼的立法理念。

正由于唐律明定了对年老、年幼和疾病之人,尤其是年八十以上、十岁以下以及笃疾之人绝大多数实刑的豁免,这三类人因此也无法承受一般提告所应承受的诬告反坐、拷囚限满不首则反拷告人等不利后果,唐律遂对此三类主体的提告资格也作了严格的限制,除谋反、谋叛、谋大逆三项重罪以及自身利益受到侵害之外,对于其他案件均没有提起告诉的权利与资格。这种规范内部的逻辑自

---

① 《唐律疏议·名例》。
② 参见〔日〕仁井田陞:《唐令拾遗》,东京大学出版会1964年复刻版,第228页。

洽也反映出唐律立法技术的先进。

三、刑事法律规范的主要内容

1. 区分公罪与私罪

将官员犯罪区分为公、私罪，秦律已有之。《唐律疏议》通过疏议的形式，对于公、私罪给出了一个较为明晰的界定：所谓公罪，是指官员"缘公事致罪而无私、曲者"[1]；而私罪则是"不缘公事，私自犯者"，或者"虽缘公事，意涉阿曲""对制诈不以实、受请枉法"[2]等行为。由于公罪是因公致罪，并无主观犯意；而私罪则涉及较大主观恶性，因而对于私罪的处罚更重，即使是"官当"，公罪一官所当之刑也较私罪为重。

2. 自首原罪与造意为首

唐律对于自首行为的规定比较特殊，原则上赦免其罪："诸犯罪未发而自首者，原其罪"[3]，也即是说，行为人只要在"犯罪未发"即他人未告发至官府或官府尚未发觉，亦即尚未进入司法程序前向官府出首，即可获"原其罪"，免除刑罚。但自首原罪并非通例，唐律同时也对其适用作出了一些限制，如于人损伤、于物不可备偿、越度关、私度关、奸、私习天文等无法恢复原状的犯罪，自首并不减免刑罚。唐律中关于自首的特殊情况，亦有规定：其一，遣他人代为自首，可视为本人自首；法律规定可以互相容隐的亲属向官府告发视为自首，亲属代为自首也等同于本人自首。其二，关于余罪自首，唐律规定被官府抓获后，若将尚未被发觉的其他犯罪向官府坦白，只要不是"于人损伤""于物不可备偿"等犯罪，未发觉的犯罪可以自首论。其三，关于自首不实与不尽，若自首后并未完全坦白所有的犯罪，只将部分犯罪自首的，所坦白的部分可以自首情节减免刑罚，但只要有自首情节，原则上可以免除死刑。其四，知他人告发而自首，得知他人欲告发自己逃亡或叛国等犯罪，自首或未逃亡、未抗拒抓捕的，可减二等处罚，由于"亡叛"等罪性质与普通犯罪不同，故不能完全免于处罚。但得知他人赴官府告发，逃避官府抓捕的，不得以自首论。

对于共犯问题，唐律规定："诸共犯罪者，以造意为首，随从者减一等。"[4]所谓"造意者"，即最先倡导或提出犯罪意图之人，为共犯罪之首犯，与现代刑法学共犯理论中的"主犯"概念有差异。但"共犯罪造意为首"是原则，疏议也列举了

---

[1] 《唐律疏议·名例》。
[2] 同上。
[3] 同上。
[4] 同上。

一些例外的共犯定罪情形：一是家人"共犯罪"，即"祖、父、伯、叔、子、孙、弟、侄共犯"①，此种情况之下，原则上只处罚"尊长"，即同居家族中的男性尊长，其他人不予处罚。若男性尊长有八十以上或笃疾的状况，则处罚次尊长。但"侵损于人"的犯罪，如盗窃、斗殴、杀伤等，仍以常人共犯罪定罪量刑，不适用"止坐尊长"之规定。二是"共监临主守为犯"，即与主管官员共犯罪，不论谁为"造意"，首犯皆为监临主守，其他人为从犯。

3. 同居相为隐

同居相为隐制度的思想渊源是孔子"父为子隐，子为父隐"②的亲亲之义；作为一项制度，则是在汉代入法，称为"亲亲得相首匿"，唐律将其发展为"同居相为隐"："诸同居，若大功以上亲及外祖父母、外孙，若孙之妇、夫之兄弟及兄弟妻，有罪相为隐；部曲、奴婢为主隐；皆勿论，即漏露其事及擿语消息亦不坐。其小功以下相隐，减凡人三等。"③从律文的规定来看，同居亲属之间容隐的范围按照服制高低有所区分，不同服制之间的亲属，容隐犯罪的法律后果有所不同，大致可分两类：一类是大功以上亲及虽然服制为小功以下但"情重"之亲属，即律文中指出的外祖父母、外孙、若孙之妇、夫之兄弟及兄弟妻，此类亲属有完全的容隐权利，有罪相隐不受处罚，甚至泄露消息使其逃亡的，亦不处罚；另一类是除去前文所提的情重亲属之外的小功以下亲，此类同居亲属相容隐减凡人处罚三等。事实上，唐律中的容隐不惟是一种权利，也是一种义务，唐律严格限制亲属之间的互相提告，尤其是以卑告尊，处罚尤重，以保障同居相容隐制度的有效运行。此外，律文还明确规定部曲、奴婢为主隐亦不处罚。"同居相为隐"的制度设计，是儒家伦理"亲亲"之义入法的明证，深刻反映出唐律伦理主义与家族本位的特征。但同居相隐仍有例外，作为传统中国帝制社会的治民之具，唐律体系下"亲亲"之义显然置于"尊尊"之下，侵犯皇权尊严与统治的犯罪则不再有温情脉脉的亲属容隐空间："谋反、谋大逆、谋叛，此等三事，并不得相隐"④。

4. 六赃与六杀

保护共有财产和私人财产是唐律的重要内容，唐律中的财产犯罪主要体现在"六赃"之罪中，即"强盗""盗窃""受财枉法""受财不枉法""受所监临财物""坐赃"这六种涉及财产之犯罪。所谓强盗，是指"以威若力而取其财者"⑤；窃盗是

---

① 《唐律疏议·名例》。
② 《论语·子路》。
③ 《唐律疏议·名例》。
④ 同上。
⑤ 《唐律疏议·贼盗》。

指"潜形隐面而取"①;受财枉法与受财不枉法均是官吏收受贿赂的犯罪,区别在于是否为行贿人作出歪曲法律的处断;受所监临财物是指主管官员非因公事而收取辖下官民的财物;坐赃指非因受贿、盗窃、抢劫等原因,却收取了不应收的财物,略近似于近世的"不当得利"。"六赃"又可细分为两类,一类是职务犯罪,包括受财枉法、受财不枉法和受所监临财物;另一类是侵害公私财产所有权的犯罪,包括强盗、窃盗与坐赃。总体而言,唐律对于"六赃"的处罚相对比较重,强盗虽不得财,仍须徒二年;窃盗不得财,亦笞五十。强盗与受财枉法的最高刑可至死刑,窃盗、受财不枉法与受所监临财物最高刑亦可达流刑,坐赃稍轻,亦至徒刑。"六赃"犯罪所得财物均须追回,"官物还官,私物还主"②。唐律中关于赃罪的规范与价值亦为后世律典所承袭,明清时代在此基础上形成了"六赃图"配附于律典的传统。

中国传统法制体系以犯罪主观心态将杀人罪进行分类的传统,始于《晋律注》,唐律沿袭并完善了这一分类体系,形成了"六杀"分类体系,即谋杀、故杀、斗杀、误杀、戏杀与过失杀。谋杀是指二人以上通谋或一人独谋的杀人犯罪;故杀是指事先没有预谋,但于情急杀人的行为过程中已产生杀人犯意的行为;斗杀是指本无杀心,但在斗殴过程中过于激愤而将人杀死的行为。误杀是指因各种原因错置杀人对象的行为,如"甲共乙斗,甲用刃、杖欲击乙,误中于丙"③,即为"误杀";戏杀是指"以力共戏",如相搏击决胜负之过程中致人死亡的行为,要求双方"至死和同,不相瞋恨"④,并未发生争执;过失杀则是指因"耳目所不及,思虑所不到"而致人死亡的行为,诸如"共举重物力所不制""乘高履危足跌""因击禽兽以致杀伤"⑤等情况。对于"六杀"的处理,概而言之,谋杀依罪数与犯罪阶段论处,但奴婢谋杀主,谋杀期亲以上尊亲属等特殊犯行一律处死刑。故杀一般处死刑,斗杀、误杀减杀人罪一等,戏杀减二等,过失杀则以铜赎罪。"六杀"的分类,以行为人的犯罪意图、主观恶性为标准,将杀人罪纳入一个从恶性最重的谋杀到完全无恶性的过失杀的严密立法结构,反映出唐律对于传统杀人罪理论的发展与完善,亦见唐人立法技术与传统法律理论思辨能力之先进。

5. 保辜论罪

唐律中有一项特别的以伤害结果论罪的制度——"保辜"。所谓"保辜",字

---

① 《唐律疏议·名例》。
② 同上。
③ 《唐律疏议·斗讼》。
④ 同上。
⑤ 同上。

面意义即保留罪名。作为一项制度,保辜是指根据伤害手段而令加害人在限期内保养受害人康复,并以康复的程度确定加害人罪刑的制度。保辜制度古已有之,《公羊传》《汉书》已偶见相关记载,唐代正式入律。唐律中对于故意伤害案件会设置一个"辜限",在此辜限期内被害人死亡的,则按杀人罪论断;被害人于辜限期内未死亡,或者因其他缘故死亡的,以伤害罪论断。律条对于不同的伤害手段设有不一样的"辜限":"手足殴伤人限十日,以他物殴伤人者二十日,以刃及汤火伤人者三十日,折跌支体及破骨者五十日。"① 这一制度的确立,一方面因应了当时社会生产水平条件下,医学技术不能有效地对内脏损伤、内出血等不能直接显现的伤害后果作出准确的检验与判断的困境,另一方面也以更轻的刑罚为对价,激励违法犯罪的行为人,在法定的期限内积极救助被害人,保证被害人不出现更为严重的后果,从而有效地降低司法成本并缓和社会矛盾,再次彰显了唐律立法内容与技术的精妙。

6. "化外人相犯"之处理

唐律中还出现了类似今日国际法意义上的准据法规则:"诸化外人,同类自相犯者,各依本俗法;异类相犯者,以法律论。"② 由此可见,唐代对于涉及"蕃夷之国,别立君长"的所谓"化外人"的案件,采用的是属人主义与属地主义相结合的处理方法。同一国家部族的人在大唐境内的纠纷与犯罪,适用其本国法律处理;不同国族的人在大唐境内的纠纷与犯罪,则一体适用唐律。

7. 轻重相举与不应得为

对于法律漏洞的填补,即律无明文的情况下,如何实现定罪量刑的问题,唐律提出了轻重相举的处理原则。唐律"断罪无正条"条规定:"诸断罪而无正条,其应出罪者,则举重以明轻;其应入罪者,则举轻以明重。"③ 举例而言,因为贼盗律规定,夜无故入人家,"主人登时杀者,勿论",那么如果主人只是将夜里无故进入自己家中的人打伤,因为在唐律的体系中折伤的情节要轻于致死,情节较重的致死行为不处罚,那么情节更轻的折伤行为更加不应处罚,这就是"举重以明轻",可以"出罪"。同样地,贼盗律规定:"谋杀期亲尊长,皆斩",律文规定的是对于谋划杀害期亲服制以上尊亲属的犯罪者处斩刑,那么对于已经杀害期亲服制以上尊亲属的行为,律无正文,但此既遂犯情节显然要重于处于犯罪预备阶段的"谋杀",情节较轻的"谋杀"处斩,情节更重的已杀自然也应处斩,这就是"举轻以明重",使之"入罪"。关于唐律中"轻重相举"制度的法律性质,学界一直多所争

---

① 《唐律疏议·斗讼》。
② 《唐律疏议·名例》。
③ 同上。

议,传统上认为"轻重相举"即唐律之"比附"原则的体现,晚近以来,论者多谓其类似于现代刑法解释学中的论理解释。①

在《唐律疏议》的"杂律"篇,还有一条刑罚适用的兜底性条款,即"不应得为"条:"诸不应得为而为之者笞四十,事理重者杖八十。"②所谓"不应得为",疏议解释为"律、令无条,理不可为者"③。因此,唐律中的"不应得为"条,其立法目的是防止律无明文规定而又故意违犯事理的行为。至于何者为"理",要而言之,即传统中国的主流意识形态与帝制社会的普遍价值观。"不应得为"在汉代已见于史料,称为"所不当得为"④,自唐入律后,为后世历朝律典所沿袭。尽管以今观之,该条似乎不具备犯罪构成要件的确定性,因而容易成为陷人于罪的"口袋罪"条款。但唐律对于"不应得为"条的适用设置了诸多限制,首先,该条列于"杂律",可援引该条制罪的行为仅限于"杂犯轻罪";其次,援引该条须在无法适用轻重相举或者类推等其他法律解释方法的情况下;再次,援引该条断罪的行为须是"临时处断",不是普遍性的情况;最后,该条规定的刑罚至重不过杖八十,属于轻刑范畴。由是观之,在强调断罪必须援引律、令、格、式条文且各种罪状对应的法定刑是唯一确定刑的唐代律法体系下,设立"不应得为"条,也并非毫无其合理性。

第五节 唐朝的行政法律

一、中央行政体制

唐代中央官制层面最重要的变化是进一步完善了三省六部制。尽管自东汉尚书台之设立,经魏晋各朝演变,就机构建制而言,三省六部二十四司体制在隋代已经定型,但隋朝三省之间职权分工尚不明晰,整体结构系统内部运行机制因而也并不完善。唐代统治者在隋朝基础之上进一步健全了三省六部管理体制,首先在于明确了三省职掌与彼此关系。唐沿前制,于中枢仍置中书、门下、尚书三省,其中中书省掌决策,门下省负责审核,有否决批驳之权,尚书省具体实施,所谓"唐初,始合三省,中书主出命,门下主封驳,尚书主奉行"⑤。由此,三省职权分工明确且彼此牵制,加强了君权独制。然而,由于职责不一,中书、门下之间

---

① 参见戴炎辉:《唐律通论》,戴东雄、黄源盛校订,元照出版公司2010年版,第433页。另见黄源盛:《唐律轻重相举条的法理及其运用》,载黄源盛:《汉唐法制与儒家传统》,元照出版公司2009年版,第300—337页。
② 《唐律疏议·杂律》。
③ 同上。
④ 《汉书·萧望之传》。
⑤ 《震泽长语·官制》。

总是"日有争论,纷纭不决"①,文书往来延宕,严重影响了行政效能,遂设政事堂,使中书门下合署办公,提升决策效率。

三省长官,中书省称中书令,门下省称门下侍中,尚书省称尚书令。由于李世民为秦王时曾任尚书令,因而终唐一世除了后来即位的雍王李适,均不设尚书令,而是以左右仆射掌管尚书省事。三省长官均为宰相,贞观十七年(643)又增设"同中书门下三品",高宗永淳元年(682)又设"同中书门下平章事"等职衔,参预机务,这导致唐朝有宰相之名,执行宰相职务的官员最多时有十余人,有效地防止宰相专权,是中国古代君权与相权消长颉颃的关键节点之一。

尚书省之下设吏、户、礼、兵、刑、工六部,吏部辖吏部、司封、司勋、考功四司,掌理文官任免、升降、考课与赏罚;户部辖户部、度支、金部、仓部四司,掌理户口、田土、税赋、物资、财政事务;礼部辖礼部、祠部、膳部、主客四司,主管典礼、祭祀、教育、外交等事;兵部辖兵部、职方、驾部、库部四司,管理全国军政、军令、舆图等事务;刑部辖刑部、都官、比部、司门四司,是全国最高司法行政机关,亦参与重大案件的审理;工部辖工部、屯田、虞部、水部四司,主管水利、工程和工匠管理等事。六部主官称尚书,副职称侍郎;各司以郎中、员外郎为正、副长官。此六部辖司体制,自隋唐确立,迄于明清,千余年而不易,可见其对于中国行政体制影响之深远。

三省六部之外唐代中央重要衙署还有九寺与五监。唐代九寺为太常、光禄、卫尉、宗正、太仆、大理、鸿胪、司农、太府,分掌宗庙礼仪、筵宴膳食、军器仪仗、天子宗族、舆马畜牧、理刑断狱、赞导相礼、仓廪禄米及宫廷贸易等事。九寺来源于秦汉时的九卿,北齐改卿为寺,隋唐因之。然唐时九寺已沦为负责具体事务性工作,甚至专为皇室提供专项服务的机构,其重要性与三公九卿制下之九卿不可同日而语。五监是指作为最高学府和学校管理机构的国子监、管理手工业生产的少府监、管理工程修建的将作监、管理武器制造的军器监以及管理水利、航运与堤防、桥梁事务的都水监。尽管九寺五监在建制上与尚书六部并无隶属关系,但其具体职掌往往与六部事务相涉,因而成为六部事实上的附属机构。

二、地方行政体制

在地方上,唐朝仍然维持隋代的州、县两级建制,玄宗天宝年间曾改州为郡,肃宗乾元元年(758)即改回,另设京兆、河南、太原三府,与州平级。唐代州分三等,四万户以上为上州,两万户以上为中州,余为下州;县分五等,都城辖下为京

---

① 《文献通考·职官考四》。

县,六千户以上为上县,两千户以上为中县,一千五百户以上为中下县,余为下县。州之长官称"刺史"(郡时称"太守"),府之长官称"府牧",县之长官称"县令"。州县长官职责广泛,除了总揽辖区行政事务还兼理司法。

唐朝县之下还有里、乡等基层行政组织,"百户为里,五里为乡"①,京城与州县"郭内分为坊,郊外为村"②。其中乡、里、村均主要从事农业生产,实行严格的邻保制度。乡有乡长,里有里正,村有村正,主要负责授田、劝农、收税、派役等事项,也负责调处民事纠纷与轻微的刑事案件。坊则为城市居民区与贸易区,长安城有一百一十坊,由坊正掌握坊门锁钥,管理坊内事务。

太宗时,为了加强中央对于地方的控制,将全国分为十道(玄宗开元年间分为十五道)作为监察区,置巡按使或采访使、观察使等监察官员巡查监管地方事务,久而久之成为凌驾于州之上的一级非正式行政建制,是宋朝"路"的先声。唐初还在部分边疆、民族和军事区域设都督府,高宗后将加"使持节"衔的都督改称"节度使",中晚唐时期,节度使遍设于全国,多者领十余州,逐渐发展成拥有土地、人民、武装和财政力量的地方割据势力,成为动摇唐朝统治根基的重要因素。

三、军事管理制度

在兵制上,唐初实行的是府兵制。所谓"府兵",原指军府之兵,起源于西魏,经北周与隋渐趋完备,于唐太宗时期达到鼎盛。这是一种以均田制为经济基础的、兵民合一的制度,农民在平时从事农业生产,于战时出征。唐代将军府改称"折冲府",负责府兵的选拔与训练;成为府兵可以免除部分租庸调,但须自备武器与马匹。随着土地兼并现象的日益严重,均田制难以为继,府兵制也于天宝年间被彻底停废而改行募兵制。所谓募兵,顾名思义,招募当兵,士兵成为职业军人,待遇也较府兵制时优厚,有效解决了唐朝府兵制崩溃后的兵源问题。

唐律对于军人与战争的管理与规范也表现出高度的关切,对于军事犯罪的刑罚定得相当严厉。譬如,对于擅自发兵的行为,"十人以上徒一年,百人徒一年半,百人加一等,千人绞"③。对于战时逃亡行为,"一日徒一年,一日加一等,十五日绞;临对寇贼而亡者,斩"④。对于向敌方泄露军事秘密者,"斩,妻、子流二千里"⑤。

---

① 《旧唐书·职官志二》。
② 同上。
③ 《唐律疏议·擅兴》。
④ 《唐律疏议·捕亡》。
⑤ 《唐律疏议·擅兴》。

四、官吏管理制度

1. 官员选拔制度

唐朝在隋代基础上进一步系统化、完备化了科举制度,使之成为举士的主要途径。唐朝参加科举有两种路径,一是进学于官方创办的"学""馆"等教育机构,称为"生徒";二是各地"怀牒自列于州、县"①的士子,称为"乡贡"。每年农历十一月,各州、县组织考试,合格者再由州县保举送到京城,参加由尚书省组织的考试。此种考试每年定期举行,故又称"常举"。常举考试,设有"秀才""明经""俊士""进士""明法""明字""明算""一史""三史""开元礼""道举""童子"诸科,其中以"明经""进士"二科最受重视,尤其是进士科,是朝廷任用重要官员的主要途径。对于法律专业人才,设"律学"为国子监六学之一,科举设"明法科","试律七条、令三条,全通为甲第,通八为乙第"②。常举之外,皇帝根据一些特殊需要,专门下诏考录人才,即"制举"。制举的考试内容与举行时间均无定准,由皇帝临时决定。唐朝皇帝根据需要,先后开设贤良方正直言极谏、文词清丽、博通坟典达于教化、军谋宏远等制举等科。制举考中者,随即能受到重用:原为平民者立即得以授官,原为有官品者即晋品升职。但由于未参加常举的考录程序,因此,经制举得官者在社会上常被视作非正途出身。武后执政时期,还曾首创皇帝亲自主持的殿试制度,并开设武举。

唐朝的选举制度下,"举士"与"选官"是分开的。通过科举考试,只是获得为官资格,还须经过吏部的铨试,才能正式授官。吏部的铨试包括四个标准:"一曰身,取其体貌丰伟;二曰言,取其词论辩正;三曰书,取其楷法遒美;四曰判,取其文理优长。"③由于通过吏部铨试,即可得官,要脱去平民的粗布衣服而换上官服,因此吏部铨试又称"释褐试"。

2. 官员考核制度

唐代法律确立了严格的官员考核制度,可分为内考与外考。所谓内考,是指皇帝对于三品以上官员的考核;而外考则是指吏部考功司组织的、对于四品以下官员的考核。外考又分岁课与定课,岁课每年举行一次。在中央,由各司自行主持对本司职官的考核;在地方,由各州县主持对本属职官的考核。定课为全国性的统一考核,每四年由吏部考功司统一组织,在全国范围内对于各级职官实施考核。

---

① 《新唐书·选举志上》。
② 同上。
③ 《通典·选举三》。

唐代法律对品官按"四善二十七最"的标准进行考核："考课之法,有四善:一曰德义有闻,二曰清慎明著,三曰公平可称,四曰恪勤匪懈。善状之外,有二十七最;其一曰献可替否,拾遗补阙,为近侍之最;其二曰铨衡人物,擢尽才良,为选司之最;其三曰扬清激浊,褒贬必当,为考校之最;其四曰礼制仪式,动合经典,为礼官之最;其五曰音律克谐,不失节奏,为乐官之最;其六曰决断不滞,与夺合理,为判事之最;其七曰都统有方,警守无失,为宿卫之最;其八曰兵士调习,戎装充备,为督领之最;其九曰推鞫得情,处断平允,为法官之最;其十曰雠校精审,明为刊定,为校正之最;其十一曰承旨敷奏,吐纳明敏,为宣纳之最;其十二曰训导有方,生徒充业,为学官之最;其十三曰赏罚严明,攻战必胜,为将帅之最;其十四曰礼义兴行,肃清所部,为政教之最;其十五曰详录典正,辞理兼举,为文史之最;其十六曰访察精审,弹举必当,为纠正之最;其十七曰明于勘覆,稽失无隐,为勾检之最;其十八曰职事修理,供承强济,为监掌之最;其十九曰功课皆充,丁匠无怨,为役使之最;其二十曰耕耨以时,收获成课,为屯官之最;其二十一曰谨于盖藏,明于出纳,为仓库之最;其二十二曰推步盈虚,究理精密,为历官之最;其二十三曰占候医卜,效验居多,为方术之最;其二十四曰讥察有方,行旅无壅,为关津之最;其二十五曰市廛不扰,奸滥不作,为市司之最;其二十六曰牧养肥硕,蕃息孳多,为牧官之最;其二十七曰边境肃清,城隍修理,为镇防之最。"①其中"四善"是对于品官普遍的要求,而"二十七最"则是对于不同职掌的官员各自的特别规范。

根据被考核对象所符合"善"与"最"的数量,考课结果分为上、中、下三等;每等再分为上、中、下三级,共三等九级:"一最以上,有四善,为上上。一最以上,有三善,或无最而有四善,为上中。一最以上,有二善,或无最而有三善,为上下。一最以上,而有一善,或无最而有二善,为中上。一最以上,或无最而有一善,为中中。职事粗理,善最不闻,为中下。爱憎任情,处断乖理,为下上。背公向私,职务废阙,为下中。居官谄诈,贪浊有状,为下下。"②对于流外官,则按四等考核:"清谨勤公,勘当明审为上;居官不怠,执事无私为中;不勤其职,数有愆犯为下;背公向私,贪浊有状为下下。"③对于考核结果,分别给予奖惩的处理。岁课之时,以增加俸禄作为奖赏,以减少俸禄作为处罚手段。定课之时,则以升、降职级甚至免官作为奖赏和惩罚的手段。

3. 官员休假制度

唐令中有专门规范官员休假行为的《假宁令》,《唐令拾遗》钩稽有相关令文

---

① 《旧唐书·职官志二》。
② 同上。
③ 《唐六典·尚书吏部·考功郎中》。

十七条，从中可以略窥唐代官员的休假制度。① 唐代官员通常每十日一休，另有元旦、冬至、清明、中秋、夏至、腊日、元宵、社日、立春、春分、立秋、秋分、立夏、立冬甚至老子生日等节令假期，皆有一日至七日不等的假期，一年的例行假期约共四十七日左右，另外还有农历五月的田假与农历九月的授衣假各十五日。对于异地赴任的官员，根据赴任地点程途远近，有四十至八十日的"装束假"。对于异地为官的官员，父母在三千里之外的，三年给一次三十日的"定省假"；离家五百里的，五年给一次十五日的"拜墓假"。在事假方面，自身与亲属的冠礼与婚礼、亲属与受业师的丧礼，以及亲属的忌日、家族的祭祀、亲属病重等事都可有相应假期。

4. 官员退休制度

唐代官员退休称为"致仕"，退休年龄为七十岁，"诸职事官，七十听致仕"②；身体状况不好的，年不满七十也得退休，"年虽少，形容衰老者，亦听致仕"③。在致仕申请程序上，五品以上官直接上书皇帝"乞骸骨"，六品以下则由尚书省奏请皇帝批准。三品以上的致仕高官，于每月初一、十五仍可参加朝会，参与政治。

第六节 唐朝的司法制度

一、司法机构

唐代中央司法体系沿革隋制，形成了以大理寺、刑部与御史台三机构分工协同又互相牵制的"三法司"格局。以大理寺为最高审判机关，负责审理朝廷官员犯罪以及京城徒刑以上案件；对于刑部移送的地方死刑疑案，亦有重审之权。其对于徒、流刑案件的判决，必须经由刑部复核后，方能生效；对于死刑罪的判决，尚须奏请皇帝批准。刑部是最高司法行政机关，掌理"天下刑法及徒隶勾覆、关禁之政令"④等司法行政事务，且对于大理寺流刑以下以及州、县徒刑以上案件有复核权，发现可疑的，徒流以下案件可发回重审或径行改判；死刑则移交大理寺重审。御史台为最高监察机关，职掌为纠弹百官，还负责监督大理寺、刑部的司法审判活动，也参与重要案件的会审。

唐代司法实践中还形成了一系列会审机制，譬如对于案情尤重的"国之大

---

① 详见〔日〕仁井田陞：《唐令拾遗》，东京大学出版会1964年复刻版，第732—752页。
② 《通典·职官十五》。
③ 同上。
④ 《唐六典·尚书刑部》。

狱"①或者是"州府不为理"的"天下冤滞"②,御史台、中书、门下会组成"三司"进行审理。而对于一些重大或有疑点的案子,则由皇帝下诏,令刑部、御史台与大理寺会审,称为"三司推事"③。若派出审理的官员是刑部侍郎、御史中丞与大理寺卿等高级官员,称为"大三司使";若派出三机构中的中层属官如刑部员外郎、监察御史与大理寺评事等会同审理,则称为"三司使"。④

在地方上,司法仍由各地各级行政主官兼理。各地方行政机构编制内设有部分专门的司法佐吏。在州一级行政机构内,设司法参军事、司户参军事之职;府、都督府、都护府设户曹参军事及法曹参军事之职。司户参军事、户曹参军事负责处理涉及户婚田土等纠纷的民事案件;司法参军事、法曹参军事则要处理刑案,"掌律、令、格、式,鞫狱定刑,督捕盗贼,纠逖奸非之事,以究其情伪而制其文法"⑤。县令之下,亦有司法佐等专门协助处理司法事务的佐贰。

二、诉讼制度

1. 提告类型

启动司法程序的诉讼行为在唐律中称为"告",具体而言可大致分为三类:

一是被害人及其亲属的提告,即自身或亲属合法利益受到侵害时,向官府提出告诉。如"诸强盗及杀人贼发,被害之家及同伍即告其主司"⑥。由于传统中国官司皆是行政兼理司法,因而此种提告类似于今日报案与自诉程序的杂糅。同时,由于唐律引礼入律,基于儒家伦理观,对于特定尊亲属受到侵害的犯罪,卑亲属的提告不仅是权利,更是一种法定义务,否则会受到严厉的制裁:"诸祖父母、父母及夫为人所杀,私和者,流二千里;期亲,徒二年半;大功以下,递减一等;受财重者,各准盗论。虽不私和,知杀期以上亲,经三十日不告者,各减二等。"⑦

二是邻里之间对于不涉切身利益的其他犯罪行为的举告,基于伍保连坐制度,对于邻里犯罪知而不报的甚至还有刑责:"同伍保内,在家有犯,知而不纠者,死罪,徒一年;流罪,杖一百;徒罪,杖七十。"⑧尤其是对于谋反、谋叛、谋大逆三类危害皇权统治的重大犯罪,唐律对于民众检举提告的责任设置更严:"诸知谋

---

① 《资治通鉴·唐纪十三》。
② 《资治通鉴·唐纪四十一》。
③ 详见《通典·职官六》。
④ 详见《唐会要·诸使杂录》。
⑤ 《唐六典·三府都护州县官吏》。
⑥ 《唐律疏议·斗讼》。
⑦ 《唐律疏议·贼盗》。
⑧ 《唐律疏议·斗讼》。

反及大逆者,密告随近官司,不告者,绞。知谋大逆、谋叛不告者,流二千里。知指斥乘舆及妖言不告者,各减本罪五等。官司承告,不即掩捕,经半日者,各与不告罪同;若事须经略,而违时限者,不坐。"①

三是职务举劾,即各级官长对于职权范围内的犯罪有揭发"举劾"的权利和义务,否则有连坐之虞,"诸监临主司知所部有犯法,不举劾者,减罪人罪三等。纠弹之官,减二等"②。这种举劾又可细分为三种情况:一是指里、坊、村正以上各级统摄、主司官对于自己部下之官民的犯罪行为的检举揭发;二是负有纠举弹劾职责的风宪官对于不法行为的弹劾;三是金吾卫巡查检视犯罪行为的权利。这是一种附刑事连带责任的义务,即一旦知晓职责范围内的犯罪行为,各级监临、纠弹、检校官不是"可以",而是"必须"进行举劾,否则会有违反法律、承担刑罚的连坐之虞。

从上述三类唐律体系下的提告制度设计,亦可窥见传统中国法制义务本位的浓厚色彩。

2. 提告限制

唐律在强调民众较为普遍的提告义务的同时,对于提告的主体资格也提出了一定的限制。

一是对于八十以上的老人、十岁以下的孩童,以及满足"笃疾"标准的病患的提告权作出了限制。上述三类人除了谋反、谋大逆、谋叛这类重大政治性案件,以及子孙不孝或者缺少奉养、自身利益受到同居之人的不法侵害等自身权益受损的情况外,均不得向官府提出与他们没有切身利害关系的"告",即"年八十以上、十岁以下及笃疾者,听告谋反、逆、叛、子孙不孝及同居之内为人侵犯者,余并不得告。官司受而为理者,各减所理罪三等"③。针对这种制度性设计,疏议的解释是,因为上述三种人即便犯罪也不用负刑责,那么对其提告权也相应受到收缩。

二是限制亲属之间的提告。基于唐律"同居相为隐"的原则,同居的大功以上亲属间都有相互容隐的义务,那么通过提告来使亲人的罪行暴露,显然是违背唐代礼教立法精神的。亲属相告,卑幼告尊长,恶性尤重,是要入"十恶"的,"不孝"条第一项就是对父母、祖父母的提告、诅咒和谩骂:"七曰不孝,谓告言、诅詈祖父母、父母"④。而告丈夫、大功以上尊长和小功以上尊属则会被列入"不睦":

---

① 《唐律疏议·斗讼》。
② 同上。
③ 同上。
④ 《唐律疏议·名例》。

"八曰不睦,谓谋杀及卖缌麻以上亲,殴、告夫及大功以上尊长、小功尊属"①。而"斗讼律"亦有专条特别规定对于告各种尊亲属的法律制裁。总的来说,就是对于己身,告地位越尊、关系越亲、服制越重的亲属,其法律后果就越严重,对于告祖父母、父母这样的直系血亲尊亲属,最重有绞刑这样的死刑,而诬告则罪刑更重。尽管唐律中以尊犯卑基本都是要较普通人减轻或者免除处罚的,但"告缌麻卑幼"条却规定了以尊告卑者重于"凡人"的法律后果,尽管在诬告部分仍有所减轻,但"告"这一行为本身却要承担凡人所没有的刑罚,可见唐律不离儒家亲亲之义。

三是对于以奴告主的限制。唐律中部曲、奴婢视主人,往往都是比照子孙视父母、祖父母的规定,因此,在"告"这件事上,部曲、奴婢告主人也如子孙告父母、祖父母一般,是受到严格限制的。非但对于主人本人,对于主人的五服亲属,若是提告,都会受刑罚苛责。而例外同样也只是谋反、谋大逆、谋叛三项,连他们自身被侵害都不能随意提起"告",一旦提告,非但自身受刑,主人还会被视为"自首"以免罪。但主人告部曲、奴婢则完全不同于尊长告卑幼那般,不会受到任何限制。

四是对在禁囚犯提告的限制。据唐律"囚不得告举他事"条,对于在监囚犯,除了谋反、谋大逆、谋叛三项重罪以及狱官苛酷、侵害自身这两种情况可以提告以外,其余均不准"告"。

对于提告,唐律还有两项禁止性规定:其一是禁止诬告,"诬告人者,各反坐"②,即以反坐这一严重的刑事责任后果来禁绝诬告之风;其二是禁止匿名投告,"诸投匿名书告人罪者,流二千里。谓绝匿姓名及假人姓名以避己作者。弃置、悬之俱是"③。

三、刑讯规定

唐代的法律体系承认刑讯的合法使用,但对其实施程序、刑具制式以及刑讯对象都作出了详细的规定。如《开元狱官令》中有明确规定:"诸察狱之官,先备五听,又验诸证信,事状疑似,犹不首实,然后拷掠"④,即须穷尽其他侦查手段,仍然有疑虑的案件才能对嫌疑人实施刑讯。另外,刑讯不得超过三次,每次杖数不得超过二百下,由腿、臀分受,两次刑讯之间还须相隔二十日。对于刑讯工具,

---

① 《唐律疏议·名例》。
② 《唐律疏议·斗讼》。
③ 同上。
④ 〔日〕仁井田陞:《唐令拾遗》,东京大学出版会1964年复刻版,第779页。

即"讯囚杖"的制式,唐太宗也有规定:"其杖皆削去节目,长三尺五寸。讯囚杖,大头径三分二厘,小头二分二厘。"①

唐律对于刑讯的适用对象也有限制,对于老、幼、残疾、孕产妇以及官僚贵族等特殊群体不得适用刑讯,如果对其实施刑讯,则会被追究刑事责任:"诸应议、请、减,若年七十以上,十五以下及废疾者,并不合拷讯,皆据众证定罪,违者以故失论"②;"诸妇人怀孕,犯罪应拷及决杖笞,若未产而拷、决者,杖一百;伤重者,依前人不合捶拷法;产后未满百日而拷决者,减一等。失者,各减二等"③。

四、审限与回避制度

中唐以后,为解决决狱"过为淹迟,是长奸幸"④的问题,唐朝设立了审限制度。宪宗元和四年(809)定制,"大理寺检断,不得过二十日;刑部覆下,不得过十日。如刑部覆有异同,寺司重加不得过十五日,省司量覆不得过七日"⑤。穆宗长庆元年(821),御史中丞牛僧孺仍感"天下刑狱,苦于淹滞"⑥,进一步详定审限,将案件分为大、中、小三等,一个案件涉案十人以上或者涉及罪名二十个以上的,为大事;涉案六人以上或涉及罪名十个以上的,为中事;涉案五人以下或涉及罪名十个以下的,为小事。"大事,大理寺限三十五日详断毕,申刑部,限三十日闻奏;中事,大理寺三十日,刑部二十五日;小事,大理寺二十五日,刑部二十日。"⑦

唐朝还设立了"换推"即审判回避制度,"凡鞫狱官与被鞫人有亲属仇嫌者,皆听更之"⑧,即与被审判者有亲谊或仇隙的审判官,均须回避,其中"亲属"是指五服内的血亲及大功以上的姻亲。另外,有受业师生关系或者"本部都督、刺史、县令及府佐于府主"⑨此类受所监临的关系者,皆须回避。

---

① 《旧唐书·刑法志》。
② 《唐律疏议·断狱》。
③ 同上。
④ 《旧唐书·刑法志》。
⑤ 同上。
⑥ 同上。
⑦ 同上。
⑧ 《唐六典·尚书刑部》。
⑨ 同上。

五、死刑复奏制度

对于一般的死刑案件,在核准之后与执行以前,为体现慎刑,唐朝还规定必须再次奏请皇帝批准执行,即死刑复奏制度。对于京城地区的死刑案件,实行"五复奏",即在决前一日二复奏,处决当日又三次复奏,总共五次报请皇帝批准,方能执行;地方州县的死刑案件,则须"三复奏"后方可行刑。而对于恶逆以上及部曲、奴婢杀主之死刑案件,刑决前在京由行决官司、在外由刑部复奏一次。另外,死刑的执行,在时间上也有一定的限制。唐律规定,每年的立春以后、秋分以前,不得奏决死刑;另于祭祀日、朔望日、上下弦日、二十四节气、断屠月(正月、五月、九月)、禁杀日(每月十直日:初一、初八、十四、十五、十八、廿三、廿四、廿八、廿九、三十日)、假日以及雨未晴、天未明时,均不得奏决死刑。但对于一些重大犯罪,如谋反、谋大逆、谋叛等,则不受特定时间不得奏决死刑的限制,即所谓"决不待时"。

第八章　宋朝法律

第一节　承上启下的五代法律

唐朝在其极盛的开元后期因爆发了安史之乱而开始了以战争和割据为特征的乱世，从唐后期直至五代时期，历时两百多年[从天宝十四年(755)开始的安史之乱起至宋太祖黄袍加身(960)建立宋朝为止]，这一时期的立法不仅在形式上处于承前启后的地位，而且在法律内容的调整上为宋代的法典体系变革的最终完成提供了方向。总括而言，该时期处于法典体系的变革前夕，其表现就是律典的转变和"编敕"的法典化。

后梁立法活动始于开平三年(909)十一月，经过一年多时间，完成了在唐代法律基础上的删定工作，但在立法上并未超出律令格式法典体系范式，修订的主要成果是《大梁新定格式律令》，颁布天下施行。[1]后梁时期另有《梁令》三十卷、《梁式》二十卷、《梁格》十卷。[2] 后梁的主要立法实际上是对唐代律令格式的删改，而在后唐统治者看来则是对唐代法律的破坏，后唐统治者以继承唐的正统自居，故而以王都进纳唐律令格式为底本，编定了《同光刑律统类》，这是采取了唐末新出现的法典编撰形式——刑律统类，以之代替原来的律典。[3]后唐时期编敕也开始成为基本法典，如《清泰编敕》的颁行。后唐时期的立法工作，对后晋影响巨大，后晋天福三年(938)也有《编敕》三百六十八道颁行，并"与格式参用"[4]。后汉的立法情况并不清楚，但从后周的立法中可见到后汉立法的一点情况。后周立法从广顺元年(951)六月开始，"命侍御史卢亿等，以晋、汉及国初事关刑法敕条一十六件，编为二卷，目为《大周续编敕》"[5]。但在显德四年(957)，由于"法书行用多时，文意古质，条目烦细，使人难会，兼前后敕格差谬、重叠，亦难详究"[6]，

---

[1]　参见《册府元龟》卷六百十二《刑法部·定律令第四》、卷六百十三《刑法部·定律令第五》。
[2]　《宋史·艺文志》。
[3]　《册府元龟》卷六百十三《刑法部·定律令第五》。
[4]　《五代会要》卷九《定格令》。
[5]　同上。
[6]　同上。

又对现存法典进行重新修订,至次年七月七日,"中书门下及兵部尚书张昭远等,奏所编集勒成一部,别有目录,凡有二十一卷,目之为《大周刑统》,伏请颁行天下,与律疏令式通行"①。这次修订的《大周刑统》(即《显德刑统》)代表了五代立法的最高水平。

由上所述可见,五代武人政权虽然更迭频繁,但统治者对法典编纂的重视却是一以贯之。另外,我们也要注意到,五代在立法形式的选择和法律体系的变化上直接体现了君主专制的意志,宋代是君主独裁专制开始的时代,其源头即是五代时期。就五代法律的建设情况看,后周《显德刑统》是总结性的法典,它正式确立了刑统作为基本法典取代了原来律典的位置,同时也使敕上升到法律的地位,改变了唐代律令格式法典体系的格局。《宋刑统》则是直接承继了《显德刑统》。正如沈家本指出:"《显德刑统》,《宋刑统》之所本也。"②由此可见,《宋刑统》作为唐宋法律变革的一个阶段性标志成就,在后周时代就已经奠定其基础。

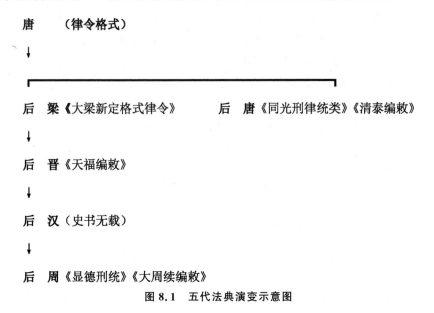

图 8.1　五代法典演变示意图

总结而言,后梁是以唐代的律令格式为基础进行删定,而后唐废除后梁对唐代删定的法律,直接继承了唐代的法律,后晋虽然申明"唐明宗朝敕命法制仰在,不得改易"③,但在遵从后唐的法制之外,最为重要的是对编敕的详定。后汉也

---

① 《五代会要》卷九《定格令》。
② 沈家本:《历代刑法考》,商务印书馆2011年版,第174页。
③ 《五代会要》卷九《定格令》。

以后唐为本。后周则是以编纂刑统、编敕的方式进行立法,《显德刑统》代表了五代法典编纂的最高成就。"其《刑法统类》、开成《编敕》等,采掇既尽"①,而颁行天下与律疏令式通行。

第二节 法律思想

960年陈桥兵变,赵匡胤黄袍加身,宋王朝建立。赵匡胤、赵光义用了近二十年时间先后解决了各地割据政权,包括北汉、南唐、吴越、南汉、后蜀等。由此,从唐后期的藩镇割据到五代十国的战争与政权更迭频繁的乱世大致结束。宋和以往的汉唐帝国不一样的是,它没有真正完成天下大一统,北方的辽国和西北的夏国虎视眈眈,尤其是宋辽对峙,幽云十六州仍在辽控制之下,形成了"南北对峙"的局面,宋辽直至1005年宋真宗时期,因战达成澶渊之盟,开始了百多年的南北和平。纵观两宋,宋在军事上始终处于被动防守的位置,北方的辽、金乃至最后灭宋的蒙古,都是宋的重大威胁。两宋由此也发展出与前朝不一样的面貌,尤其在武力不盛的情形下,更为讲求文治,在政治、文化、法制等方面都有很大的发展,后人评述宋代,多有褒美其文治,在法制方面亦是如此。

两宋时期的法律思想,主要有宋初的祖宗家法思想(太祖、太宗、真宗),到范仲淹、王安石(新学)的改革派思想,再到南宋的理学思想和事功思想等。其中,对宋代法制形成较有影响的是宋初的祖宗家法与改革派的法律思想。理学讨论的主要是以"性与天道"为中心的哲学形而上问题,涉及政治、教育、道德、史学、宗教方面的问题,对于法制则较少有新鲜的讨论,理学思想对后世的元明清的法制产生影响,在当时则属于在野派思想,其代表人物并无入朝执政,故并未对宋代法制有直接影响。浙东学派同样作为在野派,对宋代法制没有太多影响。

所谓理学,是宋儒在批判性地吸收释道两家思想的基础上形成的一种儒家思想。之所以被称为"理学",是因为理学认为"理"是一切的基础。理学思想始自北宋时期的周敦颐,后经程颐、程颢两兄弟的发展,兼之邵雍等人的推动,在北宋时期便已成为儒家思想的大宗。至南宋时期,朱熹使理学彻底成形。朱熹作为理学的集大成者,在思想史上地位极为重要,虽然南宋时理学一度被政府列为伪学加以禁止,但最终仍得到了官方的认可,并影响后世数百年。在理学的思想中,法律思想也是相当重要的一部分。以朱熹为代表,理学的法律思想主要有以下几点:

---

① 《五代会要》卷九《定格令》。

一、法源自理

理学的核心是"理",认为"理"是一切的根本,"宇宙之间,一理而已,天得之而为天,地得之而为地,而凡生于天地之间者,又各得之以为性,其张之为三纲,其纪之为五常,盖皆此理之流行无所适而不在"①。正因为如此,法律也是源自"理"的。朱熹认为:"礼字、法字实理字,日月寒暑往来屈伸之常理,事物当然之理"②;"盖三纲五常,天理民彝之大节而治道之本根也。故圣人之治,为之教以明之,为之刑以弼之。"③当然,值得注意的是,朱熹认为源自"理"的法并非是现世的法律,而是类似于近代西方所谓的"自然法"。他心中的法是基于三纲五常等天理产生的法,现实的法律只有不违背这种"理",才可以被称为正确的法律,若现世的法律不合于"理",国家便会产生混乱,即"上无道揆,则下无法守。倪上无道揆,则下虽有奉法守一官者,亦将不能用而去之矣"④。基于这种理论,他认为刑罚只是君主代天体现意志而已,"罪之大者,则罪以大底刑;罪之小者,则罪以小底刑,尽是天命、天讨,圣人未尝加一毫私意于其间,只是奉行天法而已"⑤。

二、反对一味轻刑

朱熹对于刑罚,一反传统儒家主张轻刑的态度,反对一味的轻刑,甚至主张重刑。他认为:"今人说轻刑者,只见所犯之人为可悯,而不知被伤之人尤可念也。如劫盗杀人者,人多为之求生,殊不念死者之为无辜;是知为盗贼计而不为良民计也"⑥;"今之士大夫耻为法官,更相循袭,以宽大为事,于法之当死者,反求以生之。殊不知'明于五刑以弼五教',虽舜亦不免。教之不从,刑以督之,惩一人而天下人知所劝戒,所谓'辟以止辟'。虽曰杀之,而仁爱之实已行乎中。今非法以求其生,则人无所惩惧,陷于法者愈众;虽曰仁之,适以害之。"⑦他认为一味的宽刑并非仁爱,实际上是"虽曰仁之,适以害之"。一味的宽刑是不妥的,在当时的社会环境下,必须严刑方可。"古人为政,一本于宽,今必须反之以严。盖必如是矫之,而后有以得其当。今人为宽,至于事无统纪,缓急予夺之权皆不在我;下梢却是奸豪得志,平民既不蒙其惠,又反受其殃矣。"⑧

---

① 《晦庵先生朱文公文集·读大纪》。
② 《晦庵先生朱文公文集·答吕子约》。
③ 《晦庵先生朱文公文集·戊申延和奏札一》。
④ 《朱子语类·孟子六·离娄上》。
⑤ 《朱子语类·尚书一·皋陶谟》。
⑥ 《朱子语类·朱子七·论刑》。
⑦ 《朱子语类·尚书一·大禹谟》。
⑧ 《朱子语类·朱子五·论治道》。

朱熹甚至主张恢复肉刑,他认为:"今徒流之法既不足以止穿窬淫放之奸,而其过于重者则又有不当死而死。如强暴赃满之类者,苟采陈群之议,一以宫剕之辟当之,则虽残其支体,而实全其躯命,且绝其为乱之本,而使后无以肆焉。"①

当然,值得注意的是,朱熹主张重刑甚至肉刑,是基于儒家的理论,认为这是一种"仁",即其所谓的"虽曰杀之,而仁爱之实已行乎中"②。

三、支持适当时候的变法

对于变法的问题,朱熹与传统儒家相比也有一些不同。他认为严守祖宗之法不变并不可取,"祖宗之所以为法,盖亦因事制宜以趋一时之便,而其仰循前代,俯徇流俗者尚多有之,未必皆其竭心思,法圣智以遗子孙,而欲其万世守之者也。是以行之既久而不能无弊,则变而通之,是乃后人之责"③。他对于王安石变法颇多批判,但对变法本身则并无太大意见。朱熹认为,王安石变法太过急剧,未能循序善诱,这是其失败的根本。变法应当一步步缓缓为之,不可能一蹴而就。当然,朱熹所言的变法,是指改变现世之法,对于三纲五常等来源于"理"的法,他认为是绝对不可以改变的。

四、纲常优先于成文法

朱熹在司法实践上主张义理决狱,即以儒家的三纲五常等义理断案,而并不是优先适用成文法。"凡听五刑之讼,必原父子之亲,立君臣之义以权之。盖必如此,然后轻重之序可得而论,浅深之量可得而测";"凡有狱讼,必先论其尊卑上下、长幼亲疏之分,而后听其曲直之辞。凡以下犯上、以卑凌尊者,虽直不宥,其不直者罪加凡人之坐。其有不幸至于杀伤者,虽有疑虑可悯,而至于奏谳,亦不准辄用拟贷之例。"④这种思想与董仲舒的春秋决狱有一定的传承关系,但同时也是理学"法源自理"所得出的必然结论。三纲五常作为"理",自然应在司法实践中被遵守,故而朱熹主张在断案中优先考虑纲常的问题。

综上所述,以朱熹为代表的理学,在法律方面有一些与传统儒家不尽相同的观点。但是,在义理方面,理学通过"理"这个核心将三纲五常上升到了前所未有的高度,这也为后世明清时期的官方儒学走向极端埋下了伏笔。

---

① 《晦庵先生朱文公文集·答郑景望》。
② 《朱子语类·尚书一·大禹谟》。
③ 《晦庵先生朱文公文集·读两陈谏议遗墨》。
④ 《晦庵先生朱文公文集·戊申延和奏札一》。

第三节 立法活动

宋代的立法在沿袭中唐至五代时期逐步变化的基础上因应统治需要和时代变化不断演进，这种延续性的演进最后就构成了法律体系的变革。具体言之，"律令格式"法律体系在中唐以后已经有所变化，最初是因应治理国家的实际需要，"敕"这一法律形式地位开始上升，从中唐开始出现"格后敕"，唐后期至五代时期"编敕"地位不断上升，到宋代神宗时期"敕令格式"法典形成，就法典编纂史演变角度来看，其变化的起点到终点分别是"律令格式"到"敕令格式"。因此，宋代的法制在继承前代的基础上发生的变化可以称为"变革"，最具代表性的就是"敕令格式"法典的形成。

宋代的法典修纂分为普通法和特别法两大类。普通法适用于全国，特别法仅在特定的官司或地区实行。宋自神宗改革法典编撰制度后，普通法修纂将以往单一的综合性编敕分成敕、令、格、式四种形式，合称"敕令格式"，如《元丰敕令格式》《绍兴敕令格式》。新编敕令格式仍可称"编敕"。整个两宋时期，宋一共修纂过十八部作为普通法的编敕，如《淳熙敕令格式》《庆元敕令格式》等，最后一部是《淳祐敕令格式》。敕、令、格、式中，敕是刑法，令是关于朝廷各项制度的规定，格是国家为了贯彻实施各项制度而设立的一种借此以比照和衡量的法定标准，式是对公文程式和文牍表状的规定。①朱熹对此有很好的表述："格，如五服制度，某亲当某服，某服当某时，各有限极，所谓'设于此而逆彼之至'之谓也。式，如磨勘、转官、求恩泽、封赠之类，只依个样子写去，所谓'设于此而使彼效之'之谓也。令，则条令，禁制其事不得为，某事违者有罚之类，所谓'禁于未然'者。敕，则是已结此事，依条断遣之类，所谓'治其已然'者。"②

特别法修纂也分为敕、令、格、式，如《元丰户部敕令格式》《国子监敕令格式》。敕、令、格、式四种法律形式是彼此分开制定的，其体例不尽相同，如作为普通法的敕，是依法律分为十二篇目，篇目之下不再分类目；令则以所规范的事项为篇目，篇目之下也不再分类目，格和式亦如此。敕、令、格、式合起来形成完整的法律体系。由于宋代各种法典卷帙庞大，给司法官检法判案带来诸多不便，尤其是如赵雄等奏："士大夫少有精于法者，临时检阅，多为吏辈所欺。"③于是便产生了新的编纂体例，即"条法事类"，如《淳熙条法事类》，它是以《淳熙敕令格式》

---

① 参见戴建国：《宋代法制研究丛稿》，中西书局2019年版，第104—105页。
② 《朱子语类·法制》。
③ 《宋史全文》卷二十六下。

为基础,模仿《吏部七司条法总类》体例编纂而成,其将敕、令、格、式"随事分门"编纂,即以事项分门,门目下再分类目,大大方便了司法官办案。《吏部七司条法总类》是宋代条法汇编的先河。①

北宋初期,法律体系在沿袭隋与唐中期律、令、格、式的基础之上,又受到唐后期所出现的"格后敕"与"刑律统类"的直接影响,"宋承唐制,其所承的却不是唐代中前期的制度,却是唐后期的制度"②。这些法律形式在宋代逐渐演变为"编敕"与"刑统",并成为法律体系的主干。宋初所定《宋刑统》与唐律地位相当,其作为刑法典存在于法律体系之中。《宋史·刑法志》载:"凡律所不载者一断以敕",其中"律所不载"即《宋刑统》中未有规定,"一断以敕"即由编敕来规定,可见"编敕"的法律效力高于《宋刑统》。在此基础之上,宋代的法律形式以"敕令格式"代替"律令格式",由"律敕并行"逐渐转化为"以敕代律"。南宋又出现了一种新的法律形式即"事类",对北宋形成的敕、令、格、式的体系产生了比较大的影响,主要是以适用范围或公事性质为标准,对敕、令、格、式中所包含的法律规范进行汇编。

一、《宋刑统》

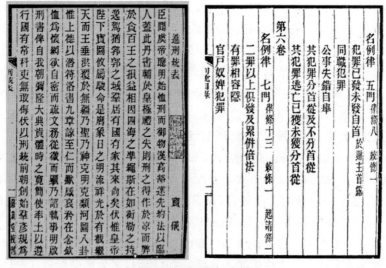

图 8.2 《宋刑统》书影

唐中后期,宣宗命张戣将刑律分类为门并附以格敕,称之为《大中刑律统

---

① 参见戴建国:《宋代法制研究丛稿》,中西书局 2019 年版,第 105 页。
② 龚延明编著:《宋代官制辞典》,中华书局 1997 年版,第 5 页。

类》，颁行于大中七年(853)，五代时期后唐《同光刑律统类》、后周《显德刑统》皆沿袭《大中刑律统类》。宋初沿用旧法，太祖建隆三年(962)，乡贡明法张自牧、工部尚书窦仪奏请详定《显德刑统》以适应新形势的需要，太祖令窦仪主事详定刑统。建隆四年(963)，修成《宋建隆重详定刑统》(简称《宋刑统》)，并刻板颁行天下。《宋刑统》是中国历史上第一部刻板印行的法典。

《宋刑统》共计三十一卷(包括目录)，内容包括五百零二条、十二篇，分类归入二百一十三门。就内容来看，《宋刑统》是针对后周《显德刑统》直接修订而成，直接删除了后者原有的式、令、宣敕一百零九条，增加了宋初制敕十五条与“起请”三十二条，并将原律文内散列各篇的四十四条“余条准此”汇集于《名例》之内。

二、令、格、式

令、格、式仍是宋代主要的法律形式，这显然是受到了隋唐法制的直接影响，但令、格、式的内容及其在两宋法律体系当中的地位与前代稍有不同。《宋史·刑法志》载：

> 禁于未然之谓令，设于此以待彼之谓格，使彼效之之谓式。……自品官以下至断狱三十五门，约束禁止者，皆为令。命官之等十有七，吏、庶人之赏等七十有七，又有倍、全、分、厘之级凡五等，有等级高下者皆为格。表奏、帐籍、关牒、符檄之类凡五卷，有体制模楷者皆为式。

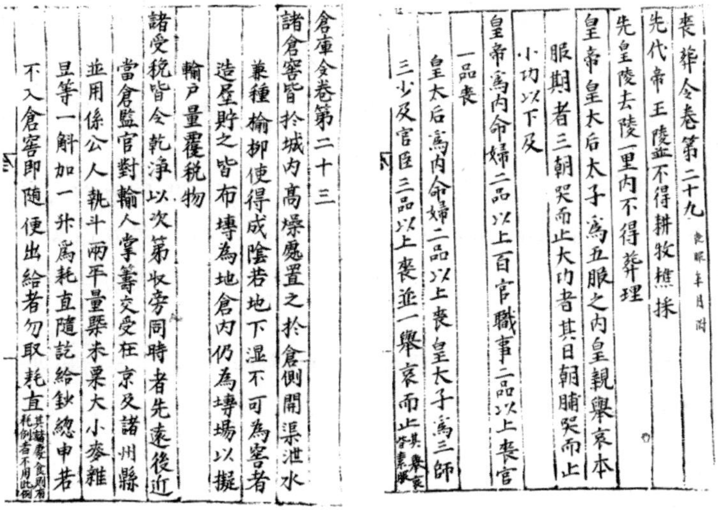
喪葬令卷第二十九 喪服年月附
先代帝王陵並不得耕牧樵採
先皇陵去陵一里內不得葬埋
皇帝皇太后太子為五服之內皇親舉哀本
服期者三朝哭而止大功者其日朝晡哭而止
小功以下及
皇帝為內命婦二品以上百官職事二品以上喪官
一品喪
皇太后為內命婦二品以上喪皇太子為三師
三少及宮臣三品以上喪並一舉哀而止 其舉哀皆素服

倉庫令卷第二十三
諸倉窖皆於城內高燥處置之於倉側開渠泄水
兼種榆柳使得成陰若地下湿不可為窖者
造屋貯之皆布塼為地倉內仍為塼場以擬
輸戶量覆稅物
諸受稅皆令乾淨以次第收旁同時者先遠後近
當倉監官對輸人掌籌交受在京及諸州縣
並用係公人執斗兩平量槩黍粟大小麥雜
豆等一斛加一升為耗直隨訖給鈔總申若
不入倉窖即隨便出給者勿取耗直 其[illegible][illegible]食則有耗例者不用此例

图 8.3　《天圣令》书影

宋代的令、格、式与《唐六典》《新唐书·刑法志》中的表述略有不同,但基本含义是一致的。令,即正面规定行为模式,要求人们依令行为;格,是对令的具体实施规定了操作性标准;式,规定的是文书的形式规范与要求。值得一提的是,宋代所修的第一令《天圣令》残本于21世纪初在宁波天一阁被学者发现其明抄本,[①]这是中国现存最早的一部令典,其以唐令为本,并列宋代的新制,唐宋令并存于一书,弥足珍贵。

三、编敕、编例、指挥与申明

敕,是以皇帝的名义针对具体事件发布的诏令;编敕,是编纂历年发布诏令的立法活动,也就是将针对具体事件所发布的法律文件进行汇编并赋予一般法律效力的活动。宋代的编敕根据规范内容可以划分为两类:一类是与刑事司法相关,另一类则包含了编纂所有敕文。狭义的编敕仅指前者。《宋史·刑法志》载:

> 神宗以律不足以周事情,凡律所不载者一断以敕,乃更其目曰敕、令、格、式,而律恒存乎敕外。……禁于已然之谓敕……于是凡入笞、杖、徒、流、死,自名例以下至断狱,十有二门,丽刑名轻重者,皆为敕。

与定罪量刑紧密相关的编敕逐渐形成了取代律的主要法律形式,但编敕并非完全取代律,"律恒存乎敕外"是说编敕中没有规定的内容依旧按照《宋刑统》来处理,也就是说"今世断狱只是敕,敕中无,方用律"[②]。

编例,即将皇帝或中央司法机关审断的"指导性案例"进行汇编的立法活动,也指作为这种立法活动的汇编结果。编例之风为北宋所开,南宋编例已非常频繁,甚至影响到元、明、清三代。[③] 随着编例活动的频繁,出现了"因一言一事,辄立一法"的现象,以至于"烦细难以检用"。[④]

指挥,即皇帝或尚书省及各部向地方发布的用以指导地方行政事务与司法审判的指令,由于下级官员可以依照指挥办理类似公务或作为司法审判的依据,指挥也可作为一种"例"。经过整理汇编的指挥也成为与敕令并立的法律形式。

申明,即对其所附法律形式的解释、说明与补充,所见主要有申明刑统、申明敕、申明指挥。

---

① 参见戴建国:《天一阁藏明抄本〈官品令〉考》,载《历史研究》1999年第3期。
② 《朱子语类·法制》。
③ 参见张晋藩总主编:《中国法制通史》(第五卷),法律出版社1999年版,第481—482页。
④ 《宋史·刑法志》。

四、条法事类

图 8.4 《庆元条法事类》书影

条法事类突出"事类",即分门别类地收入相关敕、令、格、式、申明与指挥等法律形式的内容。条法事类是宋代产生的一种新的法律编撰形式,出现于南宋孝宗淳熙初年,其产生是为解决"用法之际,官不暇遍阅"的实际问题,避免"吏因得以容奸"。"令敕令所分门编类为一书,名曰《淳熙条法事类》,前此法令之所未有也。四年七月,颁之。"[①]据记载,宁宗时曾编《庆元条法事类》、理宗时曾编《淳佑条法事类》,现仅存《庆元条法事类》残本。

第四节 刑事法律

一、刑罚制度的变化

宋朝刑罚在全面沿袭隋唐五刑体系的基础之上略有变化,南宋将"凌迟"纳

---
① 《宋史·刑法志》。

入法定刑罚体系。总体而言,宋朝刑罚与以往的不同主要是刑罚执行方式的变化。

(一) 折杖法

建隆四年(963),吏部尚书张昭等奉诏制定了折杖法,以代用法典规定的"笞、杖、徒、流"刑。折杖法是宋朝首次以法律形式制定的刑罚执行标准,用以纠正唐末藩镇割据到五代时期刑罚随意而酷虐的情形,折杖法奠定了两宋刑罚体系的基础,具有深远的影响。折杖法的主要内容是将刑罚体系中的笞、杖、徒、流四种刑罚折抵为脊杖与臀杖执行。具体方式为:

> 凡流刑四:加役流,脊杖二十,配役三年;流三千里,脊杖二十,二千五百里,脊杖十八,二千里,脊杖十七,并配役一年。凡徒刑五:徒三年,脊杖二十;徒二年半,脊杖十八;二年,脊杖十七;一年半,脊杖十五;一年,脊杖十三。凡杖刑五:杖一百,臀杖二十;九十,臀杖十八;八十,臀杖十七;七十,臀杖十五;六十,臀杖十三。凡笞刑五:笞五十,臀杖十下;四十、三十,臀杖八下;二十、十,臀杖七下。[①]

同时,对于刑具的规格也有详细规定:"常行官杖如周显德五年制,长三尺五寸,大头阔不过二寸,厚及小头径不得过九分。徒、流、笞通用常行杖,徒罪决而不役。"[②]北宋"折杖之制"的实际效果为:"流罪得免远徙,徒罪得免役年,笞杖得减决数。"[③]可见,此制主旨在于彰显宽仁与慎刑。

(二) 刺配

笞、杖、徒、流改施以"折杖之制"彰显慎刑,与其主旨相同,宋初一般的死罪也以"刺配"免死,《宋史·神宗本纪》载:"河北饥民为盗者,减死刺配。"但中后期刺配适用范围扩大,"配法既多,犯者日众,黥配之人,所至充斥"[④]。刺配逐渐与"五刑"地位相同,成为刑罚体系中应用非常广泛的刑种。"刺配"的具体内容是将犯人刺面后发配至指定场所强制服役并附加脊杖的刑罚,实质上是集刺面、脊杖、配流三种刑罚为一。

(三) 凌迟

凌迟是死刑的一种,与其他死刑执行方式相比,凌迟是以残害肢体为手段最终剥夺生命的刑罚,是历史上最为残酷的刑罚之一。作为刑罚种类,其出现于五代时期,沈家本说:"凌迟之刑,始见于此,古无有也。放翁谓起于五季,然不详为

---

① 《宋史·刑法志》。
② 同上。
③ 《文献通考·刑考七》。
④ 《宋史·刑法志》。

何时。"①沈家本引述南宋陆游的说法，认为凌迟之刑大概起自五代时期。《宋史·刑法志》载："凌迟者，先断其支体，乃抉其吭，当时之极法也。"清人王明德说："凌迟者，极刑外之极刑也，不独《名例》五刑中所未列，即上古五刑中亦所未见。其法乃寸而磔之，必至体无余脔，然后为之割其势，女则幽其闭，剖其腹，出其脏腑以毕其命。仍为支分节解，菹其骨而后已。"②宋仁宗天圣六年（1028）首用凌迟之刑，《文献通考·刑考六》载："又诏：如闻荆湖杀人祭鬼，自今首谋若加功者，凌迟、斩。"南宋《庆元条法事类》中将凌迟列为法定刑罚种类，明确了其在刑罚体系中的地位。后世元、明，凌迟皆有使用。

二、刑事特别法的出现

"重惩盗贼"是宋朝尤其是中期以后刑事法制发展的方向，虽然"王者之政，莫急于盗贼"的思想与观念贯穿于历代法典之中，但宋朝对于"盗贼"的重惩有明确的制度表现：一是作为刑事一般法的《宋刑统》等法典当中对于盗贼的重惩；二是作为刑事特别法的《贼盗重法》的颁布实施。

唐律对于强盗的处罚，详细区分了犯罪结果的得财与不得财、犯罪加重结果的杀人与伤人、犯罪情节的持杖与不持杖，分别予以处罚。宋朝则将前代颁布的大量重惩盗贼的刑事特别法作为一般法适用，如"应擒获强盗，不论有赃、无赃并集众决杀"；"今后应持杖行劫，不问有赃、无赃，并处死；其同行劫贼内，有不持杖者，亦与同罪。"③另外，宋朝刑事立法对于前代重法多有改重从轻之处，但强盗之法不在此列，《宋史·刑法志》载："刑法之重，改而从轻者至多。惟是强盗之法，特加重者，盖以禁奸究而惠良民也。"

宋仁宗嘉祐年间，将开封府及所属县列为"重法地"。宋神宗熙宁四年（1071）颁布《盗贼重法》，规定："凡盗罪当死者，籍其家赀以赏告人，妻子编置千里；遇赦若灾伤减等者，配远恶地。罪当徒、流者，配岭表；流罪会降者，配三千里，籍其家赀之半为赏，妻子递降等有差。应编配者，虽会赦，不移不释。凡囊橐之家，劫盗死罪，情重者斩，余皆配远恶地，籍其家赀之半为赏。盗罪当徒、流者，配五百里，籍其家赀三之一为赏。窃盗三犯，杖配五百里或邻州。""重法地"之制实施之后范围不断扩大，"凡重法地，嘉祐中始于开封府诸县，后稍及诸州。以开封府东明、考城、长垣县，京西滑州，淮南宿州，河北澶州，京东应天府、濮、齐、徐、

---

① 沈家本：《历代刑法考》，邓经元、骈宇骞点校，中华书局1985年版，第109页。
② 王明德：《读律佩觽》，何勤华等点校，法律出版社2001年版，第136页。
③ 《宋刑统·贼盗律》。

济、单、兖、郓、沂州、淮阳军，亦立重法，著为令。至元丰时，河北、京东、淮南、福建等路皆用重法，郡县浸益广矣"①。哲宗时期，地方二十四路行政区当中"重法地"已超过70%，同时还有大量"非重地，亦以重论"的情况。这意味着"贼盗重法"已失去了其作为刑事特别法的意义，从实施效果来看，各地治安状况并未因特别法的实施而有所好转。哲宗元符三年（1100）"重法地"予以废除。

三、刑事罪名的变化

宋朝的刑事罪名，从《宋刑统》来看，基本沿袭了唐律的规定，但宋朝根据不同时期的需要有所增补。试举如下数例：

第一，十恶之"大不敬"改为"大不恭"，并扩大适用范围。《宋刑统》因避讳（宋太祖赵匡胤父名赵敬），将唐律十恶的"大不敬"，改为"大不恭"。至徽宗时，常用诏敕扩大"大不恭"的适用范围，如大观元年（1107）定令："凡应承受御笔官府，稽滞一时杖一百，一日徒二年，二日加一等，罪止流三千里，三日以大不恭论。"②当时连苏轼、黄庭坚的著作都被列为禁书，收藏者也被以大不恭论处。另外，宋代将杀人罪类的谋杀、故杀、斗杀、劫杀定为所谓"四杀"，与十恶类罪一样，遇赦不赦。

第二，窃盗罪处罚的减轻。宋初太祖修刑统时，对窃盗的处罚已经开始较唐末五代有所减轻，后在太宗时期又颁令进一步减轻窃盗罪的刑罚，即"窃盗满十贯者，奏裁。七贯，决杖黥面，隶牢城。五贯，配役三年。三贯，二年。一贯，一年，它如旧制"③。南宋时期，根据《庆元条法事类·刑狱门·刑狱杂事》所载的贼盗敕来看，窃盗罪的处罚更为减轻，从最轻的"杖六十"，至最终的二十贯为"配本州"。

第三，"六赃"概念的进一步明确。《宋刑统》载："在律，正赃唯有六色：强盗、窃盗、枉法、不枉法、受所监临及坐赃。自外诸条，皆约此六赃为罪。"④六赃成为涉及钱物犯罪的定罪量刑标准，这是宋代较之唐代立法技术更为进步的表现之一。

---

① 《宋史·刑法志》。
② 同上。
③ 同上。
④ 《宋刑统·名例律·赃物没官及征还官主并勿征门》。

第五节 司法制度与律学

在宋朝的经济和文化高度发展的历史背景下,立法频繁而臻于完善,司法制度也在继承前朝的基础上继续发展,司法机构在中央和地方都出现了和前朝不一样的构造。司法的专业程度更是出现了跃升,如出现了鞫谳分司制、翻异别勘制、司法检验制度、公证制度等专业而细密的制度构造,实为历代最为完善。

一、司法机构

(一) 中央司法机构

宋初,制度建设的主线是强化中央集权,在这一背景之下,司法制度、司法机构等方面在前代的基础之上产生了一些变化。宋太宗淳化二年(991)设置"宫中审刑院"(即审刑院),规定凡属上奏案件,皆由审刑院备案后交大理寺、刑部断复,之后须经审刑院详议并奏请皇帝裁决。审刑院的设立实质是削弱大理寺与刑部独立行使审判权,便于皇帝掌控司法机关。神宗元丰改制后,大理寺与刑部的职权、职官设置等才在一定程度上恢复并有所发展。

1. 大理寺

宋初,大理寺负责决断地方上奏狱案,《宋史·职官志》载:"大理寺谳天下奏案而不治狱。"因此,未设专职长官而由朝官兼任。宋神宗元丰元年(1078)下诏"复置大理狱"①,大理寺的审判权恢复后,设大理寺卿一人为长官、大理寺少卿二人为副长官。大理寺卿总管折狱、详刑、鞫谳公事。大理寺少卿以下为左断刑、右治狱两个系统,"天下奏劾命官、将校及大辟囚以下以疑请谳者,隶左断刑,则司直、评事详断,丞议之,正审之。若在京百司事当推,或特旨委勘及系官之物应追究者,隶右治狱,则丞专推鞫"②。这实质上是"审"与"判"的分离。

2. 刑部

刑部主要负责大理寺详断的全国死刑已决案件的复核及官员除免、叙复、昭雪等。神宗元丰三年(1080),将审刑院并入刑部。改制后,刑部设尚书一人为长官、侍郎二人为副长官,尚书主管全国刑狱政令,侍郎与尚书共同负责制勘、体量、奏谳、纠察、录问等事。正副长官以下分设左右厅,"分厅治事,左以详复,右

---

① 《宋会要辑稿·职官》。
② 《宋史·职官志》。

以叙雪"①,即左厅审核各路大辟帐状,右厅审核官吏犯罪案件,以达到"同僚异事"之功。

3. 审刑院

审刑院设于宋太宗淳化二年(991),"上钦恤庶狱,虑大理、刑部吏舞文巧诋,己卯,置审刑院于禁中,以枢密直学士李昌龄知院事,兼置详议官六员。凡狱具上奏者,先由审刑院印讫,以付大理寺、刑部断覆以闻,乃下审刑院详议,中覆裁决讫,以付中书,当者即下之,其未允者,宰相复以闻,始命论决"②。审刑院即刑部之上的复审机构,并有一定的审判权,淳化四年(993),"诏大理寺所详决案牍,即以送审刑院,勿复经刑部详覆"③。审刑院设知院事一人为长官。宋神宗元丰改制后,审刑院并入刑部。

4. 御史台

宋代御史台的职能和机构设置与唐代相比变化不大,主要承担监察职能。《宋史·职官志》载:"御史台掌纠察官邪,肃正纲纪。大事则廷辩,小事则奏弹。其属有三院:一曰台院,侍御史隶焉;二曰殿院,殿中侍御史隶焉;三曰察院,监察御史隶焉。"同时,御史台兼有司法审判职能,主要审理官员的重大犯罪案件、司法官员的受贿枉法案件以及地方司法机构不能决断的疑难案件。

(二)地方司法机构

宋代地方司法机构分为路、州、县三级。淳化二年(991),各路设"提点刑狱司",宋真宗时改称"提点刑狱公事",仁宗、神宗时称"提刑司"。提点刑狱司的性质为中央派出机构,主要职责是监察本路司法刑狱并有权劾奏州县行政长官。各州在行政长官之下设司理参军与司法参军,"司法参军掌议法断刑;司理参军掌讼狱勘鞫之事"④。司法参军与司理参军的分设实际上是"审"与"判"的分离,即"鞫谳分司"。各县行政长官亲理司法,应判处笞、杖刑的案件可直接判决并执行。

京畿司法机构从机构设置上也属于地方司法机构,但其职能与其他地方司法机构相比有所不同。北宋时期开封府作为京畿行政机构也承担着司法职能,不仅审断京畿地区诉讼案件还承旨审判一些大案要案,同时承旨审判的案件直接上奏皇帝,刑部、御史台无权过问。《文献通考·职官考十七》载:"掌正畿甸之事。中都之狱讼皆受而听焉,小事则裁决,大事则禀奏,若承旨已断者,刑部、御

---

① 《文献通考·职官考六》。
② 《续资治通鉴长编》卷三十二。
③ 《续资治通鉴长编》卷三十四。
④ 《宋史·职官志》。

史台无辄纠察。"

二、诉讼与审判

（一）直诉

宋代规定依照审级逐级上诉，至尚书省仍未平断案件的，可依次经登闻鼓院、登闻检院、理检院实封投状，《宋会要辑稿·职官》载："初诣登闻鼓院，次检院，次理检院。"由皇帝指定官司重新审理。若登闻鼓院、登闻检院、理检院不予受理，可拦驾由军头引见司转奏。

登闻鼓院，简称"鼓院"。宋初设鼓司，真宗景德四年（1007）改为登闻鼓院。向皇帝报告公私利害、朝政缺失、理雪冤案等，都可向登闻鼓院实封投状。若登闻鼓院不受理，可向登闻检院进状。登闻检院，简称"检院"，宋初沿唐制设匦院，太宗雍熙元年（984）改为登闻院，真宗景德四年（1007）改为登闻检院。登闻检院主要接收登闻鼓院不予受理的书状，《文献通考·职官考十四》载："未经鼓院者，检院不得收接。"理检院初设于太宗淳化三年（992），是初步受理审问向登闻鼓院、登闻检院所投状案件的机构，《宋会要辑稿·职官》载："登闻院、鼓司进状人，有称冤滥沉屈者，即引送理检院审问。"未经登闻检院者，不予受理。若登闻鼓院、登闻检院、理检院皆不受理，当事人可拦驾告御状，由军头引见司询问后进奏皇帝。

（二）翻异别勘

翻异别勘制度是由"翻异"与"别勘"两部分组成，"翻异"即犯人推翻原口供或犯人家属申诉冤情，这是前提；"别勘"即重新审理，这是后果，重审又分为原审机关其他官员（非原审官员）重审与其他机关（非原审机关）重审。《续资治通鉴长编》载："大辟或品官犯罪已结案，未录问，而罪人翻异，或其家属称冤者，听移司别推。若已录问而翻异称冤者，仍马递申提刑司审察。若事不可委本州者，差官别推。"发生于不同审级的"翻异"，由不同机关"别推"，《宋会要辑稿·刑法》载："州狱翻异，则提刑司差官推勘；提刑司复翻异，则依次至转运、提举、安抚司。本路所差既遍，则又差邻路。"翻异别勘本质上是案件重审制度，具体来说，凡州县死刑案件或官员犯罪案件已结案，但未经本路提刑司审问，犯人推翻原口供或犯人家属申诉冤情，则移送提刑司重新审判；若已经本路提刑司录问，犯人推翻原口供或犯人家属申诉冤情，则由提刑司审察，改换审判官重审；若死刑犯行刑时推翻原口供或申诉冤情，则由本路与该案无关之监司重审，或移送邻路提刑司审理。《宋刑统·断狱》中有对翻异别勘次数的限制性规定："应犯诸罪，临决称冤，已经三度断结，不在重推限。"但在实际执行中，翻异五次、七次的情况并不少见。作为重审制度,设立之初的意图自然是慎刑与保证案件裁断的公正,但多次翻异无可避免地对司法效率与司法公正带来负面影响。

（三）时限

宋代诉讼中所见的时限分为两种,一是案件受理时限,二是案件审理时限。

案件受理时限,即法律规定诉讼受理机关受理诉讼的时间范围。人命、犯奸、斗殴等类似于现代法中"刑事诉讼"的案件不受受理时限的限制。《宋刑统·户婚》载:"诉田宅、婚姻、债负,起十月一日至三月三十日检校,以外不合。若先有文案,交相侵夺者,不在此例。"后附"起请":"所有论竞田宅、婚姻、债负之类（债负,谓法许征理者）,取十月一日以后,许官司受理,至正月三十日住接词状,三月三十日以前断遣须毕,如未毕,具停滞刑狱事由闻奏。如是交相侵夺及诸般词讼,但不干田农人户者,所在官司随时受理断遣,不拘上件月日之限。"此为"务限法",受理期间为"务开",非受理期间为"入务"。"务限法"之设,意图在于保证农业生产与维护社会稳定。

案件审理时限,即法律规定司法机关必须审结案件的时间范围,宋代关于中央司法机构与地方司法机构的审理时限有不同的规定。宋太祖时规定大理寺审判案件,大事限三十日,中事二十日,小事十日;刑部详复案件,大事限十五日,中事十日,小事五日;审刑院复核,大事不过十五日,中事十日,小事五日。宋太宗时将大理寺审判时限改为大事二十五日,其他未变。[①] 地方司法机构,"诸道刑狱,大事限四十日,中事限二十日,小事限十日"。若超过时限,"日笞十下,三日加一等"。[②] 关于大事、中事、小事,一般是以案件涉及钱财的"缗"数为单位进行划分的,二十缗以上为大事,十缗以上为中事,不满十缗为小事。

（四）理雪

判决生效后,犯人及其家属可依法逐级申诉。若属"断遣不当",从所属县开始申诉,经本州、转运司、提点刑狱司、尚书省、御史台直到登闻鼓院、登闻检院,依次申诉。各级官司接到申诉后,必须在期限内组织无利害关系的官员详究案情,大案、要案要组成"推勘院"审理。原则上不得越级申诉,只有官司不予受理或已届时限但未决,方可向上一级官司申诉。"命官犯罪经断后,如有理雪者,在三年外更不施行。"[③]

---

① 参见《文献通考·刑考五》。
② 参见《宋会要辑稿·刑法》。
③ 同上。

三、律学的发展

中国古代律学的发展到了宋代达到一个高峰，尤其在判例研究、法医学等方面，宋代都超过了唐代，究其原因，一是统治者重视法律并对官员的法律素养有所要求，如宋太宗多次下诏要求官员习法，雍熙三年(986)下诏要求“朝臣、京官及幕职、州县官等，今后并须习读法书，庶资从政之方，以副恤刑之意”①。端拱二年(989)又下诏：“中外臣僚，宜令公事之外，常读律书，务在研精，究其条约，施之则足以断事，守之则可以检身。”②二是律学教育普及，宋代中央和地方的学校均开设有律学课程，其中包括经术、律义及判例研究。律学生入学必须通过考试，在平时的学习过程中也有定期测验。科举考试有明法科，宋代官员也普遍具有较好的律学基础，民间社会的诉讼意识也较前代大为增强。最终体现为宋代律学著作在数量上远超前代，且在体系和形式等方面出现了许多新的特点。

(一) 律学著作的涌现

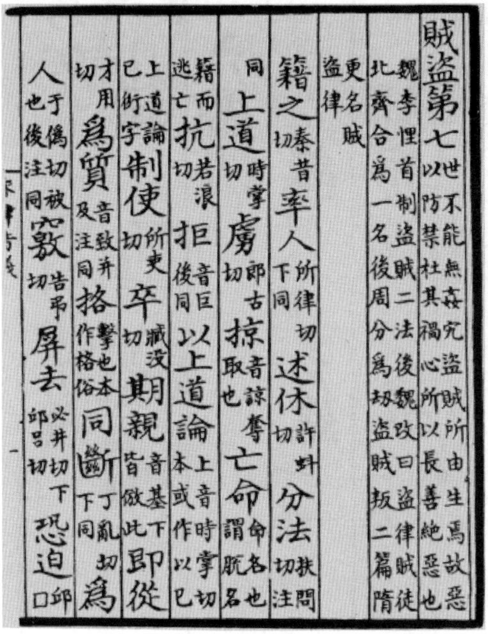
賊盜第七 世不能無姦宄盜賊所由生焉故惡以防禁杜其禍心所以長善絶惡也
魏李悝首制盜賊二法後魏改曰盜律賊徒北齊合爲一名後周分爲劫盜賊叛二篇隋
更名賊盜律
籍之 率人 述休 分法
上道 虜 掠 奪 亡命
抗 拒 以上道論
制使 卒 期親 即從
爲質 挌 同斷 爲
人 窺 屛去 恐迫

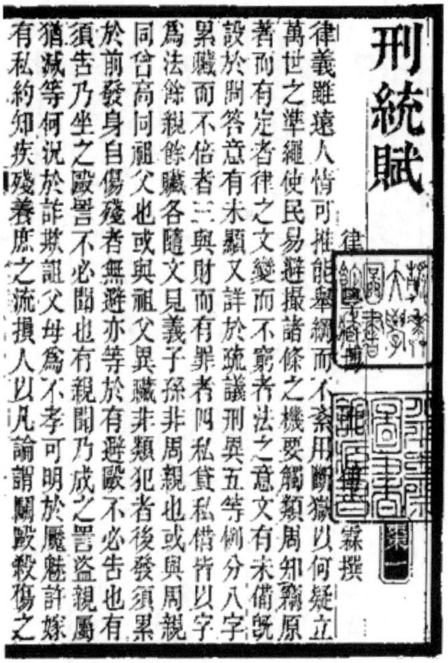
刑統賦
律義雖遠人情可推能舉綱而不紊用斷獄以何疑立萬世之準繩使民易避撮諸條之機要觸類周知竊原著刑有定者律之文變而不窮者法之意文有未備既設於問答意有未顯又詳於疏議刑異五等例分八字累贓而不倍者三與財而有罪者四私貸私借皆以爲法條親餘贓各隨文見義子孫非周親也或與周親同占高曾祖父也或與祖父異贓非類犯者後發須累於前發身自傷殘者無避亦等於有避毆不必告也有須告乃坐之毆詈不必鬬也有親鬬乃成之詈盜親屬猶減等何況於詐欺詛父母爲不孝可明於魘魅詐嫁有私約知疾殘養庶之流損人以凡論謂鬬毆殺傷之

图 8.5　《律　附音义》(左)、《刑统赋》(右)书影

① 《宋会要辑稿·选举》。
② 《宋大诏令集》卷二百《令中外臣僚读律诏》。

宋代官方对律学较为重视,故而注律解律之著作不断涌现。如孙奭编撰的《律 附音义》即以唐律原文为主体,对律文中的字词解释其音义,该书是对以往注律的成果整理,同时也体现了宋代律学的发展。再如,傅霖撰写的《刑统赋》则是以歌赋的形式,将《宋刑统》的重要内容予以解释,较为通俗易懂,对在民间普及《宋刑统》具有相当的推动作用,该书流传颇广,又有人为之作注解,故又称为《刑统赋解》。

(二)判例研究的进展

宋代的判例研究主要有两种形式。

一是历代案例汇编,主要有宋初和凝父子的《疑狱集》、郑克的《折狱龟鉴》、桂万荣的《棠阴比事》等。此类作品的史料来源于史书或笔记小说等,案例记载的内容简要,但其由按语等形式表述作者的经验总结,给司法人员提供刑事侦查和审理案件思路、经验、教训等,以及公正司法、恤刑等的价值观,且作品内多有分门别类,便于读者研习参考。

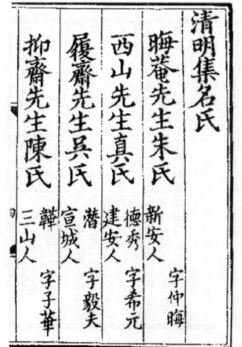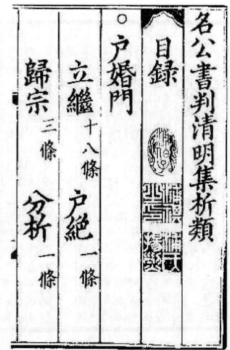

图 8.6 《名公书判清明集》书影

二是官员任官时的判词或其他文书汇集整理而成的文集。如《名公书判清明集》即是典型的著名官员的判词与文书汇集。相对唐代纯粹拟制的书判而言，宋代的判例汇编更接近司法实际，且更有儒家道德教化的色彩。

（三）法医学的发达

宋代法医学居于当时世界前列，《洗冤集录》《检验格目》《检验正背人形图》等著作的问世即为明证，尤其是宋慈的《洗冤集录》，是中国古代法医学的代表作。《洗冤集录》不仅记录了当时的法医学技术，更有深刻的司法之道，对元、明、清的司法产生了深远的影响。

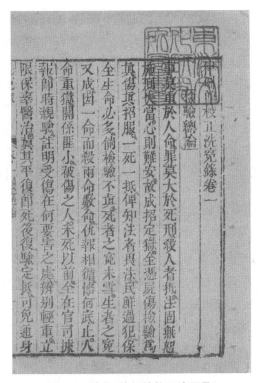

图 8.7　清代《律例馆校正洗冤录》

从《洗冤集录》可以看出，宋代司法官重视依法判案，动辄引敕令格式。同时，宋代的司法官员在办案过程中重视礼教伦理，并追求公正、慎刑的司法理想。最为突出的是，《洗冤集录》记载的大量司法检验、勘查技术方面体现出宋代法医技术的全面进步。

第九章 辽夏金元法律

我国自古以来就是一个统一的多民族国家,各民族所创造的独具特色的法律文明皆是中华法制文明的有机组成部分,尤其是各少数民族政权所形成的法律规范、法律制度、法律思想、法律文化与法律实践,同样是中国法律史上的重要篇章,极大地丰富了中华法系的内涵。自公元 10 世纪初至 14 世纪中叶,发源自我国北方的契丹、党项、女真与蒙古等部族先后建立了辽、夏、金、元四个政权,统治着我国北方地区甚而整个中国。这些少数民族建立的政权在与中原地区接触与交往的历史进程中,不断吸收汉族的政治与法制文化,结合本民族的文化传统、法制习惯与政治需求,形成了具有本民族特色的法律文化传统。

第一节 辽朝法律

契丹意为"镔铁",寓意坚固,发源于我国东北地区,以部落联盟的形式过着半农半牧的生活。唐贞观二年(628)契丹归附唐朝。后梁贞明二年(916),契丹各部联盟首领耶律阿保机仿效汉人制度,建立国家政权,号为契丹,建元神册,史称辽太祖。太宗大同元年(947),耶律德光改国号为辽,圣宗统和元年(983)又改称契丹,道宗咸雍二年(1066)复号为辽,至天祚帝保大五年(1125),为金所灭,凡二百零九年,传九帝,统治了中国北方的大部分地区,对中国历史产生了深远的影响,时至今日,俄罗斯、白俄罗斯等国仍将中国称为"契丹"。

一、辽国立法概况

契丹立国以前,长期处于习惯法阶段,直至太祖初年,依旧是"犯罪者量轻重决之"①。神册六年(921),太祖阿保机因"凡国家庶务,钜细各殊,若宪度不明,

---

① 《辽史·刑法志》。

则何以为治,群下亦何由知禁"①,于是命大臣"定制契丹及诸夷之法"②,耶律突吕不主持制定《决狱法》③,辽国法制开始进入成文时代。

至辽圣宗时,组织大量翻译汉人法典,着手法制改革,重点是解决旧法对于契丹人与汉人同罪不同罚的"蕃汉异治"问题,于太平七年(1027)"诏更定法令"④。其后,辽兴宗耶律宗真于重熙五年(1036),命萧德、耶律庶成等人"纂修太祖以来法令,参以古制"⑤,即在保有本民族法制传统与充分吸收唐宋律典先进法律制度与观念的基础上,编成《重熙新定条制》五百四十七条,这是辽国最重要的成文法典,也是契丹法律文化与中原汉地法律文化相融合的重要立法成果。咸雍六年(1070),辽道宗耶律洪基感于"契丹、汉人风俗不同,国法不可异施"⑥,对《重熙新定条制》进行了较大幅度的修改与增订,编成《咸雍重修条制》七百八十九条,"凡合于律令者具载之,其不合者别存之"⑦。《咸雍重修条制》的编定,标志着辽法汉化进程的完成。遗憾的是,辽国这几部法典今均已失传,我们只能从《辽史》等其他史料中窥见其只鳞片爪。

二、行政法律制度

在官制方面,辽国行政体制最大的特点是"因俗而治"⑧、官分南北,即以契丹传统的部族行政体系治理契丹人,而沿用唐代的行政系统管理汉人,正所谓"以国制治契丹,以汉制待汉人"⑨。辽通过设立南北面官的系统来落实"蕃汉分治"的政策,具体而言,"北面治宫帐、部族、属国之政,南面治汉人州县、租赋、军马之事"⑩,北面官体系沿袭契丹旧制,设北南枢密院、北南宰相府、北南大王院、北南院都统军司、北南院详稳司、北南院都部署司、宣徽北南院、大于越府、大惕隐司、夷离毕院、大林牙院、敌烈麻都司等机构,总体而言北院机构管理军政,而南院官署掌理民政。而南面官系统则借鉴中原王朝体制,设立汉人枢密院、三省、翰林院及各部等府衙体系,管理汉人及原中原王朝统治区域的各类事务。在地方上,辽国境内有三种官制系统。在契丹和北方诸族地区实行原来的部族制

---

① 《辽史·刑法志》。
② 同上。
③ 《辽史·列传第五》。
④ 《辽史·圣宗纪》。
⑤ 《辽史·刑法志》。
⑥ 同上。
⑦ 同上。
⑧ 《辽史·百官志》。
⑨ 同上。
⑩ 同上。

度;对于渤海国旧地则先后以东丹国、中台省、留守司及统军司等机构管辖;对于燕云十六州地区,则基本上沿袭后唐的州县制度进行统治。①

三、刑事法律制度

(一) 刑罚制度

在刑名方面,《辽史·刑法志》对于辽国刑罚种类的记载相当繁芜。约言之,辽国律典正条所规定的刑罚种类有死、流、徒、杖四种,稍异于汉法常规的"五刑"体系。其中,死刑又分绞、斩和凌迟三种,绞、斩皆缘袭唐律,而凌迟作为法定刑,则是自辽律始。② 流刑亦分三等,"流刑量罪轻重,置之边城部族之地,远则投诸境外,又远则罚使绝域"③。徒刑也是分为终身、五年、一年半三等,又有折杖之法,徒刑终身折杖五百,其余各等递减一百,并有黥刺的附加刑。杖刑之数则从五十到三百,杖五十以上者,刑具用沙袋,即一种长六寸、宽二寸,用熟牛皮缝制,盛沙半升,并附一个一尺来长的木柄的刑具。此外还有木剑、大棒及铁骨朵等刑具,木剑、大棒为轻刑,刑数自十五至三十;木剑面平而背隆,主要用于惩罚受到宽宥的犯重罪的大臣;铁骨朵的刑数则或七或五。

除了四等律典明文的刑罚,辽国的法律实践中还出现了许多具有契丹民族特色与法制传统的法外之刑。辽太祖时有"籍没之法",一般宗室、外戚以及世宦家族犯有反逆之罪,家人会被"没",成为宫廷或其他贵族的奴仆。而在死刑方面,则有投高崖、五车轘、铁锥撞口、枭磔、生瘗、射鬼箭、炮掷及支解等法外酷刑,尽管为律文正条所排除,但其适用,终辽一朝,未见断绝。

(二) 法律适用

在法律适用方面,辽法最显著的特点就是"蕃汉异治,右蕃卑汉",即对于契丹等北方少数民族与汉人适用不同的法律,在契丹人与汉人相犯时,量刑上存在明显的不平等。这一特点在辽国前期表现得尤为明显,太祖神册六年(921)就明确,契丹适用契丹之法,汉人则"断以律令"④,即沿用唐律。而随着其统治范围的不断扩大,汉法的适用区间也进一步扩大,至太宗朝,"治渤海人一依汉法"⑤,即渤海国旧地遗民也适用唐律。在具体的定罪量刑问题上,则常会有"往时房杀

---

① 详见蔡美彪:《辽金元史考索》,中华书局2012年版,第13—14页。
② 参见沈家本:《历代刑法考》,商务印书馆2011年版,第97页。
③ 《辽史·刑法志》。
④ 同上。
⑤ 同上。

汉人则伐,汉人杀虏则死"①的同罪异罚现象。但自圣宗朝律法改革之后,努力推动契丹人犯罪一体适用律令,"先是,契丹及汉人相殴致死,其法轻重不均,至是一等科之"②,缩小了民族分治政策下契丹人和汉人法律适用上的差距。

对于贵族、官员等特殊身份主体犯罪的,辽律借鉴汉地律法,"亦有八议八纵之法",保障了特殊身份群体法律适用上的特权。然而,自圣宗至道宗时代,历代辽帝都着意弭平贵族与平民在法律适用上的差别,"统和十二年,诏契丹人犯十恶,亦断以律"③,一方面引入唐律的"十恶"重条,另一方面也借此逐渐削减契丹贵族的司法特权。太平六年(1026),圣宗下诏:"若贵贱异法,则怨必生……自今贵戚以事被告,不以事之大小,并令所在官司案问,具申北南院覆问,得实以闻"④,进一步解决"贵贱异法"的问题,推动不同身份等级群体一体适用辽律。而唐宋律条之中的"听赎"制度也为辽律所吸收,"品官公事误犯,民年七十以上、十五以下犯罪者,听以赎论"⑤,即对于官员公务上的过失犯以及老幼犯罪主体的一般犯罪,均可以以金赎刑。

四、司法制度

早在契丹遥辇氏部族联盟时期,痕德堇可汗即任命审密氏萧胡母里为首任"决狱官",掌理狱讼之事,并且世袭这一官职。⑥ 辽太祖立国后,于神册五年(920)命"康默记为夷离毕"⑦,之后又将"夷离毕"扩大为"夷离毕院",相当于中原王朝的刑部,掌管刑法、狱政等相关事务。辽国另有"钟院",专门处理民众的申诉,"以达民冤"⑧。辽圣宗时,北南枢密院军政之外兼理狱讼,负责对贵族犯罪的复审和奏报;又在南面官体系中仿汉地制度,设立大理寺、刑部、御史台及登闻鼓院等司法机构。在地方司法上,兴宗朝时,于上中东南西五京设立警巡院,专门审理契丹人的犯罪;而汉人犯法,则由所在州县进行审理。在司法监督方面,又有分决诸道滞狱使、按察诸道刑狱使及采访使等负责清理地方之冤狱与滞狱。

---

① 欧阳修:《六一居士集·请耕禁地札子》。
② 《辽史·刑法志》。
③ 同上。
④ 同上。
⑤ 同上。
⑥ 参见《辽史·萧敌鲁传》。
⑦ 《辽史·太祖纪》。
⑧ 《辽史·刑法志》。

第二节 西夏法律

党项是对我国历史产生过重要影响的一个民族,其族源自其兴起迄今一直存在争议,一说其为羌人一支,"党项羌者,三苗之后也。其种有宕昌、白狼,皆自称狝猴种"①;另一说则为鲜卑遗脉,"元魏衰微,居松州者因以旧姓为拓跋氏"②,而西夏王族就出自党项拓跋氏。国人写史,有一重要原则,即强调正朝。当朝须给前朝修史,以示继承正统。元朝统一中国后,编修《辽史》《金史》与《宋史》,承认辽、金、宋均为正统,但与之并立的西夏则不单列正史,因而西夏并不被视作中国的正统王朝。然而,党项民族与其建立的西夏政权,仍然在中国历史上留下了重要的一笔。西夏政权由唐末拓跋思恭建立的夏州藩镇发展而来,夏王大庆三年(1038),党项拓跋部首领李元昊称"兀卒"(青天之子),改元天授礼法延祚,正式建国,号"白高大夏国",简称"大夏",因其国土在宋域之西,史称"西夏"。西夏宝义二年(1227),为蒙古所灭,传十帝,国祚一百八十九年。

一、立法概况

在立国之前,党项法制长期处于习惯法状态,没有成文法典,"俗尚武,无法令赋役。……不事产业,好为盗窃,互相凌劫。尤重复仇,若仇人未得,必蓬头垢面跣足蔬食,要斩仇人而后复常"③。西夏建国以后,统治者开始注意学习和借鉴汉地法律文明,景宗元昊"案上置法律"④,十分重视自身的法治建设和法典编纂。1907年,俄罗斯探险家科兹洛夫在内蒙古自治区额济纳旗境内发现了西夏国黑水城遗址,发掘并掠夺了西夏时期文物三千余件,其中不乏许多极具文献价值的西夏文与汉文文献。考察这些文献,我们可以窥见西夏政权的一些立法成果。诸如崇宗贞观年间(1101—1113)颁布的军事法典《贞观玉镜统》(或译为《贞观将玉镜》),包括序言、政令篇、赏功篇、罚罪篇、进胜篇五个部分,残存条目共计一百三十三个,正文阐释六十三条,内容涉及西夏王朝的军事法制、军政制度以及军将士卒在战斗中的立功奖赏、犯罪处罚的规定,也涉及统兵体制、赏罚对象和物品、军事思想等多个方面。又如神宗光定二年(1212)仿《宋刑统》规制而编

---

① 《隋书·党项传》。
② 《金史·西夏传》。关于党项族源问题,详见吴天墀:《西夏史稿》,商务印书馆2010年版,第1—5页。
③ 《旧唐书·党项羌传》。
④ 《宋史·夏国传》。

定的敕令汇编,因据说该年为党项历法之猪年,故称《光定猪年新法》。

图 9.1 黑水城遗址

西夏时期最为系统且完备,因而最具代表性的立法成果当属仁宗天盛年间(1149—1169)颁布的《天盛改旧新定律令》(以下简称《天盛律令》)。《天盛律令》是现存我国历史上第一部以少数民族文字编纂的法典,其规范内容、立法思想与唐宋律典大同而小异,但在编纂体例上有所突破:《天盛律令》一改自《唐律疏议》至《宋刑统》一以贯之的十二篇结构,而是划分为二十卷,将规范内容分散到各卷之中;又借鉴《宋刑统》,将每卷条文分门,门下列条,共计一百五十门、一千四百六十一条;且《天盛律令》各条条后既无注疏,条外亦无令、格、式、敕,所有条文均为齐一的律令条目。概而言之,《天盛律令》的出现,丰富了我国古代法律体系,其在借鉴中原地区法典的同时,也有所发展和创新,保留了相当多党项民族和西夏政权特有的规范内容和法律观念。

二、行政法律制度

西夏统治者受汉文化影响较深,又崇信佛教,因而西夏官制借鉴唐宋制度,又保留党项习惯,兼有佛教特色。在中央,设立中书省、枢密院、尚书省、御史台、三司、大都督府、翊卫司、磨勘司、文思院、僧人功德司、出家功德司等中央机构;在各地设立蕃学与汉学,教育与选拔人才。在官员的任用上,亦有蕃、汉两个系统。对于仿照汉人制度设立的官职,党项人与汉人均可任职:"自中书令、宰相、

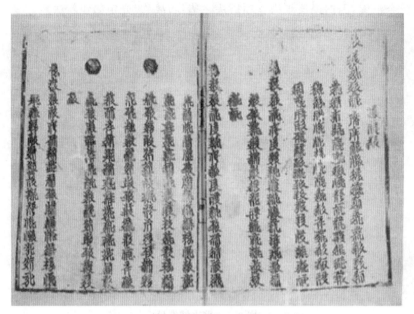

图9.2 黑水城出土的《天盛律令》书影

枢使、大夫、侍中、太尉以下,皆分命蕃、汉人为之"①;而党项社会传统的官职,如宁令、谟宁令、丁卢、素赍、祖儒、吕则等,则必须选择党项人充任。地方的行政建制基本是州县二级,但在边防重地设有郡,都城兴庆设"开封府",回鹘聚居地则设"宣化府"。军事上又将西夏全境分为左右两厢,共十二个监军司,驻防各州,实行军政合一的统治。

在《天盛律令》第十卷五门中,详细开列了西夏各职官府衙的品位和名称,将各机构按上、次、中、下、末分为五等,如上等司有中书、枢密,次等司有殿前司、御史、中兴府等十七个机构等等。《天盛律令》还明定了各官署的人员额设以及各类官印的材质与重量标准。

三、刑事法律制度

考察以《天盛律令》为代表的西夏法制,其刑事法律制度方面受唐宋法律影响显著。唐宋律法中的主要量刑原则与罪名,为西夏刑制体系所接受;但西夏也结合本民族的法律习惯与政权的实际情况,对唐宋律法中的某些内容作出调整,呈现出自身的特色。

---

① 《宋史·夏国传》。

西夏刑事法律制度对于唐宋律典调整比较大的是其刑罚体系，《天盛律令》所反映的西夏刑罚体系中主刑为死、徒、杖、笞四种。死刑分剑斩与绞杀二等。徒刑分为无期、长期和短期三类，其中无期徒刑须服劳役十三年，期满后仍留住赋役地；长期徒刑分为八年、十年、十二年三等；短期徒刑分一月、二月、三月、六月、一年、二年、三年、四年、五年、六年十等，这也是中国法律史上首次出现长期徒刑与无期徒刑的区分。杖刑用大杖，分七、八、十、十三四等；笞刑用细杖，有笞十五、笞二十、笞三十至笞一百不等。

官员犯罪的，可用罚马来代刑，无马者可以折算成钱或用官职相抵，罚一马折二十缗钱或降官一级，亦可折杖，一马折十杖，二马折十五杖，三马折十七杖，四马及以上均折二十杖。

正刑之外，还有戴铁枷和黥刑两种附加刑。戴铁枷主要用于被判徒刑，须服劳役的罪犯，"诸人因犯罪，判断时获服劳役，应戴铁枷时，短期徒刑当戴三斤，长期徒刑当戴五斤"①。而"诸人犯罪属十恶、盗窃、卖敕禁，检校军等犯大小罪，以及杂罪中有长期徒刑等，当依黥法受黥"②，具体的适用标准为"徒一年至三、四年，手背黥四字；徒五、六年，耳后黥六字；徒八年、十年等，面上黥八字；徒十二年、无期徒刑等，当黥十字"③。

西夏刑法还有一个特点，就是一些法律术语的变化，诸如"十恶""八议"等中华法系典型的制度设计为西夏刑法所沿袭，其实质内容与唐宋律法基本一致，但由于党项民族自身的文化传统与习惯，具体措辞出现了一些变形，可参看表9.1：

表 9.1

"十恶"罪名		"八议"内容	
天盛律令	唐律疏议	天盛律令	唐律疏议
谋逆	谋反	议亲	议亲
失孝德礼	谋大逆	故人	议故
背叛	谋叛	智人	议贤
恶毒	恶逆	善能	议能

---

① 《天盛律令》卷二"戴铁枷门"。
② 《天盛律令》卷二"黥法门"。
③ 同上。

(续表)

"十恶"罪名		"八议"内容	
天盛律令	唐律疏议	天盛律令	唐律疏议
为不道	不道	有功	议功
大不恭	大不敬	尊上	议贵
不孝顺	不孝	勇勤	议勤
不睦	不睦	宾客	议宾
失义	不义		
内乱	内乱		

四、司法制度

在习惯法时期,党项人形成了"和断官"制度以解决彼此的纠纷,"蕃族有和断官,择气直舌辩者为之,以听讼之曲直;杀人命,纳命价百二十千"①。西夏建国以后,中央最高行政机关中书和最高军事机关枢密兼理全国的审判督查与复核,设御史台作为最高监察机构,中央层级的司法机构还有审刑司、殿前司与匦匣司等。在地方上,司法事务一般也是由州、县二级官衙兼理,驻守各地的军事机构经略司和监军司则有司法监察权和一定的审判职责;京畿地区案件则由中兴府审理。②

在监禁制度方面,对于犯"十恶"、死刑、长期徒刑的罪犯,不论官民,一律戴枷拘禁;其余罪行,则由相关官员一同会商是否戴枷。这种木枷长三尺九寸,宽三寸半,厚一寸半,上盖官府烙印。戴枷监禁是西夏司法制度中比较特殊的一项规定。

在审讯制度方面,为获供词,允许对嫌犯行三次"狱杖",每次笞三十。若在法定范围内致使嫌犯被拷身死,司法官不受追责;若超过法定数致死者,徒二年。另外,《天盛律令》还有审限的规定,对于判处死刑、长期徒刑的案件限四十日审毕,获劳役的案件限二十日,其他案件则限期十日。

五、民事经济法律制度

在买卖制度上,《天盛律令》与宋法的一个重大差异在于不承认土地买卖中

---

① 《隆平集》卷二十。
② 详见杜建录:《〈天盛律令〉中的西夏司法制度》,载杜建录、波波娃主编:《〈天盛律令〉研究》,上海古籍出版社 2014 年版,第 381—382 页。

邻居的先买权。其"租地门"规定:"诸人卖自属私地时,当卖情愿处。不许地边相接者谓'我接边'而强买之、不令卖情愿处及行贿等。违律时庶人杖十三杖,有官罚马一,所取贿亦当还之。"①

在婚姻制度方面,《天盛律令》保留了一些党项习惯法的遗绪,在缔结婚姻的规范中,强调男方向女方支付聘财的价值,但若男方负担不起相应的聘财,亦可通过无偿劳务来替代:"实无力予价,则三年婿当往出劳力,期满,当予之妻子。"②

第三节 金朝法律

女真是中国历史上最优秀的民族之一,其族源可以追溯到上古尧舜禹的传说时代,彼时称为"肃慎"。至魏晋南北朝时期,中原史籍称其为"勿吉"。到了隋唐时期,则自称"靺鞨",意为林中百姓,靺鞨分七部,以粟末与黑水两部闻名。两部靺鞨先后归附唐朝,粟末靺鞨建立了渤海国大氏政权,称"海东盛国",煊赫一时。而黑水部也在玄宗朝设立羁縻府州黑水都督府,其首领被赐李姓。后契丹天赞四年(925),辽太祖耶律阿保机灭渤海国,黑水靺鞨转而臣服辽国,改称女真。女真内部各部林立,纷争不断。完颜部利用契丹的支持,逐渐平服诸部,统一女真,最终反辽自立。辽天祚帝天庆五年(1115),女真完颜部首领阿骨打称帝,建立金国,定都会宁。至哀宗天兴三年(1234),为蒙古所灭,历九帝,传一百一十九年。

一、立法概况

女真在建国之前,长期处于原始氏族制下的集体渔猎社会,没有成文法传统,主要依靠习惯法调整各种社会关系,相对简单粗疏。然而,关于女真原始习惯法的历史记载却相当早。据传女真早期社会,各部族私斗不断,且举部攻讦复仇成风。高丽人函普来到完颜部,为各部调停仇杀问题,认为"杀一人而斗不解,损伤益多。曷若止诛首乱者一人,部内以物纳偿汝,可以无斗而获利焉"③,指出因为个人之间的仇杀而倾全族复仇,只会造成更多伤亡,不如只惩治杀人凶手并赔偿被害者所在部族一定的财物来消弭彼此之间的敌对;同时与各部族定约:"凡有杀伤人者,征其家人一口、马十偶、牸牛十、黄金六两,与所杀伤之家,即两

---

① 《天盛律令》卷十五"租地门"。
② 《天盛律令》卷八"为婚门"。
③ 《金史·世纪》。

解,不得私斗"①。这也成为女真"杀人价"习惯的由来,函普也因调停得力,娶完颜部贤女,被阿骨打追谥为"始祖皇帝"。

11世纪初,金昭祖石鲁创立了"条教"来治理完颜部,使得自己部落逐渐强盛,并且招抚顺从条教的部落,讨伐不肯用条教者。至11世纪末,穆宗盈歌逐渐统一女真各部,并将完颜部的法令推展作为整个女真的统一法令,"一切治以本部法令","自是号令乃一,民听不疑矣"②。阿骨打立国之初,其法制仍然以女真习惯法为主,"金初,法制简易,无轻重贵贱之别,刑、赎并行","金国旧俗,轻罪笞以柳葼。杀人及盗劫者,击其脑杀之,没其家赀,以十之四入官,其六偿主,并以家人为奴婢,其亲属欲以牛马、杂物赎者从之。或重罪亦听自赎,然恐无辨于齐民,则劓、刵以为别。其狱则掘地深广数丈为之"③。金太宗完颜晟于天会三年(1125)灭辽,天会五年(1127)灭北宋,在攻占的原辽、宋的领土上,仍然施行辽法和宋法,但对女真本部依旧没有颁布成文法。

至熙宗朝,天眷三年(1140),对新取河南地区人民"约所用刑法皆采律文"④,即仍然沿用宋律。至皇统三年(1143),乃"诏诸臣以本朝旧制,兼采隋唐之制,参辽宋之法,类以成书,名曰《皇统制》,颁行中外"⑤。《皇统制》是金国第一部成文法,标志着金国法制迈入了法典时代。海陵王时,又"多变易旧制"编定《正隆续降制书》,与《皇统制》并行,造成"或同罪异罚,或轻重不伦,或共条重出,或虚文赘意",以至于"吏不知适从,贪缘舞法"⑥的规范混乱结果。金世宗时,为解决前朝"是非淆乱,莫知适从"⑦的沉疴,于大定十七年(1177)以移剌慥为大理卿,对《皇统制》《正隆续降制书》以及大定初年颁布的《军前权宜条理》《续行条理》等进行系统修订,最终制颁《大定重修制条》十二卷、一千一百九十条,使得金国的法令重归统一与系统。

金章宗明昌年间(1190—1196),为矫正"礼乐刑政因辽宋旧制,杂乱无贯"⑧及"制、律混淆"⑨之弊,专设"详定所"负责律令修订,仿《宋刑统》注疏撰成《明昌律义》,又将权货、边部和权宜等事,编成《敕条》。然而,朝臣仍以为法律尚未完

---

① 《金史·世纪》。
② 同上。
③ 《金史·刑志》。
④ 同上。
⑤ 同上。
⑥ 《金史·移剌慥传》。
⑦ 《金史·刑志》。
⑧ 《金史·守贞传》。
⑨ 《金史·刑志》。

善,旋即在"金人以为法家之祖"①的阎公贞的主持下,再次校定律令,于泰和元年(1201)仿照《唐律疏议》完成新律十二篇,律文之后有附注和疏议,定名《泰和律义》,共三十卷、五百六十三条。因其篇目与唐律完全一致,时人评价"实唐律也"②。除《泰和律义》之外,还制定了《户令》《学令》等律、令共二十卷,《新定敕条》三卷以及《六部格式》三十卷,上述四种法律规范被统一编成《泰和律令敕条格式》,于泰和二年(1202)颁行,这是金国最完备的法典,标志着金国法制文明的顶峰。

二、刑事法律制度

在刑制方面,进入到法典时代的金国刑罚体系基本沿用了唐宋的"五刑"体系,即笞、杖、徒、流、死五种主刑。值得注意的是,金国的徒刑一改唐律的五等,而增为七等,即在徒一年、一年半、两年、两年半、三年五等之外增加了徒四年与徒五年两等。另外,金国还借鉴吸收了宋的"折杖法",但杖刑数大大增加,具体而言,徒一年折杖一百二十,徒一年半折杖一百四十,徒两年、两年半折杖一百八十,徒三年以上一律折杖二百。尽管金国最终建立起了中华法系一以贯之的"五刑"刑罚体系,但受原始习惯法影响,终金一世,法外刑和酷刑一直不绝于史:"亲民之官,任情立威,所用决杖,分径长短不如法式,甚者以铁刃置于杖端,因而致死。"③

金国刑事法制在刑法原则方面一个突出的特点是其对"八议"制度适用的限制。金国的制定法基本承袭了唐律,引入了"八议"制度,但在其司法实践上,"八议"的适用往往受到严格的限制。皇统五年(1145)皇族阿鲁补因"取官舍材木,钩私第于恩州"而获罪,依法可以"议勋""议亲",但金熙宗表示"国家立法,贵贱一也,岂以亲贵而有异"④,最终处决了阿鲁补。大定二十五年(1185),后族有犯罪,尚书省欲援引"八议"请减,金世宗就指出:"法者,公天下持平之器,若亲者犯而从减,是使之恃此而横恣也"⑤,并进一步阐释限制"八议"的理由:"外家自异于宗室,汉外戚权太重,至移国祚,朕所以不令诸王、公主有权也。夫有功于国,议勋可也。至若议贤,既曰贤矣,肯犯法乎?"⑥后又于次年明定"太子妃大功以

---

① 《金史·阎公贞传》。
② 《金史·刑志》。
③ 《金史·贾铉传》。
④ 《金史·冶诃传》。
⑤ 《金史·刑志》。
⑥ 同上。

上亲及与皇家无服者、及贤而犯私罪者,皆不入议"①。

三、行政、司法制度

(一) 猛安谋克制

女真在行政组织制度上有比较鲜明的民族特色。在长期的渔猎生产实践中,女真人逐渐发展出一种称为"猛安谋克"的社会组织与制度。"猛安"女真语意为"千",引申为千夫长或千户长;"谋克"意为"族""族长",引申为百夫长、百户长。"猛安谋克"成员平时在部落内从事渔猎生产,战时则自备武器、军马和粮草,应召出征。至金世祖时,"猛安谋克"已成为一种常设的军事组织,太祖阿骨打更明定三百户为一谋克,十谋克为一猛安。这种以血缘和地域为纽带的军政合一的猛安谋克制度,有效团结了女真各部,壮大了女真的军力,对于统一女真民族的抟成、完颜部的崛起与建国以及金国对新征服地区实行有效的统治,都起到了积极的作用。

(二) 勃极烈制

与猛安谋克制相配合的,则是金国初年的"勃极烈"制度。勃极烈亦译"孛堇",也即后金之"贝勒",原指各部落首领,各猛安谋克的首领皆称"孛堇",部落联盟首领号"都勃极烈"。阿骨打建国后,改都勃极烈为皇帝,并将勃极烈议事会作为参主朝政、共议国事的最高权力机构。勃极烈议事会的成员除了皇帝之外,还有作为皇位第一顺位继承人的谙班勃极烈,相当于首相的国论勃极烈(后改称"国论忽鲁勃极烈"),相当于副相的阿买勃极烈、昊勃极烈,之后又增补了乙室勃极烈、阿舍勃极烈等额设。勃极烈制度带有明显的古老联盟议事会议制度的痕迹,以合议制形式决定国家的大政方针,虽说是一种辅助皇帝的政治制度,但皇权亦为诸勃极烈所牵制。在掌握中国北方半壁河山之后,接触到中原帝制社会政治文明的历代金帝一直致力于废除这一女真传统的政治体制,终在熙宗朝废勃极烈制度,改采汉官制。尽管金国建国后勃极烈制度实行仅二十年,但其对于后世的行政体制仍有影响,清初的议政王大臣会议制度就是其直接遗绪。

(三) 汉官制

改采汉官制后,金国官制基本仿照宋朝,中央行三省六部制,地方设路、府、州、县四级,唯在女真人中将猛安谋克制换装成地方行政组织。司法机构方面,在中央设大理寺、刑部、御史台三法司。大理寺"掌审断天下奏案,详谳疑狱"②,

---

① 《金史·刑志》。
② 《金史·百官二》。

负责复审地方报送案件和疑难案件,沿用宋朝"鞫谳分司"制度,实行审、判职能分离,大理正、大理丞、司直、评事等官负责审理案件,知法负责判刑。刑部相当于司法行政机构,管理"律令格式、审定刑名、关津讥察、赦诏勘鞫、追征给没"及"监户、官户、配隶、诉良贱、城门启闭、官吏改正、功赏捕亡"等事务。① 御史台为监察机构,"掌纠察朝仪、弹劾官邪、勘鞫官府公事。凡内外刑狱所属理断不当,有陈诉者付台治之"②。另设登闻检院"掌奏进告尚书省、御史台理断不当事"及登闻鼓院"掌奏御进告御史台、登闻检院理断不当事"作为法律监督机构。③ 由于金国统治区域除了女真旧地之外还有原属辽国和北宋的大片领土,因此其中央司法官员皆由女真、契丹和汉人分任,各官署亦配有翻译人员,解决不同民族之间语言文字不通的问题。在地方上,仍是各级行政长官兼理司法。于州、府设推官、知法等属官,襄理司法事务,于各路设提刑司,后改按察使司,"掌审察刑狱、照刷案牍、纠察滥官污吏豪猾之人、私盐酒麹并应禁之事"④。在女真人聚居地区则由诸谋克、诸秃里管理司法事务。

第四节 元朝法律

蒙古,源出东胡,在唐代称为"蒙兀室韦",原本狩猎于望建河(今额尔古纳河)流域。公元8世纪以后,蒙古先民开始走出山林,驻居于斡难河(今鄂嫩河)上源的不儿罕山(今蒙古国境内肯特山),逐渐形成了统称为"合木黑蒙古"的蒙古各氏族与部落。⑤ 公元13世纪,蒙古部伟大的首领铁木真相继征服了游牧于蒙古高原的蔑儿乞惕、塔塔儿、克烈、乃蛮、汪古等其他部族,诸部实现了蒙古高原的统一。金泰和六年(1206),铁木真于斡难河源召集各部贵族举行"忽里勒台"(即会议)。在这次会议上,铁木真接受了"成吉思汗"的尊号,意为"强盛伟大的君主",正式建国,号为"也客·忙豁勒·兀鲁思",意即"大蒙古国"。铁木真成为全蒙古的大汗,"蒙古"也由一个小部落名演变成一个新的民族共同体。

铁木真建国以后,历代蒙古大汗持续推动西征与南征。经过历次征伐,蒙古国先后攻灭了西辽、西夏、花剌子模、金等政权,在西征新征服的领地上建立起钦察、察合台、窝阔台和伊儿四大汗国,横跨欧亚大陆的蒙古帝国极盛时,领土可达

---

① 参见《金史·百官一》。
② 同上。
③ 《金史·百官二》。
④ 《金史·百官三》。
⑤ 详见王钟翰主编:《中国民族史》,中国社会科学出版社1994年版,第586—587页。

3300万平方公里,疆域东临日本海,西抵地中海,南至波斯湾,北跨西伯利亚,是人类历史上疆域最大的国家之一。蒙哥汗去世之后,阿里不哥与忽必烈争夺汗位,造成蒙古帝国的分裂。至元八年(1271),忽必烈取《易经》"大哉乾元"之义,改"大蒙古国"为"大元",并于至元十六年(1279)灭南宋祥兴政权,统一中国。至正二十八年(1368),明军攻占大都,元廷退居漠北,元朝灭亡。有元一代,传五世十一帝,国祚九十七年。

一、立法思想

元朝是我国历史上第一个少数民族建立的统一的国家政权,在其法制建设过程中,始终存在一个吸收汉地传统法律文明和保持原有游牧部落法律习惯两种价值选择之间的冲突与协调问题。这种法律制度上的"汉化"与"胡化"趋势的竞合,首先体现在立法思想层面。

(一)祖述变通,附会汉法

尽管蒙古以马上得天下,但在其不断南征,并最终统一中国,建立元朝的过程中,蒙古统治阶级内部的一些有识之士已然认识到要对有着悠久的传统法治文明的汉地实现长期有效的稳定统治,"不可以马上治"[①],势必要接受和学习以纲常礼教为核心的汉地传统法律文化。成吉思汗时期的重臣耶律楚材就极力主张改变蒙古人尚杀伐的观念,奉行儒家崇尚德教的思想。他"时时进说周、孔之教"[②],宣传儒家的政治法律思想,并提出了"以儒治国"[③]的主张。

元世祖忽必烈的重要谋臣刘秉忠也极力提倡尊孔重儒,主张以儒家伦理作为立国之本。在法制层面强调贯彻儒家的轻刑、慎刑思想,用纲常礼教进行教化,反对滥用刑杀。另一位大臣许衡也向忽必烈建议"从《大学》之道,以修身为本""修德、用贤、爱民三者……此谓治本,本立,则纪纲可布,法度可行,治功可必"[④],并且总结了少数民族政权必须学习汉法才能长治的历史经验:"考之前代,北方之有中夏者,必行汉法乃可长久。故后魏、辽、金历年最多,他不能者,皆乱亡相继,史册具载,昭然可考"[⑤],对于法制建设明确提出"必行汉法乃可长久"的论断。而一代名儒郝经也向忽必烈建议:"以国朝之成法,援唐宋之典故,参金辽之遗制,设官分职,立政安民,成一王法"[⑥],即所谓"附会汉法",用汉地法律传

---

① 《国朝文类·中书令耶律公神道碑》。
② 同上。
③ 《湛然居士文集·寄万松老人书》。
④ 《元史·许衡传》。
⑤ 同上。
⑥ 《陵川集·立政议》。

统来改造蒙古的法律传统。

正是在这些观念和主张的影响下,忽必烈在其《即位诏》中明确提出"祖述变通"①作为元朝立法的基本指导思想。在《中统建元诏》中,他又进一步将"祖述"明确为"稽列圣之洪规",即承袭成吉思汗以来历代蒙古大汗所制定的规范;"变通"则是要"讲前代之定制"②,即吸收唐宋辽金历代形成的法律制度与传统。在这样的立法思想指导下,儒家的一些基本法律原则,如准五服以制罪、十恶、八议等制度,都在元法中得到了体现。尽管终元一朝,横刀立马的蒙古贵族对于汉地文明的排斥与抵触从未消除,但元代法制仍呈现出蒙古旧制与汉法的杂糅状态。

(二) 因俗而治,蒙汉异制

由于元朝疆域的空前辽阔,其治下民众的族属及宗教情况也异常复杂,元朝官文书就常将"百姓、僧、道、秀才、也里可温、答失蛮、畏吾儿、回回、女直、契丹、河西、蛮子、高丽"③并称。正是在这种民族、宗教众多的国情下,法制上无法追求同一,元朝因而采用因俗而治的方针。具体而言,对于蒙古人沿用固有的蒙古习惯法;对于原辽、西夏、金国领土上的各族人民,沿用原政权法条或习惯治理,即"参辽金之遗制"④,"断理狱讼,循用金律"⑤。对于其他民族地区,则"诸色人户各依本俗行者"⑥,如对于西藏地区,由宣政院、宣慰司、安抚司通过萨迦政权和土司系统,依佛教和藏族地区的风俗习惯来治理;对西南少数民族地区,将各族部落酋领政权转化为土官系统,依各族原有体制和习惯治理,代表朝廷的宣慰司、宣抚司也多由各族酋领担任;对于色目人特别是回回人聚居地,则设"回回哈的司"衙门治理,依赖"哈的大师"(伊斯兰教法官)依据伊斯兰教教义和习惯解决纠纷。然而,法律适用上矛盾最为尖锐的,仍然是蒙、汉之间在法律传统与文化上的巨大落差。正因如此,元朝始终未能形成一部如《唐律疏议》那样统一的成文法典。元初大臣胡祗遹指出:"法之不立,其源在于南不能从北,北不能从南""以南从北则不可,以北从南则尤不可"⑦。因此,法律适用只能"南自南而北自北"⑧,具体而言就是"治汉人必以汉法,治北人必以北法,择其可使而两用之,参用之亦可也"⑨。这种各因其俗、南北异制的立法指导思想,直接影响了元朝的

---

① 《元史·世祖纪一》。
② 同上。
③ 《大元马政记》引元世祖诏书,广文书局1961年版。也里可温指基督徒,答失蛮指伊斯兰教士。
④ 《陵川集·立政议》。
⑤ 《元史·刑法志》。
⑥ 《元典章新集·刑部·诉讼》"回回诸色户结绝不得的有司归断"条。
⑦ 《紫山大全集·论治法》。
⑧ 同上。
⑨ 《紫山大全集·政事》。

法律形式,即以编修断例作为最主要的立法形式。

二、立法体系

元代始终没有编成统一法典,定罪量刑基本上是以"条制""条式""条法""条格""条例"或"断例"等因事而制的单行法规为准,也有少部分圣旨和诏制。所谓"条格",是皇帝裁定或中枢机关颁发至下级机关的政令,类似于唐时的令、格、式的混合;所谓"断例",是指具有典型意义的刑事判例的汇编;而"诏制"则是"不依格例而裁之自上者也"①,类似于宋代的"敕"。元代统治者曾有过编纂制定法典的想法与尝试,但最终未成形,而代之以整理汇编前代格例的模式。然而,这种规范名称的变化更多是形式意义上的,实质上元法有许多内容就直接来源于《宋刑统》或《泰和律义》,时人就评价《大元通制》"于古律,暗用而明不用,名废而实不废"②。

(一) 建元前的蒙古立法

成吉思汗建立蒙古汗国之前,在蒙古各部中,有许多世代相传的"约孙",即蒙古社会古老的习惯。这些习惯是蒙古人据以评判是非的标准、调整社会关系的准则和遵守社会秩序的行为规范。③ 金泰和三年(1203),铁木真召集忽里勒台,对原有的习惯法进行汇编,制定了"札撒"(意即部落首领对众发布的命令),成为当时蒙古社会最主要的法律形式。蒙古汗国建立后,成吉思汗于金大安三年(1211)接受金朝降将郭宝玉的建议:"建国之初,宜颁新令"④,制定并颁布了《条画五章》,其主要内容包括:"如出军不得妄杀;刑狱惟重罪处死,其余杂犯量情笞决;军户,蒙古、色目人每丁起一军,汉人有田四顷、人三丁者签一军;年十五以上成丁,六十破老,站户与军户同;民匠限地一顷;僧道无益于国、有损于民者悉行禁止之类"⑤。这是蒙古建国后的第一次正式立法,成为元朝"一代制法之始"⑥。1225 年,成吉思汗又下令颁布札撒和训令,史称《大札撒》或《札撒大全》。史载成吉思汗通过《大札撒》"给每个场合制定一条法令,给每个情况制定一条律文,而对每种罪行,他也制定一条刑罚。因为鞑靼人没有自己的文字,他便下令蒙古儿童习写畏兀文,并把有关的札撒和律令记在卷帙上,这些卷帙,称为'札撒大典',保存在为首宗王的库藏中。每逢新汗登基,大军调动,或诸王集会[共商]

---

① 《新元史·刑法志》。
② 《吴文正公全集·〈大元通制〉条例纲目后序》。
③ 参见吴海航:《元代法文化研究》,北京师范大学出版社 2000 年版,第 40—41 页。
④ 《元史·郭宝玉传》。
⑤ 同上。
⑥ 《新元史·刑法志》。

国事和朝政,他们就会把这些卷帙拿出来,仿照上面的话行事"①。《大札撒》原文已佚,内蒙古典章法学与社会学研究所整理出六十个条文②,呈现出诸法合体且刑罚严峻、大量适用死刑的特征。

(二) 元朝建立后的立法与法律汇编

1.《至元新格》

至元八年(1271)忽必烈改国号大元,下诏禁行《泰和律义》。至元二十八年(1291),元代颁布了第一部法典《至元新格》,"及世祖平宋,疆理混一,由是简除繁苛,始定新律,颁之有司,号曰《至元新格》"③。《至元新格》全文久已亡佚,关于其内容,《元史·世祖本纪》载:"何荣祖以公规、治民、御盗、理财等十事缉为一书,名曰《至元新格》,命刻版颁行,使百司遵守",从其内容来看,类似于唐宋时期的"令"。作为元朝第一部制定法典,《至元新格》的历史意义不容忽视,但其内容过于疏漏,元代人苏天爵在《至元新格序》中说:"虽宏大法纲,不数千言。"

2.《风宪宏纲》

由于《至元新格》内容过于简要,成宗即位后,于大德三年(1299)命何荣祖更定律令。"荣祖奉旨定《大德律令》,书成已久,至是乃得请于上,诏元老大臣聚听之"④,但为元老大臣斥之为"讹舛尤多"⑤,《大德律令》因而未获正式颁行。大德十一年(1307),大臣上奏武宗:"臣等谓律令重事,未可轻议,请自世祖即位以来所行条格,校雠归一,遵而行之"⑥。至大二年(1309),尚书省又上奏将"太祖以来所行政令九千余条,删除繁冗,使归于一,编为定制"⑦。两次编定统一法典的建议都为武宗允准,但并未见到成果。直至延祐二年(1315),仁宗"命李孟等类集累朝条格,俟成书,闻奏颁行"⑧。由此可见,元代在立法方面逐渐放弃了制定法典而转向编纂历代格例。仁宗时,"又以格例条画有关于风纪者,类集成书"⑨,称为《风宪宏纲》,是一部监督吏治纲纪的古代监察法。

3.《大元通制》

英宗至治三年(1323)以《至元新格》与《风宪宏纲》为基础,由完颜纳丹、曹伯启汇编世祖以来的条格、诏令与断例,制定《大元通制》共二千五百三十九条,其

---

① 〔伊朗〕志费尼主编:《世界征服者史》(上册),何高济译,商务印书馆2004年版,第26页。
② 详见内蒙古典章法学与社会学研究所编:《〈成吉思汗法典〉及原论》,商务印书馆2007年版,第2—11页。
③ 《元史·刑法志》。
④ 《元史·何荣祖传》。
⑤ 《元史纪事本末·律令之定》。
⑥ 《元史·武宗本纪》。
⑦ 同上。
⑧ 《元史·仁宗本纪》。
⑨ 《元史·刑法志》。

中断例七百一十七条,条格一千一百五十一条,诏赦九十四条,令类五百七十七条。《大元通制》并不是唐宋律那样统一的成文法典,而是一部法规和判例的汇编,是成文法与判例法的结合。《大元通制》是元朝定型化的代表性法典,其内容被收录于《元史·刑法志》当中。就其内容而言,其于"名例"门下专设"五服"条,正表明了元朝统治者接受"准五服以制罪"为代表的汉地传统儒家法律价值的态度,而以五服列于篇首的做法也为明清律典所承袭。

4.《元典章》

元代在编纂《大元通制》的同时,还编纂了《大元圣政国朝典章》(简称《元典章》),这是元代地方官吏自行编制的法律汇编,由《前集》和《新集》组成。《前集》六十卷,分诏令、圣政、朝纲、台纲、吏部、户部、礼部、兵部、刑部、工部十门;《新集》不分卷,分国典、朝纲、吏部、户部、礼部、兵部、刑部、工部八门,汇集了中统以来直至英宗至治二年(1322)有关的政治、经济、军事、法律以及圣旨、条画等诸方面内容。《元典章》仿照《唐六典》以六部职掌分列法条的体例,对后世明清律典的编纂产生了直接影响。

5.《经世大典》和《至正条格》

文宗天历二年(1329),下令采辑本朝典故,仿照《唐会要》《宋会要》体例编辑政书。至顺二年(1331),《皇朝经世大典》(简称《经世大典》)编成,分为帝号、帝训、帝制、帝系、治典、赋典、礼典、政典、宪典、工典十门,共八百八十卷,体例方面沿袭了《元典章》,内容方面也多与《元典章》和《大元通制》相同并有所增加,是一部汇集元朝政治、经济和法律制度的综合政书。惠宗至正六年(1346)元政府又颁布了《至正条格》,这是元朝最后一部法典,是在《大元通制》的基础上增删而成,主要解决的是《大元通制》施行以来诏制、格例因时变革而产生的效力冲突问题。2002年,韩国发现元刊残本《至正条格》两册,"条格""断例"各一册,共二十五卷。

三、行政法律制度

(一) 元朝中央官制

忽必烈建立元朝后即改变蒙古汗国原有的军政合一体制,仿效汉制设官分职。在中央设中书省、枢密院、御史台、宣政院四大最高机构,分掌行政、军事、监察与民族宗教事务。中书省为最高行政机关,中书令不常置,往往以皇太子兼领,设左右丞相、平章政事、左右丞、参政等员主其事,下设吏、户、礼、兵、刑、工等六部,各部设尚书、侍郎。枢密院为最高军事机关,主官称枢密使,各地有征伐之事则设行枢密院作为派出机构。因枢密院掌管军机,其主要官员基本均出自蒙

图 9.3　韩国庆州元刊残本《至正条格》书影

古贵族,汉人即便跻身其中,亦不得过问军务机密。御史台是最高监察机构,以御史大夫主之,负责官吏纠察弹劾黜陟,并先后于江南、云南、陕西等地设行御史台作为派出机构,分辖二十二道按察使或肃政廉访司。宣政院是宗教民族事务最高管理机关,掌全国佛教及藏区政教事务,以国师总领,置院使、同知等员,并于杭州等地设行宣政院为派出机构。宣政院之外,元朝新置的机构还有蒙古翰林院,掌皇帝诏旨的起草;通政院管理驿站;匠作院管理工匠;集贤院管理学务等。除上述机构外,还仿唐宋旧制设立院、寺、监、府等其他中央直属机构。

(二)元朝地方行政体系

元朝地方分行省、路、府(州)、县等四级。"行省"即行中书省,原为中书省为加强对于各地的监管而临时派出之机关,后转为地方最高政区及官府。除大都及河北、山东、陕西等"腹里"地区属中书省直辖,藏区为宣政院直辖外,其余地区分为十一行省,行省各设丞相或平章政事为长官。行中书省的设立对于明清两代省级政权建制的设立有直接的影响。"路"为地方第二级政区,全国共有一百八十五路。路设总管府,以总管为长官。"府"或"州"为地方第三级政区,设知府(或府尹)、州尹(或知州)为长官。"县"为地方第四级政区,设县尹为长官。此外还有宣慰司、宣(安)抚司,兼理军民。初普设于各路之下,后主要设于边疆民族地区。宣慰司约相当于路,宣(安)抚司约相当于府。在路、府、州、县均设"达鲁花赤"(蒙语"镇守者")一员,仅选蒙古或"有根脚"(即门第高贵)的色目人充任,虽与各级行政长官品秩一样,但职权更大,对该地各级官员有监督之权,是地方政务的最高负责人。在县之下,有乡、里组织,有都、保组织,还有村社组织。

四、民事法律制度

(一)身份等级制度

"四等人"制度设计是元朝统治政策的一个特色。元朝根据归附蒙古政权的先后顺序,依照不同民族和地域,将其治下的人民分为四个不同的等级:第一等"蒙古人",即游牧于蒙古高原的各部族;第二等"色目人",即所谓"各色各目之人",包括唐兀(即党项)、吐蕃以及突厥、粟特、波斯、斯拉夫等为蒙古人西征所征服的亚欧各民族;第三等"汉人",指原金国治下的汉人、女真人、契丹人、渤海人等;最后被征服的南宋治下的汉人和其他各民族人民均被划为最下一等的"南人"。这种身份等差制度显然是带有明显的民族歧视与压迫色彩的,意在从法律上确保蒙古贵族的最高统治地位、色目上层优越的社会经济地位,同时在政治上打击并分化了女真、契丹和汉等非统治阶级族群。在这一身份等级制度的影响下,不同等级的人在科举、授官、刑罚和赋役等社会生活的方方面面都处于不平等的地位。

此外,元朝还按行业将人户分为民户、军户、站户、僧户、道户、儒户、医户、匠户、灶户等类,各户种承担的税役义务不一,另有"投下户"与"驱口"等身份。投下户,是指为贵族房获、分封、招收、影占的役使人口,又称"怯怜口",税役归领主,地位低于其他民户。驱口或驱户,包括家奴、军奴、寺奴、孛兰奚(主人亡失而由政府拘管之官奴)等,比同牲口,可任意买卖,不可与良人通婚,处于元朝社会的最底层。但元法同时禁止买卖良人为驱口。

(二)婚姻继承法律制度

由于蒙古人长期以游牧为基本生活方式,其在婚姻与继承问题上的文化传统、法律观念与中原农耕文明有较大的差距。元朝统一中国后,在"祖述变通,附会汉法"思想的指导下,对于婚姻习俗,元朝统治者一方面在蒙古内部保留了大量本民族的传统习惯;另一方面对于色目人、汉人等其他民族,则并不强求划一,而是允许依照其自身民族的风俗与习惯行事,即"诸色人同类自相婚姻者,各从本俗法"①。譬如,中华法系的传统是一夫一妻多妾制,元法中对于汉人"有妻更

---

① 《通制条格·户令》。

娶"的行为也是不予承认,要判处离异;但蒙古札撒却允许一夫多妻,因此蒙古人可以"从本俗",实行多妻制。又如,蒙古人盛行"收继婚"制度,即"父死则妻其从母,兄弟死则收其妻"①,英人道森将这种制度背后的逻辑说得更清楚:"有的时候一个儿子把他父亲所有的妻子都拿来当妻子,只有他的生母除外。因为父亲的斡尔朵总是归最小的儿子继承,因此他必须供养他父亲所有的妻子,这些妻子都带着他父亲的财产来到他这里。这时,如果他愿意,他可以把她们当做妻子来使用。"②但这种草原上十分合理且行之有年的婚姻制度在汉人儒法观念里却是十恶不赦的乱伦之事,元法因而也明令禁止汉人收继婚:"诸兄收弟妇者,杖一百七,妇九十七,离之;虽出首,仍坐;主婚笞五十七,行媒三十七。诸居父母丧,奸收庶母者,各杖一百七,离之,有官者除名。诸汉人、南人,父没子收其庶母,兄没弟收其嫂者,禁之。诸姑表兄嫂叔不相收,收者以奸论。"③

在继承方面,蒙古旧俗是"幼子守灶",即其他儿子先分家立户,由最小的儿子继承父亲的祖业。元朝入主中原后,逐渐接受汉法理念,转为诸子均分。但实际的分配份额有差别:"诸应争田产及财物者,妻之子各四分,妾之子各三分,奸良人及幸婢子各一分。"④无子时,赘婿或"过房子"(过继的侄子)可以享有完整的继承权,但过继发生后又生亲子的,过房子与亲生子均分遗产。"户绝"(即无男性继承人)的情况下,在室女享有继承权,出嫁女则与宋代规定一致,只能继承三分之一的遗产,其余归公。寡妇在无继承人的情形下可以享有继承权,但若改嫁则丧失包括嫁妆在内所有财产的所有权:"随嫁奁田等物,今后应嫁妇人不问生前离异、夫死寡居,但欲再适他人,其元随嫁妆奁财产,一听前夫之家为主,并不许似前搬取随身。"⑤这一做法为明清律所继承。

五、刑事法律制度

(一)刑罚制度

元世祖之前,蒙古汗国的刑罚体系处于习惯法状态,相对紊乱。元朝建立之后,逐渐接受了中原地区行之久矣的五刑体系,延续笞、杖、徒、流、死五种主刑。元代刑罚制度最为显著的变化是笞杖刑的决罚数的尾数由原来的十改为七,即笞刑分七、十七、二十七、三十七、四十七、五十七,共六等,比原来多出一等;杖刑

---

① 《元史·乌古孙良桢传》。
② 〔英〕道森编:《出使蒙古记》,吕浦译、周良霄注,中国社会科学出版社1983年版,第122页。
③ 《元史·刑法志》。
④ 《通制条格·户令》。
⑤ 《元典章·户部四》。

则为六十七、七十七、八十七、九十七、一百零七,共五等。这种刑数的变化,据传是源于忽必烈的表态:"天饶他一下,地饶他一下,我饶他一下"①,这是元朝统治者慎刑轻罚的一个宣示。徒刑自一年至三年,共计五等,这与前代相同,但五等徒刑分别加杖六十七至一百零七五等杖刑;流刑不列里数,只是南北互迁,"流则南人迁于辽阳迤北之地,北人迁于南方湖广之乡"②;死刑为两等,但有斩无绞,以凌迟为极刑。

元代的刑罚体系中另一个创新是"警迹人"制度。所谓"警迹人",是指盗犯、窃犯等会赦或经断刺字后,发回原籍注记为"警迹人"。警迹人的门口会立一块红泥粉墙,上写警迹人姓名和所犯罪行。警迹人须每半月去官府报到一次,并接受本地邻里监督。这是一种立意激励犯罪者自新的制度,一旦警迹人五年内没有新犯罪或者在五年内有告发、捕盗等立功行为,则可以除名警迹人。

(二)蒙汉异法

元朝作为蒙古人入主中原的政权,其刑法制度上一个显著的特征就是蒙汉异法。民族不同而同罪不同法、同罪不同罚的现象所在多有。譬如元代对于窃盗犯有刺字之制,"诸窃盗初犯,刺左臂,谓已得财者。再犯刺右臂,三犯刺项"③,但蒙古人、妇人不适用刺字,"其蒙古人有犯,及妇人犯者,不在刺字之例"④。若司法官员将蒙古人刺字则要受到处罚,"诸审囚官强愎自用,辄将蒙古人刺字者,杖七十七,除名,将已刺字去之"⑤。

又如杀人者死是古代处断一般人命案件的基本规则,若汉人杀死蒙古人自然是按照这一基本规则定罪量刑,但"诸蒙古人因争及乘醉殴死汉人者,断罚出征,并全征烧埋银"⑥,即蒙古人殴死汉人仅须征纳烧埋银,却不必偿命。另据《元典章》,"蒙古人扎死汉人",仅笞五十七;而"汉儿人殴死蒙古人"则须处死,并征烧埋银。⑦ 此外,《元典章·刑部六》的记载中见有至元二十年(1283)二月规定"蒙古人打汉人不得还"的内容:"如蒙古人员殴打汉儿人,不得还报,指立证见,于所在官司赴诉。如有违犯之人,严行断罪。"若蒙古人殴打汉人,汉人不得还击,只能"指立证见"告诉官司;汉人殴打蒙古人则要予以处罚。

---

① 《草木子·杂制》。
② 《元史·刑法志》。
③ 同上。
④ 同上。
⑤ 同上。
⑥ 同上。
⑦ 参见《元典章·刑部四》。

六、司法制度

(一) 司法机构

1. 中央司法机构

元代司法机构的设置在前代基础上有比较大的变化,最明显的是撤销了大理寺,其他司法机构的职能也有相应变化。同时,中央司法机构长官皆由蒙古贵族担任,体现了少数民族政权的鲜明特点。

(1) 大宗正府

元代大宗正府性质为中央司法审判机构,《元史·百官志》载:"大宗正府,秩从一品。国初未有官制,首置断事官,曰札鲁忽赤,会决庶务。"可见大宗正府是由蒙古习惯法时期的"断事官"制度发展而来的。其主要司法职掌为:"凡诸王驸马投下蒙古、色目人等,应犯一切公事,及汉人奸盗诈伪、蛊毒厌魅、诱掠逃驱、轻重罪囚,及边远出征官吏、每岁从驾分司上都存留住冬诸事,悉掌之。"①其职掌范围也不断变化,至元九年(1272),"止理蒙古公事";泰定元年(1324),又兼理汉人刑名;致和元年(1328),"以上都、大都所属蒙古人并怯薛军站色目与汉人相犯者,归宗正府处断,其余路府州县汉人、蒙古、色目词讼,悉归有司刑部掌管"②。大宗正府独立于刑部,又不受御史台监察,其机构设置与性质表现出鲜明的民族特征。

(2) 刑部

元代的刑部为中书省下设机构,刑部尚书、侍郎为刑部正副长官,"掌天下刑名法律之政令。凡大辟之按覆,系囚之详谳,孥收产没之籍,捕获功赏之式,冤讼疑罪之辨,狱具之制度,律令之拟议,悉以任之"③,其职能较前代变化不大,主要职掌在押未决犯与疑难案件之详审、死刑案件与疑难案件之复核等。但终元一世,刑部在建制上屡遭合并与拆分:"世祖中统元年,以兵、刑、工为右三部,置尚书二员,侍郎二员,郎中五员,员外郎五员。以郎中、员外郎各一员,专署刑部。至元元年,析置工部,而兵刑仍为一部。尚书四员,侍郎仍二员,郎中四员,员外郎置五员。三年,复为右三部。七年,始别置刑部。尚书一员,侍郎一员,郎中一员,员外郎二员。八年,改为兵刑部。十三年,又为刑部。"④在司法职能方面,皇庆元年(1312)汉人刑名等事一度归属刑部,但泰定元年(1324)又由大宗正府兼

---

① 《元史·百官志》。
② 同上。
③ 同上。
④ 同上。

理;致和元年(1328),上都、大都之外的其余路府州县汉人、蒙古、色目词讼,皆归刑部掌管。

(3) 御史台

元代御史台仍为中央监察机构,御史大夫、御史中丞分别为正副长官,机构与人员设置基本仿唐宋旧制,主要职责为"掌纠察百官善恶、政治得失"[①]。元代御史台在中央机构中的地位较之前代为重,首先,御史大夫品级比同为中央司法机构长官的刑部尚书高;其次,作为中央三大执事衙门之一,御史台对于最高军事机构枢密院、中央政务机构中书省有直接的监察权,取得了与中书省和枢密院并驾齐驱的位置:"其总政务者曰中书省,秉兵柄者曰枢密院,司黜陟者曰御史台。"[②]

(4) 宣政院

宣政院最初是中央管理佛教事务与吐蕃地方事务的机构,《元史·百官志》载:"宣政院,秩从一品,掌释教僧徒及吐蕃之境而隶治之。"[③]至元初年名称为"总制院",至元二十五年(1288),"因唐制吐蕃来朝见于宣政殿之故,更名宣政院。"[④]宣政院为元代中央宗教管理与宗教审判机构,有权直接参与涉及僧侣的诉讼,各地涉及僧侣的奸盗、诈伪、人命等重大案件由地方官吏审理后上报宣政院;其他有关僧侣的刑民案件由寺院主持僧人审问,地方官吏不得擅断;僧侣之间的纠纷,由地方长官与有关寺院主持僧人会同审理。

2. 地方司法机构

元代各行省、路、州、府、县均设专官办理司法事务。行省设理问所专掌刑狱,设有理问、副理问、知事、提控案牍等专职司法官;路总管府及散府均设有推官。各级行政机关皆设达鲁花赤为监临官,总管、府尹、州尹、县尹等为长官,同知、县丞等为次官,达鲁花赤以下各官均得兼理各级司法审判。关于地方各级管辖权限,《元典章·刑部》载:"诸杖罪,五十七以下,司、县断决;八十七以下,散府、州、军断决;一百七以下,宣慰司、总管府断决。配流、死罪,依例勘审完备,申关刑部待报。申扎鲁火赤者亦同。"

(二) 诉讼与审判

1. 诉讼

根据《元史·刑法志》以及《元典章·刑部》的记载,元代"诉讼"一事在法律体系中独立成篇。这在前代法制的基础之上应当是比较明显的进步与发展。从

---

① 《元史·百官志》。
② 同上。
③ 同上。
④ 同上。

《元史·刑法志》所载内容来看,"诉讼"主要包括告诉、代诉、越诉、诬告、书状、听讼、告事、问事、原告、被告、刑狱等方面,皆有详细规定。从具体内容来看,主要有两方面的发展:一是民间田土、钱债、户婚等事与刑狱之事逐渐有所界分;二是对于诉讼的主体、程序、文书格式等内容有了越来越细致的规定。

2. 代诉

代诉制度是元代诉讼中比较有特色的制度,"代诉"即代为诉讼,史料所见有两种情况:第一种是老废笃疾者的代诉:"诸老废笃疾,事须争诉,止令同居亲属深知本末者代之。"①所谓"老废笃疾",谓年七十以上或身残、重病不适合加诸刑罚者,即今日所言限制诉讼能力或者无诉讼能力之人,此类人不得自为诉讼,但可由其少壮且了解案情的亲属等完全诉讼能力人代为诉讼。老废笃疾之人的代诉制度保障了老废笃疾之人的合法权益,同时由于老废笃疾之人诬告反坐时只能适用罚赎,此制度也有效地防止了此类主体倚仗特殊身份而恣行诬告。不过,对于危害皇权统治的谋反大逆以及损及当事人切身利益的子孙不孝、为同居所侵侮等罪行,老废笃疾者可以自诉。

第二种是闲居官代诉:"诸致仕得代官,不得已与齐民讼,许其亲属家人代诉,所司毋侵挠之。"②闲居官代诉即"致仕,得代官",若遇有"争讼田土、婚姻、钱债等事",可由家人代诉。这是为了防止致仕官员与百姓争讼时"署押公文行移,并不赴官面对"③,而对百姓造成判决结果上的不利。另外,法律还禁止妇女为他人诉讼,因为妇女本身也不得自己参加诉讼。但"若果寡居,及虽有子男,为他故所妨,事须争讼者,不在禁例"④。明清时期的抱告制度或滥觞于斯。

3. 回避

元代法律还规定了司法官员的回避制度,若案件涉及亲嫌或司法官员为被告,涉案官员必须回避。亲嫌回避,主要是指司法官员的有服亲属、有服亲属的婚姻之家以及曾授业师,或者与司法官员曾有仇嫌之人为案件利害关系人,涉案官员必须回避;所告官员回避,包括"凡言告官吏不公之人,所犯被告官吏理宜回避"⑤,也包括曾经诉官吏有罪,被诉官吏应当回避。

4. 约会

由于元朝实行"四等人"制度,又将百姓根据职业分成各种不同的户籍,且其

---

① 《元史·刑法志》。
② 同上。
③ 《元典章·刑部十五》。
④ 《元史·刑法志》。
⑤ 《元典章·刑部十五》。

治下民族、宗教空前繁多复杂,不同民族、宗教和行业的人在司法上所属的部门也不一,其法律上的权利与义务也不同,因此,当僧俗或者不同行业的民众发生诉讼时,就必须分别约齐相关当事人的主管上司,会同审理,称之为"约会"。这一制度动辄涉及三四个衙门,势必造成旷日费时,且各机构各私所管,难免隐庇;但也有利于调和不同族群间的利益,防止某一衙门任情偏私。明朝军民之间的"约会"制度正源于此。

5. 调解

元代的特殊性导致各民族之间的经济往来显著增加,民事纠纷也随之大量增加,"诸民讼之繁,婚田为甚"[①]。元代民事诉讼的一大特点就是广泛运用调解,此类调解由当地社长主持,"诸论诉婚姻、家财、田宅、债负,若不系违法重事,并听社长以理谕解,免使妨废农务,烦扰官司"[②]。这种对于"民间细故"调解息讼、不违农时的做法,直接影响了明代初期里甲老人调解村社的民事和轻微刑事纠纷的制度。

---

① 《元典章·刑部十五》。
② 《通制条格·田令》。

第十章 明朝法律

元末各地先后爆发规模巨大的反元起义,其中一支起义军的首领朱元璋先后消灭、吞并其他武装力量,于1368年在今南京建立明王朝,史称明太祖,改元洪武,拉开大明王朝帷幕。朱元璋死后由其长孙朱允炆(史称建文帝、明惠帝)继位,但燕王朱棣很快夺取皇位,史称明成祖。1421年,明正式迁都北京,奠定明王朝的基本政治格局。1644年,李自成攻入北京,崇祯帝自缢。明王朝共十六帝,历十七朝,延续二百七十六年的统治。明王朝统治时期,处于中国传统社会的晚期发展阶段,政治上全面加强君主专制中央集权,伴随着当时社会的重大变化,明朝法律制度变化较为显著,有其时代特点。明初确立"重典治国""明刑弼教"的法制指导思想,制定《大明律》《大诰》等法典;刑法方面加重对危害皇权与社会秩序犯罪的处罚,呈现出"重其所重,轻其所轻"的特点;司法方面也有其特色,如厂卫机构干预正常司法、会审的多元与制度化等。明朝法制承前启后,在中国法制史上具有重要地位。

第一节 法律思想

明代法律思想可分两个阶段,一是明朝初建时以朱元璋为代表的统治集团制定的立法之策,反映明初的社会形势与立法需求;二是明中后期随着社会的发展,理学逐渐占据统治地位,出现如丘濬、王阳明、海瑞、张居正等一些思想家和实践者,对汉以来形成的正统法律思想作进一步的探讨,以提供更能保障社会长治久安的治理模式。

一、明初统治者的立法思想

明初统治者吸取元朝纲纪废弛、吏治腐败而导致灭亡的历史教训,立国之初就非常重视法制建设,提出"重典治国""法贵简严"和"明刑弼教"等法制指导思想。明太祖朱元璋,濠州钟离(今安徽凤阳)人,出身贫苦。生活在社会底层的切身体验、长期征战的实践经验,以及对前朝立法经验教训的总结,使朱元璋形成了丰富的法律思想,这对整个明朝的立法活动均有着深刻影响。

(一)法贵简严

朱元璋在明王朝未建之时就非常重视立法,注重反省前朝法制之失。他认为"元不仿古制,取一时所行之事为条格,胥吏易为奸弊",主张"立法贵在简当,使言直理明,人人易晓","务求适中以去烦弊",在他看来,"网密则水无大鱼,法密则国无全民",从而"可以为久远之法"。①为此他要求大臣凡是刑名条目都要上奏,君臣"面议斟酌"。制定大明律令时,朱元璋屡召诸议律官和儒臣们讨论修律,"以求至当","去烦就简,减重从轻者居多"②,对《大明律》详加考订厘正。

立法简当的同时,朱元璋强调应兼具严峻,"今立法正欲矫其旧弊,大概不过简严。简则无出入之弊,严则民知畏而不敢轻犯"③。立法"简严","简",是相对"繁"而言,指法律简单明了,通俗易懂,目的在于臣民易了解掌握;"严",是相对"宽"而言,指法律要严厉处罚重罪,目的在于严惩危害皇权和社会秩序的犯罪行为,民众不敢轻易触犯法律。

因此,"法贵简严","简"与"严"犹如一枚硬币的两面,相辅相成。明初统治者提出的这一立法原则,不同于唐朝统治者提出的"用法务在宽简",以宽大为前提,其原因在于不同的社会形势采取不同的治国之策,以及明初加强专制统治的需要。

(二)重典治国

虽然朱元璋一再强调立法"务求至当",但现实的社会形势与加强君主权力的需要,"重典治国"亦是其主张并付诸实施。元末社会经济凋敝,人民生活困顿,各地反抗活动频仍,明王朝初建之时,面临诸多严峻的社会问题,连年征战,饥馑疾疫,十室九空;统治内部争权夺利,文臣武将之间、淮西与浙东官吏之间钩心斗角,勋贵官吏贪腐成风。朱元璋审时度势,提出"吾治乱世,刑不得不重"④的立法思想,奉行"重典治国"宗旨。"重典治国"思想源于《周礼》的"刑罚世轻世重"原则,即"一曰刑新国用轻典,二曰刑平国用中典,三曰刑乱国用重典"⑤。

"重典治国"立法思想包括"重典治吏"和"重典治民"两个方面。

"重典治吏",指以严刑峻法维护统治集团内部秩序。出身寒微的朱元璋,深知基层官吏盘剥和贪腐之害,成为皇帝后,立法防范官吏腐败,加强对官吏的管

---

① 参见《大明太祖高皇帝实录》卷二十六。
② 参见《大明太祖高皇帝实录》卷二十八。
③ 《大明太祖高皇帝实录》卷二十七。
④ 《明史·刑法志》。
⑤ 《周礼·秋官·司寇》。

理，对赃官处罚极其严酷。元末明初人叶子奇在《草木子》中曾记载明太祖"严于吏治"，允许当地百姓到南京向朝廷"陈诉"地方官的"贪酷"，凡查实受贿至六十两以上者，"枭首示众，仍剥皮实草"。①明律严惩文武官吏的失职渎职、贪赃枉法犯罪行为，专设"奸党"罪，重典惩治。同时，朱元璋在位期间，大兴刑狱，"以重典驭臣下"，最为著名的则是"四大案"。一是洪武九年（1376）"空印案"，因布政使司、府州县衙门所派遣计吏带有加盖官印的空白文书一事，朱元璋怀疑其中有弊，凡是主印吏署名者皆逮捕入狱，达数百人之众。二是洪武十三年（1380）左丞相"胡惟庸案"，先后杀戮近三万人，并废除在中国实行一千多年的宰相制度，皇权高度集中。三是洪武十八年（1385）"郭桓案"，户部粮仓亏空七百多万石，株连户部侍郎郭桓以下大量官吏下狱，"系死者数万人。核赃所寄借遍天下，民中人之家大抵皆破"②。四是洪武二十六年（1393）"蓝玉案"，因口供牵引而被戮者约有一万五千人。洪武二十八年（1395），朱元璋谕群臣，总结其治国之道："朕起兵至今四十余年，灼见情伪；惩创奸顽，或法外用刑，本非常典。后嗣止循《律》与《大诰》，不许用黥、刺、剕、劓、阉割之刑。"③可见，在朱元璋看来，"法外用刑"非常典，后继者亦不许使用，但在他统治期间却是"治乱世用重典"。

"重典治民"，指严厉镇压民间一切犯上作乱行为，维护皇权为核心的社会统治秩序。朱元璋将明初的各种反抗活动视为朱明王朝的严重威胁，主张"出五刑酷法以治之。欲民畏而不犯，作《大诰》以昭示民间，使知所趋避"④，通过严酷苛重的刑罚手段矫治民风，制止农民群众的反抗，从而稳定社会，巩固皇明政权。

需注意的是，"重典治国"立法思想是明初社会矛盾和君权集中的体现，到明中后期已有所改变，社会局势趋于稳定，出现"仁宣之治"，明初的"重典""酷刑"已不再强调，"情法适中"思想开始在统治集团内居于主导地位，贯穿于《问刑条例》的制定，大量使用赎刑条款，同罪量刑也较《大明律》轻。

（三）明刑弼教

明初统治者推崇"重典治国"思想的同时，继承传统"德主刑辅"原则，并根据时代变化，提倡"明刑弼教"之说。洪武三十年（1397）《大明律诰》完成，"取《大诰》条目撮其要略，附载于律"。太祖谕群臣："朕有天下，仿古为治，明礼以导民，定律以绳顽。"⑤礼律一体，伦理教化与法律惩治相结合。为此，太祖创设相关制

---

① 参见《廿二史札记》卷三十三《重惩贪吏》所引，今存本《草木子》未见。
② 《明史·刑法志》。
③ 《明会要》卷六十四《刑一·刑制》。
④ 《御制大明律序》。
⑤ 《大明太祖高皇帝实录》卷二百五十三。

度,将法律宣传、教化落实到社会基层,以此稳定社会秩序,实现明王朝的长治久安。

第一,设立"大诰""教民榜文"等法令文告形式的法律,强调法制宣传和普及性。如颁定《大诰》后,各地设专人定期讲读《大诰》内容。"天下有讲《大诰》师生来朝者十九万余人,并赐钞遣还。"① 此外,朱元璋还发布简明扼要的六句"圣谕":"孝顺父母,尊敬长上,和睦乡里,教训子孙,各安生理,毋作非为。"不仅在各地刻立石碑,以示乡民,而且要求城乡"老人"摇铃巡行诵读。朱元璋的这种结合立法与法制宣传的思想及实践,既有助于教化百姓,又对稳定明朝社会秩序发挥了作用。

第二,设立"申明亭",调解纠纷和公布乡民恶行,以彰教化。洪武五年(1372)二月建申明亭。明太祖"以田野之民不知禁令,往往误犯刑宪",命令"有司于内外府州县及其乡之里社皆立申明亭。凡境内人民有犯,书其过名,榜于亭上,使人有所惩戒"。② 在申明亭定期张贴朝廷文告,公布本地犯罪或犯错人员的姓名及其罪错内容外,还推举本地德高望重之人,在申明亭主持调解民间轻微纠纷。与此相对的是,各地还设置"旌善亭",张贴榜文,公布本地的孝子贤孙、贞女节妇之事迹,从而达到教化乡民之目的。

第三,效仿儒家经典记载的西周"乡饮酒礼",大为推行。洪武初年,"诏中书省详定乡饮酒礼。使民岁时宴会,习礼读律。期于申明朝廷之法,敦叙长幼之节。遂成定制"。洪武五年四月,诏天下行乡饮酒礼。③ 之后也一再重申"乡饮酒礼",颁行乡饮酒礼图式,以"叙长幼、论贤良、别奸顽、异罪人"④。一般每年的正月十五和十月初一由州县长官亲自主持"乡饮酒礼",本州县已退休的官员、城乡各里"年高有德"之人到场,依辈分、长幼、善恶安排座次,接受州县长官的祝酒,一些有过错前科之人则到正席前肃立聆听。

明初的这些推行教化制度,在中期依然得到贯彻和发展,在一定程度上起着稳定社会、维护统治秩序的作用。

二、明中后期的法律思想

明代中后期,社会生产迅速发展,推动城乡商品经济的繁荣,明前期创制的一些制度无法适应新的社会形势,新的思想和改革观念出现。这里仅举较为代

---

① 《明史·刑法志》。
② 参见《大明太祖高皇帝实录》卷七十二。
③ 参见《明会要》卷十四《礼九·乡饮酒礼》。
④ 同上。

表性的人物及其法律思想。丘濬在南宋哲学家真德秀的《大学衍义》基础上作《大学衍义补》,阐述与总结了正统法律思想;王守仁继承与发展了宋代朱熹的理学思想,创建"心学"体系;张居正面对"纲纪坠落,法度陵夷"的社会现实大力变法改革;海瑞作为明朝中后期最著名的清官代表,主张并实践革除弊政、整饬吏治。

(一) 丘濬的"德礼政刑"论

丘濬(1420—1495),字仲深,号深庵,广东琼山人。景泰五年(1454)中进士,后历任翰林院编修、礼部尚书、户部尚书、文渊阁大学士。重政务,重调查,著《大学衍义补》,"稽考制度,审究事体",以待朝廷之用。

《大学衍义补》是丘濬最重要的著作,开篇《正朝廷》"总论朝廷之政",丘濬继承传统儒家"德、礼、政、刑"关系理论,阐述对这四者关系的看法,认为德、礼、政、刑四者,皆是经书所论的为治之道,无论是孔子的分政刑、德礼为二,还是朱熹的合德、礼、政、刑为一,这四种治国手段,缺一不可,亦不能偏废,应结合起来交替使用为善。而君主掌握治国之权柄,无非是"庆赏刑罚",因此"人君赏罚,当合天下之公论,不可徇一己之私心"①。

《慎刑宪》篇则是集中阐述与法律相关的问题,包括丘濬对儒家经典的理解及自己的看法、建议。如该篇第一部分"总论制刑之义",以《易》立论,讨论刑之必然,圣人治天下必用刑狱制生民之奸,犹如天地必以雷电去万物之邪,"制定于平昔者谓之法,施用于临时者谓之罚。法者,罚之体;罚者,法之用,其实一而已矣"②,而且人君如雷震电光明罚敕法,应针对人的具体犯罪行为适用刑罚,定罚或轻或重,必当其情,不可掩避。国家法律也应稳定一致,或轻或重,必有常制,不可变逾。《吕刑》的"刑罚世轻世重"论,丘濬不仅赞成,还进一步认为法律的基本精神一旦确定就不可更改,而标准可因时变化。

丘濬的法律思想非常丰富,涉及面广,《大学衍义补》是他认为真德秀的《大学衍义》缺乏"用",即治国平天下的具体事例,从而拾遗补阙,不囿于旧说,提出自己的新见解,并试图解决实际问题。当然,因时代所限,丘濬对君权、治国、法律等的看法仍处于传统思想藩篱之中。

(二) 王守仁的"申明赏罚"论

王守仁(1472—1529),幼名云,后改名守仁,字伯安,号阳明子,世称阳明先生,浙江余姚人。王守仁一生任职与法律相关的,是曾任刑部清吏司主事和都察

---

① 《大学衍义补》卷三《公赏罚之施》。
② 《大学衍义补》卷一百《慎刑宪·总论制刑之义》。

院右佥都御史。弘治十二年(1499)，第三次参加会试，举进士出身，观政工部。次年授以刑部云南清吏司主事，之后奉命录囚江北，"多有平反"。明武宗正德元年(1506)抗疏下诏狱，被贬谪为贵州龙场驿驿丞。谪居期间，经历"百折千难"，却悟到"格物致知""知行合一"之旨，构建"心学"体系。刘瑾被诛后，王守仁重被起用，之后主要任职庐陵县知县、南京刑部主事、都察院右佥都御史等。卒后三十八年，即隆庆元年(1567)被"诏赠新建侯，谥文成"，后得以"从祀文庙"。

王守仁提倡"致良知"和"知行合一"的心学，提出"心即理"，发展陆九渊"道未有外乎其心者"的观点，强调"心"是万物的本原、宇宙的主宰，而自然和人类社会的一切事物以至于各种道德和法律规范皆系心所派生。以此为思想基础，他主张"申明赏罚"法律思想，认为"刑赏之用当，而后善有所劝，恶有所惩"，运用赏罚，可使"善者益知所劝，则助恶者日衰；恶者益知所惩，则向善者益众"，①且要速赏速罚，"过时而赏，与无赏同；后事而罚，与不罚同"②。王守仁因此提出诸多阻止社会动乱的措施，如《申谕十家牌法》，采取动员百姓互相监督、"十家连罪"的办法，不仅可防止"盗贼"，而且可解决十家之内的纠纷。在王守仁看来，天下没有不可教化之人，即使是盗贼亦有"良知"。为此，王守仁主张赏罚并用，强调教化作用，以实现对社会的控制及统治秩序的维护。

（三）海瑞的"变刁讼之风为淳睦之俗"论

海瑞(1514—1587)，字汝贤，号刚峰，广东琼山人。海瑞一生经嘉靖、隆庆、万历三朝，其时明已日趋衰败。嘉靖二十八年(1549)中举人，三十二年(1553)任福建南平县教谕，三十七年(1558)任浙江淳安县知县，后历任江西兴国县知县、户部主事、兵部主事、通政司右通政、应天巡抚、南京吏部右侍郎和南京都察院右都御史等职。海瑞严于律己，为官清廉，恪守朝廷法令，敢于直言进谏，为民请命，被誉为"海青天"。

海瑞作为儒臣典范，恪守儒家信条，治民强调教化。他主张为官应"以狱讼文移催征为末，以教民耕桑转移风俗为首"③，司法官吏的主要任务就是惩贪抑霸，为官应救民之疾苦，解民之冤抑。任职淳安知县时订立《兴革条例》，任职应天巡抚时订立《督抚条约》，体现其官场上希冀能整肃风纪，而民间能息讼止争的法律思想。

海瑞认为词讼繁多大抵是因为"风俗日薄，人心不古，惟己是私，见利则竞"，

---

① 参见《绥柔流贼》，载《王阳明全集》，上海古籍出版社1992年版，第650—652页。
② 《申明赏罚以励人心疏》，载《王阳明全集》，上海古籍出版社1992年版，第310页。
③ 《督抚条约》，载《海瑞集》，李锦全、陈宪猷点校，海南出版社2003年版，第402页。

"不知讲信修睦,不能推己及人",①遂造成诉讼日繁而无法遏止。为此,海瑞主张官吏应以教化息讼,反对"四六"分问的息讼之道。所谓"四六"分问,即判原告六分理、被告四分理,定原告六分罪、被告四分罪。海瑞认为这是"乡愿乱德",易致兴讼启争,强调官吏听讼要公断,不可含糊姑息。为方便百姓告诉,他要求府县官不得拒绝百姓口头告状,以减少讼棍从中挑唆渔利。同时,凡是民间小讼,州县官俱应一一问理,应做到"始无惮烦,终不姑息",息讼止讼,从而"变刁讼之风为淳睦之俗"。②

海瑞以不畏权势、刚正不阿著称于后世,法律思想上主张教化息讼、反对兴讼诬告,强调官吏听狱穷追到底,不惮烦,无姑息,扭转社会风气,显示其儒臣典范和理想。

(四)张居正的"法绳天下"论

张居正(1525—1582),字叔大,号太岳,湖北江陵人。五岁入学读书,聪颖过人,十岁通六经大义,十二岁中秀才,十六岁中举,二十三岁中进士,授庶吉士。隆庆元年(1567),张居正以裕王府旧臣身份,擢为吏部左侍郎兼东阁大学士,入内阁,参与政事。隆庆六年(1572)升任内阁首辅,此后长达十年,掌握明王朝实际统治权。张居正在任内推行各项改革措施,多有建树,死后赠上柱国,谥文忠。不久后被诏夺上柱国、太师,再夺谥,籍没全家。崇祯时平反。张居正著有《张文忠公全集》。

嘉靖、隆庆和万历三朝,政局大起大伏,国力日渐衰弱。张居正入阁后上奏《陈六事疏》,认为"近来风俗人情,积习生弊,有颓靡不振之渐,有积重难反之几",如果不加改易,则"无以新天下之耳目,一天下之心志",而且"近年以来,纲纪不肃,法度不行,上下务为姑息,百事悉从委徇",主张变法改革,以期"张法纪以肃群工,揽权纲而贞百度",做到"刑赏予夺,一归之公道,而不必曲徇乎私情;政教号令,必断于宸衷,而毋致纷更于浮议。法所当加,虽贵近不宥;事有所枉,虽疏贱必申"。针对明中叶以来"法弛刑滥"的现状,张居正主张厉行法治,应"因势变法,法绳天下,重法明刑",强调"治国使众莫如法,禁淫止暴莫如刑"③,申明法律治理,同时要求慎刑,反对严刑峻法。

张居正崇尚法家的法治思想,推行政治法律改革,十年新政随着他的死而人亡政息,后世对其评价亦褒贬不一。但作为改革者,其主张"法绳天下",强调"法

---

① 《兴革条例·刑属》,载《海瑞集》,李锦全、陈宪猷点校,海南出版社2003年版,第348页。
② 《示府县状不受理》,载《海瑞集》,李锦全、陈宪猷点校,海南出版社2003年版,第245页。
③ 《管子·明法解》。

不可以轻变,亦不可以苟因","法无古今,惟其时之所宜,与民之所安耳",①有其可取之处。

总之,明中后期的思想世界"已经产生了深刻的危机,由于汉族与异族、皇权和绅权、都市生活与乡村生活、市民与士绅之间的种种冲突",社会生活在正德、嘉靖时期发生巨大变化,为回应这一变化,士人普遍紧张与焦虑。②王阳明构建"心即理"思想;丘濬、张居正在坚持正统"德主刑辅"观念的同时,更强调现实生活中德刑的结合交替使用,主张刑罚使用的严厉而非宽缓;海瑞反对"四六"分问的息讼之道,强调整饬吏治,振肃风纪,皆是对社会形势的回应。

第二节 立法活动

朱元璋极为重视律典的制定,自称吴王时就开始下令制订律、令,进行立法活动。明王朝建立后,继续进行一系列的立法活动。明朝法律形式主要有律、令、诰、例、典和榜文等。其中,律是重要的法律形式;大诰和榜文是明朝特有的法律形式;例的地位从明初的"权宜之制"成为明中后期的"常经之法"。

一、《大明律》

《大明律》是明初最重要的立法,从草创到定型历时三十年之久。据现存史料,可肯定的是,洪武年间对《大明律》的修订不少于五次,主要有吴元年(1367)律、洪武七年(1374)律、洪武二十二年(1389)律、洪武三十年(1397)律。我们所指的《大明律》即洪武三十年律。

朱元璋重视立法,认为"元政弛极,豪杰蜂起,皆不修法度以明军政",为此"建国之初,先正纲纪"。③ 早在元至正二十四年(1364)正月朱元璋自立为吴王,就已准备立法工作。吴元年(1367)十月,他任命左丞相李善长为律令总裁官,参政知事杨宪、傅瓛,御史中丞刘基,翰林学士陶安等二十人为议律官,按照"法贵简当,使人易晓"④的原则制定律令。十二月律成,计二百八十五条,包括吏律十八条、户律六十三条、礼律十四条、兵律三十二条、刑律一百五十条和工律八条。洪武元年(1368),朱元璋着手修律,六年(1373)十一月诏刑部尚书刘惟谦详定《大明律》,次年二月成书,篇目仍依唐律的十二篇,计六百零六条、三十卷。洪武

---

① 参见《辛未会试程第二》。
② 参见葛兆光:《中国思想史》(第二卷),复旦大学出版社 2013 年版,第 260 页。
③ 参见谷应泰:《明史纪事本末》,河北师范学院历史系点校,中华书局 2015 年版,第 189 页。
④ 《明史·刑法志》。

九年(1376),朱元璋令中书右丞相胡惟庸、御史大夫汪广洋等对《大明律》详加考订厘正。洪武二十二年(1389),再命大臣全面修订,将历年所增条例分类附于《大明律》中,重新颁行,改为七篇、三十卷,计四百六十条,《大明律》基本定型。洪武三十年(1397),朱元璋令对二十二年律略作修订,将《钦定律诰》一百四十七条附于后,颁行天下。至此,历经三十年的更定修改,《大明律》最终完成并颁行全国,有效实施于有明一代。

《大明律》分七篇、三十卷、四百六十条。其编纂体例不同于前代律典,《名例律》以下按照吏、户、礼、兵、刑、工六部分篇,律下按事项分成三十门类。全律体例如下:《名例律》四十七条;《吏律》二门三十三条,包括职制十五条、公式十八条;《户律》七门九十五条,包括户役十五条、田宅十五条、婚姻十八条、仓库二十四条、课程十九条、钱债三条、市廛五条;《礼律》二门二十六条,包括祭祀六条、仪制二十条;《兵律》五门七十五条,包括宫卫十九条、军政二十条、关津七条、厩牧十一条、邮驿十八条;《刑律》十一门一百七十一条,包括贼盗二十八条、人命二十条、斗殴二十二条、骂詈八条、诉讼十二条、受赃十一条、诈伪十二条、犯奸十条、杂犯十一条、捕亡八条、断狱二十九条;《工律》二门十三条,包括营造九条、河防四条。朱元璋颁行《大明律》时即立"祖训":"令子孙守之。群臣有稍议更改者,即坐以变乱祖制之罪。"①因此,终明之世,《大明律》律文历代相承,未敢轻改。

《大明律》是中国帝制社会后期的一部代表性律典。其主要变化及特点有:第一,体例结构的变化,《大明律》以名例和朝廷六部的国家机关分工编目,结合传统的以事项分类的编制体例,门类划分较细,便于检索。第二,简明扼要,律典文字浅显,通俗易懂。第三,有较强的实用性,律首附有《服制图》《五刑图》《六赃图》《狱具图》等图表,有助于法律的实施。《大明律》不仅反映了明初统治者注重立法与严于修律,而且相较以往律典也有所发展,为后来清代所继承,其影响也远及东亚诸国。

二、《大明令》

明朝律与令的编纂工作同时进行。吴元年(1367)朱元璋下令制定律令。与"吴元年律"一样,令典也是按照朝廷六部分篇,有《吏令》二十条、《户令》二十四条、《礼令》十七条、《兵令》十一条、《刑令》七十一条、《工令》二条,共一百四十五条。洪武元年(1368)正月十八日明太祖颁行《大明令》,特颁圣旨:"朕惟律令者,

---

① 《明史·刑法志》。

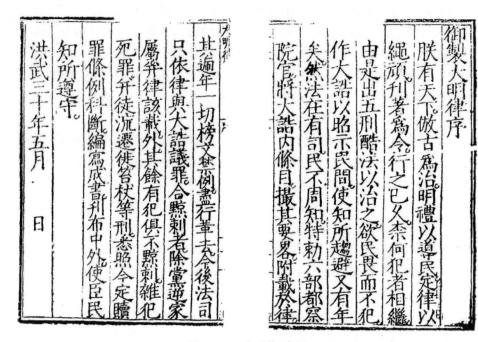

图 10.1 《大明律》书影

治天下之法也。令以教之于先,律以齐之于后。"①

《大明令》是中国法制史上最后一部以令为名的法典,是唯一一部完整保存到今天的古代令典。与唐、宋令典相比,它并不完全是积极性规范。主要是因为在制定"吴元年律"时没有刑法总则性质的名例篇章,大量具有刑法总则性质的条文被编纂入令典的《刑令》,如"五刑""十恶""犯罪自首""家人共犯"等等。洪武三十年(1397)颁布《大明律》时,《大明令》中数种条文被吸收并加以修改。②没有被吸收入《大明律》的条文,至明朝中后期仍具有法律效力。到了清代,令作为一种独立法律形式消失,明令的内容,部分通过清例进入《大清律例》。

三、《大诰》与"榜文"

"田家岁晚柴门闭,熟读天朝大诰篇",这是洪武年间武进(今属江苏常州)人谢应芳的诗句,诗中的"大诰"即是明初普及性非常高的一部律外之法。为防范"法外遗奸",朱元璋于洪武十八年至洪武二十年(1385—1387)陆续颁行带有特

---

① 《皇明制书》卷一《大明令》卷首。
② 参见〔日〕内藤乾吉:《大明令解说》,载刘俊文主编:《日本学者研究中国史论著选译》(第八卷),姚荣涛、徐世虹译,中华书局1992年版,第394页。

别刑事立法性质的《大诰》，严惩臣民的犯罪，弥补律的不足。《大诰》包括《御制大诰》(七十四条)、《御制大诰续编》(八十七条)、《御制大诰三编》(四十三条)、《大诰武臣》(三十二条)等四编。"大诰"之名源于古籍《尚书》的《大诰》篇，取周公东征殷商遗民时对于臣民的训诫之义。《大诰》序言明言其宗旨：为挽救颓废的时势，将害民之事理昭示于天下，以法律约束诸司，防止官员贪酷于民，特制定《大诰》，并令世代守之。

四编《大诰》计二百三十六个条目，主要由典型案例、新制定的特别法令和明太祖对臣民的训诫三个部分组成。其中具体案例有一百五十六个，涉及官吏犯罪的有一百二十八个，无案例条目八十个，峻令六十多种。《大诰》主要特点有：第一，规定了一些《大明律》律文中没有的罪名，如"断指诽谤""寰中士大夫不为君用"等等。第二，在刑罚方面，同一罪名，《大诰》要比《大明律》为重。如"有司滥收无籍之徒"，《大明律》规定罪止杖一百、徒三年，《大诰》则规定"族诛"。另外，《大诰》规定的刑罚比《大明律》多，往往在五刑之外，有族诛、凌迟、挑筋去膝盖、剥皮、抽肠、刖足、人口迁化外等三十多种。第三，强制宣传，普及率高。朱元璋颁行《大诰》时规定每户人家都必须有一本，"若犯笞杖徒流罪名，可减罪一等；

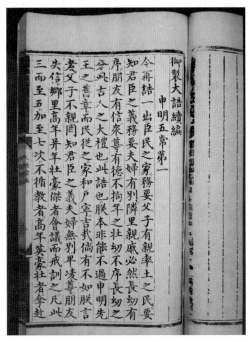

图10.2 《大诰》书影

无者每加罪一等",并且规定家中不收藏《大诰》、不遵守《大诰》的,要"迁居化外,永不令归"。①洪武后期的各种学校都采用《大诰》为教材,科举考试也从中出题。洪武三十年(1397)五月,从各地召到京师讲读《大诰》的师生达十九万三千四百余人,受朝廷褒奖,如此规模盛况空前。民间讲读《大诰》蔚然成风。

《大诰》是明太祖重典惩贪的特别法,颇具帝王个人特色。明太祖为推行《大诰》煞费苦心,极其重视,但从整个明王朝来看,成效有限。律外用法,刑罚酷烈,以杀戮为手段,流弊甚大,难以持久推行。明太祖死后,明成祖曾一度恢复《大诰》的法律效力。明成祖之后,《大诰》已不再被司法部门援引判案,也不再风行,不过直至明末,家有《大诰》,犯笞杖徒流罪的依然可得到减等处罚。

除"大诰"外,还有一种法律形式也有其特色,即榜文。榜文是由皇帝发布的文告形式的单行法规,也叫"教民榜文"。它主要包括皇帝的谕旨或经皇帝批准的官府告示、法令和案例。文告前题为"为某某事"或"申明教化事",文后有"右榜谕令周知"字样,以文字抄写在板榜上,悬挂于各地衙门门首及城乡申明亭。明太祖和明成祖两朝的榜文大多具有刑事特别法性质,现存榜文有《皇明制书》所收的《教民榜文》四十一条和《南京刑部志》所收的六十九条榜文。这些榜文多属于新的刑事立法或律文的具体化,榜文所列刑罚大多较律文相近条款量刑为重,富有浓厚的重典治民色彩。②

四、条例

条例,是明朝除律、令、诰之外的一种重要法律形式。明代史籍里,"条例"一词的含义有广义和狭义之分,前者是对各种形式例的泛称,有"事例""条例""则例"之分;后者是指以"条例"命名的单行法规。狭义的"条例"是司法部门根据案例拟订的条文化的单行法规,经皇帝批准颁布,包括刑事类条例和行政类条例,刑事类用以打击各种犯罪行为,行政类是"用以规范行政、经济、民事、军政、学校管理等方面的活动规则"③。这里仅论刑事条例。

"条例"与"律"的关系有一个演变过程,明初太祖强调"律者常经也,条例者一时之权宜"④,太祖统治时期曾颁行不少条例,如《充军条例》《抄劄条例》等,以弥补律典条文之不足。每一朝皇帝去世后,新皇帝即位就宣布废除前朝皇帝所

---

① 参见杨一凡:《明大诰研究》,江苏人民出版社1988年版,第419页。
② 参见杨一凡:《明初重典补考》,载杨一凡总主编:《中国法制史考证(甲编)》(第六卷),中国社会科学出版社2003年版,第127—136页。
③ 杨一凡:《明代立法研究》,中国社会科学出版社2013年版,第518—519页。
④ 《大明太祖高皇帝实录》卷二百三十六。

颁布的所有条例,司法审判一律只准援引《大明律》。①但由于明太祖规定日后子孙不得修改《大明律》,历经一百多年的《大明律》条文已逐渐不能适应新的社会环境,在实际司法活动中条例的作用日趋重要,每朝废除旧有的条例后不久就必须发布新的条例。为使条例长久有效,明孝宗于弘治十三年(1500)下令朝廷大臣集体讨论编订《问刑条例》,且以后不得废除,"通行天下,永为常法"。如此,条例就由"权宜之法"成为"常经之法",具备与律典同样的效力。

弘治《问刑条例》议定二百九十七条,此后几任皇帝重修《问刑条例》。明武宗正德年间增条例四十四条。明世宗嘉靖年间,因事例繁多,援引失当,"将新旧条例参订划一"②,重修《问刑条例》,二十八年(1549)为二百四十九条,三十四年(1555)又增八十九条。明神宗万历十三年(1585)再次重修,为三百八十二条,后续修为三百八十五条。之后,朝廷各部门和各地官府在翻刻律典时往往将《问刑条例》和《大明律》编在一起,或者将各条条例分别编订在相关律条后面,形成律例合编的体例。这对清朝的律例合编体例产生了重大影响。

五、《大明会典》

会典是以朝廷各职官机构为纲的法规汇编,总"会要"与"典章"之义。洪武十三年(1380),朱元璋废除中书省及宰相制度以后,六部等中央行政机构直属于皇帝。行政体系的重大变化加速了明朝行政法规的建设,为使行政条规更具系统性,便于检索,自明英宗统治时期起,开始了以朝廷各职官机构为纲的法规汇编的编纂。明孝宗弘治十五年(1502)初步编成会典,但未及颁行。后经武宗正德年间"补正遗阙",正德六年(1511)正式颁行天下,称《正德会典》。此后嘉靖、万历朝又进行重修编订,万历十五年(1587)修成刊行,称《万历重修会典》,共二百二十八卷,即《大明会典》。

《大明会典》体例仿照《唐六典》《元典章》,以六部官制为纲,分载有关各职的历朝律令典籍规范和历代损益之事。它内容广博,记载详备,汇集了明朝一些重要典章法令,如《皇明祖训》《大诰》《大明令》《洪武礼制》《诸司职掌》等内容,是研究明朝法令制度的重要资料。会典的名称和体例也为后来的清朝所沿用。

第三节　刑　事　法　律

明朝建立之初,主张承袭唐律传统,同时又适应社会形势的变化,强调"重典

---

① 参见黄彰健:《明洪武永乐朝的榜文峻令》,载《历史语言研究所集刊》第46本第4分,1975年。
② 《大明会典》卷一百六十。

治国"的立法思想,这对刑事法律制度起了重要的影响,反映在刑法原则、罪名、刑罚等方面,既有因循亦有创新。

一、刑法原则

明律规定的刑法原则大多承袭唐律,但也有一些变化。

(一) 比附原则

律有明文,司法衙门直接适用,律无明文,则利用一定技术或原则发现合适法律予以适用。比附、类推即是自秦汉以来刑事审判中实行的两项重要原则,以解决"律条有限"与"情伪无限"之间的矛盾。唐律定"举轻以明重""举重以明轻"之法,明律确认"比附"原则。《大明律》"断罪无正条"规定:"凡律令该载不尽事理,若断罪而无正条者,引律比附。应加应减,定拟罪名,转达刑部,议定奏闻。若辄断决,致罪有出入者,以故失论。"即律条没有明文规定的行为应比照最相近的律条定罪量刑,或加重或减轻刑罚,并上报刑部转呈皇帝批准。沈家本认为"断罪无正条,用比附加减之律,定于明而创于隋"①。

明代比附的程序,是由初审官定拟罪刑上达刑部,再上报皇帝圣裁。虽然避免了官吏的擅断,保证比附之权最终操控于皇帝,但因每个比附案件均要上报朝廷,皇帝圣裁,程序过于烦琐,自明太祖起,就将一些具有典型意义的比附案例编在一起,下发给各级官府作为比附定罪的参考。嘉靖年间颁行的《问刑条例》收录六十多个案例,称为"比引律条"。如撕毁明朝纸币"宝钞"就比照弃毁皇帝的诏书,处以斩刑;在粮食中掺水掺沙就比照在官盐里掺水掺沙处罚等等。②

(二) 溯及力实行从新原则

法律溯及力,是指法律对颁布前的行为是否适用的问题,如适用,则有溯及力,如不适用,则无溯及力。汉唐以来,法律溯及力问题基本是适用从轻原则。汉朝规定:"令,犯法者各以法时律令论之,明有所讫也。"③对犯罪行为的处罚,是根据犯罪时的法律治罪,而不能依照新颁布的法律处罚,实行从旧原则,即犯罪时法主义。唐律采取犯罪时法与审判时法相结合的适用原则,对赦前断罪不当的,处轻为重的,宜改从轻,处重为轻,即依轻法。"犯罪未断决,逢格改者,格重,听依犯时;格轻,听从轻法"④,对于"常赦所不原"的犯罪则不适用。可见,唐律基本采取从旧兼从轻原则。

---

① 沈家本:《历代刑法考》,邓经元、骈宇骞点校,中华书局 1985 年版,第 1807 页。
② 参见叶孝信主编:《中国法制史》,复旦大学出版社 2002 年版,第 301 页。
③ 《汉书》卷八十一。
④ 《唐律疏议·断狱》"赦前断罪不当"条《疏》议。

明律对法律溯及力问题的规定沿袭前代,如对赦前断罪不当的,原则上与唐律相似,采取从轻原则。但其重大变化在于法律明确规定新法有溯及既往的效力,即采取审判时法主义。《大明律》"断罪依新颁律"条规定:"凡律自颁降日为始,若犯在已前者,并依新律拟断。"对尚未判决的犯罪,不论轻重,一律按新法处置。这一规定,一改汉唐以来的从旧兼从轻原则,目的在于树立新法的权威,虽也体现明初"刑乱国用重典"立法思想,但以新法追溯颁布以前的犯罪行为,与宣扬矜罪恤刑的仁政思想传统不符。因此,清律沿袭明律这一规定,却在实际适用上作了变通处理。

(三) 化外人相犯属地主义原则

"华夷之别"意识在中国古代比较强,对外国人乃至异民族采取的是不同对待。唐朝时各国家、民族之间交流频繁,不同国家、民族之间发生的法律交涉问题,唐律已有明确规定,设"化外人相犯"条,对于"化外人"之间案件的处理实行属地主义与属人主义结合的原则。宋朝法律原则上也继承唐律规定。

但明朝改变以往的规定,确立了属地主义原则,即对所有的化外人犯罪,全部按照明朝法律进行处理,即"凡化外人犯罪者,并依律拟断"[①]。与唐朝规定相比,明律这一规定不再采用属人主义原则,体现了明朝的时代特征,适应了加强君主专制统治的政治需要,也是与明律的"化外人"概念变化有关。"化外人,即外夷来降之人,及收捕寇散处各地方者皆是。言此私人,原虽非我族类,归附即是王民。"[②]清朝法律沿袭明律,规定"凡化外(来降)人犯罪者,并依律拟断",可见,强调是对化外来降之人,更没有"依本俗法"之分,一律依照清律处理。

二、刑罚制度

明代沿袭唐宋以来的五刑制度。明律恢复唐宋律的笞杖刑制度,笞杖各分五等,每十下为一等,从笞十至杖一百。刑具用荆条,明太祖认为荆条能"去风",不会造人重伤。[③]行刑部位是臀部。同时明朝又沿袭元代做法,规定徒、流刑附加杖刑,徒一年附加杖六十,每等递加杖十下,徒三年及"三流"皆附加杖一百。除五刑外,还有充军、凌迟、枷号、刺字等刑罚,并实行廷杖制度。

(一) 充军

充军是将犯罪人发至边远地区充当军户,次于死刑而重于流刑。元朝盗贼应流者,有充军之例。充军作为一固定刑种,始于明朝。充军最初适用于军人,

---

① 《大明律·名例律》"化外人有犯"条。
② 同上。
③ 参见《明史·刑法志》。

明律规定凡是军人犯徒、流罪,先决杖,然后分等发往外地卫所充当军户。后渐渐适用于平民犯重罪的情况,且充军的罪名不断增加,等级划分也越来越细。《大明律》适用充军条款有四十六条,万历《问刑条例》中已有一百三十三项针对平民的充军罪名。《大明律》只有附近和边远两个等级,《问刑条例》的充军按里程远近分附近、边卫、口外、沿海、边远、烟瘴和极边等七个等级,最远四千里,最近一千里。根据期限长短,充军可分终身充军和永远充军两类,前者仅罪犯本人充当军户至死,而后者则罪犯本人死后,其子孙仍继续充军,世代为军户。

(二) 凌迟

在"五刑"体系里死刑仍为二等:斩、绞。凌迟刑是直接规定于犯罪行为后,《大明律》有九个律条适用凌迟刑,即"谋反大逆""谋杀祖父母父母""杀死奸夫""杀一家三人""采生拆割人""奴婢殴家长""妻妾殴夫""殴期亲尊长""殴祖父母父母",涉及十三项罪名。有的条目涉及两项,如"谋反大逆"条规定:"凡谋反(谓谋危社稷),及大逆(谓谋毁宗庙山陵及宫阙),但共谋者,不分首从,皆凌迟处死。""谋杀祖父母父母"条规定,凡是谋杀祖父母、父母及期亲尊长、外祖父母等,"已杀者,皆凌迟处死",奴婢及雇工人谋杀家长及家长之期亲等,"罪与子孙同",其意自然是"已杀者,皆凌迟处死"。而"奴婢殴家长"条里有三项,规定"凡奴婢殴家长者,皆斩;杀者,皆凌迟处死","若殴家长之期亲及外祖父母父母者,绞……故杀者,皆凌迟处死"。这些《大明律》规定适用凌迟刑的罪名,都属于严重侵犯皇权和家族伦理的犯罪行为,行刑一律"决不待时"。

(三) 枷号

枷号是指罪犯戴枷在指定地点示众受辱的刑罚,由唐宋"枷项示众"发展而来。明朝的条例中广泛适用枷号刑,多用于处罚轻微犯罪。据《明史·刑法志》记载,枷号重量"自十五斤至二十五斤止"。武宗时宦官刘瑾专权,特设重达一百五斤的大枷以对付政敌,受刑人往往不数日即毙命。

(四) 刺字

刺字是针对侵犯公私财产罪名的附加刑。明律沿袭元代法律,对窃盗、监守盗、常人盗等罪名,在处以正刑之外还附加刺字刑。

(五) 廷杖

廷杖是指依皇帝旨意在朝廷上当众杖责大臣的刑罚。由于君主专制权力的强化,廷杖在明朝已制度化。前代虽时有皇帝杖责大臣之事例,但非常刑。明朝自朱元璋始,几乎每一朝皇帝都曾对大臣施行廷杖。洪武十三年(1380),永嘉侯朱亮祖父子皆被鞭死;次年,工部尚书薛祥立毙杖下。正统年间,宦官王振擅权,

"殿陛行杖,习为故事"①。成化年间,宦官汪直诬陷侍郎马文升、都御史牟俸等,诏责给事中、御史李俊等五十六人容隐,每人杖二十,开廷臣集体受杖之先例。最为有名的杖死大臣有两次。一是正德十四年(1519)明武宗准备南巡,大臣纷纷劝谏。武宗大怒,下令廷杖劝谏南巡的大臣一百四十六名,杖死十一人。另一次是嘉靖三年(1524)明世宗(原为藩王,后以明孝宗嗣子身份继承帝位)宣布尊崇自己生父兴献王为"皇考"(按儒家礼仪,应尊明孝宗为"皇考",其生父为"皇伯考"),大臣纷纷上奏反对,形成"争大礼"风潮。明世宗廷杖大臣一百三十四人,杖死十六人。

廷杖一般程序是由皇帝发出"驾帖",内有应责打大臣名单和应责打数目,经刑部给事中签押登记,然后由锦衣卫行刑。锦衣卫将"架帖"上列名的大臣带到皇宫前,大臣面对宫殿叩头谢恩,再解衣趴下受杖,完毕依然要谢恩。执行杖刑时,由司礼监监刑。"士可杀不可辱",这是一种士精神的传承,但明代实施野蛮的廷杖制度,臣子尊严被剥夺,君臣关系从先秦儒家奉行"礼—忠""手足—腹心"的双向关系变成了臣对君的单向效忠关系。

三、犯罪与刑罚的特点

明律在很大程度上继承了唐宋以来的立法经验,尤其是唐律对明律的影响极大,但君主专制高度发展的明朝,因时代的变化,其法律也呈现出与前代不同的特点。清代律学家薛允升将明律与唐律相比,认为"大抵事关典礼及风俗教化等事,唐律均较明律为重;贼盗及有关帑项钱粮等事,明律则又较唐律为重"②。从总的角度上说,此论大抵也是准确的,具体阐述之。

所谓"重其所重",即事关贼盗及帑项钱粮等重罪加重处罚,主要表现在以下方面:

第一,加重对谋反大逆之类严重危害君主专制统治罪名的处罚。唐律只限定本人及父子年十六以上者处死,而明律则规定凡是参与谋反大逆者,无论预谋是否实施,是否能够产生实际危害,全部不分首从一律凌迟处死,并缘坐其祖父、父、子、孙、兄弟、伯叔父、兄弟之子(以上不论是否同居),以及所有同居共财的十六岁以上的男子,无论是否废疾、笃疾,一律处斩,株连的范围大大扩展。对于"谋叛""劫囚"罪也都规定无论是否实施,不分首从皆斩。其他如"妖书妖言""盗及诈为制书""盗及伪造官府印信"等罪名,明律皆比唐律处罚要重。

---

① 《明史·刑法志》。
② 薛允升:《唐明律合编》,怀效锋、李鸣点校,法律出版社1999年版,第170页。

第二，增设侵犯皇帝专制权力的罪名。《大明律》特设"奸党""交结近侍官员""上言大臣德政"条目，防止并打击臣下"朋比结党"行为，以消除对皇权的威胁。《大明律》"奸党"条规定："凡奸邪进谗言，左使杀人者，斩。若犯罪律该处死，其大臣小官，巧言谏免、暗邀人心者，亦斩。若在朝官员，交结朋党、紊乱朝政者，皆斩。妻子为奴，财产入官。若刑部及大小各衙门官吏，不执法律，听从上司主使出入人罪者，罪亦如之。"从表面上看，条文似乎很平常，但能成为皇帝打击臣下的强有力武器。也就是说，皇帝要杀哪个官员，其他的大臣小官不得求情、申辩，否则就是"奸党"。又如"交结近侍官员"罪，禁止朝官与近侍官员交结，禁止地方官员与朝官交结，禁止京官与京城家资富厚之人交结。"上言大臣德政"条还规定："若有上言宰执大臣美政才德者，即是奸党，务要鞫问，穷究来历明白，犯人处斩，妻子为奴，财产入官。若宰执大臣知情，与同罪。"为保证皇帝随时掌握重大信息，又规定"事应奏不奏"条，对奏事"有所规避，增减紧关情节，朦胧奏准施行"者，事发则处斩。

第三，加重对官吏贪污渎职罪的处罚。明初朱元璋就下诏："惩元季贪冒，重绳赃吏，揭诸司犯法者于申明亭以示戒。又命刑部，凡官吏有犯，宥罪复职，书过榜其门，使自省。不悛，论如律。"①《大明律》沿袭唐律设"六赃"罪名，并于律首置《六赃图》，以示重惩贪墨之罪。同时规定的赃罪条文比唐律多，处罚也较前代为重。此外，明太祖还制定《大诰》四篇，以更加严厉的手段惩罚贪官污吏。明初朱元璋立法重惩赃吏，对整顿吏治无疑起着一定积极作用，但是仅以严惩手段惩贪只能收一时之效，而无法从根本上遏制贪污之风。

第四，加重对侵害统治秩序犯罪的处罚。明律对于一般窃盗罪、坐赃罪处罚没有明显加重，但对于强盗、抢劫之类罪名却以重罪处罚。如《大明律》"强盗"条规定："凡强盗已行，而不得财者，皆杖一百，流三千里。但得财者，不分首从，皆斩。"相比唐律对于强盗罪计赃论罪的规定，明律处罚更重。另外，《大明律》专设"白昼抢夺"罪，"凡白昼抢夺人财物者，杖一百，徒三年，计赃重者，加窃盗罪二等。伤人者，斩。"这一处罚要比唐律中的强盗罪（未得财徒二年，计赃至十匹以上绞，伤人斩）还要重。又设"盗贼窝主"罪，凡是造意指使盗贼行窃或抢夺、强盗者，或参与分赃者，都不分首从皆斩。即使窝赃而没有分赃，也要处杖一百流三千里。

所谓"轻其轻者"，即"事关典礼及风俗教化"等犯罪行为减轻处罚，主要是对触犯礼教罪名的处罚较唐律为轻。如唐律规定"闻父母丧匿不举哀""祖父母父

---

① 《明史·刑法志》。

母在别籍异财"为"十恶"之"不孝",前者处以流二千里,后者处以徒三年。明律仍将此列入"十恶"之"不孝"罪,但处罚已分别改为杖六十徒一年和杖一百,明显减轻处罚。唐律规定父母丧而后生育子女的,处以徒一年,而明律改为免予刑事处罚。另外,有关户婚、田土和钱债之类的轻微犯罪,最高刑也不过杖一百。可见,明朝一方面对严重刑事犯罪采取"重典",另一方面对一般性犯罪,尤其是事关典礼教化的犯罪,更是减轻处罚。

明朝在犯罪与处罚方面体现出"轻其轻罪、重其重罪"这个趋势,其原因较为复杂,既与当时的社会矛盾激化相关,也是适应当时社会风俗的改变。明朝统治时期,政治经济的变化,阶级矛盾和民族矛盾的尖锐,迫使统治者从唐朝的重礼转变为重法,加之元朝是少数民族统治,并不完全依据礼教原则立法,也使得以往有关典礼及风俗教化等犯罪处罚规定有了松动。另外,对于轻微触犯儒家伦理的行为,明朝统治者更强调通过家族、乡里内部教化和调解以达到社会效果。因此,明朝统治者根据当时社会情况,重新调整统治政策,不仅突出对侵犯皇权和社会秩序的重罪的镇压,也适当减轻对一般性犯罪的惩罚,有助于缓和社会矛盾和稳定统治,也利于专制君权的巩固。

第四节 行政法律

明朝是君主专制中央集权的高度发展时期,行政权力高度集中于皇帝,官僚集团的权力明显削弱。明朝行政法律渊源主要是行政单行法和行政条例,其内容体现出这一时期的特点。

一、行政管理机构

明朝中央行政体制的最主要变化是废除了在中国历史上沿袭一千多年的宰相制度,并逐步形成内阁制。地方行政管理体制主要由省、府、县三级组成。

(一) 中央行政管理机构

洪武二十八年(1395)敕谕群臣:"国家罢丞相,设府、部、院、寺以分理庶务,立法至为详善。以后嗣君,其毋得议置丞相。臣下有奏请设立者,论以极刑。"[①]内阁和府(都督府)部(六部)院(都察院)寺是明朝主要的中央行政管理机构。

1. 内阁

内阁大学士并非是一开始就设立的。明初承袭元代设中书省,置左、右丞

---

① 《明史·职官志》。

相。洪武十三年(1380)左丞相胡惟庸谋反伏诛,明太祖借机裁撤中书省,废除宰相制,升六部官秩,六部直接向皇帝负责。之后严令后代子孙不许立相,文武群臣严禁上奏设立,否则处以重刑。但随着权力的空前集中,皇帝精力再好也难以事必躬亲处理一切政务。在废除中书省的八个月后,朱元璋命王本等人为"四辅官",位列公、侯、都督之次,协理政事。未及,即罢。洪武十五年(1382),明太祖仿宋制,置殿阁大学士,秩五品官,特侍左右以备顾问,充当"辅官"角色。从"四辅官"到殿阁大学士均是协助皇帝处理奏章政事,是朱元璋废除丞相后的一种变通办法,明成祖之后逐渐成为固定的制度,明成祖命翰林院解缙、胡广、杨荣等到大内入值赞襄,在午门内辟一"值舍",作为协助皇帝处理奏章政事的固定场所,称之为"文渊阁","内阁"之名由此产生。

初设之"大学士"不掌握实际的权力,明成祖在位期间,内阁仅是特命朝臣入值辅佐皇帝处理机务之所,尚未形成机构,入内阁者主要是翰林院的官员,不可侵夺六部职权,部院寺诸司有事直接向皇帝奏闻。但明仁宗时期阁臣职权渐重,入内阁者身任部院寺要职,又兼殿阁大学士;明宣宗为有效控制六部,更让阁臣兼任六部尚书。如此,六部与内阁关系发生变化,六部权任渐轻,内阁机构日益扩大,执掌军国机务,阁权之重俨然汉唐宰辅。正统年间,国家有重大事情,内阁大学士可会同各衙门于内阁会议,遂为惯例,内阁已成为全国行政中枢机构。

阁臣的职权包括"点检题奏,票拟批答,以平允庶政",即奏章、政事、看详批答等要经过阁臣之手。一般通过两种形式行使职权,一是"献替可否",即阁臣对皇帝征询事情提出意见,或主动提出建议,供皇帝作出决定时参考;二是"票拟批答",即内外诸司上达皇帝的奏章,经过御览后,先发交内阁,由大学士检阅内容,附以意见,并拟具办法,用小纸条墨书贴于疏面,再进呈皇帝,供其批答时参考。"票拟"是内阁制度成熟的标志,也是内阁实施政务最经常的方式。

2. 六部

明初沿用前制,洪武元年(1368)设置吏、户、礼、兵、刑、工六部,隶属中书省。明太祖曾召见六部官员,谕令:"今以卿等分任六部,国家之事,总之者中书,分理者六部,至为要职。凡诸政务,须竭心为朕经理,或有乖谬,则贻患于天下,不可不慎。"①

洪武十三年(1380)废除中书省,罢丞相职,六部职权和地位大大提高,从原来的秩正三品升为正二品衙门,直接对皇帝负责,自此中书之政分于六部。

六部各以尚书一人为长官,又各以领事一人、侍郎一人为副长官,并下设属

---

① 《大明太祖高皇帝实录》卷三十四。

官多人。吏部冠六部之首,掌管天下各级官吏的选拔考课;户部掌管全国户籍田赋和财政;礼部掌管天下礼仪祭祀及科举事务;兵部掌管武官选拔及军队训练调遣;刑部掌管天下刑名及刑狱各事;工部掌管天下营造和水利各事。其中以户、刑二部最重要,各辖十三司,实行按地区划分辖区的制度,打破隋唐以来的中央六部二十四司的体制。六部尚书直接对皇帝负责,减少对皇权的威胁,更强化了皇帝专制独裁之大权。

3. 都察院

都察院是明朝监察机构。吴元年沿袭前朝置御史台"纠察百司",设左右御史大夫、御史中丞、侍御史、治书侍御史、殿中侍御史等正五品以上官职,下有经历、都事、照磨、管勾等属官。洪武十三年(1380)罢御史台,十五年(1382)更置都察院,扩大机构设置与权力行使范围。都察院设左右御史为最高长官,左右副都御史及左右佥都御史为之辅佐。"职专纠劾百司,辨明冤枉,提督各道,为天子耳目风纪之司"①,主要通过弹劾、奏请点差等方式实行监督,直接听命于皇帝,其他部门不得干预都察院行使职权。同时,在地方上设置十三道监察御史,作为中央监察机关的派出机构,各奉其职,主要纠察京外百司之官邪。根据所掌事务或京师或外地,分内差和外差两种。其中,外差以巡按最为重要。洪武十年(1377)七月诏遣监察御史巡按州县,是为巡按之始。巡按官秩仅七品,但"代天子巡狩","大事奏裁,小事立断"②,权力既重,管辖甚广。终明之世,巡按未废。明朝人顾炎武和于文定皆肯定巡按制之优,"以卑临尊",得汉刺史制度之遗意,又"总属内台,奉命出按,一岁而更",为"唐宋以来皆不及也"。③ 至清朝顺治十八年(1661)停差巡按,纠察之责归巡抚,巡按制自此废。

另外,明太祖为增加对六部的监督,在六部中分设吏、户、礼、兵、刑、工六科,均设给事中一人,掌本科印,作为皇帝派往六部实行监督的代表,有权审查六部长官上奏给皇帝的文书等。六部奉旨办理事务,要到六部给事中办理报备手续。

4. 五军都督府

吴元年(1367)十一月定大都督府及各卫官制,洪武十三年(1380)罢中书省、升六部,改大都督府为五军都督府,掌握军事指挥权。五军都督府即中军、左军、右军、前军、后军五都督府,简称"五府"。五军都督府负责在京各卫所以及在外各都司、卫所之防务,以中军都督府推事官为最高长官。

---

① 《明史·职官志》。
② 同上。
③ 参见《日知录》卷九《部刺史》。

(二) 地方行政管理机构

明朝地方行政管理体制主要由省、府、县三级组成。

省是明朝地方最高一级行政机构，设承宣布政使司掌行政，布政使为一省最高行政长官；提刑按察使司掌司法和监察，按察使为一省司法长官；都指挥使司掌军事，指挥使为一省军事长官。三个机构俗称"藩司""臬司"和"都司"，合称"三司"，地位平等，互不统属，共同向皇帝负责。为加强中央对地方的控制与监督，一省内又分为若干道，一道辖若干府，作为监察区。道有"守"与"巡"之分，由布政使司佐官左右参政、参议分理各道钱谷者，称"分守道"；由按察使司佐官副使、佥事分理各道刑名者，称"分巡道"。

府由元代的"路"改制而来，是省辖一级地方行政机构，知府为长官，负责辖区内"宣风化，平狱讼，均赋役"。另设同知、通判、推官等属官，辅佐知府。

县是明朝基层地方机构。设知县一人，掌一县之政。另有县丞、主簿为其辅佐，一般也是一人。知县主要负责所辖区的狱讼、慈善、教育、赋税、治安等事务，"凡养老、祀神、贡士、读法、表善良、恤穷乏、稽保甲、严缉捕、听狱讼，皆躬亲厥职而勤慎焉"[①]。

二、官吏管理制度

第一，职官的选任。明朝官吏选任的基本途径是科举制，辅之荐举制。明朝科举制度与前代相比，程序和内容均有很大变化，更为完善。

朱元璋早在吴元年(1367)就定了文武科举取士之法，其制不详。洪武三年(1370)五月下诏开科取士。三年后曾一度暂罢科举，令有司察举贤才，以德行为本，文艺次之。洪武十五年(1382)恢复科举取士，成为定制。全国设学校，应科举之士子皆出自学校，科举分乡试、会试和殿试。乡试中者为举人，取得参加会试之资格，会试通过者经殿试复试为进士，进士可以直接担任官职。洪武十七年(1384)三月，太祖命礼部颁行《科举成式》，详细规定科举考试的程序、内容及应试的资格、主考官员、考场的规则等。明朝科举考试内容的重要变化是八股取士制度的确立。明太祖时规定以四书五经命题，以宋时程朱理学对经义的解释为准。明宪宗时创设"八股"格式，注重文章形式。

除科举、荐举外，明朝任官还有捐纳制。

第二，职官的考课。明朝定期对官吏进行考课，奖优罚劣，以考绩决定官吏的升降去留。考课主要包括两种：考满和考察。

---

① 《明史·职官志》。

考满是对所有官员的政绩进行全面考核,重点在于政绩。洪武二十六年(1393)考满法规定,三年初考,六年再考,九年通考,每一阶段考绩完成,称为"考满"。考核的结果分为称职、平常和不称职,然后根据这一考核结果,对官员作出相应的升降。考察重在审查和处理有贪、酷行为的官员,定期举行,重点在于法纪。考察分京察和大计两种。京察是以京官为考核对象,六年一次,即"京官自四品以上自陈候上裁外,五品以下分致仕(老、病)、降调(浮躁、不及)、闲住(罢、不谨)、为民(贪、酷)有差,具册奏请"①。大计以外官为考核对象,三年一次。"考察者,通天下内外官,计之其目有八:曰贪,曰酷,曰浮躁,曰不及,曰老,曰病,曰罢,曰不谨"②,称为"八法"。

第三,对官吏的监察。明朝建立起庞大而严密的监察体系,主要分两个层次,一是中央监察机关,包括都察院和六科;二是地方监察机关,包括各省提刑按察使司。

第五节 司 法 制 度

明朝司法制度有因有革,独具特色。

一、司法机构

(一)中央司法机构

明朝中央常规司法机构称"三法司",即刑部、大理寺、都察院。与隋唐以降的大理寺、刑部、御史台体系相比,名称有了变动,御史台为都察院,大理寺与刑部的职能转换。明朝"刑部受天下刑名,都察院纠察,大理寺驳正"③,刑部权重,行使审判权,都察院纠察文武官犯罪案,大理寺行使复审权,构成既有分工,又相互配合,向皇帝负责的中央司法机构体系。

刑部是中央审判机构,长官为刑部尚书,副长官为左、右刑部侍郎,"掌天下刑名及徒隶、勾覆、关禁之政令"④,其司法审判上的职权主要有四:一是复核直隶及各省徒罪以上的案件;二是审理京师笞罪以上的案件;三是委官复核直隶斩绞监候案件;四是复核京师斩绞监候案件。刑部之权较都察院和大理寺为重。⑤

---

① 《续通典·选举三》。
② 同上。
③ 《明史·刑法志》。
④ 《大明会典》卷一百五十八。
⑤ 参见那思陆:《明代中央司法审判制度》,北京大学出版社2004年版,第19—20页。

下设十三清吏司,各司设有郎中、员外郎等官职,负责各该省上报案件的复审。

大理寺是明朝复核的机构,负责"复核驳正"。长官为大理卿,副长官为左、右少卿,以下设左、右寺,设有寺丞、寺正等官职,负责复核刑部以及在京各机构的案件。

都察院是明朝最高监察机构,由传统的御史台发展而来。职掌纠察百司,监察、弹劾文武百官,是天子耳目风纪之司,并有权参与重大案件以及怀疑有冤情案件的审理。

此外,其他中央机关也兼有一定的司法审判权,如内阁、宗人府、五城御史、六部中除刑部外的其他五部,及锦衣卫、司礼监等机关。这些机关仅具兼理司法权,而"三法司"则是主要的中央司法机关。

(二)地方司法机关

明朝地方司法机关基本分为省、府、州县三级。

全国13个省均设提刑按察使司,"掌一省刑名按劾之事",是一省最高的司法审判及监察机构。长官为按察使,尊称为"臬司",有权审决徒刑以下案件,徒刑以上案件则须报送中央刑部。

全国159个府,各府设知府一人,"掌一府之政,平狱讼"。知府下设推官一员,辅佐知府审理司法案件。

州县为最基层的政府机构,也是最基层的司法机构。明朝有234个州、1171个县。州的长官为知州,副长官有同知、判官。县的长官为知县,辅佐官员较前代大为精简。

此外,明朝县以下有里甲组织,具有基层司法组织的性质,凡是一般的民事诉讼及轻微的刑事案件,必须先由里长、老人调停处理。若是不经过里老处分,而径自向县官提起诉讼,则构成"越诉"。明朝还在各州县及乡设立"申明亭",凡是户婚、田土等民事纠纷或轻微刑事案件皆须经过申明亭,由里老作出裁决或进行调解。

(三)特殊的司法机关

明朝君主专制在司法制度上的体现还在于设立"厂""卫"特殊司法机关。

"卫"指锦衣卫,是由皇帝的护卫亲军发展而来的特务机构。明初设立警卫京师及宫廷的22个卫,锦衣卫是其中之一,负责保护皇宫,在皇帝外出时贴身随驾护卫。锦衣卫的指挥由皇帝亲自挑选任命。明太祖时就指派锦衣卫的卫士监视臣民、侦缉案件、逮捕人犯,锦衣卫成为直属皇帝的特务机构。以后历朝皇帝都保留了锦衣卫的特务功能。

"厂"指东厂、西厂和内行厂,是太监特务机构。永乐十八年(1420)设立东厂特务机构,由负责皇帝日常事务、整理传递文件的太监机构"司礼监"派出提督太监掌管,提督太监持有"钦差总督东厂官校办事太监关防",可随时向皇帝报告情况。东厂设有掌刑千户、理刑百户、掌班、领班、司房等职官,并有内外勤役长数百人,分别率领12班"番役"出动,监视文武百官日常活动和应酬交往,刺探商会各阶层的动态,称之为"打事件",并不分昼夜地将获得的情况送入宫中向皇帝汇报。尤其可经皇帝直接批准逮捕人犯,侦缉案件,甚至参与审判。成化十三年(1477)设立西厂。正德三年(1508)设立内行厂。

厂卫之制是皇权高度集中的产物,几乎凌驾于司法机关之上,干预正常的司法权力,所拥有的司法特权主要包括:一是侦查缉捕权。厂卫所侦查范围主要涉及国家政权的重大案件,不干预一般的刑事案件。二是监督审判权。明律规定厂卫有讯问权而无判决权。凡厂卫所获人犯须移交镇抚司,但镇抚司只能审讯无权判决,判决权归三法司独有。但实际上三法司慑于厂卫的淫威,对厂卫所交案件,即使洞见其实情,也不敢擅改一字,明知是厂卫严刑逼供所定,也不敢平反。另外,锦衣卫可派员参与三法司录囚和承天门外的会审,对未直接参与的审判,东厂也可派人前往"听记"监督,然后直达御听。此外,厂卫机构法外用刑异常酷烈。厂卫"杀人至惨,而不丽于法"①,法外酷刑致人死命而不负责任。

二、诉讼审判制度

明朝的诉讼审判制度同样有因有革,变化较大的莫过于"会审"制度化。

(一)起诉

明朝实行军民不同的诉讼制度。凡军官、军人相犯,与民不相关者,"从本管军职衙门自行追问"②,即军户之间的诉讼由各驻军机构自行审理。若军官、军人有犯人命,或者涉及"奸盗、诈伪、户婚、田土、斗殴"等案件,而且侵犯对象是平民百姓,则由军队和地方官府会同审理。

普通民人的诉讼案件,明律规定应向所在州县陈告,禁止越诉。

另外,明律严厉禁止诬告,规定诬告加等反坐。

(二)管辖

明律进一步明确地域管辖和身份管辖。《大明律》规定诉讼管辖的主要方式是地域管辖,其原则包括:第一,"原告就被告",起诉原则上应向被告所在地官府提起,由被告所在地官府管辖;第二,"轻囚就重囚",同一案件被告在几个地方

---

① 《明史·刑法志》。
② 《大明律·刑律·诉讼》"军民约会词讼"条。

时，由其中罪名最重的被告所在地的官府管辖；第三，"少囚就多囚"，同一罪名的被告分散在几处，由被告人数最多的地方的官府管辖；第四，"后发就先发"，若罪名相同、各地被告人数相同，则应由最先受理案件的官府管辖。后三种情况以相隔300里以内为限，若相隔300里以外，则由各地官府审理结案，以减少押解被告的风险。

身份管辖是指以诉讼人身份不同而管辖机构有所不同。如明朝区分军人案件与民人案件的差别，规定军户之间的诉讼由各驻军机构自行审理，但是人命案件应由当地驻军机构会同地方官员勘查现场、检验尸体，并进行会同审理。军户与民户之间的诉讼应由驻军机构和当地官府会同审理。

（三）以民间半官方组织调解息讼制度

在儒家"息讼"思想影响下，历朝统治者大多认为百姓诉讼是"民风浇薄"的体现，明朝官员在处理案件中也体现出对"息讼"的追求，如对诉讼时间、程序的一些特殊规定。

如户婚、田土案件的起诉时间，唐宋法律规定"务限法"对其进行限制，明朝不再沿袭这一规定，而是在理论上任何时间均可起诉。但明中叶以后，各地方官府大多以"息讼"为名，创设"放告日"（或"听讼日"）制度，规定只有在"放告日"，一般是每月逢初三、六、九日或者逢初三、八日，民间百姓才可起诉。

又如诉讼程序方面，明太祖时期规定民间户婚、田土、钱债等民事纠纷以及轻微刑事案件，一律不得直接到官府起诉，必须经过本地里甲、乡老人主持的调解，调解不成才可向官府起诉。调解场所即在申明亭。申明亭不仅定期张贴朝廷文告，公布本地犯罪或犯错人员的姓名及其罪错内容；而且由民间推举本地德高望重之人，号为"老人"，在申明亭主持调解民间轻微纠纷，甚至对于本地品行不端者还可予以责罚。明中期申明亭调解制度瓦解后，朝廷又推行"乡约"制度，由各约正、约副每半月主持调解本约内的民事纠纷或争执之类的事务。

此外，明朝不仅沿袭历代对诬告实行反坐处罚的制度，而且实行诬告反坐加等处罚。明律规定，诬告他人笞罪的，反坐其罪并加重二等；诬告他人杖、徒、流罪的，反坐其罪并加重三等；诬告他人死罪的，处杖一百流三千里，若是被诬告人因此而死亡的，诬告者也应处死。

（四）会审制度

明朝审判制度进一步发展，其比较突出的表现是会审制度化，对于会审案件的类型、会审人员、判决方式等均有制度规定，主要有以下几种。

(1) 九卿圆审:"会九卿而鞫之,谓之圆审"①,是指由六部尚书、大理寺卿、左都御史、通政使等九位中央行政长官会同对全国死刑要案进行复审的制度。

(2) 朝审:这是由朝廷最高级官员会审已被判决秋后处决的死囚犯的制度。始于明英宗天顺三年(1459),规定每年霜降节气后,由三法司奏请复审所有在押等候秋后处决的死刑囚犯,皇帝批准后,下旨召集在京公侯伯爵、驸马、内阁学士、六部尚书及侍郎、五军都督等高级官员,由刑部尚书主持,于承天门外举行会审。会审官员认为案件可疑或有可矜之情,即可奏请皇帝暂不处决,再予以审讯;若认为原判决无误,则在当年秋末处死。

(3) 热审:这是在暑热季节到来前由朝廷官员会审在押未决囚犯的制度。始于明成祖永乐二年(1404),规定每年小满节气后十余日,由司礼监传旨,刑部会同都察院、锦衣卫、大理寺,各派出官员会同审理京城监狱在押囚犯。笞杖刑案件快审快结;徒流减等发落,押解前往服刑地点;事实不清案件请示皇帝立即处理。六月底结束。

(4) 大审:这是皇帝定期派出代表与朝廷高级官员会审在押罪囚的制度。始于明宪宗成化十七年(1481),此后成为定制,每五年举行一次。规定由司礼监太监代表皇帝至大理寺,会同三法司长官审录京城在押的累诉冤枉或死罪可疑、可矜的待决犯。外省则由刑部及大理寺派出官员至省会,会同各省布政使、按察使、都指挥使以及巡按御史审录囚犯。大审结果必须上奏皇帝批准。

明朝会审制度是传统审判制度日趋完善的一种表现,其特点有:第一,参加会审的官员均为朝廷高官,主要针对的是疑难案件、大案或死刑案件;第二,监察机构在会审中占据重要地位,起着监督、察核之用;第三,会审主要是众多官员会同审理,为皇帝的最后裁决提供意见。因此,会审制度是中国传统审判制度"慎刑"的体现,对于清理积案、监督各级司法机关起着一定积极作用,但同时也是中国古代司法行政不分的典型表现,体现了在司法领域内君主专制集权的加强。

---

① 《明史·刑法志》。

第十一章　清朝法律(上)

建立清朝的满族早先活动于今东北地区,称女真族。明万历四十四年(1616),努尔哈赤统一女真各部,建国号"金"(史称"后金")。其后继者皇太极于1636年称帝,改国号为大清,民族称号改为满族。1644年清军入关打败农民军,迅速攻占各地,1661年实现对全国的统治。清朝统治者以异族入主中原,特别注重吸取历代统治经验,加强君主专制中央集权制度。清前期100多年间,统治者励精图治,出现了所谓的"康乾盛世"。18世纪末叶,各种社会矛盾蓄积待发。19世纪初,西方列强先以鸦片后以炮舰打开中国国门,1840年鸦片战争失败后,中国主权不断丧失,社会矛盾日益激化,逐步陷入半殖民地半封建社会的深渊。清政府内外交困,为维持其统治试图实行"新政",最终未能挽救其灭亡的命运。从1636年改国号大清到1912年清帝逊位,清朝统治延续了276年,以1840年为分界线经历两个阶段。本章叙述的是清朝1840年以前的法律制度。

清朝统治者继承明代法制的优秀成果,纠正前朝刑罚酷滥、宦官特务干预司法等弊端,建立与专制制度相适应的具有本朝特色的法律制度。这一时期法律制度的重点在于:清朝法律形式仍以律、例、会典为主;例成为清朝最重要的法律形式;同时,清朝也比较注重少数民族立法和地方性立法。作为少数民族统治的政权,清朝统治者既注重以法律维护旗人特权,更注重思想文化领域的专制统治。同时支持保护宗族势力,宗族族规和乡约成为国家法制体系的重要组成部分。犯罪与刑罚具有其特点。司法方面进一步加强中央集权,完善会审制度。

第一节　法律思想

清朝统治者以少数民族身份入主中原凭借的是强大武力,但当时的社会情况是民族矛盾和阶级矛盾均十分尖锐,清初统治者既要维持其民族性及征服者的威势,又要为自己正名,尤其是必须在幅员辽阔、文化先进的区域建立稳固的政权。因此,清初统治者面对社会现实,采取两方面政策和措施,在社会风俗上坚持"以夷变夏",甚至不惜以屠戮手段强制汉人剃发、易服;在国家典章制度上,全盘继承明朝的政治法律制度,崇尚礼教,以天命正统自居。而与此不同的是,以黄宗羲为代表的明朝遗民,既对明末统治不满,也不与入关后的清统治者合作,提出具有怀疑和批判精神的法律思想。

一、明清之际的法律思想

明清之际是社会发生重大变化时期,明王朝灭亡,清兵入关,民族矛盾尖锐,社会更为复杂,一些思想家对此激变参与其中,晚年却能独善其身,大隐于市,进行反思,出现带有启蒙意义的反对君主专制的"法治"思想。代表人物有黄宗羲、顾炎武、王夫之等,这三位人物的经历较为相似,生于明末,青年时对社会弊病认识深刻,中年时因清兵入关而发起或参与反抗斗争,与清廷不合作,晚年时或游历或著述,对传统君主专制制度进行无情批判和抨击。

顾炎武(1613—1682),原名绛,字宁人,人称亭林先生,江苏昆山人。出身江南望族,年轻时参加批评时政的"复社",在清军入关后参与并发动反清起义。失败后化名蒋山佣,混迹于商贾。之后研究学术,著述颇多,代表作《日知录》《天下郡国利病书》等。

黄宗羲(1610—1695),字太冲,号南雷,人称梨洲先生,浙江余姚人。其父黄尊素是"东林党"著名人物,因弹劾魏忠贤专权被害致死,19岁的黄宗羲为父上疏申冤,之后积极参加反对阉党斗争。在清军入关后,纠合众人武装抗清。南明政权失败后,在乡隐居,从事讲学和著述。其著有《明夷待访录》《明儒学案》等。

王夫之(1619—1692),字而农,号姜斋,湖南衡阳人。在清军入关后组织起义反抗清军,南明政权失败后隐匿,最后归老于衡阳的石船山,人称船山先生。面对明朝政权的覆灭,王夫之总结历史经验教训,著有《读通鉴论》《宋论》《噩梦》等。其学术著作大多没有出版,后人集为《船山遗书》。

(一)猛烈抨击君主专制下的法制

明末清初思想家们对于明亡痛定思痛,对君主专制制度进行猛烈抨击,对传统法制产生强烈的怀疑。在《日知录》里,顾炎武认为传统法制是"独治"的工具,原来儒家理想是"君臣共治",但秦以后形成君主"独治",而独治的君主是不可能自行治理天下的。因此,顾炎武认为君主专制下的法制就是破坏社会稳定的根源,"独治之则刑繁矣,众治之而刑措矣"。王夫之在《读通鉴论》里分析得失、臧否人物,把皇朝与国家区分开,"以天下论者,必循天下之公,天下非一姓之私也"。而黄宗羲的《明夷待访录》对传统君主专制及法制的批判更是达到新的高度,他猛烈抨击专制君主对人们的盘剥,指出君主才是"天下之害",是天下百姓之"寇仇","天下之治乱,不在一姓之兴亡,而在万民之忧乐",士大夫没必要去为一姓之兴亡"尽忠"。既然天下是"天下人"之天下，黄宗羲进一步批判君主专制下的法制就是君主的"一家之法"，是"非法之法"，要以"天下之法"代替"一家之法"。

（二）主张带有民主因素的"法治"

在批判传统君主专制之下的法制基础上，提出具有一定进步因素的"法治"思想，也是自在理中。顾炎武提出君臣、君民在政治上是平等的思想，主张恢复"清议"，允许庶民议政，认为君主专制有很大危害，应通过分权分治去限制君权。王夫之主张法律应随社会变化而变化，否定"奉天法古"的迂腐观念，提出"趋时更新，因时立法"的法律思想，从而强调应以"大公"之法代替"大私"之法，立法原则"必循天下之公"，反对君主集权。黄宗羲更是提出鲜明的民主启蒙思想，"天下为主，君为客"，"天下之法"应该是平等的，批判传统"有治人无治法"思想，提出"有治法而后有治人"，有了好的法制，才能做到即使君主"其人非也，亦不至深刻罗网，反害天下"。

明清之际的思想家，因个人成长因素、社会剧烈变动等，对朝廷提倡的正统法律思想提出质疑和批判，把矛头指向君主专制，提出带有民主因素的"法治"观念，这是非常大的进步。不过，因缺乏其他政治制度和思想因素的比对和影响，这些启蒙思想家的批判武器仍是来源于儒家的"民本"思想。虽然对清朝统治者的思想和实践并无什么影响，但对近代思潮影响颇大。

二、清初统治者的立法思想

（一）"详译明律，参以国制"

满族从一个相对落后的弱小民族发展壮大，并取代明朝统治幅员广阔之地，其中一个很重要的原因是满族善于学习、吸收比自己更为先进的制度及文化。从努尔哈赤至乾隆的清统治集团，在后金政权和大清政权的立法建制中，一直积极探求汉家立法精神，注重借鉴明朝立法及法律制度。顺治元年（1644）六月，清占北京仅一个月，顺天巡抚柳寅东启言摄政王建议"宜速定律令，颁示中外"。其后，上言修律者不绝于书。摄政王多尔衮谕令"法司会同廷臣详译明律，参酌时宜，集议允当，以便裁定成书，颁行天下"[①]，确立了"详译明律，参酌时宜"的立法原则。顺治三年（1646），清朝第一部法典《大清律集解附例》颁布，顺治在御制序文中重申了"详译明律，参以国制，增损剂量，期于平允"的指导思想，在继承明朝法律的同时又要保留满族原有法律。

---

① 《清史稿·刑法志》。

在"详译明律,参以国制"思想的指导下,清朝开始一系列立法活动,并且不断加深对此指导思想的理解。顺治甚为推崇明太祖,认为"明太祖立法可垂永久,历代之君皆不及也"①。但因满人刚刚入关,对汉文化包括明朝法律制度理解不深,这一时期的立法表现为简单仿效明律,制定自己的法典。其结果是理想和现实之间存在较大落差。康熙、雍正统治期间,开始注重对具体法律制度的研究、总结,并在实践中掌握儒家文化的精髓,为后来立法积累了重要经验。乾隆时期,整个清朝统治已纳入汉文化正统的轨道,融合满汉文化并体现本朝特点的基本法典才制定出来。

清政府对明朝法制的继承和发展,既保持了法律制度的连续性,一定程度上减轻了王朝更替带来的社会动荡,有利于笼络汉族地主官僚,又结合了清朝社会的政治特点,在发展明朝法律制度基础上,形成了具有本朝特色的法律体系。

(二) 崇儒术、重礼教

清朝统治者是以异族身份入主中原,民族矛盾异常尖锐,为维持其统治,清统治者需要寻求政权的正当性与合法性。首先,清统治者宣称明王朝是亡于贼寇之手,而清军入关是秉承天命,救民于水火,是为大明复仇,以此论证其政权延续的正当性。其次,清初统治者极力尊崇孔子、重礼教,不仅令孔子六十五代孙袭衍圣公,继续沿用五经博士等官制,而且钦定、"御纂"有关《诗》《书》《礼》《易》《春秋》等方面的著作多达几十部,以儒家正统自居,希望以此赢得天下士子们的心,目的在于稳定满族统治政权。

正因为清朝统治者"崇儒术""重礼教",清廷在立法上借鉴明朝法律的同时,继承并发展传统的"明刑弼教""德主刑辅"立法精神,主张"以德化民,以刑辅治"②,用德礼教化百姓,用刑法治理国家,强调以法律助成教化,认为法律固然是用来"禁暴止奸",但最终还是要达到"正人心,厚风俗"的目的。为此,明律中维护纲常名教的内容在《大清律例》中均予以保留,儒家法律思想中的"有治人,无治法""刑罚世轻世重""宽猛相济"等内容,在清前期的法制建设中也得到贯彻,顺治、康熙、雍正、乾隆都是深受汉族传统文化影响的皇帝,康熙言:"国家设立法制,原以禁暴止奸,安全良善。故律例繁简,因时制宜,总期合于古帝王钦恤民命之意","明罚敕法,弼教化民"。③雍正帝亦言:"朕惟明刑所以弼教,君德期于好生。从来帝王于用刑之际,法虽一定,而心本宽仁。"④可见,清帝们宣扬明

---

① 《清史稿·世祖本纪二》。
② 同上。
③ 《大清圣祖仁皇帝实录》卷八十四、卷一百零八。
④ 《大清世宗宪皇帝实录》卷十八。

刑弼教、以德化民、宽严相济，"所勾者必其情之不可恕，所原者必其情之有可原"①。

清代推崇儒学、礼教甚于以往，在维护社会秩序上有一定的积极意义，不过仍是清统治者在思想文化领域推行专制统治的手段之一。

（三）维护旗人特权

清朝初期别满汉之异，注重维护旗人特权。旗人主要是满族人，也包括满族化了的八旗蒙古和八旗汉军，清代法律用语和民间都称呼"旗人""在旗的"，而不称"满族人"。②八旗是清初国家主要军事力量，清政府非常注意以法律手段保护旗人的利益，从而保持统治者自身实力。因此，旗人在社会政治、经济及司法审判方面均享有许多特权。

第一，法律特别保护旗地旗产。康熙、乾隆时定例，禁止民人买旗地。乾隆时期还曾多次由官府出资，强行赎回旗人已卖与汉人的土地。

第二，旗人犯罪，地方官不得审判，一般诉讼案件由专门的理事厅管辖，命盗案由理事厅会同州县官审理。在京旗人则赴步军统领衙门诉讼，刑部不得过问。

第三，旗人犯罪享有"减等""换刑"的特权，《大清律例》规定："凡旗人犯罪，笞、杖，各照数鞭责。军、流、徒，免发遣，分别枷号。"犯徒一年，枷号二十日；流二千里，枷号五十日；充军极边、烟瘴，也仅枷号九十日。若犯死罪，还可因其父祖或叔伯兄弟或子孙战死疆场的功劳免死一次。犯盗窃罪可免于刺字，如重囚必须刺字，也刺臂不刺脸。另外，满族人中的宗室贵族享有更多的特权，诉讼由宗人府会同户部或刑部管辖，可免于刑讯，笞、杖刑用罚"赡养银"代替，徒、流、充军则以圈禁代替。

不过，随着社会的发展，各民族的进一步融合及经济往来的频繁，这些禁律已有所松懈或废除，如旗人司法管辖的规定在清中后期已成为具文。咸丰年间户部已规定旗汉之间的土地房产可自由买卖，只要照例纳税即可。

第二节　立法活动

入关以前，清朝有"盛京定例"之说，此外见于史籍的还有一些零散的治罪条文。内容以少数民族习惯法为主，刑罚较为简单，"大辟之外，惟有鞭笞"。本节讨论清朝的立法情况主要是指入关以后的立法。清朝法律体系始创于顺治朝，

---

① 《大清高宗纯皇帝实录》卷三百五十一。
② 郑秦：《清代司法审判制度研究》，湖南教育出版社1988年版，第59页。

历康、雍、乾三世一百多年,臻于完备。主要法律形式有律、例、会典,其中例的发展最为突出,种类繁多,修订频繁,成为清朝最重要的法律形式。

一、律

清律的制定和发展大体有四个阶段,包括顺治朝《大清律集解附例》、康熙朝《刑部现行则例》、雍正朝《大清律集解》、乾隆朝《大清律例》。

（一）《大清律集解附例》

根据"详译明律,参以国制"的立法指导思想,入关不久清朝即开始修律立法活动。顺治三年（1646）,清朝第一部法典《大清律集解附例》初步完成。该律最初是以汉文制定颁行,满文本是若干年后才颁行。该律沿袭明后期形成的"集解附例"形式,律例并行。有律条四百五十七条（删明律有关钞法三条）,分七篇三十门,律条之中以小字夹注方式附加注释,称"集解",律条之后又附相关条例,共三百二十一条。这部法典颁布较匆忙,基本因袭明律,仅文字修订和律目位次有所调整,但作为清朝第一部正式颁行的国家大法,对于稳定当时社会秩序起着重要作用。

（二）《刑部现行则例》

康熙继位后,继续顺治朝的律例修订工作,但仅于康熙十九年（1680）颁行《刑部现行则例》。康熙在位六十一年未能完成律例合编的法典,但体现出康熙的审慎立法精神,而且其立法活动为雍正朝立法奠定了重要基础。

（三）《大清律集解》

雍正即位伊始就更新律例馆,继续修律,命大学士朱轼等人,将《大清律集解附例》和《刑部现行则例》"逐年考证,重加编辑",而且"一句一字必亲加省览……务期求造律之意,轻重有权,尽谳狱之情,宽严得体"①。雍正三年（1725）奏定,五年（1727）刊成,六年（1728）颁行清朝的第二部法典《大清律集解》。相比顺治律,其律文及注释都有增损改易,律条调整为四百三十六条,尤其是每条律文后增加总注,标一"注"字,与正律用同号大字排,不同于双行夹排的小注。总注对本律文的立法意图、量刑原则、法理精神、执行要点等均作出尽可能详细的解释,力图统一对律义的认识以及对法条的适用。但总注存在弊病,字数太多,甚至超过律条正文,有的总注内又加小注,以致注上加注,枝蔓横生,反而造成适用的歧异。②

雍正朝《大清律集解》不仅规范律文,而且条例附于律,将条例分为原、增、钦

---

① 《世宗宪皇帝御制大清律集解序》。
② 对"总注"的评价,可参见郑秦:《清代法律制度研究》,中国政法大学出版社2000年版,第38—40页。

定三类。顺治律中的三百二十一条条例为"原例",康熙年间所颁条例二百九十九条编为"增例",雍正本朝新颁行的例二百零四条则定名为"钦定例",共计八百二十四条。同时在凡例中规定了它们的适用顺序,即"刑官遇事引断,由钦定例而增例、而原例、而正律"。

(四)《大清律例》

至乾隆初期,政治安定,经济发展,民族矛盾逐渐缓解。乾隆元年(1736)命三泰等人对旧律逐条逐句加以考证,重新编辑。乾隆五年(1740),完成并颁布第三部法典《大清律例》,是为清律的定型,由于例有不断增加的趋势,该律进行了一些调整:改以律条为门,共四百三十六门;取消了雍正律的钦定例、增例、原例的区别,全部条例分门别类按年代顺序排列于律文之后,总计一千零四十九条。乾隆朝《大清律例》卷首为历朝皇帝御制序文和大臣请修律例的奏疏,篇目仍依明律,分名例、吏、户、礼、兵、刑、工七篇。《大清律例》是中国古代法制史上最后一部以刑为主、诸法合体的传统法典。

《大清律例》颁行以后,律、例体制定型,相辅相成。但为适应形势的不断变化,清朝不断修例,将新增加的条例续编入《大清律例》。大体是五年进行一次条例的纂修,并形成五年一小修、十年一大修的惯例。每次修订包括增、删、改、并、移等情况,条例数目越来越多,乾隆二十六年(1761)条例有一千四百五十六条,嘉庆初是一千六百零三条,至同治九年(1870)最后一次修律,条例已达一千八百九十二条。律、例关系及其司法实践是一个较复杂的问题。另外,在两次修例之间又产生条例的补充形式,包括刑部通行、成案等,共同构成清代的法律体系,在司法实践中发挥重要作用。

二、例

例是清代最重要的法律形式,由明代的例发展而来,包括条例、则例、事例。此外,清代还有一种地方性立法的例,即省例。

社会生活的复杂性与法律的抽象性、稳定性之间的矛盾,是例产生的主要原因。在司法实践中每遇法律条文没有规定或规定不明确的情况,就须奏请皇帝裁决,由此产生事例,并指导以后类似案件的处理。律文内容固定,例则随时损益,不断增加,修例成为清朝最主要的立法活动。

(一)条例

条例是单行刑事法规。清朝条例是从典型案例中概括出来的,一般由刑部或其他行政部门就某个或某类案件先提出一项立法建议,经过皇帝批准,指导以后类似案件的审判;有时皇帝也可直接指示将某一案件的处理办法著为定例。

条例一般经过律例馆五年一小修、十年一大修的修例活动,才编入《大清律例》,成为律的补充。条例不等于判例、案例,清代称判例为"成案",《大清律例》规定:"凡属成案未经通行著为定例,一概严禁,毋得混行牵引,致罪有出入。如督抚办理案件,果有与旧案相合可援为例者,许于本内声明,刑部详加查核,附请著为定例。"即条例的产生必须经过一定的立法程序,即使官员在办理案件的过程中,发现案情与旧案相似,可以援引的,也不得擅自引用,必须先奏请皇帝批准。

(二) 则例

则例是由中央政府各部门就本部门行政事务编制,交由皇帝批准生效的单行法规,分为两大类,即部门则例和关于特定事务的则例。康熙十九年(1680)完成《刑部现行则例》二百六十余条,之后又继续进行厘正、修订。清朝基本上每个中央机构都编有则例,如《刑部现行则例》《钦定吏部则例》《钦定户部则例》《钦定中枢政考》(兵部则例)、《钦定宗人府则例》《钦定理藩院则例》《钦定太常寺则例》等;关于特定事项的则例有《钦定王公处分则例》《钦定科场条例》《兵部督捕则例》《漕运则例》《军需则例》等。上述则例多数为单行行政法规,也包括一些与司法相关的实体或程序性规范,如刑部则例、处分则例等。

(三) 事例

事例是朝廷处理各类政务的先例,包括皇帝发布的上谕及批准的大臣奏议等。它包括刑事、行政等多方面内容。嘉庆以后的会典都有事例汇编。事例经过修订,或编制为条例附于律后,或成为独立的单行法规——则例。[①]

另外,清代还有一种比较有特色的地方性规范,即省例。省例的制定,类似于清律附例的产生,由一省最高长官督抚批准,通过例册和汇编两种形式颁行。[②]与以上所述的例通行全国不同,省例仅通行一省,"作为中央律例的补充和发展,省例的地位和效力得到了时人普遍的认可"[③]。

三、会典

清朝沿袭前代会典制度,为规范行政活动,自康熙二十三年(1684)开始编纂会典。康熙二十九年(1690)修订完成,史称《康熙会典》,共一百六十二卷。《康熙会典》采取"以官统事,以事隶官"的编纂体例,按照宗人府、内阁、吏、户、礼、兵、刑、工六部,及理藩院、都察院、通政司等机构的分工归类,分别规定各机构的

---

① 参见苏亦工:《明清律典与条例》,中国政法大学出版社2000年版,第42—44页。
② 参见杨一凡、刘笃才:《历代例考》,社会科学文献出版社2009年版,第415—454页。
③ 胡震:《清代省级地方立法:以"省例"为中心》,社会科学文献出版社2019年版,第140页。

职掌、职官、办事细则等,后面还附有与本机构相关的则例。此后雍正、乾隆、嘉庆、光绪四朝也分别修订会典,统称《大清会典》。

自《乾隆会典》始,因典与例的性质不同,典为"经久常行之制",例则因时损益,采取"以典为纲,以则例为目"的编纂形式,将会典和则例分离,编成《钦定大清会典》一百卷、《钦定大清会典则例》一百八十卷。嘉庆年间,又将汇编的范围扩大到事例。至《光绪会典》,正文"典"达一百卷,事例一千二百二十卷,另有附图二百七十卷。《大清会典》详细记述清代从开国之初到清末的行政法规和各种事例,规模宏大、体例严谨、内容翔实,是我国古代最为完备的行政法典,也是世界法制史上不可多得的典章制度全书。

四、少数民族立法

清朝是一个疆域广阔的统一的多民族国家,少数民族风俗各异,难以统一适用《大清律例》。因此,为加强中央对少数民族地区的管理与控制,并兼顾少数民族的风俗习惯,清统治者非常重视以法律手段治理少数民族地区,在中央设立理藩院专门管理少数民族事务,并制定、颁行一系列适用于少数民族地区的法律法规,对这些地区进行有效管理。

这些法规主要有:在蒙古地区,清朝制定《蒙古律例》,作为适用于蒙古族聚居地区的法律;为加强对青海地区民族事务的管理,清朝制定《禁约青海十二事》,后又于雍正十二年(1734)颁行《西宁青海番夷成例》,又称《番律》或《番例》;在新疆地区,制定《钦定回疆则例》,又称《回例》;在西藏地区,清朝于乾隆五十八年(1793)制定《钦定西藏章程》二十九条,又称《西藏通制》,其中以法律形式确立了中央政府对西藏的国家主权,规定中央政府驻藏大臣与达赖喇嘛共同处理西藏政务,但中央政府驻藏大臣拥有最终裁决权,这是清朝中央政府颁布的关于西藏的基本法。此外,嘉庆二十年(1815)完成《理藩院则例》的编纂,嘉庆二十二年(1817)颁行。这部法规是在乾隆朝《蒙古律例》基础上编纂而成,吸收《钦定西藏章程》内容,增加了有关蒙古地区条款,共七百一十三条。之后又经过几次增修。《理藩院则例》的编纂是集清朝少数民族立法之大成,体系最为庞大、条款最多、适用范围最广泛,成为我国古代民族立法的代表性法律。

清朝的各种民族法规具有因地制宜的立法特色,是针对各少数民族特点而制定的,对于维护和巩固清王朝多民族国家的统一和稳定具有积极的作用。

第三节 刑事法律

一、刑罚

清代的刑罚制度与明朝一样,既有沿袭唐宋以来的五刑制,又有本朝对五刑的发展与变化。

(一) 笞杖刑折竹板

清朝五刑沿袭唐宋以降之制,不同的是笞杖刑改用竹板行刑,数量折减。笞刑用小竹板,杖刑用大竹板(明朝分别为小荆条、大荆条)。清初顺治时,以五折十;康熙年间改为"折四除零"原则,即以四折十,减去不够五的零数。具体折数:笞刑五等,笞十折为四板,笞二十折为五板,笞三十折为十板,笞四十折为十五板,笞五十折为二十板;杖刑五等,杖六十折为二十大板,杖七十折为二十五大板,杖八十折为三十大板,杖九十折为三十五大板,杖一百折为四十大板。

(二) 充军与发遣

充军起自明朝,目的在于发配戍边。清代裁撤边卫,充军分五级:附近(二千里)、近边(二千五百里)、边远(三千里)、极边(四千里)、烟瘴(四千里),合称"五军"。清政府为各府编制了"三流道里表""五军道里表",详细规定该府罪犯处以流刑或充军刑的相应地点。因清朝已废除了明代军户制,罪犯充军到某地后并不编为军户,也不再有"终身充军"和"永远充军"的区别,所以清代充军与流刑的区别,仅在于距离的远近。

发遣,与充军类似,但地位更低,叫作"发给披甲人为奴","披甲人"即驻防士兵。因此,发遣是将罪犯发配至边疆地区给驻防八旗官兵当差为奴的刑罚,仅次于死刑,为清代所独创。清初多发往尚阳堡、宁古塔、乌拉等地,后来又发往齐齐哈尔、科布多等地。乾隆年间的《大清律例》已有一百四十余项罪名处以发遣刑。

充军、发遣,可以说是流刑派生出来的刑罚,三者从轻到重为流刑、充军和发遣。

(三) 死刑

五刑体系中的死刑分两等:斩、绞。但执行方式和死刑的派生刑仍继承明朝,并有变化。根据是否等到秋后处决,将斩、绞死罪又分为"立决"(即立即执行,又称"决不待时")和"监候"(即监禁等候处死)两类,即绞监候、斩监候、绞立决、斩立决四种。处以监候的罪犯还须经过朝廷会审(秋审、朝审),因此,即使是死罪仍有机会减等发落,斩绞监候一般也适用于对统治阶级危害不是很大的死罪。此外,死刑的派生刑有三类:一是凌迟刑,《大清律例》中适用凌迟的罪名有二十二项,主要用于"十恶"的重罪,号称"极刑";二是"枭首"刑,仍适用于"江洋大盗"等重大犯罪;三是戮尸刑,不仅如明制一样适用于强盗重犯及杀期亲尊长、外祖父母、夫及夫之祖父母者,康熙期间还适用于因思想言论而获罪者。清末修律时废除了这三项酷刑。

(四) 附加刑

附加刑有刺字和枷号。刺字,大多适用于发冢、窃盗、逃军、逃流等罪。刺字的部位,初犯刺右臂,再犯刺左臂,三犯、四犯还分别刺右脸颊、左脸颊;刺字的内容为特定的图记或发配地名、发配事由等。清末修律时废除。枷号,清初主要是作为优待旗人犯罪的替代刑,以代替徒、流、发遣等刑罚。后来不再限于旗人,且扩大适用范围于犯奸、赌博、逃军、逃流等罪。乾隆时确定枷的重量,轻者二十五斤,重者三十五斤。枷号地点一般是衙门之外、城门口或集市之处。枷号时间,短者三、五日,长者一般达半年至一年,甚至是数年。

二、刑事法律的特点

清朝是中国传统社会最后发展阶段,专制主义中央集权制度高度发展,刑事法制呈现出以下三个特点:

(一) 严惩侵犯皇权的犯罪

清律继承隋唐以来的"十恶"重罪的相关内容,在巩固皇权和强化统治方面的力度远大于前朝,对危害政权的犯罪,惩罚残酷,株连广。如对侵犯皇权的"谋反、谋大逆、谋叛"罪名的惩罚上更是奉行"严刑峻法"原则。其一,扩大谋反、谋大逆、谋叛的定罪范围,对于"上书奏事犯讳"者、"奏疏不当"者,清朝统治者常以猜疑之心,加之"妄议朝政"罪名,按谋大逆治罪。为打击民间组织反清联盟,对于可能威胁皇权的行为皆认定为犯罪。乾隆年间定例,规定凡是异姓人歃血定盟、焚香结拜兄弟者,皆按照谋叛未行律处罚。其二,加重对谋反、谋大逆、谋叛等罪的量刑。《大清律例》规定,凡是谋反、谋大逆,但共谋者,不分首从,皆凌迟处死。其祖孙、父子、兄弟及同居之人,不分异姓,及伯叔父、兄弟之子,不限籍之异同,年十六以上,不论笃疾、废疾皆斩。十五岁以下的男性亲属及女性亲属给付功臣之家为奴,财产入官。即使子孙确不知情,年十一以上,也要阉割发往边疆为奴。若是抗粮、罢市、罢考者,聚众至四五十人,为首者斩立决,从者绞监候,被胁同行者也得各杖一百。

(二) 加强思想文化领域的控制

明末清初是中国知识分子思想较为活跃的时期,尤其是经济发达、士大夫比较集中的江南地区。明末以来，怀疑、批判君主专制统治的思潮在知识分子中渐渐兴起，加之或明或暗的反清复明思想，令清政府深感不安。为巩固君主专制统治，清初统治者一方面尊崇孔孟之道，提倡程朱理学，以八股取士对士大夫进行拉拢、限制，并且通过编修《四库全书》来推行文化专制政策；另一方面严厉打击具有启蒙思想和反满思想的知识分子，大兴文字狱，收缴、焚毁各类反清或视为"异端悖逆"书籍，大力加强思想文化领域的专制统治。

清初推行的"剃发令"，所谓"留发不留头，留头不留发"，强迫汉人接受满族习俗，从心理和精神上打击汉族知识分子。顺治年间江南发生的"科场案""哭庙案"，大批士人被捕杀、流放。顺治十七年（1660）发布上谕，禁止聚徒讲学，遏制思想文化的传播。

清朝加强思想文化专制领域的控制，其主要表现莫过于大兴文字狱。所谓"文字狱"，是指对士大夫著述中的文字语句进行附会苛责，锻炼成狱，罗织大案，推行文化思想恐怖政治。因语言文字而产生的狱案，宋、明时已有不少案例，但远不及清代规模之大、案件之多、延续时间之长。由于当时民族矛盾的尖锐及反对君主专制思想的兴起，清朝统治者疑心甚重，情况尤为严重。清代绝大多数文字狱都是以"谋反""谋大逆"定罪，处刑极重，动辄凌迟、枭首或"立毙杖下"等，牵连之人甚广。

清顺治、康熙、雍正、乾隆四朝一百多年间，有案可查的文字狱百余起，其中著名的有康熙二年（1663）"《明史》案"、康熙五十年（1711）"《南山集》案"、雍正六年（1728）"曾静案"、乾隆四十二年（1777）"字贯案"等。以康熙二年"《明史》案"为例。清初浙江富商庄廷鑨为求文名，招揽江浙高才名士，将明万历年间人朱国桢所著的未刊明代历史之书改为《明史辑略》刻板印行，不少名士名列编者，自己也名列其中。该书由于是明代人原著，记载了当时满族新兴的情况，以及满族与明廷的关系，如努尔哈赤曾为明建州左卫都督，未书清太祖，不书清帝年号而是南明年号，后被人告发。当时庄廷鑨已死，仍令开棺戮尸，受牵连的包括其兄弟、子侄及书稿的刊刻者、读者、保存者，甚至知而未能察举的地方官，共七十余人被处死，其中被凌迟者十八人；其他受株连者有七百人，处以发遣、充军、流刑等。

乾隆年间还借修《四库全书》之名，广收民间藏书，令各地督抚逐一详细检阅书籍，凡是被认为有反满内容，或不利于专制统治的，或不符合统治阶级胃口的，皆被焚毁。据不完全统计，这一时期毁书三千种、六七万部，几乎和《四库全书》

所收书籍相等(三千四百七十种,七千零八十一卷)。[①]

（三）运用刑罚手段抑制商品经济发展

明中叶以后,虽然农耕和家庭手工业相结合的小农经济仍占主导地位,但部分地区尤其是东南沿海一带,手工业、商业已有很大发展。清朝统治者从维护专制统治出发,无视社会经济发展的客观要求和内在规律,仍然因循传统的"重农抑商"政策,对一切有碍本务的经济活动进行压制,甚至用刑罚手段予以打击。

清朝对商品经济的抑制,主要体现在以下几个方面:第一,严格限制民间采矿。金、银、铜、铁、锡、煤等矿产,既是手工业与商业发展的基础,也是给国家带来丰厚利润的产业。但清政府认为开矿既妨碍本业,又不利于社会治安,严禁民间私开矿产,违者查封和照例治罪。这一状况一直延续到道光年间,因鸦片战争要支付巨额的军费与赔款,急需增加财政收入,不得已才弛禁。第二,对盐、铁、茶、矾等重要商品实行禁榷,规定民间私相买卖者予以治罪。《大清律例》"户律"规定:"凡贩私盐者,杖一百徒三年","凡买食私盐者,杖一百"。第三,颁布"禁海令""迁海令",严格限制海外贸易。顺治十三年(1656)为了切断郑成功领导的反清武装与内地的联系,颁布"禁海令",规定沿海地区片帆不得下海,违者以通敌论,一律处斩。顺治十八年(1661)又颁布"迁海令",强迫东南沿海居民内迁三十里,使得沿海地区为无人住居区。直到1684年台湾郑氏政权归顺清政府后才宣布开禁,允许百姓回迁。乾隆二十二年(1757)正式规定"一口通商",规定外国来华的商船只能在广州停泊,进行交易,而且还必须通过官方指定的垄断代理商"洋行"来进行贸易。这些洋行统称为"十三行"。另外,制定"防夷五事"、《民夷交易章程》等法规严格限制对外贸易和交往。

清朝实行严厉的海禁政策,不仅制约了中国民间海外贸易的发展,对国内商品经济的发展产生不利影响,更是割断了中国与外部世界的联系,丧失了与西方国家交往、学习的机会,而西方资本主义列强却以保护贸易为借口,用炮舰打开了中国国门。

第四节　行　政　法　律

清朝行政法律制度在前代基础上进一步发展,形成包括五朝会典、各部院则例及各种单行法规在内的行政法律体系。

[①] 参见叶孝信主编:《中国法制史》,复旦大学出版社2002年版,第332页。

一、行政机关

清朝的中枢机构先后经历议政王大臣会议、内阁与军机处等形式。地方行政机构上形成省、道、府、(州)县四级体制。

第一，早期中枢机构是始创于努尔哈赤的议政王大臣会议。规定凡有关军国大事，由议政王大臣会议集议，向皇帝具奏之后，再交职能部门执行。随着皇权的日益加强，议政王大臣会议的决策权日渐被侵夺，结束于康熙时代。

第二，清朝内阁源于入关前设立的文馆(后改为内三院，即内国史院、内秘书院、内弘文院)，顺治十五年(1658)正式参照明制改内三院为内阁，并开始成为名副其实的最高中枢机构。《清史稿·职官志》将内阁的职责分为"钧国政，赞诏命，厘宪典，议大礼"，即备皇帝顾问，为皇帝草拟旨令，处理奏文；将皇帝的旨令转报六科，抄发各部院执行；操办重要典礼如皇帝登基、立后、祭天等事务；还有组织修书、保管档案等。同时，为防止内阁专权，规定凡是不能由阁臣处理的军国重务，皆交议政大臣会议解决。康熙十六年(1677)专设南书房，"择词臣才品兼优者"入房值班，草拟谕旨，以备顾问等，自此，内阁政治作用大大减弱，已日渐成为处理一般日常政务的机构。

第三，军机处的设立。雍正七年(1729)用兵宁夏，为及时处理军务及保密起见，设立军机房。雍正十年(1732)正式改为军机处。军机处设军机大臣和军机章京。军机大臣由满汉大学士、尚书等各部长官兼任，初设三人，后增至四或五人。军机章京作为军机大臣的副手协助处理军政要务。军机处职权甚重，包括撰拟皇帝谕旨，处理官员奏折，办理重大狱案，侍从皇帝出巡等等，凡是国家军政要务及皇帝个人事务均在军机处的职责范围之内。

第四，清朝沿袭明制设立六部，即吏、户、礼、兵、刑、工部，为国家的最高行政机关。六部长官分设满汉尚书各一人、满汉侍郎各二人，实权多操于满官之手。此外，还增设理藩院管理少数民族事务，宗人府管理皇帝宗室事务，内务府管理宫廷事务。

第五，地方行政机关形成省、道、府、(州)县四级体制。明朝原来临时派遣的监察官总督、巡抚已开始成为常设的地方长官。总督统辖一省或数省，巡抚统辖一省，监理军政要务。督抚之下又有布政使司、按察使司，称藩、臬二司，分别署理地方民政和刑狱。省下设道。道又分守道和巡道两类，守道是管理一个固定地区的钱谷、政务及军事等；巡道是负责监察某一辖区内的刑名案件。此外，还设有管理专门事务的道，如海关道、兵备道、督粮道等。道以下设府，知府为长官。府下设县，知县为长官。

二、官吏管理制度

1. 官吏选任制度

清朝的职官选任制度主要有科举考试、捐纳和门荫三种途径，其中以科举考试为正途。

清朝的科举考试分常科和特科两种。常科由礼部负责，每三年一考，分乡试、会试、殿试三级。殿试结果分为三甲，一甲三名可以直接授官，二甲、三甲要经过吏部考核才能授职。同时规定经科举考试获得官职者，要先去行政机关"观政"三个月，之后才可就任实职。此外，清朝还开设特科，如"博学鸿词科""孝廉方正科"等，以招揽人才。

科举选官之外，捐纳与门荫均被视为异途。捐纳是指通过向官府交纳一定财物，就可获得相应的官职或科举功名。捐纳的财物主要是银或粮。捐纳制虽然可一时增加政府的财政收入，但因此而弊端丛生，加速吏治腐败。门荫分恩荫、难荫、特荫三种。恩荫是指京官文职四品、外官三品以上，武官二品以上，皆可送一子入国子监读书，学成后根据父辈职位授官；难荫是指为王室而死者，可荫一子为官；特荫是指为朝廷立有大功勋者，其子孙可以加恩赐官。

2. 官吏考绩制度

清朝职官考绩制度在继承明朝基础上有了发展。清朝官员考绩由吏部考功司主持，分"京察"与"大计"两种。

"京察"是对京官的考绩，每三年一次。考绩的程序，一是"列题"，主要适用于三品以上官员，先由本人自陈，再由吏部填写履历列题，等候皇帝敕裁；二是"引见"，适用于三品以下官员，先由吏部填写履历清单，等待皇帝接见；三是"会核"，适用于四品以下官员，先由各衙门注考，然后吏部会同大学士、都察院、吏科、京畿道实行复议，决定其考核等第，再造册上报皇帝。"京察"分三等，即称职、勤职、供职。

"大计"是对外官的考绩，每三年一次。考核程序是先由藩、臬、道、府察其贤否，申报督抚；督抚审核后送吏部。如州县官的考核程序是："例由州、县正官申送本府、道考核；教官由学道，盐政官由该正官考核；转呈布、按复考，督、抚核定，咨达部、院。"① "大计"分卓异与供职两等。

"京察"与"大计"考核标准均为"四格六法"。"四格六法"前身是"四格八法"，于顺治年间制定。"四格"是考核官吏的四个项目，细分为十二级，具体内容

---

① 《清史稿·选举志》。

是：(1)"守"，即行政官吏的操守、品质，分廉、平、贪三级；(2)"政"，即行政官吏对政务的勤勉程度及政绩，分勤、平、怠三级；(3)"才"，即行政官吏的业务能力，分长、平、短三级；(4)"年"，即行政官吏的年龄，分老、中、青三级。"八法"是衡量官吏为官好坏的八项标准，即贪、酷、罢软无为、不谨、年老、有疾、浮躁、才力不及。嘉庆八年(1803)改"八法"为"六法"，除去贪、酷两项，一直实行到清末。

"四格"主要是对行政职守及行政职能的考核，其考评以守为重，其次为才，而年仅限于青、壮、健，老不在考核之内。"六法"主要是对官员的过失进行纠核，其处罚重点是不谨与罢软，并根据考核结果对官员作出相应的奖惩处理。

3. 官吏监察制度

清朝监察制度基本沿袭明制，并强化对官员的监察，建立了一套职官的法纪监察与惩处职务犯罪的制度。

中央监察机构仍为都察院。为了加强皇权，将原来分别附属于六部的六科给事中归并于都察院。六科给事中与十五道监察御史(后增至二十二道)共同行使监察权，合称为"科道"。雍正年间还创制"科道密折言事制度"，即科道官员每日一人上一道密折，一折奏陈一事。通过科道监察制度，皇帝更严密地监督和控制各级官吏。另外，除监察御史负责地方监察外，各省由按察使司和布政使司分别派出"分巡道"和"分守道"，负责对府、州县官吏的监察之责。

第五节 司法制度

清朝的司法制度既因袭明代，又具有本朝特色。下面就司法机构及诉讼审判制度方面述之。

一、司法机关

（一）中央司法机关

清朝沿用明制，在中央设有刑部、大理寺、都察院，合称"三法司"。其中刑部是最高司法审判机关，"部权特重"，掌管"天下刑罚之政令"，在三法司中居于主导地位，下属机构主要包括十七省清吏司、督捕司、秋审处及修订律例的律例馆等。大理寺职责是复核案件，平反冤狱。都察院是国家最高监察机关。

为维护旗人的特权及对少数民族地区司法管辖的需要等，清朝在中央设立专门司法机构以审理旗人和少数民族案件。

（1）宗人府与内务府慎刑司。满族贵族的诉讼案件由宗人府会同刑部、户部共同审理，一般司法机关无权过问。内务府是掌管宫廷事务的机构，设慎刑司负责审理在宫廷当差的满人案件。

(2) 理藩院。理藩院是清朝设立的专门管理蒙古、西藏、新疆等少数民族地区事务的最高国家机构。下设理刑司负责受理少数民族地区的上诉案件和发遣、死刑案件的复核。其中发遣案件的复核须会同刑部进行,死刑则经三法司会审,呈报皇帝批准后才能定案。

(二) 地方司法机关

地方司法机关仍是司法与行政合一,实行长官负责制,分州县、府、省按察使司、总督或巡抚四级。一般州县官负责辖区内全部(专门管辖除外)案件的初审,其中"户婚、田土及笞杖轻罪"称自理案件,经州县官判决生效;徒以上案件,审理完毕并草拟判决意见后逐级向上审转。督抚有权决定徒刑案件的判决;军、流、发遣由刑部审结;死罪案件由刑部与大理寺、都察院会审,奏请皇帝批准。

另外,清朝在地方上还设有审理旗人诉讼的司法机关。第一,外省由满洲将军、正副都统负责审理所在省区的一般旗人案件;第二,盛京刑部专门审理盛京地区旗人与边外蒙古人案件;第三,八旗军队中设有理事厅、理事通判、理事同知三级机构,负责审理驻防地的旗人诉讼;第四,在京师地区,设步军统领衙门,负责受理京畿所在地的普通旗人诉讼案件,可自行审结杖罪以下的案件,徒以上的案件交刑部办理,称"现审"案件。

二、诉讼审判制度

清朝在诉讼审判制度方面基本因袭明制,但也有一些发展变化,如限制诉权、会审制度及幕友、胥吏参与甚至干预司法等方面。

(一) 限制诉讼

中国历代统治者大多视户婚、田土、继承纠纷及轻微的刑事案件为"细故",此类纠纷诉至官府,是民风浇薄、教化不行的表现。认为既有违礼教,又有碍本业及烦扰官府,与"正人心、厚风俗"的立法宗旨相去甚远。清朝统治者继承这一思想,对民间词讼采取限制。主要措施有:

1. 强调"调处息讼"

清代法律维护宗族权力,在国家法律肯定下,各种乡规民约、家法族规大都确认宗族对上述案件有调处权,甚至惩处权。《大清律例》也规定许多轻微犯罪及妇女犯罪可以送交宗族,责成宗族管束训诫。婚姻、继承等民事纠纷,即使官府已受理,也可批转宗族处理,所谓"阖族公议"。

2. 起诉时间的限制

清朝律例规定,每年四月初一至七月三十日,为"农忙止讼"日,除谋反大逆、盗贼、人命之类的重罪案件外,户婚、田土、钱债之类的诉讼一律不予受理。在这四个月内是禁止起诉的期间。此外的八个月时间,官府也尽量限制诉讼。如各地官府规定"词讼日"或"放告日",即准予起诉的日子。清初多规定为每月的逢三、逢六、逢九日,俗称"三六九放告";中期以后多为每月逢三、逢八日,俗称"三八放告"。

3. 起诉形式的限制

清代诉讼程序烦琐,首先起诉必须是书面形式,诉状须由官府指定的"代书"书写,然后盖上官府发给的印戳才有效。同时,诉状的格式、字数等均有严格要求,稍有不符即不准状,官府拒绝受理。其次规定,除老幼残疾及妇女之外,所有原告必须亲自到衙门呈递诉状。禁止越诉和诬告,违者治罪。为表警示,旧时州县衙门外往往立两块石碑,刻有"诬告加三等,越诉笞五十"。

此外,严格限制讼师参与诉讼。为人代书诉状者必须经过官府考核批准,由官府发给"官代书"凭证。代书时若不据实书写则构成诬告罪,若是受人财物则以受财枉法罪惩处。凡是"教唆词讼,及为人作词状,增减情罪诬告人者,与犯人同罪"①。

(二) 会审制度

会审制度体现出中国传统审判制度中的"慎刑"思想,既是清代司法审判活动中的一项大典,也是皇权在司法领域的彰显。清朝废除了明朝的大审制度,保留了热审制度,将朝审进一步发展为秋审和朝审两大会审制度。乾隆年间编修《秋审条款》,详细规定朝审、秋审的时间、会审机关、管辖范围及处理办法等内容,标志着清朝会审制度更为系统、完备化。

1. 热审

热审是指在每年小满后十日到立秋之前,由大理寺左右二寺官员会同各道御史及刑部承办司官员,审理发生在京畿的笞、杖案件,并予以减轻发落的制度。其目的在于加快笞杖案件的审决速度,避免因天气暑热笞杖刑犯人瘐毙狱中。

2. 秋审与朝审

秋审是朝廷各部院长官会同复审各省上报斩、绞监候案件的审判制度。因每年在农历秋八月中下旬进行复核而称为"秋审"。其程序是:各省督抚对本辖区内所有斩、绞监候案件会同布政使、按察使进行复审,提出情实、缓决、矜、疑等处理意见,然后将卷宗具册上报刑部(囚犯一般仍留省关押)。秋审日,在天安门前金水桥西,由军机处、内阁大学士、九卿、詹事、科道等中央各部会同复审刑部在押斩、绞监候罪犯。朝审则是中央各部院长官会同复审在京现押于刑部的斩、绞监候案件的审判制度,程序与秋审类似,时间是在秋审的前一天。

---

① 《大清律例·刑律·诉讼》"教唆词讼"条。

经过秋审、朝审的案件,根据具体情节对罪犯分"情实""缓决""可矜""留养承祀"四种不同情况进行处理。(1)如定为"情实",即罪情属实,量刑适当,一般在冬至以前执行死刑;(2)如定为"缓决",即案情属实,但危害性较小,则暂时关押,等待下一年会审,如经三次复审,仍定为缓决,罪犯可免去死罪,减等发落;(3)如定为"可矜",即罪行虽然属实,但情有可原,直接予以减等发落;(4)"留养承祀",雍正年间加入,即罪行属实,但祖父母、父母年老无人奉养或为家中独子,经皇帝批准后,可以免死改为杖责,枷号示众(若是斗杀案件,则追缴二十两银子给死者家属作赡养费),然后释放。

秋审、朝审最后一个程序是皇帝亲自"勾决",届时刑部将"情实"案件分"服制"(杀伤有服尊长且情节较轻的)、"官犯"(官员犯罪)、"常犯"(普通人犯死罪)三类进呈。"服制"案件一般不"勾决";"官犯"案件常从重处罚,难有侥幸;罪轻的一律免勾。凡被"勾决"的重囚,在霜降以后、冬至前处死。在京待决死囚,照例仍先向皇帝复奏。

秋审、朝审自康熙年间形成制度以来,每年举行,皇帝若是因故"停勾",则要预先降旨,史家则盛赞皇帝有好生之德。据说康熙在位六十一年,其中秋审停勾、停止秋审的就有三十年。①

清朝的会审制度是对已经依法拟判案件的重新审核与裁决,虽然存在形式主义等弊端,但也有积极意义。其一,通过细密和严格的程序对案件进行审核,及时处理滞留案件,对统治秩序危害较轻的罪犯判以缓决,可起到镇压与恤刑双重效果。其二,加强皇权对司法活动的控制,尤其是对死刑决定权的控制。其三,有助于法律适用的统一,限制地方的擅杀与滥杀。

(三)胥吏、幕友参与甚至干预司法

胥吏、幕友参与甚至干预司法是清朝司法制度的一大特点。郭嵩焘曾对历代政治弊端有一段评论:"西汉与宰相、外戚共天下,东汉与太监、名士共天下,唐与后妃、藩镇共天下,北宋与奸臣共天下,南宋与外国共天下,元与奸臣、番僧共天下,明与宰相、太监共天下,本朝则与胥吏共天下。"②可见,胥吏之流在清朝行政运行机制中占据非常重要地位。

1. 胥吏

胥吏,又称书吏、书差或书役等,是各级衙门中从事文书工作的人员。书吏一般由各地官府自行招募,但是有一定条件限制:一是必须身家清白,即出身不能是"贱民";二是要有亲邻对其本人品行等方面所作的保证书;三是具备一定的

---

① 参见郑秦:《清代司法审判制度研究》,湖南教育出版社1988年版,第12页。
② 《清稗类钞》"胥役类·例吏利"。

文字能力。另外，地方官要向吏部呈交一份盖有印信的证明书。法律禁止生员和监生从事书吏行当。

书吏的法定任职期限为五年，期满后可以参加相关考试，由吏部严加阅核，一等授予九品官职，二等授予流外官职。与中央主要由六部构成的行政主体相适应，地方官府的书吏也设有"六房"，即吏、户、礼、兵、刑、工六房。此外，各地方官府还根据事务不同，设置其他一些书吏。

清朝地方衙门实行的是长官负责制，僚属佐贰人员严重缺额或不普遍设置，新任地方官又多是科举出身，对政务不熟悉，许多事务只能委于书吏。另外，书吏多是从本地招募，不仅熟悉衙门的故事陋规，而且熟悉当地的风俗习惯。因此，衙门的实际操作多是掌握在书吏之手，所谓"任你官清似水，难逃吏滑如油"。虽然清朝统治者制定了相关的防范法规，如《钦定州县事宜》有"防胥吏"一条，《大清律例》《钦定吏部则例》中针对吏役的条例有数十条之多，但无法改变书吏对衙门事务的把持。

2. 幕友

幕友，又称幕宾、西宾等，俗称师爷，是明清时代官员私人聘请的行政、司法事务顾问。幕友以私人身份应聘，属于官员的私人顾问，薪水是从官员个人的财产中支付。幕友一般是受过一定的教育但未能通过科举出仕的读书人，经过专门训练，熟悉某些政务。其行为对幕主负责，有时也代主官查核胥吏，起着"代官出治"的作用。幕友一般可分以下几类：管司法审判的"刑名幕友"，管财政税收的"钱谷幕友"，管起草往来书信的"书启幕友"，管起草给上级禀帖的"书禀幕友"，管内宅账目的"账房幕友"，管文件登记分类的"挂号幕友"等。最重要的是刑名、钱谷两类。

幕友"作为一个集团出现是职能需要的产物，只有放在中国传统教育和官僚体制的架构中才好理解"[①]。科举出身的官员精通儒家经典、擅长文章辞赋，但对于行政管理实务却不甚了解。而当时官僚体制实行的是长官负责制，地方正印官对辖区内的税收、治安、司法、教育、仓储、社会福利、宗教、礼仪等一切事务均负有责任，倘有疏忽，轻者罚俸、降职、革职，重者处死。即使官员熟悉各类政务，因个人精力所限，也无法亲理上述所有事务。而其他佐贰人员、胥吏等，无法得到官员信任。因此，经过专门训练、以官员私属亲信身份出现的幕友就成为必然，在衙门运行中扮演着重要的角色。

[①] 瞿同祖：《清代地方政府》，范忠信、晏锋译，何鹏校，法律出版社2003年版，第154页。

图 11.1　清代名幕汪辉祖

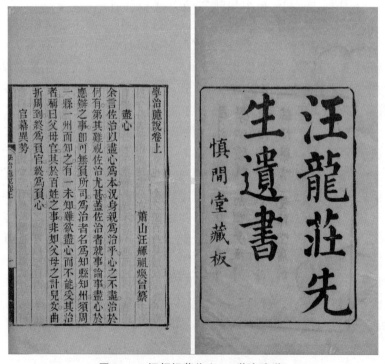

图 11.2　汪辉祖著作之一《学治臆说》

与科举出身的官员相比,胥吏与幕友更具有系统的律例知识,在参与处理司法事务的过程中,更有利于正确适用法律。但是,官员对幕友的倚重,导致幕友对地方行政、司法的操纵。而胥吏又往往内外勾结、营私舞弊、贪赃枉法,加剧司法腐败。

第十二章　清朝法律(下)

清道光二十年(1840)鸦片战争爆发,中华民族遭遇"数千年来未有之强敌",中国历史进入"三千年来未有之变局"。西方列强用坚船利炮打开了中国的大门,迫使清政府签订了一系列不平等条约,有识之士纷纷呼吁变法图强,19世纪末以康有为为首的改良派发起维新运动,但很快被以慈禧太后为首的清廷镇压。1901年,内外交困的清廷政府宣布进行改革,实施"新政",以期挽救岌岌可危的统治。1902年,清廷发布修律谕旨,开始全面改革传统法制。传统中国法律体系因此逐渐解体,取而代之的是近代法律体系的构建。

因此,这一时期法律制度重点在于:领事裁判权的确立,侵害我国司法主权,是清末变法修律的直接动因;吸收西方先进的法律制度和法律原则,对各部门法进行修订;预备立宪,制定宪法性文件;改革司法制度等。我国传统法律制度逐渐向近代转型,初步确立了近代法律体系。

第一节　变法修律的肇始与思潮

自1840年鸦片战争开始,一方面清廷饱受内忧外患,从洋务运动到戊戌变法,企图挽救衰败局势,另一方面,中国社会进入一个杂糅东西、传统与近代的复杂形态,各种思潮兴起,为1902年的变法修律乃至1912年的共和革命奠定基础。而落后的法律制度无法适应急剧变化的社会状况,移植西法、模范列强成为晚清法律变革的基本主线。

一、晚清社会的变迁

自秦汉至明清时期,古代中国社会保持自给自足的经济形态,农耕生活相对单一、质朴,明清时期商品经济发展,但仍属于传统经济结构。19世纪初随着列强的侵入,社会逐渐从传统自然经济向农业经济和近代工商业经济并存状态转型,中外关系、经济结构、思想观念都发生重大变化,引发严重的社会危机。

(一) 中外关系

"朝贡"是明清时期处理大国中国与周边小国之间关系的体制,虽然"朝贡"概念、内涵在不同历史时期不能一概而论,亦存"二元"粗暴定论之弊,但以"朝贡体系"简概这一时期的中外关系自有其合理之处。1793 年马戛尔尼作为英国政府代表第一次正式访华,要求通商、驻使等条件被乾隆驳回,1816 年阿美士德再奉英国政府之命商谈中英通商亦无功而返,两次的中英交往似乎清政府占上风,但未能意识到此时中外关系走向不再是传统社会的天朝与"藩属国"体制。随着 1840 年鸦片战争爆发,以中方的失败及签下不平等条约终而开启"潘多拉的盒子",中外碰撞与邦交、冲突与交涉成为近代中国社会的主线之一。

正如学者所言:"中西的关系是特别的。在鸦片战争以前,我们不肯给外国平等待遇;在以后,他们不肯给我们平等待遇。"[①]中英《南京条约》规定赔款、割让香港岛、开放五口通商口岸、海关税则和治外法权,其中协定关税和治外法权在现代人看来是不平等条约的核心,但当时人却视为最简便省事的方法。同时,自中英条约之后,中国与其他一些国家也签订了不平等条约,国家主权在无知、无力之下被侵夺。

(二) 经济结构

传统中国的经济结构是自给自足的农耕经济,但随着鸦片战争的爆发、不平等条约的签订,西方列强攫取了种种特权,加强了对中国经济的掠夺,中国被迫开放诸多口岸与外国贸易,日益卷入世界经济体系,传统经济逐渐向近现代经济转型。

一方面,因条约开放的通商口岸经济迅速发展,贸易量和质都有所增长。19 世纪 50 年代中期起,作为五口通商之一的上海,其出口贸易已占全国出口的一半以上。另一方面,为应对外来的"坚船利炮",1861 年清政府设立总理各国事务衙门,由奕䜣、桂良、文祥等主持,由清廷主导的洋务自强运动开始,至 19 世纪 90 年代中叶被更为激进的维新运动所代替。最初洋务派致力于发展军事制造业,如曾国藩和李鸿章 1865 年创办了中国首家以机器为动力的大型军工厂江南机器制造总局(亦称"沪局"),十几年发展了十几个分厂,附设外语学校、工艺学堂和翻译馆等;左宗棠 1866 年主持建立福州船政局(亦称"闽局"),规模仅次于"沪局"。此外,还有金陵机器局、天津机器局等二十余个大中型军工厂。办军工厂过程中,洋务派遇到资金、原材料和交通运输等困难,从而认识到"强"背后要有"富"为后盾,自强得先"求富"。19 世纪 70 年代起,洋务派在继续办军事工业

---

① 蒋廷黻:《中国近代史》,上海古籍出版社 1999 年版,第 9 页。

外,着手兴办航运、矿冶、纺织、电讯等民用企业,如上海轮船招商局、上海机器织布局、开平煤矿、天津电报总局等等。民用企业不像军事企业由官办,而是采取官督商办,其后逐渐官商合办、商办,新式实业日增月盛。这些口岸的开放、实业的兴起,不仅促使近代中国的商业经济日渐发达,也使社会上形成新的共同经济利益和政治要求的集团,从而更加剧清末社会的分裂。

(三) 社会危机

清末社会危机呈现出多层面,逐渐深化。鸦片战争的失败,使得国内社会各阶级之间,尤其是官方之间矛盾斗争激化。1843年时任两江总督的耆英上奏皇帝,说"官与民,民与兵役,已同仇敌"。反抗斗争越演越烈,1851年最终爆发了太平天国农民起义。清廷焦头烂额之际,英法两国发起对中国的第二次鸦片战争,清廷面临内忧外患局面。清廷再次战败,签订不平等条约,各国列强加于中国的所谓"条约体系"形成。太平军在1864年天京被攻破之后继续斗争达4年之久。太平天国运动虽然最终失败,但沉重打击了清王朝统治,同时也引起传统政治和权力结构的变化,如中央权力下移、汉族官员权力增长以及湘淮洋务派官僚集团的形成。而洋务运动的三十余年,创建近代工业,建立近代海军和举办近代教育事业,不仅促使民族经济逐渐发展,也促使人们对西方的强权、清廷的颟顸无能和国家的命运认识日益深刻,从器物到技术再到制度的逐步认识,既是当时思维发展逻辑,也是中国近代社会演进轨迹。

甲午战败,北洋水师全军覆没,《马关条约》的签订,是中国自鸦片战争以来遭受的最为惨重的宰割与耻辱,引起国内自王公贵族到平民百姓的极大震惊,朝野舆论哗然,变法诉求日益强劲。严复在天津连续发文,呼吁变法刻不容缓。康有为联合各省举人举行集会,发起著名的"公车上书"。各帝国主义国家在经济上向中国输出资本,在政治上掀起在中国瓜分势力范围的狂潮。国人意识到亡国危机迫在眉睫,如何应对这一困局,扭转国家命运,引发各阶层的思考和实践。如清廷经济政策的变化,维新派推动政治改良,孙中山等少数志士从事早期革命活动等等。继百日维新失败后,1900年义和团运动爆发,反帝怒潮席卷全国,随后八国联军进京,大肆杀戮和抢劫。1901年,清政府与英俄德美日法等11国签订了《辛丑条约》,这让中国陷入半殖民地半封建社会的深渊。重重社会危机之中,民族的觉醒和革命也就不远了。

二、司法主权的受侵害

清末社会政治经济的变化,是清廷变法改制的主要原因,而司法主权的受侵害、领事裁判权的收回是变法修律的直接动因。

（一）领事裁判权的确立

所谓领事裁判权，是指外国在华侨民成为民、刑诉讼的被告时，中国法庭无权裁判，只能由其本国派驻中国的领事按其本国法律进行裁判。这是鸦片战争以后西方帝国主义国家强迫清政府签订一系列不平等条约后在中国攫取的一项特权。

西方各国在华获取领事裁判权，始于鸦片战争之后。1843年7月22日，英国政府强迫清政府签订了中英《五口通商章程：海关税则》，第13款规定："倘遇有交涉词讼，管事官不能劝息，又不能将就，即移请华官公同查明其事，既得实情，即为秉公定断，免滋讼端。其英人如何科罪，由英国议定章程法律，发给管事官照办；华民如何科罪，应治以中国之法。"①规定在华英国人的犯罪行为由英国领事依照英国法律处理，正式确立了领事裁判权。此后，1844年美国强迫中国签订了《望厦条约》，领事裁判不仅适用于刑事犯罪，而且扩大到了民事纠纷，同时美国人与其他第三国人的纠纷，中国官员均不得过问。之后西方列强纷纷仿效，或订立不平等条约，或根据片面最惠国待遇原则，至清末民初，有英、美、法、俄、德、日、意、比等20个国家获得在中国的领事裁判权。

领事裁判权的内容主要有：中国人与享有领事裁判权国家的在华侨民之间发生民刑事诉讼，依被告主义原则适用法律和实行司法管辖；同一享有领事裁判权国家的在华侨民之间发生的诉讼，由该国的领事法庭审理；享有领事裁判权的不同国家的在华侨民之间发生的各种诉讼，一般适用被告主义原则，由被告方国家的领事法庭审理；享有领事裁判权国家与不享有领事裁判权国家的在华侨民之间的诉讼，如前者为被告，适用被告主义原则，由该国领事法庭审理，如后者为被告，则由中国官府管辖。享有领事裁判权的各国因此在华设立了领事法院，受理在华本人的相关案件。在领事裁判权废除之前，这些法院独立于中国的法律体系之外，成为中国司法被侵夺之象征。

（二）租界内的"会审公廨"

会审公廨制度是领事裁判权的派生物。会审公廨之所以在上海公共租界内首次建立，其原因有三：一是领事裁判权在中国的确立，中国法权的地域性丧失，这是会审公廨可能成立的前提条件；二是上海租界的设立、华洋杂居格局的形成及发展是会审公廨成立的外因；三是外国人在租界内的利益追求，驱使租界日益背离中国政府的管辖，这是会审公廨成立的内因。

---

① 转引自王铁崖编：《中外旧约章汇编》（第一册），生活·读书·新知三联书店1957年版，第42页。

1845年英国在上海建立了第一个租界,名义上是租地建屋以便经商。1853年,上海发生小刀会起义。随后清地方政府官员被驱除,大批华人逃入租界避难。1854年,英、法、美三国领事乘机修改了1845年《上海租地章程》,擅自制定《上海英美法租界租地章程》,在租界内设立"工部局""巡捕房",对租界实行殖民统治。1864年清政府与英美驻上海领事达成协议,建立"洋泾浜北首理事衙门"。1868年正式订立《上海洋泾浜设官会审章程》,改"洋泾浜北首理事衙门"为"上海公共租界会审公廨",会审公廨制度正式确立。

图12.1　上海公共租界会审公廨

根据章程,会审公廨为清政府上海道的派出机构,公廨谳员由上海道任免。会审公廨审理租界内中国人之间及中国人为被告的案件,适用中国法律。凡案件牵涉有约国人,则由该国领事或领事所派官员会同审理;若是无约国人仍须邀请一名外国官员陪审;若被外国人或外国在华机构雇用和延请的中国人涉讼,领事或领事所派官员有权观审。会审公廨的经费由中国政府划拨,名义上是中国的审判机关,但实际上成为中国官员与外国领事共管的机关,甚至为外国领事所把持,从而出现"外人不受中国之刑章,而华人反就外国之裁判"的怪现象。会审只是空有其名,审判的主动权也几乎被外国领事所控制,中国官员大多是象征性的陪衬。会审公廨起初仅在上海出现,后来又在汉口、厦门鼓浪屿、哈尔滨设立会审机构。会审公廨进一步侵害了中国的司法主权。

如上所述，晚清社会复杂多变，光怪陆离。在清廷的腐朽颟顸、西方列强的贪婪蛮横、朝堂权力格局的改变、传统经济向近现代经济转型的背景下，革新变法思潮逐渐形成，从龚自珍、魏源等传统官员的清醒和开始"睁眼看世界"，到洋务派的实业"自强求富"，再到维新派的"戊戌变法"，都推动了晚清社会的进步、法律制度的改革，新时代的曙光隐约可见。

三、革新变法的思潮

面对西方的"坚船利炮"和器物、制度上的高度发展，清王朝内忧外患，在历史的裹挟中踉跄前行，变革成为这一时期的主线，传统法律体系逐渐解体，取而代之的是近代法律系统的构建。从1840年鸦片战争的爆发到1901年谕令新政，这一时期出现要求改革和变法的思潮。

（一）对传统的批判与革新

"在1800年，中国人认为自身就是世界，认为可以环抱世界。直到1840年这种感觉仍然存在。但到1900年这种感觉则消亡了。"[①]从鸦片战争爆发前后到1902年清末变法修律，西学渐进，中外交流日益频繁，一些开明知识分子"睁眼看世界"，甚而反思中国的文化与社会制度，在批判传统基础上提出革新的思想。比较具有代表性的是龚自珍、林则徐、魏源等。

龚自珍（1792—1841），又名巩祚，字璱人，号定庵，浙江仁和（今杭州）人。出身官僚家庭，19岁起参加科举，直至27岁考中举人，38岁"赐同进士出身"。此后先后任宗人府主事、礼部主事等闲职，1839年辞官南下，1841年病逝。龚自珍洞悉社会的忧患和世事的不公，"日之将夕，悲风骤至，人思灯烛，惨惨目光，吸饮暮气，与梦为邻，未即于床"[②]，批判专制制度造成"万马齐喑"，世无可用之才；认为朝廷的律例束缚人们的手脚，司法黑暗，用法畸轻畸重，随意出入人罪。为此，龚自珍提出"仿古法而行之"的"更法"主张：修改科举制度，不拘一格选拔和任用人才；改革官员的奖惩制度，加强内外大臣的职权。龚自珍比同时代人更具知识分子特有的忧患意识，期望能警醒世人。他思想的最大特色是"揭露和批判清王朝的严重危机和腐朽统治"[③]。

魏源（1794—1857），原名远达，字默深，湖南邵阳人。15岁考中秀才，29岁中举人，之后屡试不第，长期任职幕僚，至51岁才中了进士，先后任内阁中书舍

---

① 〔美〕柯文：《在传统与现代性之间——王韬与晚清改革》，雷颐等译，江苏人民出版社1995年版，第3页。
② 《龚自珍全集》，王佩诤校，上海古籍出版社1975年版，第87页。
③ 李光灿、张国华总主编：《中国法律思想通史（四）》，山西人民出版社2001年版，第24页。

人,江苏东台、兴化知县,两淮盐运使司海州分司运判和高邮知州等职。魏源一生勤于治学,著作颇丰,而且亲历鸦片战争,目睹清王朝社会危机日增,遂深思富国强兵之道。他在《筹蹉篇》中指出:"天下无数百年不弊之法,无穷极不变之法,无不除弊而能兴利之法,无不易简而能变通之法。"法律是发展、不断进步的,"执古""泥法"不过是读周孔之书误天下之腐儒。为此,他主张变革,要"去伪、去饰、去畏难、去养痈、去营窟",因势变法。魏源具有代表性的著作《海国图志》,是受林则徐的委托并提供大量资料的情况下完成的,在书中他提出御敌的方略,即著名的"师夷之长技以制夷",主张了解西方国家的基本情况,学习西方的先进技术,以应对西方的挑战。

(二)对危机的应对和变法

如果说龚自珍和魏源还处于反思传统、"睁眼看世界"的肇始,那么接着就有一批人面对这变幻的世界提出了变法革新之道,甚而参与洋务、新政、变法之中。如张之洞作为最后一个洋务派领袖,其"中体西用"思想核心,"不仅代表了一大批士大夫的心声,简直就是中国文化在这一巨变中所作的本质反映,影响极为深远"[1]。如沈家本作为清末变法修律大臣,"媒介东方西方几个法系成为眷属的一个冰人"[2],主持了这场20世纪初法律大变革。还有以冯桂芬(1809—1874)、郭嵩焘(1818—1891)、王韬(1828—1897)、容闳(1828—1912)、薛福成(1838—1894)、郑观应(1842—1921)、马建忠(1845—1900)为代表的一批知识分子,具有资本主义改良倾向,向西方学习的意义超出"师夷长技"的范畴,而且与当时洋务派关系密切,或直接参与洋务派的外交活动,或担任招商局实际职务等。此外,世人所知的以康有为、梁启超为代表的维新派,痛陈民族危亡的严峻形势,大力鼓吹维新变法。这几批人经历迥异、思想各具特色,很难一概而论,也无法一一评述,仅列各代表性人物如下:

1. 新政修律的张之洞与沈家本

张之洞(1837—1909),字孝达,号香涛,晚号抱冰,河北南皮人。26岁考中进士,历任翰林院编修、四川学政、礼部侍郎、山西巡抚,后长期任两广、湖广、两江总督,成为清末举足轻重的封疆大吏。张之洞是仅次于李鸿章的洋务派领袖,开学堂书院、建枪炮厂、办矿务局、设织布局、修建铁路等等。1901年,与两江总督刘坤一会奏《江楚会奏变法三折》,奠定清廷变法方向。

沈家本(1840—1913),字子惇,别号寄簃,清代归安县(今浙江省湖州市)人。

---

[1] 丁凌华主编:《中国法律思想史》,科学出版社2009年版,第223页。
[2] 杨鸿烈:《中国法律发达史(下)》,上海书店1990年影印本,第1009页。

24岁进入刑部任职,在反复出入科场之后,43岁考取进士。历任天津知府、山西按察使、刑部左侍郎、法部右侍郎、资政院副总裁等职。1902年清政府设修订法律馆,沈家本与伍廷芳被任命为修律大臣。在沈家本主持之下,修订法律馆翻译了大量西方法律和法学著作,同时删削旧律,制定新律,并创设了法律学堂和法学会。

2. 借鉴改良的王韬和郑观应

王韬,初名利宾,易名瀚,字懒今,后更名韬,字仲弢,自号天南遁叟、弢园老民。王韬是中国历史上第一位报刊政论家,首次明确指出"变法自强"的口号,具体主张为:废除八股文、改良科举考试;改革军事制度;改革学校教育内容与体制;改革法律制度,删除烦琐的各部则例,以"西洋律例之精义"改革传统的法律。

郑观应,字正翔,号陶斋,广东香山人。1861年开始陆续撰写政论,鼓吹变法。1892年重新整编并出版其政论文集《盛世危言》,以自己多年办理洋务之经验,深刻体会到西方列强的富强之本不在"船坚炮利",而在于"议院上下同心",明确主张仿照西方建立"议院"来打通君民关系。

3. 维新变法的康有为与梁启超

康有为(1858—1927),原名祖诒,字广厦,号长素、更生,广东南海(今广东广州)人,人称"南海先生""康南海"。举人出身,曾任工部主事。1888—1898年先后七次上书光绪皇帝,请求变法维新。1898年与梁启超等人发动戊戌变法,筹划和推行新政。变法失败后逃亡海外,其后思想日趋保守。康有为"托古改制",否定正统思想,认为人类社会进化沿着三世,由"专制"到"立宪",再到"共和",不能飞跃,一切得循序渐进。他提出要致刑措、达大同,则应"去九界",即去国界、级界、种界、形界、家界、产界、乱界、类界和苦界,从而达到"太平之世不立刑"的理想境界。主张设议院开国会,制定宪法,实行三权分立,认为"变政全在定典章宪法"。

梁启超(1873—1929),字卓如,一字任甫,号任公、饮冰子,别署饮冰室主人,广东新会人。师从康有为,与康有为一起发动"公车上书",进行变法宣传,变法失败后流亡日本。辛亥革命后曾任袁世凯政府的司法总长和段祺瑞政府的财政总长。晚年则醉心于社会教育事业和学术研究。梁启超以事实驳斥清廷顽固派坚持的"祖宗之法不可变"之谬论,以进化论观点论证变法乃天下之公理。因此,实行变法是救亡图存的唯一之道,而变法在于育人才,兴民权,变专制政体为立宪政体。

第二节 修律的主要活动

修律是清末新政的重要内容，是清政府在各种压力下被迫推行的一次自上而下的重大法律变革。光绪二十六年（1900），八国联军攻入北京，慈禧挟光绪西逃。途中，清廷以光绪帝名义颁布"罪己诏"，表露其改革法制之意。后来在与英国谈判签订《中英续议通商行船条约》中，英国允诺一旦清政府完善法律和司法制度，英国将放弃在华治外法权，这也增加了清政府修律的决心。1902年迫于内外压力之下的清政府发布变法修律的上谕，认为今昔情势不同，通商交涉事宜烦多，必须参酌各国法律实行改革，任命沈家本和伍廷芳为修订法律大臣，主持修律事务，"务期中外通行，有裨治理"。1904年5月，作为法律起草机关的修订法律馆开始办公。在修律大臣的主持下，修订法律馆翻译了大量外国法典，并聘请日本法律专家为顾问，修订了一系列法律文件。

清末修律主要包括两个基本方面：一是删修旧律旧例，改订刑罚制度，废除一些残酷的刑种和明显不合时宜的制度，以公布《大清现行刑律》为代表；二是制定包括《大清新刑律》《大清民律草案》《大清商律草案》《大清刑事诉讼律草案》《大清民事诉讼律草案》等一系列新法律。

一、刑律的修订

（一）《大清现行刑律》

修订法律首先从修订《大清律例》开始。《大清律例》陈陈相因，条例彼此冲突，加之太平天国起义后，清廷为加强镇压力量，增加了大量严酷条例，招致广泛批评。1901年两江总督刘坤一、湖广总督张之洞联名上"变法三疏"，要求删除《大清律例》中若干为西方列强诟病的酷刑，部分采用西法。沈家本陆续奏请删除律内凌迟、枭首、戮尸三种酷刑；又奏请废除缘坐、刺字等律内重罚，取消对戏、误、擅杀等虚拟死罪，直接改为徒、流；改革旧的赎刑，代之以新的罚金制度。另外，还奏请禁止买卖人口和蓄养奴婢、奏请改良监狱等等，均得到清廷的许可。

《大清现行刑律》（全名《钦定大清现行刑律》）是在修订新刑律过程中，作为"推行新律基础"、由清廷先行颁布的一部过渡性法典。它是在《大清律例》的基础上进行局部调整、修改而成，共三十六卷，并附有《禁烟条例》十二条和《秋审条例》一百六十五条。从光绪三十三年（1907）三月十三日修订法律大臣奏定删除律例三百四十四条开始，到1910年5月15日宪政编查馆、修订法律大臣呈进

《大清现行刑律》黄册定本,奉上谕"着即刊刻成书颁行",1910年9月2日刊印告竣,上呈御览。

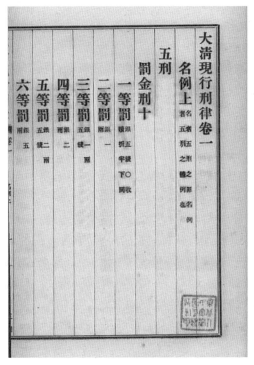

图12.2 《大清现行刑律》书影

相比《大清律例》,《大清现行刑律》的主要变化在于以下几个方面:

第一,删除总目,即取消吏、户、礼、兵、刑、工六目,但依然和旧律一样,分名例、职制、公式、户役、田宅、婚姻、仓库、课程、钱债、市廛、祭祀、仪制、宫卫、军政、关津、厩牧、邮驿、盗贼、人命、斗殴、骂詈、诉讼、受赃、诈伪、犯奸、杂犯、捕亡、断狱、营造、河防等三十门,律文三百八十九条,条例九百三十九条。[①]

第二,根据现实情况对条款进行调整、删减。删除若干因时事变化而明显不适用的条款,如"违禁下海""良贱相殴""同姓为婚"等条款;新增一些新的罪名,如"妨害国交""私铸银圆""破坏交通"等;将婚姻、继承、析产、田宅、钱债等纯属民事范围的条款抽出集中成篇,不再科刑,以示民刑有别。

---

① 《大清现行刑律》的修订进程、律例条文数、内容,可参见《钦定大清现行刑律(点校本)》,陈颐点校,北京大学出版社2017年版。

第三,改革刑罚。废除凌迟、枭首、戮尸、刺字等刑罚及缘坐制度,改五刑为罚金、徒刑、流刑、遣刑、死刑(斩、绞)。

(二)《大清新刑律》

《大清现行刑律》作为一部过渡性律典,与近代刑法典仍有相当距离。在这同时,全新的近代刑法典草案也已于1907年8月编纂完成。但在草案的起草及修改过程中发生激烈的"礼法之争"阻碍了新刑律的审议通过,直到1911年1月才由清廷公布,预备自1913年起施行。但公布后不久清朝灭亡,法典未及真正施行。

《大清新刑律》(全名《钦定大清刑律》)是中国历史上第一部近代意义上的专门刑法典,分总则、分则两编,共五十三章四百一十一条,另附"暂行章程"五条。与《大清律例》相比,《大清新刑律》从内容到形式均有很大突破,主要体现在以下方面:

第一,改变了旧律体制,采用近代刑法典编纂体例。《大清新刑律》分总则和分则两编,下设章、条,删除非科刑定罪的内容,成为专门的刑法典。总则部分分为法例、不为罪、未遂罪、累犯罪、俱发罪、共犯罪、刑名、宥减、自首、酌减、加减例、缓刑、假释、恩赦、时效、时例、文例等十七章八十八条,规定该法典的时间效力、空间效力、犯罪与刑罚的一般原理和原则。分则部分罗列罪名三十六种,规定具体犯罪的构成要件和法定量刑幅度,一个罪名为一章,共三十六章三百二十三条。

第二,吸收近代刑法原则、制度和术语。《大清新刑律》废除了一些传统刑法制度,如"八议""减""请""十恶""存留养亲""比附"等制度。同时,采纳近代刑法原则、制度与术语,实行罪刑法定、人格平等、正当防卫等原则;强调刑罚不溯及既往;采用"缓刑"与"假释"制度,对刑事责任规定了追诉和执行的时效,过了规定期限,可免予追诉或处罚。

第三,建立近代刑罚体系。《大清新刑律》规定刑罚分主刑和从刑两类。主刑由重到轻分为死刑、无期徒刑、有期徒刑、拘役、罚金五种;从刑分为褫夺公权与没收财产两种。死刑改为绞刑,监狱内执行。此外,减少死刑条款,减轻刑罚,原《大清律例》中涉及死刑的条款有四百多条,《大清新刑律》保留了四十条,对数罪并罚的量刑,实行限制加重主义。

《大清新刑律》较多吸取了西方现代刑法思想和原则,采用了西方刑法的体例、基本规范和刑制,是中国传统刑法一次质的飞跃,是中国法制近代化过程中的标志性法典。

二、商事立法

传统中国实行重农抑商政策,但鸦片战争后,随着国门被打开,国内工商业日益发展起来,对外贸易不断扩大,迫切需要商事法律的规范和保护。光绪二十七年(1901)二月,出使俄、奥国大臣杨儒上奏朝廷建议制定商律。同年六月,刘坤一、张之洞会奏变法折中也提出修订商律。光绪二十八年(1902)三月清廷发布上谕,要求制定矿律、路律和商律等。商事立法被提上日程。

从1903年到1911年,清政府制定了大量商事法律,立法主要分两个阶段:1903—1907年为第一阶段,主要由商部负责;1907—1911年为第二阶段,主要由修订法律馆主持起草。商事法律内容广泛,涉及公司、商标、破产、海商、票据、保险等多方面。

第一阶段商事立法,清廷在设立商部后开始着手,陆续制定并颁布了《奖励公司章程》《商会简明章程》《商人通例》《公司律》《破产律》《商标注册试办章程》《银行通则条例》等系列商事法规,作为规范商业活动、保护商人利益的依据。《商人通例》《公司律》两部法规于1904年1月奏准颁行,合并定名为《钦定大清商律》,是中国近代历史上颁布的第一部商法。第一部分"商人通例"九条,确立商人的概念、商行为主体资格及商行为的一般规定。第二部分"公司律"分十一节一百三十一条,规定公司分类、股份、股东权利、董事、董事会、众股东会、账目、公司章程更改、公司解散程序、罚则等。该商律立法时间短,存在诸多理论缺陷,但体现了商法主体权利平等、私法自治的近代私法精神。

第二阶段商事立法,所颁行法律趋于成熟,主要商事法典改由修订法律馆主持起草,单行法规由各有关部门拟订后,经宪政编查馆和资政院审议再请旨颁行。1908年修订法律馆聘请日本法学家志田钾太郎协助起草《大清商律草案》,1910年完成。草案包括总则、商行为、公司法、海船法、票据法五编,共一千零八条。该法典以日、德商法为蓝本,结构严谨,内容周详。在草案交发讨论时,各地商会认为大部分内容不符中国国情,要求进行重大修改。之后,农工商部开始组织各地商会进行调查,并参考各国通例,于1910年编成《改订商律草案》,交资政院审议。该草案共总则七章八十六条、公司编六章二百八十一条,内容相对完备并符合实际,是一部比较成熟的商法典草案,但因清廷的灭亡而告终。不过,这两部草案成为日后北洋政府修订商律的基础。此外,这一阶段立法成果还有《银行则例》《银行注册章程》《大小轮船公司注册给照章程》等单行商事法规。

三、大清民律草案的修订

清末民事立法较迟,光绪三十三年(1907)五月才开始受到重视。1907年12月修订法律馆拟订机构办事章程,设第一科为"掌民律商律之调查起草",俟第二年预备清单颁布后,民法制定正式启动。1908年11月在沈家本主持下聘请日本法学家松冈义正为顾问,派员赴全国各省进行民事习惯调查,翻译各国法律文献,参考国外民法典的理论与制度,起草修订民律,前后历四年,1911年9月完成草案。10月俞廉三、刘若曾上奏草案的前三编,提及修订的四项原则:注重世界最普通之法则,原本后出最精之法理,求最适于中国民情之法则,期于改进上最有利益之法则。① 即广泛吸收大陆法系国家民法的一般原则和规定,采用各国最新制度以及最适合中国民情之法,以便与列强交涉。

《大清民律草案》分总则、债权、物权、亲属、继承共五篇三十六章一千五百六十九条。其中,总则编八章,分别是:法例、人、法人、物、法律行为、期间及期日、时效、权利之行使及担保。债权编八章,分别是:通则、契约、广告、发行指示券、发行无记名证券、管理事务、不当得利、侵权行为。物权编七章,分别是:通则、所有权、地上权、永佃权、地役权、担保物权、占有。亲属编七章,分别是:通则、家制、婚姻、亲子、监护、亲属会、抚养之义务。继承编六章,分别是:通则、继承、遗嘱、特留财产、无人承认之继承、债权或受遗人之权利。法典前三编以"模范列强"为主,受起草者松冈义正影响,以1896年《日本民法典》为蓝本,同时参酌德国和瑞士民法典,结构则取自1900年的《德国民法典》,确立了人格平等、私有财产神圣不可侵犯、契约自由和过失责任等近代民法的基本原则,从而奠定了近代法制的基础,并继受了诸如法人、法律行为、代理、时效、占有、不当得利等近代民法广泛使用的法律词汇。后两编以"固守国粹为宗",由修订法律馆会同礼学馆起草,较多吸收中国传统社会历代相沿的礼教民俗,保留了传统法律的伦理精神。

《大清民律草案》因辛亥革命的爆发未及实施。就法典本身来说,它虽不是一部成熟的法律草案,但却是中国历史上第一部民法典,它所确立的中西结合、立足本土以及重视社会习惯调查等编纂方法和指导思想等对日后民事立法具有启发作用,直接影响了中华民国时期的民事立法。

---

① 参见故宫博物院明清档案部编:《清末筹备立宪档案史料》(下册),中华书局1979年版,第911—913页。

四、诉讼法与法院组织法

中国传统法律比较注重实体法,轻视程序法,法典编纂上实体法与程序法合一。清廷颁布修订法律谕旨后,修订法律馆大臣认为刑法与诉讼法不可偏废,在修订刑律的同时,也开始了诉讼立法工作。

光绪三十一年(1905)开始制定诉讼法,将民事诉讼与刑事诉讼规定在一部法典中,1906年4月完成《大清刑事民事诉讼法草案》并上奏朝廷。该草案采用民事刑事诉讼合一的体例,分为总则、刑事规则、民事规则、刑民事通用规则、中外交涉案件处理规则等五章,共二百六十条,另附《颁行例》三条。这是中国历史上第一部诉讼法草案,它吸收西方近代诉讼法原则,系统规定各种诉讼制度,直接采用英美的陪审制度和律师制度。该草案完成后朝廷谕令地方封疆大吏进行讨论,其后一年多时间内各省督抚、将军和都统等地方大员纷纷上奏阐明,以中西习俗不同或边疆与内地民情风俗差异,提出"宜变通缓议",应"审慎而后行",甚至认为"此法万不可行"。①争议主要集中在刑讯、逮捕、刑事裁判、判案后查封产物、律师、陪审等方面。结果"各督抚多疑其窒碍,遂寝"②。该草案虽"胎亡",但作为过渡性的诉讼立法,是修订法律馆开馆以来起草的第一部近代意义上的法律草案,其带来的争议在客观上促进了法理的辨明和观念的更新,继而推进了新诉讼法的修订与出台。

两年后,修订法律馆将刑事、民事分开,重新修订诉讼法典。1911年1月,《大清刑事诉讼律草案》《大清民事诉讼律草案》分别完成。《大清刑事诉讼律草案》是中国历史上第一部独立的刑事诉讼法,分为总则、第一审、上诉、再理、特别诉讼程序、裁判之执行等六部分,共五百一十五条,系统采用了近代资产阶级的公诉制度、辩护制度、审判公开、自由心证、干涉主义等原则。《大清民事诉讼律草案》是中国历史上第一部独立的民事诉讼法,分为审判衙门、当事人、通常诉讼程序、特别诉讼程序等四部分,共八百条,较多采用了西方各国通用的法院不干涉原则、辩论原则等。这两部草案均因为辛亥革命的爆发、清廷统治的瓦解而未及颁行,但未完全废弃。民国初年,北京政府曾多次援用施行《大清刑事诉讼律草案》的一些条文,且其诉讼法的制定也受这两部诉讼法草案的直接影响。

---

① 可参见时人赵彬将此意见编纂成册的《诉讼法驳议部居》(北新书局1908年版)。
② 《清史稿·刑法志一》。

五、修律中的"礼法之争"

清末修律中的"礼法之争",是指保守的"礼教派"和革新的"法理派"围绕修律的基本精神和具体制度进行的争论。以张之洞、劳乃宣为代表的礼教派维护传统礼教精神,认为法律应与礼教相结合,否则动摇立国之本。以沈家本和杨度为代表的法理派主张近代法制精神,认为法律应与传统礼教相分离,以符合西方近代法律发展之趋势。

1906年,修订法律馆编成《大清刑事民事诉讼法草案》,奏请试行,但草案遭到猛烈的批评,各地督抚上书提出异议,张之洞是最为猛烈的一个,他上奏《遵旨核议新编刑事民事诉讼法折》,认为所纂的诉讼法章程二百六十条大多采用西法,"于中法本原似有乖违,中国情形亦未尽合",对"扞格难行"的五十二条进行批驳,包括父子异财、男女平等、律师制度、陪审员制度、废除比附法、规定控诉期限等等。袁世凯同样上奏《遵旨复陈新纂刑事民事诉讼各法折》,罗列批评诉讼法中扞格之条文。地方封疆大吏纷纷上奏,一时舆论沸然,草案被搁置。

图12.3　清末修律大臣沈家本

1907年《大清新刑律》草案的完成交由各部院及督抚签署意见时,引起更激烈的争论。张之洞指责新刑律败坏礼教,各省疆吏随声附和。清廷要求修订法律馆对草案进行修改。1910年草案在转宪政编查馆核订时,劳乃宣又提出反对,认为应将旧律的条文统统修入新律。以沈家本、杨度等为代表的法理派对以上观点加以驳斥,引起双方的交锋论战。

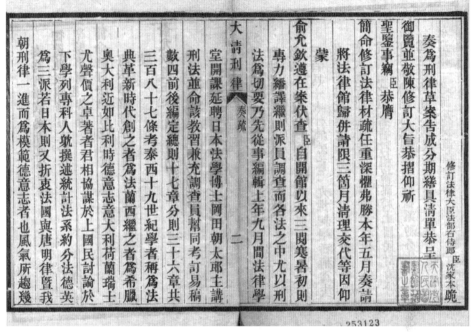

图12.4　沈家本奏刑律草案告成并恭呈御览折

围绕《大清新刑律》,双方争论主要集中在以下几个方面:

第一,"无夫奸""子孙违反教令"是否为罪问题。无夫妇女犯奸严重违反伦理道德,传统刑律对此严厉处罚。礼教派认为在新律中应有规定,以维护纲常伦理;而法理派认为无夫妇女犯奸,在欧洲法律中无治罪规定,此事关乎风化,不必纳入刑律。传统社会重孝,子孙违反教令自应刑罚严惩,礼教派认为子孙治罪之权在祖父母、父母,"实为教孝之盛轨";法理派认为这是教育之事,应设感化院进行教育,而无关乎刑事,不必纳入刑律。

第二,"干名犯义"条存废问题。元设"干名犯义"条,明清沿袭,属"十恶"重罪。礼教派认为"中国素重纲常,故于干名犯义之条,立法特为严重",新律不可删除;法理派则认为"干名犯义"条属"告诉之事",应在编纂判决录时,于诬告罪中详叙办法,不必另立专条规定。

第三,"存留养亲"条是否编入刑律问题。北魏"存留养亲"制度化,体现"重孝""仁政"之义。礼教派认为这是鼓励孝道、宣扬仁政的重要方式,应纳入新律;法理派认为自古没有"罪人留养之法",亦存"诱人犯法"之弊,且应是诉讼法内容,因此不应编入刑律,也不违背礼教。

第四,子孙卑幼对尊长可否行使正当防卫问题。礼教派认为子孙对父母、祖父母的训诫必须接受,这是纲常伦理之本,无"正当防卫"之说;法理派认为国家刑法是君主对全国臣民的一种限制,父杀其子与子杀其父,君主对此都应治罪,方显平允。

双方争论的焦点最后集中在"无夫奸"和"子孙违反教令"是否为罪的问题上。礼教派站在家族主义立场上,认为法律不能与习惯相反,对"无夫奸"和"子孙违反教令"不加罪,不合我国礼俗。法理派则从国家主义立论,强调这两种行为只涉及风化教育问题,不构成刑事犯罪,也就不应编入刑律。随后,在资政院讨论通过时双方再次发生激烈辩论,直至闭会也未能达成一致。1911年,清廷公布《大清新刑律》,后附"暂行章程"五条,规定了无夫妇女的通奸罪,对尊亲属有犯不得适用正当防卫,加重卑幼对尊长、妻对夫杀伤害罪的刑罚,减轻尊长对卑幼、夫对妻杀伤害罪的刑罚等。此后,在礼教派的弹劾下,沈家本被迫辞去修订法律大臣和资政院副总裁的职务。

表 12.1　清末修律中的礼法之争

派别	代表人物	主要观点	论据	论争焦点	结果
法理派	沈家本 杨度	引进西方资产阶级的法律制度和原则,改进传统法律	西方现代法学理论	(1)"干名犯义"条的存废;(2)"存留养亲"是否应编入刑律;(3)"无夫奸"是否为罪;(4)"子孙违反教令"是否为罪;(5)卑幼能否对尊长行使正当防卫权	法理派作出退让和妥协
礼教派	张之洞 劳乃宣	礼法不可分,法律要遵循"三纲五常",对有关纲常伦理各条款不能改动	传统伦理本位思想		

"礼法之争"实质是传统纲常伦理的存废问题,即新刑律立法宗旨应以西方法律原则为主,还是以纲常伦理为本;立法精神是以国家主义为原则,还是坚持固有家族主义。双方论争最终以法理派的妥协和退让而告终,意味着清政府内部保守势力的强大和革新力量的弱小,但它在中国法律近代化的进程中仍具有重要意义。《大清新刑律》是中国第一部近代刑法典,争论的过程也促进了近代

法律思想和理论的传播，对法律的普及和法律意识的提高也产生了积极影响。

第三节 预备立宪活动

1904—1905年的日俄战争以日本的获胜而结束。君主立宪制小国日本战胜了沙皇俄国，对当时的清政府和中国社会产生巨大震动。立宪派乘机游说，呼吁清廷实行宪政，同时国内革命浪潮风起云涌。迫于国内外的形势，清政府决定"仿行宪政"。1905年清廷派遣五大臣出国考察，设立"考察政治馆"（后来称为"宪政编查馆"），实地考察西方国家的政权体制和政治原则。1906年五大臣先后回国，向清廷汇报，认为立宪有三大好处：一是"皇位永固"，二是"外患渐轻"，三是"内乱可弭"。同年9月，清廷正式颁布实施立宪的上谕，确立立宪原则，即"大权统于朝廷，庶政公诸舆论"，并认为目前民智未开，应逐步进行立宪。

一、官制改革

预备立宪始于官制改革。清政府认为立宪须从官制入手，改成符合立宪政体的形式。1906年11月6日清廷发布"厘定官制谕"，改革中央和地方官制。早在1901年已改总理各国事务衙门为外务部，1903年设立商部，1905年设立巡警部和学部。1906年全面进行中央机构改革，通过合并、易名、新设等方式，确立中央十一部：外务部、度支部、礼部、陆军部、法部、邮传部、民政部、理藩部、农工商部、学部、吏部。各部仍设尚书一员、侍郎二员，但不分满汉。后又设海军部。大理寺改大理院，都察院不变。原内阁、军机处不变。1911年5月，新内阁成立后，以总理大臣为首，原内阁和军机处撤销，军机大臣、各部尚书改称国务大臣，为内阁成员。地方官制改革，自1907年颁布《地方官制规则》开始，对各省、府、县的行政机构作了一些新的规定，以与中央机构改革相配套。

为适应行政机构的改革，1906—1911年清廷颁布一系列法律法规，以调整行政法律关系，规范行政行为，主要有：《内阁官制》《学部官制》《法部官制》《民政部官制》《陆军部官制》《农工商部职掌事宜》《度支部职掌员缺章程》《商部开办章程》《州县改选章程》《外官考验章程》等。

二、设立资政院与谘议局

自1907年9月开始，清政府陆续诏令中央筹建资政院、各省筹设谘议局。

（一）资政院

1907年清廷下诏筹备资政院，1909年8月颁布《资政院章程》，"与现定谘议局章程,实相表里,即为将来上、下议院法之始基"。1910年9月资政院正式设立。《资政院章程》宣告资政院"以取决公论、预立上下议院基础为宗旨",明确资政院是向国会过渡的权力机关,其职权包括:负责法典的制定修改,议决国家的预决算、税法、公债,对行政机构实施监督,决定其他奉旨交议的事项等。同时章程规定,资政院所议决的事项须奏请皇帝裁夺;军机大臣和各部行政长官有权要求复议,若双方意见不一,则分别上奏皇帝;皇帝有权令资政院停会或解散。资政院议员的产生有钦定和民选两种,钦定即皇帝直接指定,民选主要由各省谘议局议员互选,经督抚圈定后产生。钦定和民选议员在数量上各占一半。资政院设总裁和副总裁,均从王公大臣、三品以上大员中"由特旨简充"。

(二) 谘议局

谘议局是向地方议会过渡的机构,筹设也始于1907年。1908年7月清廷颁布《谘议局章程》。1909年开始在各省设立。根据《谘议局章程》及《谘议局议员选举章程》,谘议局设立是"为各省采取舆论之地,以指陈通省利病、筹计地方治安为宗旨",主要职权有:讨论本省兴革事宜,议决本省财政预算、决算,制定修改本省单行法规、章程,接受本省民众陈情、建议,对本省行政机构实行有限的监察权等。但行使职权必须受督抚控制与监督,因此谘议局实际为督抚的咨询机构。谘议局议员由州县选举产生,采用复选制,即先由选举人选出若干选举议员,再由选举议员选出议员,并且对选举和被选举的资格都作了极严格的限制。事实上,最后拥有选民资格的百不足一,全国选民比例平均只有0.42%。

资政院和谘议局是清政府预备立宪过程中设立的中央和地方咨询机构,实质并不具备近现代社会国家或地方议会性质,是清廷面对统治危机采取的"新政"措施之一,带有一定欺骗性。但不可否认的是,资政院和谘议局在各自权限内一定程度上推动了清政府的改良宪政运动,如资政院通过《大清新刑律》及其他法律草案,通过弹劾军机大臣案,迅速设立责任内阁案,支持国会请愿运动等,如立宪派和进步人士利用谘议局传播宪政思想,对开启民智、推动社会观念的发展皆有积极意义。

三、制定宪法性文件

(一)《钦定宪法大纲》

1908年8月,清廷颁布《钦定宪法大纲》,这是中国法制史上首次颁布具有近代宪法意义的法律文件。

《钦定宪法大纲》由宪政编查馆编订,共二十三条,包括正文"君上大权"(十四条)和附录"臣民权利义务"(九条)两部分。正文首先强调君权和君主的神圣地位,"大清皇帝统治大清帝国,万世一系,永永尊戴","君上神圣尊严,不可侵犯",赋予了君上种种大权,包括颁行法律、设官制禄、黜陟百司、总揽司法、召集和解散议院、统帅军队、宣战媾和以及发布可"代法律之诏令"等等。为了防止议会干涉,对议院作出种种限制,多处规定"议院不得干预""非议院所得干预""不付议院议决"等。附录主要规定臣民有任文武官吏和议会议员的权利,有言论、著作、出版、集会、结社的权利,有诉讼的权利,有财产不受无故侵扰的权利,有非按法律规定不受逮捕、监禁和处罚的权利,以及有服兵役、纳税和遵守国家法律的义务。

《钦定宪法大纲》以1889年的日本明治宪法为蓝本,日本宪法赋予天皇种种大权,但受国务大臣的限制,而《钦定宪法大纲》取消了有关责任内阁制的规定,其重心是维护君上大权,是用宪法的形式把皇帝至尊的地位和至高无上的权力加以确认,因此一经颁布便遭到国内外的强烈批评与反对。不仅资产阶级革命派没有因此停止革命活动,就连统治集团内部的部分改良派也大感失望,清朝的统治陷入更深的危机之中。但是,《钦定宪法大纲》的颁布,以根本法的形式确立君主立宪制,标志着宪法合法地位的确立,这在当时历史条件下已具有进步意义。

(二)《宪法重大信条十九条》

1911年10月10日,武昌起义爆发,各省纷纷宣布独立。清廷为应对迅速发展的革命形势,再次下"罪己诏",解散皇族内阁,释放政治犯,并令资政院迅速起草宪法。11月3日,颁布了《宪法重大信条十九条》(以下简称《十九信条》)。

《十九信条》与前面的《钦定宪法大纲》不同,它采纳了英国式的虚君共和模式,对皇权作了许多限制。根据规定,皇帝的权力限于颁布由国人起草、议决的宪法;任命国会公举的总理大臣和总理大臣推举的国务大臣;经国会议决,得缔结国际条约、宣战、媾和、颁布国会之议决事项;皇帝统帅海陆军,但对国内使用军队时,必须遵照国会所议决的特别条件;皇帝不得以命令代法律;皇室大典不得与宪法相抵触,皇室经费之制定及增减由国会议决;官制官规以法律定之。

《十九信条》提高了国会的地位,加强了国会的权力和监督作用;明确了要实行责任内阁制,扩大了内阁总理的权力;规定了皇权、立法权、司法权和行政权的制衡原则。这些规定体现了西方议会政治的特点。然而,《十九信条》只字未提人民权利义务的内容。可见,这是清廷为应付危机而仓促制定的文件,其最终也未能挽救清朝统治灭亡的命运。

四、预备立宪的影响

清末预备立宪活动,是清政府在国内外立宪力量的强烈呼声下不得不作出的让步,以预备立宪来应付"内忧外患"时局。因此,清廷所实行的各项立宪举措,都是以保护皇室利益、维护皇权统治为前提。

但不可否认的是,预备立宪活动在中国历史上仍具有积极意义。首先,它引进了西方国家的近代法律理念,传播了宪政文明,促使中国人的法律观念逐步发生改变。同时,这个过程也培养了一大批具有初步宪政法律素养的法律人才,为我国近代宪政运动的发展创设了条件,也为我国近代法律的现代化奠定了基础。其次,预备立宪过程中建立的新机构,如资政院、谘议局等,在一定程度上直接冲击了根深蒂固的专制政体。另外,立宪过程中实行的一些政策加剧了中央与地方、满族贵族与汉族权贵、各阶级之间的矛盾,导致更多的社会混乱,加速了清朝的覆灭。

第四节 变法修律的结果与特点

清末的变法修律是清政府在特殊局势之下进行的一场自上而下的法制变革,其动机与领事裁判权相关,目的自然是为了维护清朝统治,但不可否认的是,这也是为适应当时社会局势变化而进行的改革。

一、变法修律的结果

(一)近代法律体系的初步形成

清廷实行"新政"十年,变法修律的结果主要是初步形成了近代法律体系,包括各部门法律法规和近代司法体制两个层面。

一是制定了包括宪法性文件及刑律、民商律、行政法、诉讼律在内的各部门法律法规。颁布《钦定宪法大纲》《十九信条》,设立谘议局和资政院,拉开法律现代化的序幕。《大清新刑律》是中国第一部近代刑法典,确定了罪刑法定等刑法原则,吸收借鉴了世界先进立法经验。《大清民律草案》结束了中国古代没有民法典的历史,体现了近代中国立法对外来法律文化的借鉴。《大清商律草案》虽然不是严格意义上的商法典,立法技术也较粗糙,但仍具其存在意义,而且颁布了大量的商事单行法规,对公司、票据、证券等各类商事活动进行规范,构建起商事法律体系。此外,诉讼法律的制定,改变了中国传统司法行政合一的特征。

二是构建了近代司法体制。明清以来,传统司法机关是皇帝之下设刑部、大理寺、都察院,分别主要行使审判、复核、监察的职能。清末官制改革中,改刑部为法部,专掌全国司法行政事务;改大理寺为大理院,作为全国最高审判机关。地方改省按察使司为提法使司,掌地方司法行政及司法监督;州县设初级审判厅,府(直隶州)设地方审判厅,省设高等审判厅。同时,在大理院和各级审判厅内设置相应的检察厅,即总检察厅、高等检察厅、地方检察厅和初级检察厅,实行审检合署制度。清末修律,陆续颁布《各级审判厅试办章程》《法院编制法》等,规定了新的诉讼审判制度,第一次正式区分刑事诉讼和民事诉讼,在各级审判机关内相应设立刑事厅和民事厅,分别受理刑、民事案件;采用了近代西方国家的一些原则和制度,如回避、辩护、公开审判、合议等。

(二)近代法律思想的传播

清末的变法修律使传统法律发生改变,构建了近代法律体系,虽然因清廷的覆灭新颁法律未及实施,但在这历程中冲击了传统法律观念,同时也传播了近代法律思想、观念,主要从以下三个方面体现出来:

第一,清廷下诏变法后,大小臣工陈疏变法折。最为著名的当数两江总督刘坤一和湖广总督张之洞的《江楚会奏变法三折》,主张整顿中法和效仿西法。这些条陈与清廷变法宗旨合拍,也在一定程度上传播了变法思想和观念。

第二,清廷变法修律"参酌各国法律,首重翻译"[①]。从光绪三十年(1904)到宣统元年(1909)系统翻译各国法律及法学著作,不仅为晚清修律奠定基础,也为中国近代法律法学的萌芽创造条件,更是传播了近代法律观念。

第三,清廷修律中不同法律观念的交集与冲突。较为突出体现在制定《大清刑事民事诉讼法草案》和刑律修订过程中,尤其是围绕《大清新刑律》展开的"礼法之争",这是清末整个修律指导思想的大论争。在论争过程中,对国情的认识、对中西法律的认识,以礼教还是法理为立法原则、实体法与程序法的区分等皆有涉及或深化,无疑在客观上传播了近代法律思想和观念。

二、变法修律的特点

(一)参酌各国法律

清末变法修律是清廷统治者在面临"中外交困"的情况下进行的,1902年颁布谕令一再强调"中外通行",明确要"参酌各国法律,悉心考订,妥为拟议"。修律大臣沈家本初期进行筹备工作,包括挑选熟悉中西法律人员担任纂辑,

---

[①] 故宫博物院明清档案部编:《清末筹备立宪档案史料》(下册),中华书局1979年版,第838页。

聘请外国法律专家担任顾问,调取毕业回国的留学生从事翻译、研究外国法律的工作等。[①]此后大力翻译各国法律,引进国外近现代法律文化,据统计,修订法律馆自 1904 年开馆至 1909 年末,共翻译德、日、英、美、法等国法律近百余部。

修律过程中,删除旧律条文,草拟制定新法律,大规模移植西方法律概念、原则、制度等。如《钦定宪法大纲》是中国第一部宪法性文件,是中国近代宪法制度的开端。《大清民律草案》的前三编是借鉴日、德、瑞士等大陆法系国家的民法典起草而成,是中国历史上第一部民法典。参酌各国法律,对传统中国法律体系进行改革,近代诸法分立之法律体系形成。

(二)新旧观念之争

清末变法修律固然是参酌各国法律,大量移植外国法制,但奉行的宗旨仍是"中体西用",认为"中国素重纲常,故于干名犯义之条,立法特为严重",坚持"凡我旧律义关伦常诸条,不可率行变革,庶以维天理民彝于不敝"。[②]因此,在修律过程中发生激烈的新旧观念之争自是必然。上述"礼法之争"即是两者之间碰撞和冲突的典型表现。

(三)曲折中前行

清末的变法修律,一方面初步形成近代法律体系,引进西方法律原则、制度,但另一方面又保留了传统伦理纲常的法律原则和制度,可以说,这一场历史变局中的法制改革是曲折中前行。它是中国法律史上重要的一次变革,虽然存在诸多不足和缺陷,但其本身的意义和影响却不可低估。传统法律体系的解体,近代法律体系的构建,近现代法律观念的逐渐确立,奠定了以后中国法律制度的发展方向,北洋政府立法直接继承了清末时期制定的法律。另外,在修律过程中发生的法律观念之争,是中西法律文化碰撞和冲突的产物,也是当时各方对如何移植外国法同时又保留本土传统的一种探索。

---

① 参见李贵连:《沈家本传》,法律出版社 2000 年版,第 207—208 页。
② 参见故宫博物院明清档案部编:《清末筹备立宪档案史料》(下册),中华书局 1979 年版,第 858 页。

第十三章 中华民国法律

自鸦片战争以来,面对"三千年来未有之变局",清王朝陷入内忧外患、战乱频仍的艰难处境。最终辛亥革命推翻了清朝统治,1912年1月1日,中华民国临时政府在南京成立,中国长达两千多年之久的君主专制制度也随之结束。中华民国时期是传统中华法系逐渐消解,继受而来的西方法制逐渐建立的历史阶段。从南京临时政府到北京政府,再到南京国民政府,先后制定、修正和颁布了数个"宪法"或"宪法性文件",反映了不同时期的政治格局与主张。在部门法领域,立法成果较为丰富,修订完成了"六法全书"为代表的资产阶级现代法律体系。北京政府时期沿袭清末司法改革路线继续推进,逐渐建立较为独立完备的司法机构。南京国民政府实行五权分制政体,司法院为国民政府最高司法机关。

第一节 法律思想

一、孙中山的"三民主义"

中国民主革命的先行者孙中山先生不仅是中华民国的缔造者,也是中华民国法律制度发展的奠基人。孙中山的"三民主义"和五权宪法理论是中华民国时期法律思想的核心部分,是南京国民政府时期法制建设的行动指南。

孙中山的"三民主义"因历史条件与认识深度不同,经历了从旧三民主义到新三民主义两个发展阶段。旧三民主义诞生于推翻清朝统治的革命斗争中,1905年同盟会成立后,为宣传革命主张创办了《民报》,11月26日,孙中山在《民报》发刊词中提出了民族、民权、民生等三大主义,也即三民主义。其中,民族主义是指"驱除鞑虏,恢复中华",即推翻清朝贵族统治,建立以汉民族为主体的民族国家;民权主义是指"创立民国",即推翻封建帝制,建立资产阶级民主共和国;民生主义是指"平均地权",主张核定地价,征收地价税,土地增值归公。辛亥革命后,以袁世凯为首的北洋军阀攫取了胜利果实,旧三民主义遭遇失败。

新三民主义提出于俄国十月革命胜利之后,孙中山总结旧民主主义革命失

图 13.1　孙中山遗像

败的沉痛教训,学习借鉴苏联革命的成功经验,探索指导中国革命的崭新理论。1924年初,在广州召开中国国民党第一次全国代表大会,顺利实现第一次国共合作。在此次大会上,孙中山提出了"联俄、联共、扶助农工"三大政策,并重新解释了三民主义,把旧三民主义发展为新三民主义。其中,民族主义强调中华民族追求独立解放,对外反对帝国主义,对内实现各民族一律平等;民权主义主张"民权为一般平民所共有",而非少数资本家所专有,应建立一个各革命阶级联合专政的国家;民生主义认为"平均地权"的最终目的是实现耕者有其田,并增加"节制资本"来反对资本家操纵国计民生。

二、权能分治与五权宪法理论

权能分治理论是孙中山在批判继承近代西方古典自然法学家"天赋人权""主权在民"的思想基础上,以民权主义为指导,旨在解决政权与治权、民主与效能相结合的基本政治构想。

孙中山认为国家政治权利分为两部分:一部分是政权,也叫民权,简称"权";另一部分是治权,简称"能"。主张把"权"与"能"分开,人民只行使"政权",将"治权”交给政府。其中，又把民权分为选举权、罢免权、创制权、复决权等四权，也即选举官吏之权、罢免官吏之权、创制法案之权、复决法案之权。

权能分治理论解决了国家政治生活中“雇主”与“佣工”之间的“雇佣关系”，也即政府合法性问题。但政府是否完全忠实于人民，不能仅仅依靠善良和信任来维持，必须通过制度加以约束。西方三权分立就是通过分权制衡的方式，将立法权、行政权、司法权分别交给立法院、行政院、司法院三个机构具体实施，彼此互相制约，从而能体现人民意志。

孙中山在学习借鉴西方三权分立思想的同时，将中国古代科举制度和监察制度吸收进来，把三权分立发展成为五权分立的宪法理论。1906 年 12 月，孙中山在《民报》创刊周年纪念讲话中，公开提出“五权分立”，“希望在中国实施的共和政治，是除立法、司法、行政三权外还有考选权和纠察权的五权分立共和政治”①。“所谓五权者，除立法、司法、行政外，一为考试权，一为弹劾权。查我国对此两权流传极久，虽皇帝亦不能干涉者。往年罢废科举，未免因噎废食。其实

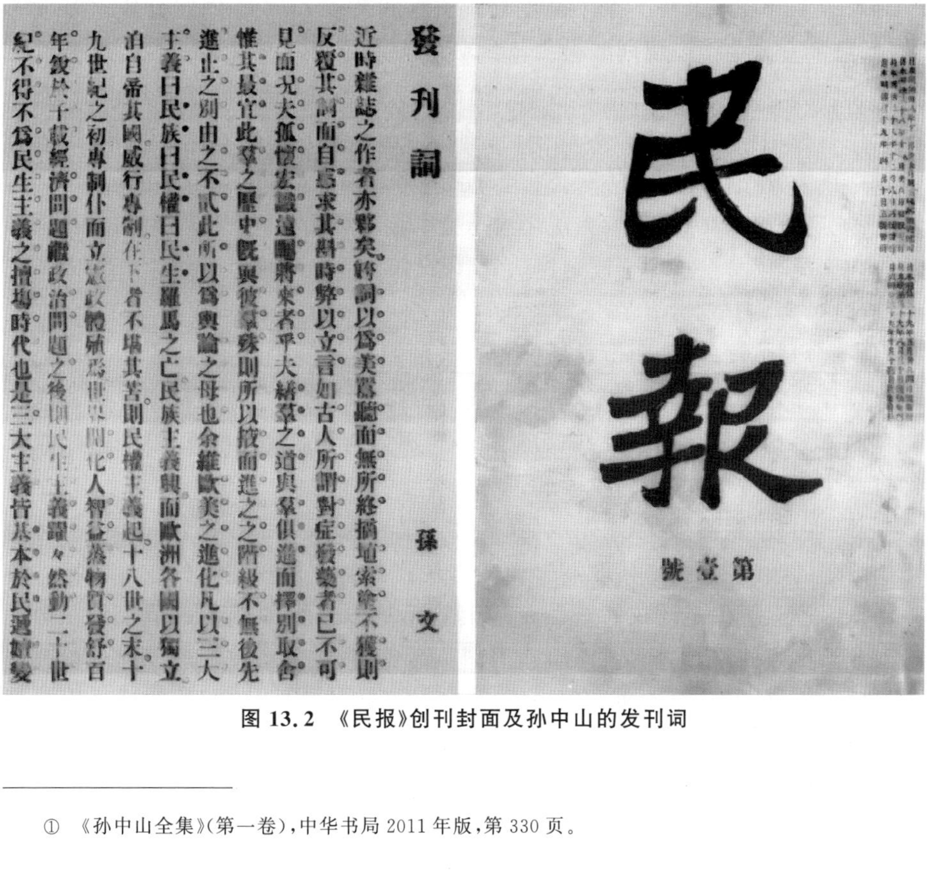
民報

第壹號

發刊詞

孫文

近時雜誌之作者亦夥矣偏詞以爲美騖聽而無所終擿埴索塗不獲則
反覆其詞而自惑求其斟時弊以立言如古人所謂對症發藥者已不可
見而況夫孤懷宏識遠矚將來者乎夫繕群之道與群俱進而擇別取舍
惟其最宜此群之歷史既與彼群殊則所以掖而進之之階級不無後先
進止之別由之不貳此所以爲輿論之母也余維歐美之進化凡以三大
主義曰民族曰民權曰民生羅馬之亡民族主義興而歐洲各國以獨立
洎自帝其國威行專制在下者不堪其苦則民權主義起十八世紀之末十
九世紀之初專制仆而立憲政體殖焉世界開化人智益蒸物質發舒百
年銳於千載經濟問題繼政治問題之後則民生主義躍々然動二十世
紀不得不爲民生主義之擅場時代也是三大主義皆基本於民遞嬗變

图 13.2　《民报》创刊封面及孙中山的发刊词

① 《孙中山全集》(第一卷)，中华书局 2011 年版，第 330 页。

考试之法极良,不过当日考试之材料不良也。"①增加考试权,旨在将所有公职人员的选拔任用纳入考试范围,以此提高公职人员的基本素质。增加弹劾权,旨在把所有的公职人员置于监督弹劾之下,防止渎职滥权及违法犯罪。

五权宪法理论的核心在于"五权分立",而其制度基础是人民主权,即国民选举权、罢免权、创制权、复决权等四项权利,以之制衡公权力。后来南京国民政府实行立法院、行政院、司法院、考试院、监察院等五院分制的政府组织框架,正是源于五权宪法理论。

三、宪政三阶段理论与"以党治国"思想

孙中山毕生追求自由、平等和天赋人权,坚信中国推翻封建君主专制之后一定能够实现民主共和制度,但建立宪政民主国家需要一个不断摸索循序渐进的过程,必须依靠革命政党的正确领导。由此孕育了他的宪政三阶段理论和"以党治国"思想,而且三阶段理论与党治思想是密切联系的。

宪政三阶段理论有一个不断发展提升的过程。1905年同盟会成立时发布《军政府宣言》,孙中山将同盟会政治纲领的顺序分为三个时期:军法之治、约法之治和宪法之治。军法之治是指军政府发动人民革命,推翻封建专制统治,扫除旧时代各种积弊,总揽地方行政全局;约法之治是军政府保留国事之权,地方自治权则授予人民,解除"军法",公布"约法",军政府、地方议会与人民各遵循"约法"所规定的权利义务行事;宪法之治是指军政府解除权力,还政于民,人民选举总统和议员,议员组成国会制定宪法,国家政事完全依照宪法。

1914年7月,孙中山在反对袁世凯的二次革命失败后组建中华革命党,在《中华革命党总章》中孙中山重新修正了他的宪政三阶段理论,将中国实现宪政国家过程分为军政、训政与宪政三个阶段,将约法之治改为训政阶段。强调先知先觉的革命党人,训练教育后知后觉和不知不觉的普通民众熟悉民主程序,需要经过一个历史过程,不能一蹴而就。

孙中山"以党治国"思想是从他的"政党政治论"发展而来的,民国初年,孙中山所设想的政治制度是"代议制",而实行代议制必须依赖完善的政党制度。孙中山认为政党不仅是政权的核心,而且是政治进步之所在,实行两党交替执政是政党政治最好的施政方案。但组建中华革命党后,尤其借鉴苏联革命经验改造中国国民党之后,孙中山两党交替执政的"政党政治论"也发展成为一党专政的"以党治国"思想,强调革命政党是国家政权的保姆、党即政府、党魁政权、党义治

---

① 《孙中山全集》(第四卷),中华书局2011年版,第332页。

国等。孙中山特别强调,"以党治国"不是要党员都做官,而是要用三民主义治国。后来,胡汉民等把孙中山"以党治国"思想阐述为"以党救国""以党立国""以党治国""以党建国"等信条,并与宪政三阶段理论结合起来加以发挥:革命就是"以党救国",军政就是"以党立国",训政就是"以党治国",宪政就是"以党建国"。

第二节　法律发展概况

1911年10月,辛亥革命爆发。1912年1月,中华民国建立,终结了两千多年中国封建帝制统治。武昌起义后,南北和谈取得成功,为中国社会政治制度转型提供了一个平稳过渡的历史契机,中华民国法制发展进程便充分体现了这一转型特征。一方面,民国肇造是一场全新的社会制度革命,必须在封建帝制统治的废墟上重建一个崭新国家,实现资产阶级民主共和制度。所以,有关国家制度和政府组织架构的宪法(约法)必然成为法制建设的重中之重。另一方面,清末修律运动中所制定或颁布的刑律、民律、诉讼律及法院编制法等部门法成果,剔除其中与民国制度相违背的条款后,都被广泛援用到司法实践中,既节约了立法成本,又满足了法制建设的迫切需要,使清末修律成果得以实施并造福于民国。

但是,民国创建之初的短暂和平,难以掩盖革命党人与封建旧势力之间的尖锐矛盾,新旧势力斗争伴随民国成长,中华民国历史因此呈现出鲜明的阶段性特征,民国法制近代化进程分为南京临时政府时期、北京政府时期和南京国民政府时期等三个历史阶段。

一、中华民国法制近代化的三个阶段

(一)革命党执政的南京临时政府时期

1911年10月10日,武昌起义爆发,湖北成立军政府,推举黎元洪为都督。随后南方各省纷纷宣布独立,仅一个月时间,黄河以南便有14个省脱离清政府控制。清政府一面抛出《宪法重大信条十九条》(即《十九信条》)以安抚民心,一面起用袁世凯为内阁总理大臣,以图弹压挽救败局。12月,独立各省为了团结一致应对清廷反扑,委派督军府代表先后齐集武昌、南京召开联席会议,决定于1912年1月1日成立中华民国临时政府。会议制定了《中华民国临时政府组织大纲》,确立总统制和参议院两权分立体制,为中华民国的创立确立了宪法依据。1912年1月1日,孙中山在南京就任中华民国临时政府的临时大总统;1月4

日,临时政府成立,定国号为中华民国。这是中国第一个资产阶级民主共和国,标志着中国从此终结帝制,开辟了民主共和新纪元。

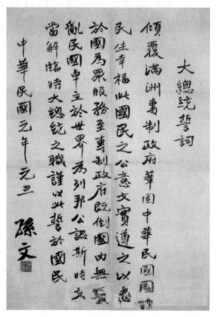

图13.3 大总统誓词(中国历史博物馆藏)

1912年2月12日,清廷正式颁布《宣统帝退位诏书》,南北统一已成定局。13日,孙中山向临时参议院辞去临时大总统,根据此前南北和谈的约定,由袁世凯接任临时大总统。以孙中山为首的南方资产阶级革命党人为了制约袁世凯揽权独裁和复辟帝制,由临时参议院制定《中华民国临时约法》,并于3月11日正式公布。临时约法采取内阁总理负责制,议会拥有相当大的权力,对袁世凯统治构成潜在的制约作用。孙中山领导的南京临时政府虽然仅存在三个月,但在促进中国法制从封建法制到资产阶级民主法制转型发展方面发挥了重要的历史作用。

(二)北洋军阀统治的北京政府时期

1912年3月10日,袁世凯在北京就任中华民国临时大总统,但国会仍然被同盟会为首的革命党人控制。1913年3月,同盟会总干事宋教仁在上海被暗杀。随后,孙中山发动反对袁世凯的二次革命,但惨遭失败,中华民国政府从此被袁世凯为首的北洋军阀所窃据,直至1928年北伐军攻占北京为止。

民国初年,中国正经历从封建帝制走向民主共和的关键时期,广大民众关注的焦点是如何建立一个健全有序的民主共和国,因而制定宪法(约法)成为国家

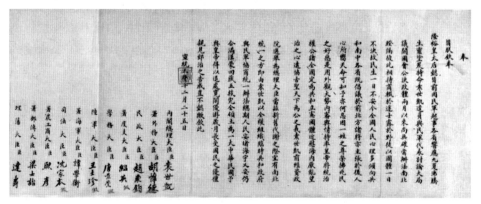

图 13.4 宣统帝退位诏书

政治生活和法制建设中的头等大事。继《中华民国临时政府组织大纲》和《中华民国临时约法》之后,北京政府先后制定或颁布施行的宪法性文件有 1913 年的"天坛宪草"、1914 年的《中华民国约法》(又称"袁记约法")、1923 年的《中华民国宪法》(又称"贿选宪法"),制定宪法成为北洋军阀确立统治权的政治游戏。

对于其他部门法的制定,1912 年 3 月,袁世凯在北京就任临时大总统时即颁布《宣告暂行援用前清法律及暂行新刑律》,规定所有清末施行的法律及新刑律,除了与民国国体抵触条款应失去效力外,其余一律暂行援用。这使得清末修律成果在北京政府统治时期发挥了现实功效,并在实践中以补充修正条例或修正草案的方式不断加以完善。如 1912 年 3 月 10 日颁布《中华民国暂行新刑律》后,4 月即公布《删修新刑律与国体抵触各章条等并删除暂行章程文》。1914 年 12 月,又颁布《暂行刑律补充条例》,对《中华民国暂行新刑律》加以扩充。1915 年,为了迎合袁世凯统治需要,由章宗祥、董康主持完成"第一次刑法修正案"即《修正刑法草案》。1918 年,由董康、王宠惠主持完成"第二次刑法修正案",对第一次修正案加以矫正。北京政府通过援用清末修律成果并不断修改完善,既避免制定部门法须经烦冗立法程序的延搁,又显现了法制建设的继承性与灵活性相结合的智慧。

(三) 国民党统治的南京国民政府时期

1928 年 10 月北伐军攻占北京,南京国民政府统一中国。1928 年,南京国民政府立法院成立后,除了强化国民党统治,还制定了一系列宪法性文件。此外,为了兑现取消领事裁判权的政治诺言,加快立法步伐,借鉴日、德、瑞士等大陆法系国家的最新立法成果,修订完成以"六法全书"为代表的资产阶级现代法律体系。

所谓"六法全书",是国民党统治时期法律体系的代名词,它包括宪法、刑法、民法、刑事诉讼法、民事诉讼法、行政法等六个部门法。其中,除了行政法没有制定法典之外,宪法及其他部门法均有法典及其关系法规。"六法全书"吸取了当时世界各国最新的立法成果,并对中国传统习俗和现实国情反复斟酌取舍,总体上是一个比较成熟完善的近代法律体系。

民国时期,在制定完善近代法律体系的同时,加快了司法制度变革。在清末司法改革基础上,进一步健全司法机构和司法制度建设。南京临时政府时期,司法尚属草创阶段。北京政府时期,将清末的法部改为司法部,作为全国司法行政主管部门;将清末大理寺改为大理院,作为全国最高的审判机关;设立总检察厅,作为全国最高的检察起诉机关。地方设立高等审判厅和高等检察厅、地方审判厅和地方检察厅、初级审判厅和初级检察厅。从地方到中央,案件审理实行四级三审制。南京国民政府时期,国民政府实行五院制,其中司法院统揽司法大权。将司法部改为司法行政部,将大理院改为最高法院,地方设立高等法院及其分院、地方法院,实行审检合一体制,将各级检察处内置同级法院中,案件审理实行三级二审制。此外,对于没有条件设立地方法院的县份,实行县长兼理司法行政体制,派承审员独立承担审判职责。

二、中华民国时期法制的主要特点

中华民国时期是中国社会转型发展的重要历史阶段,中华民国法制不仅与古代封建法制不同,而且与清末修律运动所催生的法制变革也有很大差异,呈现出以下几个鲜明特点:

第一,宪法始终是法制建设的中心任务,宪法和法律在国家政治生活中的地位明显提高。中华民国推翻帝制建立民主共和制度,是中国两千多年从未有过的大变局,中国社会何去何从,未来国家和政府如何组建,人民权利如何保障,均需要制定法律制度加以保障。尤其宪法是规定国家制度、政府组织和人民权利的根本大法,必然成为整个法制建设的核心焦点。而不同政党和势力派别的利益角逐,均需要通过宪法确立自己的权力及历史地位,因而宪法始终是法制建设与发展中的一大亮点,宪法和法律在国家政治生活中发挥着举足轻重的影响力。

第二,制定法律既关注世界立法的最新成果,又能兼顾国情实际和善良风俗。民国时期的法制建设努力克服清末法制变革草创局促的缺陷,立法文本从盲目抄袭到甄别吸收,实现了一个质的飞跃。在移植西方各国最新立法成果的同时,能够兼顾国情和习惯,使得制定法律更切合中国社会实际。例如,刑法制定吸取了世界最先进的立法理念，但也关注中国固有的传统习惯，在正当防卫中设立限制卑亲属对直系尊亲属实施的条款。又如，在制定《中华民国民法》过程中特别重视传统民商事习惯调查，民法典第1条即开宗明义强调，法律没有规定的适用法理和习惯。如民法典继承编摒弃了传统宗祧继承制度，但对于宗族内部过继习惯并不一味排斥，只要不与三民主义和立法宗旨相违背，一般均以自治规则得到尊重。

第三，民主观念深入人心，个人权利不断得到保障。民国时期社会各界民众深受民主共和观念的熏陶，法制建设承续清末从家族本位到国家本位的转变，进而发展到个人本位和社会本位。立法实践积极关切社会革命和人民呼声，如妇女解放、男女平等运动便不断推动法律保障个人权利，尤其是妇女权益。妇女不仅获得了婚姻自主权，而且还获得了平等的财产继承权，并在社会政治舞台上取得了参政议政的权利，为人类解放和自由民主做出了重要贡献。

第四，法制环境不统一，立法文本与司法效果存在明显差距。中华民国既是近代中国社会转型变革的关键阶段，又是一个并不安定的历史时期，军阀割据，战争频仍，法制环境不统一，给法制建设和发展效果大打折扣。如北洋军阀统治的北京政府的法律很少能通行全国的，北京政府制定宪法，各省则制定省宪，1923年直系军阀曹锟主导制定的《中华民国宪法》明定"国权"和"地方自治"，将法制环境不统一直接挑明。又如民事诉讼法，1921年北京政府和孙中山领导的广东军政府分别制定了《民事诉讼条例》和《民事诉讼律》，各自实施，并行不悖。另外，考虑到各地方法制环境的差异性，民国时期立法文本多留有司法裁量的较大空间，使得司法舞弊泛滥，立法宗旨与司法效果相去甚远。

中华民国法制发展虽然存在诸多缺陷，但总体而言，取得了较大成就。不仅在形式上建立了以"六法全书"为代表的法律体系，而且在社会生活和司法实践中确立了尊重宪法与法律的法治观念，促进了中国社会变革和转型发展。

第三节 宪法性文件的制定

一、南京临时政府时期的宪法性文件

（一）《中华民国临时政府组织大纲》

1911年10月10日，武昌起义爆发，革命党人在武昌成立中华民国军政府，推举黎元洪为军政府鄂军都督府都督，制定《中华民国军政府条例》，对军政府组织、都督与议会的职责权限作了明确规定。与此同时，还制定颁布了《中华民国

鄂州临时约法》,规定人民一律平等,享有各种自由权利,并有选举权和被选举权。这是中国近代第一部具有民主性质的省宪。

1911年11月,10省22名代表在汉口、南京召集各省都督府代表联合会,商议组成统一革命政府。12月3日,由雷奋、马君武、王正廷等起草的《中华民国临时政府组织大纲》通过,为南京临时政府诞生奠定了法律基础。该组织大纲具体包括4章21条,如第一章"临时大总统",修正案增加"副总统",由各省都督府代表选举产生;第二章"参议院",规定参议院的组成、职权、表决办法等;第三章"行政各部",规定临时政府设立外交、内务、财政、军务、交通五部;第四章"附则",规定"临时政府组织大纲施行期限以中华民国宪法成立之日为止"。该组织大纲采取不完备的三权分立,即临时大总统行使行政权,参议院行使立法权,而临时中央审判所行使的司法权却受制于临时大总统和参议院的同意。该组织大纲是一部具有临时宪法性质的政府组织法,为南京临时政府成立提供了法律依据。但也存在一些历史缺陷,如缺乏民主性和民主基础;政权组织内部缺乏关联与制约;对于人民的民主自由和权利没有规定。

(二)《中华民国临时约法》

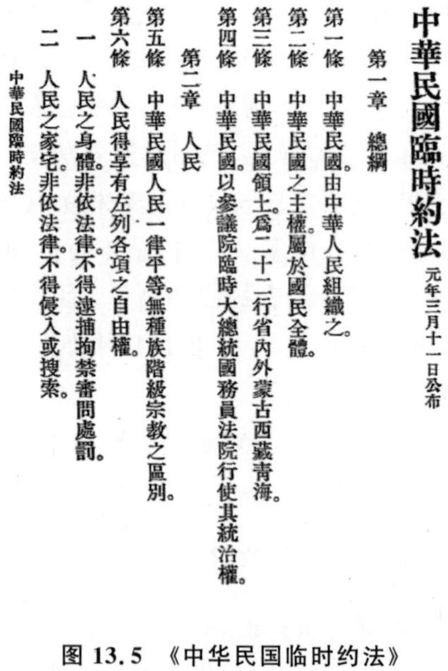

中華民國臨時約法 元年三月十一日公布

第一章 總綱
第一條 中華民國由中華人民組織之。
第二條 中華民國之主權屬於國民全體。
第三條 中華民國領土爲二十二行省內外蒙古西藏青海。
第四條 中華民國以參議院臨時大總統國務員法院行使其統治權。

第二章 人民
第五條 中華民國人民一律平等,無種族階級宗教之區別。
第六條 人民得享有左列各項之自由權。
一 人民之身體非依法律不得逮捕拘禁審問處罰。
二 人民之家宅非依法律不得侵入或搜索。

图13.5 《中华民国临时约法》

1912年1月,马君武、张一鹏等五人开始起草《中华民国临时约法》。1月28日,临时参议院成立,负责审议约法。2月12日,清王室下"退位诏"。2月13

日,孙中山向临时参议院提出辞任临时大总统,并提出袁世凯继任临时大总统的三个先决条件:一是首都仍设在南京;二是临时大总统赴南京就职;三是必须遵守即将颁布的《中华民国临时约法》。2月15日,临时参议院决议通过孙中山的提议。3月8日,临时参议院三读通过《中华民国临时约法》。3月11日,孙中山公布《中华民国临时约法》。

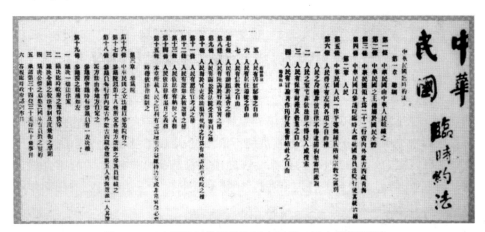

图13.6 《中华民国临时约法》(中国第二历史档案馆藏)

《中华民国临时约法》主要内容包括总纲、人民、参议院、临时大总统副总统、国务员、法院、附则等7章共56条。例如,"总纲"规定国体、人民、领土等,尤其领土问题规定得清晰明确;"人民"规定了非常完备的自由民主权利,以及纳税服兵役的义务;实行"参议院""临时大总统副总统""国务员"与"法院"等三权分立;"附则"规定了约法修改的严格程序,即由2/3的参议员或总统提议,4/5的参议员出席,其中3/4的参议员同意。

较之《中华民国临时政府组织大纲》,《中华民国临时约法》有以下鲜明特点:一是以内阁制取代总统制,限制袁世凯即将上任临时大总统的权力;二是扩大了参议院的权力,用同意权、弹劾权、复议权等加强对临时大总统袁世凯的监督;三是规定了宪法修改的严格程序,防止袁世凯破坏临时约法;四是独立增加"人民"一章,强调主权在民。

《中华民国临时约法》是中国近代史上第一部资产阶级民主共和国性质的宪法性文件,其宣示的民主观念深入人心,坚定维护祖国统一完整;确认资本主义所有制和生产方式,为促进中国民族资本主义发展奠定了法律基础。但由于孙中山领导资产阶级民主革命的软弱性,在袁世凯攫取临时大总统之后,临时约法便难以发挥应有的实际效果。

二、北京政府时期的宪法性文件

(一)《中华民国宪法草案》("天坛宪草")

1912年3月10日,袁世凯在北京就任中华民国临时大总统,政府各部和参议院随后迁至北京。1913年4月,国会召开后,修订完备宪法形成共识。7月12日,参、众两院各选30名议员组成"宪法起草委员会",在天坛祈年殿开展制宪起草活动,草案是为"天坛宪草"。该宪法草案包括国体、国土、国民、国会、国会委员会、大总统、国务院、法院、法律、会计、宪法修正及解释等11章,共113条。

"天坛宪草"坚持《中华民国临时约法》的根本立场,继续维护新生的民主共和制度。一是坚持责任内阁制,以限制总统权力。二是扩大国会权力,限制行政滥权。如增加了对国务委员以上官员的不信任权;增加了对政府的建议权,但无反馈责任规定;放宽弹劾权,只要有2/3的国会议员提出弹劾,2/3的国会议员通过即有效;增加了国会的特别审判权,但没有处刑权。三是对总统的任期作了明确规定。任期五年,只能连任一届。

"天坛宪草"继承和发扬了《中华民国临时约法》的基本精神,坚持走议会和平斗争路线。在立法技术上,较《中华民国临时约法》更为成熟缜密。但遭到了袁世凯为首的北洋军阀的坚决反对,1913年10月24日,草案进入审议程序,袁世凯派八位代表陈述总统意见。被议会否决后,25日,袁世凯通电各省军政长官,对宪法草案进行驳难,地方军阀势力随即作出废宪草和解散国会的呼声。11月4日,解散国民党。1914年1月,袁世凯解散国会,宪草被废弃。

(二)《中华民国约法》("袁记约法")

1914年1月,袁世凯在解散国会的同时,另组中央政治会议,拼凑80名代表,暂行国会职能,制定《约法会议组织条例》,据此选举60名约法议员,由施愚、程树德、夏寿田等七人负责起草制定《中华民国约法》,于同年5月1日颁布。因该约法完全秉承袁世凯一己私意,所以又称"袁记约法"。

"袁记约法"包括国家、人民、大总统、立法、行政、司法、参政院、会计、制定宪法程序、附则等10章,共68条。其内容重在扩张总统权力,取消国会制约。首先,取消责任内阁制,代之以总统制,赋予总统极大权力;取消内阁总理,代之以国务卿,总统直接领导各部;总统总揽大权,规避议会制衡;"大总统对国民之全体负责任",不用向议会负责,自然也不受议会监督。其次,取消国会两院制,代之以立法院和参政院。立法院由选举产生,但总统可以否定其议案;参政院由满清遗老和总统熟悉的各界名流构成,虽然是一个咨询机构,但总统经参政院同意可以解散立法院。

图 13.7　袁世凯像

"袁记约法"较之《中华民国临时约法》和"天坛宪草",是近代宪政史上的一股倒退逆流,它的最大特色就是无限制地扩大了总统权力,为袁世凯复辟铺平道路。

(三)《中华民国宪法》("贿选宪法")

1916年6月,袁世凯死后,北洋军阀皖、直、奉系混战,名为捍卫约法,实则各怀鬼胎。1923年直系军阀曹锟取得北京政权,便着手制定宪法和竞选总统。10月8日,国会宪法会议匆忙完成了三读程序,通过了《中华民国宪法》。由于曹锟许诺给每位国会议员缴清历年薪水津贴5000元,作为参加国会选举的先决条件,所以,该次国会被民众耻笑为"猪仔议会",曹锟被称为"贿选总统",其主导制定的宪法被称为"贿选宪法"。

曹锟政府为了平息社会各界的愤怒与质疑,给自己披上尊重"法统"的外衣,《中华民国宪法》以"天坛宪草"为立法蓝本,并有所进步。该宪法包括国体、主权、国土、国民、国权、国会、大总统、国务院、法院、法律、会计、地方制度、宪法之修正解释及效力等13章,共141条。其主要内容包括:一是实行责任内阁制,限制总统权力。较之"天坛宪草"中的规定,总统权力有被进一步削弱的趋势。二是该宪法专门规定了"国权"与"地方制度",明确了中央与地方的权力分配,给予地方广泛自治权,近乎联邦制政体。1924年10月,第二次直奉战争因冯玉祥倒戈囚禁曹锟,直系惨败,实行一年的宪法也被废除。

三、南京国民政府时期的宪法性文件

(一)《训政纲领》

1928年,北伐军攻克北京。奉系军阀张作霖败退东北在皇姑屯被日军炸死,其子张学良宣布"东北易帜",国民党在形式上实现了中国的统一。按照孙中山宪政三阶段理论,武力统一中国意味着军政时期结束,训政时期开始。所谓"训政"就是实现国民党"以党治国",即由国民党政府训练人民的政治知识和能力,使其熟练掌握选举、罢免、创制、复决等"政权"。

1928年10月3日,国民党中常会第172次会议通过《训政纲领》,确立了国民党训政领导地位和建立国民政府五院制框架的政纲。该纲领一共六条,第一条规定了中华民国在训政时期,由国民党代表国民大会行使政权;第二条规定在国民党全国代表大会闭会时,由国民党中央执行委员会执行政权;第三条规定选举、罢免、创制、复决四种"政权",应训练国民逐渐推行,以立宪政之基;第四条规定行政、立法、司法、考试、监察五种"治权",托付于国民政府总揽执行;第五条规定由国民党中央执行委员会政治会议指导监督国民政府重大国务之施行;第六条规定政治会议负责修正和解释《中华民国国民政府组织法》。

1929年3月,国民党第三次全国代表大会召开,正式宣布军政时期结束,训政时期正式开始。从此,国民政府抛弃了民国元年以来民主共和的法统,不再恢复国会,而是以国民党全国代表大会来取代之,国家权力的核心则在于"国民党中央执行委员会",完全实现国民党"以党治国"训政目标。

(二)《中华民国约法草案》

《训政纲领》颁布后,汪精卫等人不满蒋介石借党治之名,行独裁之实。1930年4月,当反蒋的中原大战正在军事和政治两方面酝酿之时,汪精卫主张召开扩大会议,联合阎锡山、冯玉祥、李宗仁和西山会议派等形成一个反蒋的临时组织,即扩大会议派。8月7日发表的《扩大会议宣言》主张制定基本大法,规定人民权利和政府机关的权限。

10月27日,扩大会议在太原召开,讨论通过《中华民国约法草案》,即《太原约法》。该宪法草案包括建国大纲、人民之自由权利义务、国权、中央制度、地方制度、教育、生计、附则等8章,共211条。该宪法草案是在国民党内部为争权夺利而由扩大会议派颁布的,有争取民众共同倒蒋的政治意图,因而对人民的权利义务作了详细规定,尤其对人民的权利规定采取直接保障主义的方式;而对于国权和中央事权采列举主义,地方事权则采取概括主义。关于中央制度,

规定国民政府实行严格的委员制,设委员7—11人,以其中1人为主席。到宪政时期,国民政府以总统督率五院,处理国务。

(三)《中华民国训政时期约法》

为了回应汪精卫为首的扩大会议派制定的约法草案,巩固蒋介石为首的南京国民政府的统治地位,1931年6月1日,南京国民政府正式公布了《中华民国训政时期约法》。该约法以《训政纲领》为基础,包括总纲、人民之权利义务、训政纲领、国民生计、国民教育、中央与地方之权限、政府之组织、附则等8章,共89条。较之《太原约法》规定,大为倒退。如第二章"人民之权利义务",一般性地规定了公民的各项权利和义务,但条文后面多附有"依法律"或"非依法律不受/不得"等但书条款,从而给国民党剥夺人民权利埋下伏笔;第三章"训政纲领",以根本法形式确认了国民党一党专政的国家政治体制,这实际上是整部约法的最核心所在;第六章"中央与地方之权限",较之北洋政府权力更为集中,而且是一党专制集权;第七章"政府之组织",确立国民党政府立法、司法、行政、考试、监察的五院制组织架构,表面上体现了权力分立和制衡的政治原则,实质上改变不了一党专政和领袖独裁的实质。

这部训政约法的核心是以党治国,但训政时期不过是迈向宪政的过渡阶段,按照国民党1929年的决定,训政时期预定为6年,理论上说,到1937年就要进入宪政阶段,但由于日本帝国主义侵华战争全面爆发,国民大会不可能如期召开,该约法遂沿用至1947年新宪法生效为止,实际运行16年之久,是近代宪法史上最重要的宪法性文件之一。

(四)《中华民国宪法草案》("五五宪草")

《中华民国训政时期约法》颁布实施后,朝野反对国民党专制独裁的声浪此起彼伏。国民党内部也有人士呼吁"结束训政,实行宪政"。1932年12月20日,立法院院长孙科在国民党四届三中全会第三次大会上提议从速起草宪法草案,并获得大会通过,会后成立宪法起草委员会,开始起草新的宪法。1936年5月5日,国民政府公布了《中华民国宪法草案》,也即"五五宪草"。"五五宪草"包括总纲、人民之权利与义务、国民大会、中央政府、地方制度、国民经济、教育、宪法之施行及修正等8章,共147条。

"五五宪草"内容上尚属完备,尤其对于国家政治制度的基本框架和权力构成阐述较为清晰。如第三章"国民大会",规定国民大会为最高权力机关,由各地选出的国大代表组成,有选举、罢免政府重要官员,创制、复决法律,修改宪法等权力。大会每三年召集一次,会期为一个月,代表任期为六年。第四章"中央政府",规定中央政府由总统及立法、行政、司法、考试、监察五院组成,总统为国家元首,有代表国家、宣战、媾和、缔约、大赦、特赦、荣典等权,但在立法权限上,必须由各院的院长副署,方能有效。五院除了对总统负责之外,还要对国民大会负责。第五章"地方制度","凡事务有因地制宜之性质者,划为地方自治事项",实际上是确认了地方自治的权限。

"五五宪草"在形式上较之于《中华民国训政时期约法》更为完善,对人民的各项权利也规定得更加充分,而且整部宪草有条主线贯穿其中。如第一章"总纲",规定中华民国为三民主义共和国,主权属于全体国民,中华民族由各民族共同构成等。最后一章"宪法之施行及修正",规定了相关的解释和修改事项,主要由国民大会负责。首尾呼应了主权在民的基本原则,反映了朝野对民主共和制度的基本诉求。但因全面抗战的爆发,该草案始终未能付诸实施。

(五)《中华民国宪法》

抗战胜利后,社会各界要求国民党结束训政,召开国民大会制定宪法,蒋介石也希望借首部"行宪"宪法来巩固自己的统治。在"五五宪草"的基础上参酌欧美宪法精义,制宪国民大会于1946年12月25日通过了《中华民国宪法》,1947年1月1日公布,1947年12月25日正式实施。

这部宪法包括总纲,人民之权利义务,国民大会,总统,行政,立法,司法,考试,监察,中央与地方之权限,地方制度,选举、罢免、创制、复决,基本国策,宪法之施行及修改等14章,共175条,是民国时期条款最多的一部宪法。较之以往的约法和宪法,这部宪法的内容很有特色:一是明确提出了孙中山三民主义是宪法指导思想,并与美式的民有、民治、民享理念结合起来,作为建立民主共和国的思想基础。二是根据孙中山五权分立理论,宪法分五章具体规定五院职能及其权限。根据分权制衡原则,该宪法的解释权归司法院,而宪法修改权归国民大会。三是在宪法中第一次系统阐述"基本国策"。该宪法第十三章分别从国防、外交、国民经济、社会安全、教育文化、边疆地区等方面规划了发展目标和政策措施,实际上是在强调国民政府的诸多政策,都是贯彻了孙中山先生的三民主义和建国方略。

尽管该宪法打着孙中山先生的旗号,对民主政治和人民权利均有详细规定,但它本质上仍是国民党一党包办的产物,最终只能代表国民党的利益,并服务于国民党的统治,无法反映广大人民群众的迫切诉求。1948年5月,南京国民政府颁布《动员戡乱时期临时条款》,"行宪"宪法也被中止实施。

第四节　刑事法律

一、北京政府时期的刑事立法

南京临时政府仅仅维持三个月，其间虽然也颁布了禁止贩卖人口（猪仔）、禁止吸食鸦片、禁止赌博、禁止刑讯逼供等保障人权与移风易俗方面的法令，但并未顾及刑事立法，因而论及中华民国时期的刑事法制，当始于北京政府时期。

（一）《中华民国暂行新刑律》

1912年3月10日，袁世凯就任临时大总统，《中华民国暂行新刑律》（以下简称《暂行新刑律》）颁布施行。4月30日，颁布《删修新刑律与国体抵触各章条等并删除暂行章程文》，将新刑律中的帝国、臣民、覆奏、恩赦等一律改为中华民国、公民、覆准、赦免等。8月8日，司法部颁布《暂行新刑律施行细则》，通令各地方司法衙门适用《暂行新刑律》处理旧案应注意各点。

《暂行新刑律》分总则、分则二编，共52章392条。总则17章主要阐述定罪量刑的基本原则和主要规定，如在"法例"强调不溯及既往和属地原则后，在"不为罪"中专门强调罪刑法定主义原则，其中第10条规定：法律无正条者不问何种行为不为罪；刑事责任年龄：12岁以下不为罪，但要感化教育；精神病不负法律责任，但得监禁；精神病间断及酗酒不在此限。在"刑名"中将刑罚分为主刑和从刑，其中主刑有死刑、无期徒刑、有期徒刑（一等10—15年；二等5—10年；三等3—5年；四等1—3年；五等2个月以上—1年）、拘役、罚金五种；从刑有褫夺公权（为官资格、选举人资格、膺勋章资格、入军籍资格及教师、律师资格）和没收（违禁私有私造物、供犯罪所用物、犯罪所得物）两种。分则35章分别详细规定了内乱罪、外患罪、妨害国交罪、藏匿罪人及湮灭证据罪、伪造文书及印文罪、妨害饮料水罪、妨害卫生罪、堕胎罪、妨害安全信用名誉及秘密罪等35种类型的罪名及其构成。

《暂行新刑律》源自清末《钦定大清刑律》，深受日本明治维新后刑法典的影响，尤其被原起草人冈田朝太郎的立场观点所左右。例如，从总体上摒弃传统旧律所坚持的礼法合一的刑法原则，将刑法与道德伦理区别开来，具体表现在以下几点：一是坚持罪刑法定主义原则，废弃传统刑律中的比附类推的规定；二是坚持刑罚等价原则，废除传统刑律中因官职、服制、伦理身份差别而导致同罪异罚的规定；三是坚持刑罚人道主义原则，废除传统刑律中的重罚酷刑。刑律注重预防犯罪和对犯人的教化改造。

但是,《暂行新刑律》较之《钦定大清刑律》也有不少进步,如删去"侵犯皇室罪"之后,并未增设"侵犯大总统罪",使得大总统与普通民众处于平等保护之下,符合民主共和制度要求和人人平等的立法精神。另外,把《钦定大清刑律》所附"暂行章程"有关纲常礼教条款予以删除,如对侵犯尊亲属加重处罚,以及无夫奸科罪、卑幼不得对尊亲属援用正当防卫等,淡化了传统礼教色彩。

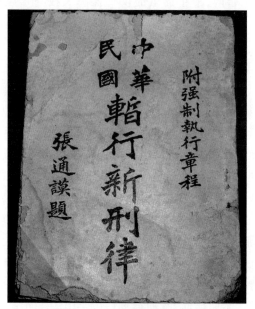

图 13.8 《中华民国暂行新刑律》封面

(二)《修正刑法草案》和《刑法第二次修正案》

1914年初法律编查馆成立,章宗祥、汪有龄、董康、冈田朝太郎等即着手对《暂行新刑律》进行修订,按照"立法自必依乎礼俗""立法自必依乎政体""立法必视乎吏民之程度"等三条立法原则,模仿清末《钦定大清刑律》附加章程体例加以扩充,并于同年12月24日颁布《暂行新刑律补充条例》。此次修订《暂行新刑律》,实际上是为贯彻袁世凯的修律意志,被称为《修正刑法草案》。袁世凯去世后,1918—1919年修订法律馆王宠惠、董康等对第一次修正案重新审视和修改完善,颁布新的补充修正条例,是为《刑法第二次修正案》。

《修正刑法草案》分为总则、分则两编,共55章、432条。其结构、章目与《暂行新刑律》相比变化不大。但是,这部修正案秉承袁世凯隆礼重刑的立法宗旨,恢复对侵犯纲常礼教加重处罚条款。如在总则中加入一章"亲族加重",在分则中涉及亲族者均有所区别;在直系尊亲属中加入外祖父母;限制对直系尊亲属实施正当防卫;规定无夫奸有罪;尊长对于卑幼奸非罪,增加强制卖奸;在略诱罪一章中,增加强卖和卖之罪;增加"侵犯大总统罪"一章,对大总统予以超乎寻常规格的保护力度。

《刑法第二次修正案》分为总则、分则两编,共49章、393条。较之《修正刑法草案》有所变化:一是改删"侵犯大总统罪""私盐罪"两章,如对"侵犯大总统",除特别保护大总统生命、身体、自由和名誉外,其他一概与普通人规定相同;二是采用外国刑法的先进经验和新立法例,比如将传统服制亲等改用西方亲等计算方法;三是确定了从新兼从轻的溯及力原则。

北京政府在修订补充《暂行新刑律》的同时,还颁行《戒严法》《惩治盗匪法》《治安警察法》《徒刑改遣条例》《易笞条例》《陆军刑事条例》《海军刑事条例》等刑事特别法。这些特别刑法较之普通刑法典有两个明显的特点:一是普遍加重处罚,如海陆军刑事条例中有关"叛乱""擅权""辱职""抗命""暴力胁迫""逃亡"等犯罪的主谋,绝大多数要处以枪决;二是恢复了帝制时代的一部分刑法内容,如《易笞条例》就恢复了传统刑罚中的笞刑,而《徒刑改遣条例》恢复了发遣之刑,这无疑是开历史倒车,也体现了北京政府尤其袁世凯政权隆礼重罚的时代习气。

二、南京国民政府时期的刑事立法

南京国民政府时期的刑事立法大体经历了三个阶段:从1928年到1936年为第一阶段,集中进行频繁的立法,以此确立地主与买办资产阶级专政的"法统",两部刑法典即在此阶段制定;从1937年到1945年是第二阶段,以制定单行法规和法令为主,一方面颁布若干有关抗战兵役、惩治汉奸、保护抗属、统制经济等单行法规,另一方面又秘密发布一些"防共、限共、溶共"的法令,立法具有两面性;从1946年到1949年为第三阶段,全面内战爆发,为了强化国民党法西斯专政,加强政治控制和经济掠夺,颁布了《戡乱时期危害国家紧急治罪条例》等特别法。由此可见,南京国民政府时期的刑事立法主要体现在第一阶段的两部刑法典的制定。

(一)《中华民国刑法》("旧刑法")

1927年4月,南京国民政府司法部部长王宠惠依据1919年《刑法第二次修正案》拟具刑法草案,略加损益,于1928年2月6日决议,交由中央常务委员会审查通过,指定谭延闿等审查刑法草案,国民政府于3月10日公布《中华民国刑法》,定于9月1日施行。由于1935年修改颁布了新刑法,这部刑法被称为"旧刑法"。

1928年的《中华民国刑法》在法典名称上首次不用律而用法,根据最新刑法学理论,采用德国、日本等国最新立法文本,斟酌本国国情加以折中损益制定,刑罚允当,是一部值得肯定的刑法典。该部刑法包括总则、分则两编,共48章、387条。较之《暂行新刑律》及其修正案,该部刑法主要有以下几点变化:一是将刑事责任年龄从12岁提高到13岁;二是设专条列举科刑时应注意事项,作为量刑的标准;三是废除有期徒刑分等制度,在分则各条中明定徒刑期限,加减则以若干分之几为准。四是增设妨碍农工商、抢夺及海盗各罪,以保障社会经济发展。

(二)《中华民国刑法》("新刑法")

1928年刑法颁布之后,南京国民政府又公布了许多刑事特别法和司法解释,刻意加重刑罚,使刑法成为具文。1931年《中华民国民法》颁布实施,旧的宗族亲属关系被废弃,仓促出台的旧刑法日益暴露出固有缺陷。有鉴于此,1931年刑法起草委员会成立,着手修订刑法。1932年国民党四届二中全会上也提出了"划一刑法案"的动议。1933年底,《中华民国刑法修正案初稿》完成,刊印发送各机关和团体征集批评修改建议。经过一系列讨论和审议,1934年10月31日通过了《中华民国刑法》(又称"新刑法"),并于1935年1月1日公布,同年7月1日施行。

1935年《中华民国刑法》共47章、357条。该部刑法注重吸收国际刑事立法的最新成果,立法精神上侧重于主观唯心主义,强调犯罪行为人的主观恶性,其中一个重要的表现,就是在总则部分增加"保安处分"一章,并规定了感化教育、监护、禁戒、强制工作、强制治疗、保护管束、驱逐出境等七种保安处分方式。较之1928年旧刑法,新刑法有许多改进之处:一是亲属范围,响应第二次全国妇女大会关于男女平等的要求,加入妻之亲属,与夫之亲属完全对等;二是诬告罪,旧刑法采取诬告反坐之规定,新刑法建议采取7年以下有期徒刑,最后定为5年以下有期徒刑;三是和奸罪年龄,提高和诱年龄,由12岁改为14岁,男女皆同,从重判处和诱罪。但是,新刑法也存在明显致命的缺陷:一是较之旧刑法,新刑法整体上精神从严;二是刑法出现法西斯化的趋势,除保安处分之外,旨在镇压共产党和革命志士的《反省院条例》等法律出台,思想入罪,为国民党政权铲除异己大开方便之门。

总而言之,中华民国时期的刑法典在条款上呈现出日益精密的特点,立法技术则日趋成熟,立法精神上整体趋向严厉,颇有"治乱世用重典"的意味。

第五节 民商法律

一、民初的民事立法：援用"现行律民事有效部分"

1912年3月24日，中华民国临时政府司法总长伍廷芳考虑到编纂民法典的困难，在民国民法典制定完成之前，援引清末民律草案可为权宜之计，于是呈请临时大总统咨由参议院认可援用《大清民律草案》。① 1912年1月28日，中华民国临时参议院在南京成立。4月3日，参议院决议指出："民律草案，前清时并未宣布，无从援用。嗣后凡关民事案件，应仍照前清现行律中规定各条办理。"②

为了使司法者明确"现行律中规定各条"到底有哪些具体条款，司法部还专门将"现行律民事有效部分"编纂成册，包括《大清现行刑律》中不科刑之律例条文和《户部则例》中有关民事部分这两大部分，其中从《大清现行刑律》中摘出"服制图"八条、"名例"四条、"户役"四条、"田宅"四条、"婚姻"十一条、"犯奸"三条、"钱债"三条以及律后所附例若干条，从《户部则例》中摘出"户口"三条、"田赋"七十二条。

"现行律民事有效部分"的条款不算多，而大理院判例和解释例中所援引的现行律律文不过20条，例文不过26条，但这些为数极少的条文构成了旧律的核心部分，体现了传统中国日常社会秩序规范的中枢。③ "现行律民事有效部分"一直使用到1929年为止。

二、北京政府时期的民律草案和商法制定

（一）《中华民国民律草案》

民国初年，北京政府民事立法一直援用"现行律民事有效部分"，其实只是权宜之计，对于民法典制定来说确实需要慎重考虑和漫长时间。1911年，清政府聘请日人松冈义正主持起草的《大清民律草案》并未得到立法机构的审议通过，因而不能贸然援用。但民国成立以来从未停止修订民律的努力。北京政府先后成立法典编纂会（1912）、法律编查会（1914）、修订法律馆（1918），修订民法典都是立法的重点所在。1917—1921年，司法部训令各省高等审判厅设立民商事调

---

① 参见《呈请适用民刑法律草案及民刑诉讼法文》，载丁贤俊等编：《伍廷芳集》（下册），中华书局1993年版，第510页。
② 转引自罗志渊编著：《近代中国法制演变研究》，中正书局1976年版，第252页。
③ 参见沈尔乔等编著：《"〈现行律〉民事有效部分"集解四种》，陈颐点校，法律出版社2016年版，"前言"第1页。

查会,调查民商事习惯,并编纂《中国民事习惯大全》《民商事习惯调查录》,为民法典制定作了充分的调查。1925年底,由余荣昌、梁敬錞、黄右昌等主持起草的《中华民国民律草案》完稿,1926年该草案公布出来,广泛征集社会各界的批评修改建议。

在近代民事立法史上,通常把1911年《大清民律草案》称为"第一次民律草案",而把1926年《中华民国民律草案》称为"第二次民律草案"。两部民律草案存在诸多共同点,但《中华民国民律草案》吸收了世界各国民事立法的更新成果,而且完全由中国人自己独立完成。该民律草案分为总则、债、物、亲属、继承五编,共32章、1522条。比清末《大清民律草案》少5章47条。其中,总则部分5章,具体分为人、物、法律行为、期限之计算、消灭时效。

《中华民国民律草案》较之《大清民律草案》,总则部分除了条目次序作了调整之外,改变不多;第二编债权,则间采瑞士债权法为主要参考来源;第三编物权,仅增抵押权和典权两章而已;第四编亲属、第五编继承两编大多取材于"现行律民事有效部分"及历年大理院判例。总体而言,这部民律草案条理清晰,在立法理念上倾向于男女平等,在具体条文规范上又留有余地。该草案虽然被司法部通令各级法院作为条例采用,然而始终未能成为正式法典。

(二) 北京政府时期的商事立法

北京政府的商事立法,延续了清末"民商分立"的立法模式。民国商事法规的编纂工作始于1914年,当时农商部根据清末资政院未曾议决通过的《大清商律草案》,参考全国商务总会提出的商法调查案,略加修改,制定商法,呈请政府公布施行。1914年1月13日公布《公司条例》,3月2日公布《商人通例》,均于同年9月1日施行。1913年法典编纂会曾就清末日人志田钾太郎起草的《票据法》进行修订,拟订新的票据法草案,是为第一次票据法草案。1922年,修订法律馆又派员调查和重新起草票据法,是为第二次票据法草案。1923年,修订法律馆聘请外国顾问爱斯加拉起草商法,其中第二编第一卷《票据条例》,是为第三次票据法草案。1924—1925年又分别产生了第四次、第五次票据法草案。此外,北京政府陆续公布或实行了《清理不动产典当办法》《登记通则》《不动产登记条例》《商事公断处章程》《商业注册规则》《证券交易办法》《商标法》等。

北京政府时期的商事立法和民事立法一样,为了避免烦冗的立法程序,一方面致力于商法的起草修订工作,另一方面以行政法规的方式援用清末商事立法成果,做到立法与司法两不误。为了使商事立法更加符合中国国情和促进商业繁荣,特别尊重全国商会组织和商人的意见和建议,切实反映商业行会的规则与习惯。如北洋政府公布的《公司条例》无论法律原则、篇章结构还是条文本身,都反映了商人意见,完全以全国商务总会提供的《商法调查案》为立法蓝本,提高了公司法的立法质量,也有利于完善公司治理模式。

三、南京国民政府时期的民商立法

(一)《中华民国民法》

南京国民政府制定民法典,经历了一个循序渐进的探索过程。1928年初,由国民政府法制局起草亲属与继承两编,燕树棠起草亲属法82条,罗鼎起草继承法64条,未及呈请公布法制局便奉令结束。其后国民党中央政治会议第168次会议议决民法总则编立法原则19条,立法院于1929年1月成立民法起草委员会,聘请法国民法学家巴杜为顾问,开始极力推进民法典的制定。仅仅三月,民法总则编便告完竣,计7章152条,并于4月20日经立法院议决通过,10月10日正式施行。

民法总则编公布之后,立法院院长胡汉民鉴于世界各国普遍实行民商统一,特向中央政治会议提议制定民商统一法典,若公司法、票据法等不能统一者可分别制定单行法规。中央政治会议议决交王宠惠等负责审查,王宠惠也认为应由立法院编订统一民商法典,同时议决民法债权编立法原则15条。1929年6月,立法院民法起草委员会傅秉常等遵照立法原则,完成民法债权编2章604条,并于同年11月22日公布,定于1930年5月5日施行。与此同时,民法物权编也于1929年8月开始编订,同年11月完成,计10章210条,定于1930年5月5日施行。

关于民法亲属、继承两编的编订,立法院认为与各地方习俗关系甚大,在提请中央政治会议制定两编立法原则后,为慎重起见有必要再次开展民事习惯调查。1930年,经过再次开展民商事习惯调查,民法起草委员会编纂《民商事习惯调查报告录》,并于同年秋天开始编订亲属、继承两编,冬天即告完成。亲属编计7章171条,继承编计3章88条。12月3日经立法院审议通过,26日明令公布,定于1931年5月5日正式施行。至此,《中华民国民法》五编29章共1225条宣告完竣。

《中华民国民法》是我国历史上第一部正式实施的民法典。该法典在体例上采取民商合一体例,在立法精神上尊重传统公序良俗、注重社会公益、确认男女平等,兼采世界立法先进经验。如在亲属编中,坚持男女平等,增进种族健康,奖励亲属互助而去其依赖性,有利于培育健康的婚姻家庭与人际关系。又如在继承编中,废除了宗祧继承,实现男女平权,承认遗嘱继承,还债以遗产为限,配偶继承遗产顺序不后于直系卑亲属等,均反映了中国社会革命的进步成就。

图 13.9 《民商事习惯调查报告录》书影

(二) 南京国民政府时期的商事立法

中华民国时期的商事立法,虽然将商事主体与商行为的原则性规范编入民法债编之中,实现民商统一的民法典体例,但商事法也有其自身特点,不能完全归入民法债权之中,因而从清末修律以来,商事法便以单行法规"条例"的形式而存在。北京政府时期继续援用清末商事立法,即按照商法类别,用单行法的形式确立下来。它在清末以来商法基础上不断补充完善,从而形成了包括公司、票据、海商、保险、证券等法在内的一整套商法规范。

南京国民政府时期,对于商法,大多是在北洋政府时期纂修的商法基础上加以增删、修改而创制的。1929 年 12 月 26 日,南京国民政府公布了《公司法》,计 6 章 234 条。该法与此前的公司法一样,都是按照无限公司、两合公司、股份有限公司和股份两合公司四种公司模式进行规范的,只是更加侧重于在公司的内部治理形式和公司的社会责任这两方面加以完善。1946 年修订颁布的《公司法》是处于半殖民地半封建社会的中国最后一部公司法,与 1929 年《公司法》相比,其体例发生了较大变化,内容也更为丰富。

票据法的制定,是南京国民政府商事立法中的一大亮点。早在北京政府时期,有关票据法的制定曾有五次草案公布。1927 年,南京国民政府成立工商部法规委员会,以修订法律馆第五次草案为基础,吸取英美立法最新成果,并参照上海银行公会的意见书和财政部金融监理局所拟订的草案,起草了票据法第一部草案。后为慎重起见,工商部又另外聘请了工商界专业权威人士组成专任委员会针对草案详加审查、斟酌并拟订了第二部草案。1929年,立法院工商法委员会根据立法院的决议,参照工商部此前所拟订的第二部草案,并参酌德、日、英、美等国的票据成法,起草了票据法新案。1929年10月30日,国民政府公布了《票据法》,计5章139条。第一章"通则"界定了相关票据种类,规定了相关的票据行为;第二章"汇票"详细规定了发票及款式、背书、承兑、参加承兑、保证、到期日、付款、参加付款、追索权、拒绝证书、复本、誊本等票据行为和票据形式;第三章"本票"和第四章"支票"主要规定了本票和支票不同于汇票的具有各自独立特征的内容;最后一章是附则,对附带问题进行了规范。

1929年11月,立法院商法起草委员会广泛借鉴各国海商法的立法经验,参考我国航运业习惯,起草了海商法初稿,交由交通、工商二部及财政部关务署、江海关、轮船招商局等各衙署派员参加讨论十余次,完成《海商法草案》,经立法院会议逐条通过。同年12月30日,国民政府公布《海商法》,分为"通则""船舶""海员""运送契约""船舶碰撞""救助及捞救""共同海损""海上保险"等8章,共174条。国民政府本着利益平衡原则制定《海商法》,旨在促进国际贸易往来,加速海上运输业发展。为加强国内航运的管制,还特别制定了《船舶法》《船舶登记法》等一系列配套法规。

1929年,立法院商法委员会审查通过了《保险法》,但这部法律有关人身保险和财产保险的规定并不完善,1936年立法院商法委员会加以修改,一直到1937年审议通过并颁布实施。该法分"总则""损失保险""人身保险""附则"等4章98条,对于保险人、投保人、险种、保险费、保险责任、保险金额等内容有详细的界定。

1930年前后,立法院商法委员会制定的基本商法文本大体具备。此后国民政府又陆续制定了各商法的实施法或施行细则,另外还颁布了《商标法》《商业登记法》《商业会计法》《专利法》《证券交易法》《保险业法》《土地法》《银行法》等一系列商业法规。到抗战爆发前夕,南京国民政府基本构筑起了整个民商法律体系,有力地促进了中国民族工商业的发展。

第六节　司　法　制　度

一、司法机构的设置

（一）北京政府时期的司法机构

南京临时政府仅存在三个月,未能顾及司法改革即告结束。北京政府沿袭清末司法改革路线继续推进，在司法行政、审判检察、行政法院、公务员惩戒等方面均有专门机构具体执行，逐步建立起较为独立完备的司法机构。

1906年清政府进行官制改革，将刑部改为法部，作为全国最高司法行政管理机构。1912年，北京政府将晚清法部改为司法部，设总务司及民事司、刑事司、监狱司分掌各项司法行政。司法总长为国务委员之一，出席国务会议；主管司法行政事务，在司法行政方面对地方官有指示监督的权力。民国初年，各省司法行政长官被称为提法司使、司法司长或司法筹备处处长。1925年，广州国民政府成立，设司法行政委员会，采取委员制。

1907年，清政府议定大理院官制，大理院为最高审判机关。同年，法部酌拟《各级审判厅试办章程》，1908年，奉天率先试办各级审判厅和检察厅。1909年，法部颁布《筹办外省省城商埠各级审判厅补订章程办法》。1910年，宪政编查馆奏定《法院编制法》，专设司法机关掌管民刑诉讼，定四级三审制。1912年，北京政府仍然沿用清末审判官制：初级管辖案件，以初级审判厅为第一审，地方审判厅为第二审，高等审判厅为第三审；地方管辖案件，地方审判厅为第一审，高等审判厅为第二审，大理院为第三审。依法属于大理院特别权限的受理案件，初审即终审。初级审判厅采取独任制，地方审判厅为折中制，高等审判厅和大理院为合议制。高等审判厅可根据远近事繁，设立分厅。1914年，裁撤初级审判厅，在地方审判厅内设立简易庭，受理初级管辖案件的第一审，地方法院设合议庭为第二审，高等审判厅仍为第三审。北京政府时期，除新疆以外，各省均成立了高等审判厅，计高等审判厅21所，高等审判厅的分厅26所，地方厅67所。

根据清末《法院编制法》，北京政府实行审检分立体制。设立最高检察厅，与大理院对立。其下设立高等检察厅，与高等审判厅对立；地方检察厅，与地方审判厅对立；初级检察厅，与初级审判厅对立。总检察厅设立总检察长及检察官；高等及地方检察厅设检察长及检察官；高等检察厅分厅及初级审判厅，设监督检察官及检察官。检察官的职权范围，根据《法院编制法》的规定，刑事有实行搜查处分、提起公诉、实行公诉及监督审判之执行等，民事则有为诉讼当事人或公益代表人实行特定事宜。

1914年，北京政府公布《平政院编制法》，以院长一人、评事十五人组成平政院，综理全国行政诉讼事宜，凡不服地方行政处分，均可向平政院提起上诉，平政院裁判为终审判决。1925年，广州国民政府曾设立审政院，作为受理行政诉讼的审判机关，但不久即被裁撤。

1914年，北京政府公布《文官惩戒委员会编制令》，设立两种公务员惩戒机构：一是中央设立文官高等惩戒委员会，掌管荐任职以上文官的惩戒事宜；二是在中央及地方各官署内部设立文官普通惩戒委员会,掌管所属委任文官的惩戒事宜。

由于中国幅员辽阔,而北京政府财政拮据,不能普遍设立审判厅和检察厅专理司法,绝大多数县份只能因陋就简沿袭传统行政与司法合一体制。1913年,凡未设审判厅的县份,在县公署内附设审检所,置帮审员1—3名掌管本县一切初审案件和邻县审检所初级管辖案件的上诉审。1914年,根据北京政府公布的《县知事兼理司法事务暂行条例》,裁撤初级审判厅和审检所,恢复司法行政混合制度,委任县知事兼理一切初审案件,设承审员1—3名助理,承审员与县知事对案件审理共同负责。

(二) 南京国民政府时期的司法机构

南京国民政府实行五权分立政体,由立法、司法、行政、考试、监察五院分掌治权。司法院为国民政府最高司法机关,1928年11月16日,根据南京国民政府公布的《司法院组织法》,成立司法院。其下属机关有四个:一是司法行政部,二是最高法院,三是行政法院,四是公务员惩戒委员会。司法院院长主持最高法院院长及各庭庭长会议议决后,行使统一解释法令和变更判例的权力;关于特赦、减刑、复权等事项,须经司法院院长依法提请国民政府主席行使。1947年宪法公布后,司法院拥有违宪审查权,司法院设大法官会议,以大法官十七人组成,行使解释宪法并统一解释法律命令。

1928年11月,根据《司法行政部组织法》,成立司法行政部,作为全国最高司法行政管理机关,沿袭北京政府司法部的基本架构,内设总务司、民事司、刑事司、监狱司。1942年7月,增设人事司,翌年改为人事处,掌管司法人员任免考核事项。各省司法行政由高等法院院长及首席检察官兼理,统管一省司法行政事务。

1932年11月,南京国民政府公布《行政法院组织法》。1933年9月,行政法院成立。1948年3月,公布修正后的《行政法院组织法》。行政法院掌管全国行政诉讼审判事务,内设两到三个行政法庭,每庭置庭长一人,由五名评事组成合议庭,行政法院院长兼庭长并充评事,其余庭长在评事中遴选。

1931年6月,南京国民政府颁布《公务员惩戒委员会组织法》,惩戒委员会分中央与地方两种,均隶属于司法院。1932年6月,中央公务员惩戒委员会成立,设委员长一人,委员九至十一人。掌管全国荐任职以上公务员及中央各署委任职公务员惩戒事宜。地方公务员惩戒委员会分设于各省高等法院,由高等法院院长兼委员长,委员七至九人,其中三至四人由高等法院庭长或推事兼任,其余由省政府荐任人员兼任。1948年4月,修正后的《公务员惩戒委员会组织法》

图 13.10　南京国民政府司法院第一任院长王宠惠

公布,统一公务员惩戒机关,不分中央与地方。

　　1927年,南京国民政府成立,司法部即通令各省,一律暂行沿用四级三审制。只是将地方审判厅改为地方法院,高等审判厅改为高等法院,大理院改为最高法院。1932年10月,公布《法院组织法》,1935年7月正式实施,废除四级三审制,改为三级三审制。以地方法院为第一审机关,高等法院为第二审机关,最高法院为第三审机关。地方法院审理案件除案情重大以外,一般由推事一人独任审判,高等法院审理案件以推事三人设立合议庭开展审判,最高法院审判案件,以推事五人或三人组成合议庭。地方法院审理的民事简易案件,高等法院第二审即为终审。刑事案件中的内乱外患及妨害国交罪,由高等法院管辖第一审,上诉至最高法院即为终审。各省根据距离远近和事务繁杂程度设立若干高等法院分院,代理高等法院受理二审案件。在抗战时期,有的省份还设立巡回法院,分片区受理辖内民刑案件。

　　南京国民政府时期实行"审检合一"体制,在最高法院设立检察署,经费人事独立管理。1936年,根据《高等法院及地方法院处务规程》,地方各级法院内部分设检察处,由首席检察官负责部分人事管理职能,经费统一由法院院长管理。检察处除了履行日常人员考核、案件侦查、提起诉讼等职能外,具有指挥调配法警权力和调查侦办司法系统违法犯罪案件。另外,律师惩戒案件也由检察处负责侦办。

对于未设法院的县,采取县长兼理司法体制。1936年4月,司法行政部颁布《县司法处组织暂行条例》,在未设法院的县政府设立司法处,与地方法院地位相同。司法处设荐任审判官,独立行使审判权,县长兼理司法处行政管理职能兼检察职务。

除了普通司法机构之外,与北京政府时期一样,南京国民政府时期同样设置了许多特别司法机构,比如特种刑事法庭和海陆军军事法庭等,目的是镇压共产党和革命群众,强化军事独裁统治。为此,在《法院组织法》之外,还颁布了《特种临时刑事法庭组织条例》(1927)、《县司法处组织条例》(1944)、《军事法庭条例》(1948)等等,许多地方县长和司法官兼任军法审判官。这些特别司法机构,服务于国民党一党专政,体现了法西斯主义的政权本质。

二、诉讼法规范的制定

民国时期,无论是北京政府还是南京国民政府,为建立健全司法制度,在逐渐建立独立系统的司法机关的同时,还加强对司法审判程序法的制定。从沿用清末诉讼律草案部分条款到不断修订草案,再到系统编纂法典,刑事、民事、行政三大诉讼均制定有专门的法律规范,这些诉讼法律规范都是民国司法制度建构的有机组成部分。

(一)刑事诉讼法规范的制定

北京政府成立之初,直接继受清末刑事诉讼法的立法成果,以满足司法实践需要。1910年,清政府修订法律馆起草了《大清刑事诉讼律草案》,这是中国历史上第一部刑事诉讼法草案。1912年,北京政府司法部呈请援用《大清刑事诉讼律草案》之管辖、回避各章。其他诉讼程序,则援用1907年制定的《各级审判厅试办章程》内的刑事诉讼部分。遇有诉讼程序不明确时,由大理院通过解释例或裁判例补充完善。1921年,北京政府公布《刑事诉讼条例》,广东军政府公布《刑事诉讼律》,两部刑事诉讼法均源自《大清刑事诉讼律草案》,主要包括诉讼机关、诉讼管辖、回避、辩护与代理、证据与强制措施、第一审程序、上诉与抗告、再审、附带民事诉讼、执行等程序规范。两部刑事诉讼法同时在中国两个统治区域内施行。

1928年7月28日,南京国民政府公布《刑事诉讼法》和《刑事诉讼法施行条例》,《刑事诉讼法》包括总则、第一审、上诉、抗告、非常上诉、再审、简易程序、执行、附带民事诉讼等9编513条。其中总则编最为详尽,规定了普通刑事诉讼程序通用规则。1935年1月1日,公布修订后的《刑事诉讼法》,于同年7月1日正式施行。该法是在1928年《刑事诉讼法》基础上修改完善的,增加了"保安处分"

的实施办法,使得与法典最初的人权保障原则有所背离。1945年,司法行政部草拟《修正刑事诉讼法意见》21条,经立法院议决,修正条文47条。南京国民政府的刑事诉讼法立法,坚持国家追诉、厉行职权、实体正义、辩护制度、附带民事诉讼制度、废止诉讼费用等原则和立场,但在保护人民权益方面仍存在诸多缺陷。

此外,南京国民政府在刑事诉讼法立法方面特别注重非常规状态下的权宜处置。1941年7月,公布《非常时期刑事诉讼法补充条例》38条,对于战时法院管辖、期间迟滞、卷宗灭失、诉讼程序补正、追诉时效等方面加以变通救济。1945年12月废止这一条例后,又另行公布了《复员后办理刑事诉讼补充条例》35条。

(二) 民事诉讼法规范的制定

北京政府时期,民事诉讼法的发展情形与刑事诉讼法基本相同。1912年,北京政府司法部呈请援用1910年修订法律馆起草完成的《大清民事诉讼律草案》第一编"管辖"各章。1919年,司法部先后呈请援用《大清民事诉讼律草案》第一编"回避""拒却""引避"各章,其他仍然适用清末《各级审判厅试办章程》。1921年,北京政府颁布《民事诉讼条例》,广东军政府将《大清民事诉讼律草案》全面修正,颁布《民事诉讼律》,各自适用于自己的统治区域。北京政府时期,通过解释例和裁判例,提炼出一些"判决要旨",补充民事诉讼立法之不足。

1927年,南京国民政府成立,先是适用广东军政府颁布的《民事诉讼律》,1930年12月26日颁布《民事诉讼法》,共分总则、第一审程序、上诉审程序、再审程序、特别诉讼程序等5编。该法公布了第一编至第五编第三章,第五编第四章有关人事诉讼程序,待民法亲属、继承两编完成后,于1931年2月13日公布。整部民事诉讼法均于1932年5月20日施行。至此,全国才有统一的民事诉讼法,计5编600条。1935年2月1日,公布新的《民事诉讼法》,将5编体例改为总则、第一审程序、上诉审程序、抗告程序、再审程序、督促程序、保全程序、公示催告程序、人事诉讼程序等9编。1945年,司法行政部为简化诉讼程序,根据重庆等地实验地方法院的经验成果,颁布《修正民事诉讼法意见》44条,经立法院议决通过修正条文38条。民事诉讼法坚持公开审判、自由心证、言词辩论、当事人进行主义等原则,每次修正的基本要点都是方便民众诉讼,防止拖延讼累,维护合法权益,裁判安定高效等。但在司法实践中,实施效果往往适得其反。

民事诉讼特别条例的制定,是南京国民政府有关民事诉讼立法的一大特色。1941年7月,司法行政部公布《非常时期民事诉讼补充条例》30条,规定当事人之间因战时情势变更,裁判显失公平时,法院得斟酌社会经济情形和当事人在战时的生活状况给予救济考量。1945年12月,战事结束后这一条例被废止,但又颁布了《复员后办理民事诉讼补充条例》28条,对沦陷区伪组织法院系统裁判案件,收复后如何处理,均详细加以规定。

(三)行政诉讼法规范的制定

北京政府制定的行政诉讼法,包括《行政诉讼法》《纠弹法》《诉愿法》等在内的完备体系,其中《行政诉讼法》是主要部分。1914年7月20日,政府就颁布了《行政诉讼法》。《行政诉讼法》由四章和附则组成,共35条。其中,第一章为行政诉讼之范围,第二章为行政诉讼之当事人,第三章为行政诉讼之程序,第四章为行政诉讼裁决之执行。《行政诉讼法》的制定,对于保障人民权益、促进行政法治具有重要意义。与此同时,颁布了《纠弹法》13条,主要是肃政使对官吏违宪违法、行贿受贿、营私舞弊、溺职殃民等行为进行纠察弹劾;《诉愿法》18条,旨在保障人民遇到中央与地方衙署违法处分或不当处分导致损失时,可以提起诉愿。

南京国民政府成立后,由于政府行政权力扩张,行政法成为六法体系中最繁杂的部分,加强行政诉讼法的立法也势在必行。1930年3月24日,国民政府公布《诉愿法》14条,规定对中央与地方六类衙署违法或不当处分造成人民利益损害的,人民可以提起诉愿。《诉愿法》是《行政诉讼法》的前置法规,不服诉愿处分者可以再提起行政诉讼。1932年11月17日,南京国民政府公布《行政诉讼法》27条,强调人民因中央或地方官署违法处分,致损害其利益,经依诉愿法提起诉愿而不服从其决定,可以向行政法院提起行政诉讼,行政诉讼为一审终审制,但其前提必须经过诉愿程序。

南京国民政府的《行政诉讼法》是吸取了德国、日本、奥地利等国行政诉讼制度优势加以制定的。虽然具有时代局限性,但在总体上还是相对简洁且先进的行政诉讼法。对于保护行政相对人的合法权益、监督行政官署依法行政,起到了一定的积极作用。

三、民国司法制度的中国特色

民国司法制度是民国法律制度的核心部分,反映了民国法制的实践高度。如果说废除领事裁判权诱发了清末修律运动和中国法律制度转型变革,但从西方移植速成的近代法律体系能否适应中国社会土壤,司法制度便成为观察和评价的焦点。为了满足列强取消领事裁判权的法权调查,加强司法制度建设便成为民国法制修补短板的关键环节。所以,在中国法律近代化进程中始终以推进司法改革为中心任务,健全司法独立、人道主义、人权保障、程序法定等近代司法制度的基本特征,成为构建民国司法制度的理想蓝图。但民国期间军阀混战、政党纷争、地方割据等内忧外患的独特国情,给本已弱质幼稚的民国司法制度蒙上了发展的阴影,呈现出浓郁的近代中国特色。

　　第一,审判权不统一,法令适用不一致,判决执行难。审判权不统一首先体现在领事裁判权的存在,意味着司法主权的丧失,华洋诉讼审判权操纵于列强;其次,国内军阀混战与割据政权存在,司法经费受制于各自财政,军阀干预司法审判情况较为普遍,不同政权的司法审判制度也存在差异,如1921年北京政府和广东军政府各自实施不同的民刑诉讼法作为审判依据;最后,军警特别审判程序破坏了普通司法,军法审判难以保障人权。法令适用不一致,首先表现在省规与国法之间的冲突,地方性法规抵触国家法令,如在贩卖吗啡、鸦片犯罪的处理上地方差异极大;其次,由于民国广泛援用旧的法律草案,用单行法规或司法判例和解释例为补充,不足敷用时还可以适用法理和习惯,造成法源多样性,法令适用也就五花八门。判决执行难是严重损害民国司法尊严的痼疾,且不说华洋诉讼判决执行难的独特性,专论民国司法体制内的普通审判,涉及特定主体如军人、土豪劣绅和赤贫流氓等往往难以执行。有些案件按照国家法律所作出的判决,与传统宗族社会的风俗习惯发生冲突,也难以执行到位。

　　第二,法律职业群体难以担当近代司法改革重任,尤其是基层司法人员备受舆论指摘。通过晚清民初留日法政速成教育和国内法政专门学校所培养的大批法律人才,成为民国司法舞台上的法官、检察官、律师等法律职业者,虽然这一法律职业群体在推动法制变革方面作出了积极的努力,但由于司法经费普遍不足,薪金收入微薄,造成利用司法权力寻租的腐败现象,法律职业群体被社会舆论所诟病。如基层司法机构普遍存在任用私人、冒领薪金,与律师或当事人勾兑卖案牟利;而面对日常人少案多的积案现象,则以经费不足搪塞敷衍。所以,民国司法制度仅就机构设置和司法规程的建设来看是不断在进步,但司法人员的才具品德却在日益劣质化,无法承受司法改革的历史重任。当然,法律职业群体备受舆论指摘并不是人性丑化,他们本身的缺陷其实恰恰体现了民国社会的困窘与无奈,是苦难时代镌刻在司法人员生命中的印记。

　　第三,从司法独立走向"司法党化",是民国司法制度演进中折射出来的政治倾向。民国初年,北京政府司法部主导的司法制度建构的一项重要内容便是"司法不党",也即要坚持司法独立,就必须要求司法人员的身份地位是超然中立的,如果司法人员隶属于某一党派,难免在司法审判中存在立场偏向,所以要求司法机关全体推检人员必须退出自己的党派,否则辞去推检职位。但是,国民党从广州军政府时期便贯彻孙中山"以党治国"理论,南京国民政府成立后,国民党"以党治国"理论在司法领域加以落实并具体转化为"司法党化",如每周一司法机关要举行纪念周活动,宣讲三民主义,检讨思想状态。"司法党化"主要体现在两个方面:一是司法人员的党化,借此把司法权牢牢控制在国民党手中,并且国民党政权在"训政"时期考选司法官员时,一项必要的内容就是考察党义;二是在司法审判环节中注意党义之运用,即利用审判活动落实国民党的党义和党纲。[①] 从北京政府所坚持的司法独立,发展到南京国民政府的"司法党化",正是两个历史阶段政治环境变化的现实写照。

总之,从民国司法制度演进过程来看,虽然机构设置不断覆盖全面,司法条规也日益修正完备,但这仅是制度硬件具备而已,无法改变制度运行的社会政治环境和法律职业群体的生存境况,而决定司法制度运行成败的关键恰恰是外部环境和内部主体的有机结合。可见,民国时期只是完成了中国法律近代化转型的形式要件,要成为一个真正的近代法治国家,尚有漫长的征程。

---

① 参见侯欣一:《党治下的司法——南京国民政府训政时期执政党与国家司法关系之构建》,载《华东政法大学学报》2009年第3期。

第十四章 革命根据地时期人民民主政权法（1921—1949）

第一节 革命根据地时期的法律概况

一、革命根据地法制的形成和发展

新民主主义革命时期，中国共产党经过艰苦的探索，明确了实行工农武装割据、以农村包围城市的中国新民主主义革命道路，组织领导中国人民以武装的革命反对武装的反革命，先后在全国各地创建了众多的革命根据地。革命根据地的人民民主政权建立后，为适应政权建设和革命斗争的需要，根据党在各个革命历史时期的纲领和政策，制定了一系列的革命法规，建立了人民民主政权的法律制度。

在新民主主义革命进程中，随着政治形势和阶级关系的变化，革命政权的阶级结构及其具体任务也发生变化，根据地革命政权先后颁布了一大批重要的法律法令，以服务于打倒帝国主义、封建主义、官僚资本主义的新民主主义革命为总目标。根据革命根据地人民民主政权和法制演变的过程，革命根据地法制的形成和发展大致经历了以下四个历史时期：

（一）革命根据地法制的萌芽阶段(1921—1927)

这一时期主要是指中国共产党建立初期和国民革命时期。中国共产党成立后，提出了反帝反封建的口号和创建"真正的民主共和国"的政治纲领，为实现革命纲领，中国共产党在领导工农运动的过程中建立了各种形式的革命组织，制定了若干具有人民民主主义性质的革命法规。如1922年的《劳动法案大纲》是党最早提出的劳动立法的斗争纲领；在广东、湖南、湖北、江西等省蓬勃开展的农民运动中，革命农民也制定了一些惩治土豪劣绅的法令；1927年，上海工人第三次武装起义解放上海，建立上海市民代表会议和市政府，制定了革命纲领等。上述法令法规是人民民主法制的萌芽，为后来革命根据地的法制建设提供了宝贵经验。

(二)革命根据地法制的初创阶段(1927—1937)

这一时期主要是指土地革命战争时期。国民革命失败后,中国共产党进一步认识到掌握军队进行武装斗争对中国革命的极端重要性,从而开始了中国共产党独立领导革命武装斗争的新时期。中国共产党开始组织武装暴动,并在1927年12月举行的广州暴动中首次建立了苏维埃政权,但遭到了血腥的镇压。1928年初毛泽东领导的以井冈山为中心的湘赣革命根据地建立了苏维埃政权,随后中国共产党领导人民在湖南、江西、湖北、四川等省进行武装起义,相继创建了若干农村革命根据地,至1931年全国已有几十个苏区。为适应革命斗争和政权建设的需要,各革命根据地从本地区情况出发,制定了许多地区性的革命法规。

1931年11月7日,中华苏维埃共和国临时中央政府在江西瑞金成立,之后陆续制定了宪法大纲、政权组织法、土地法、劳动法、经济法规、婚姻法、刑事法规和诉讼法规,初步形成了比较系统的法律体系,为人民民主政权的法制建设奠定了基础。但是,由于缺少经验,又受党内"左"倾机会主义路线的干扰,在法制建设中相应存在"左"的错误,给革命事业造成了严重危害。

(三)革命根据地法制的形成和巩固阶段(1937—1945)

1937年"七七事变"后,抗日战争全面爆发。为应对日本的军事侵略,国共两党实现了第二次合作,正式建立了抗日民族统一战线。中国共产党领导下的八路军、新四军深入敌后,收复大片沦陷的国土,建立了众多的敌后抗日根据地,主要有陕甘宁、晋察冀、晋绥、晋冀豫、冀鲁豫、山东、华中、华南等地区,并在这些地方建立了抗日民主政权。各抗日民主政权制定和颁布了各自的施政纲领和各种单行法规。抗日民主政权时期的法制建设,继承和发扬了工农民主政权时期法制建设的优良传统,克服了"左"的错误,并且在革命实践中形成了许多新经验,标志着新民主主义法制已基本形成,并且进入日益巩固完善的阶段。

(四)革命根据地法制的顺利发展阶段(1945—1949)

这一阶段主要是指解放战争时期。抗日战争胜利后,中国的政治形势和阶级关系发生了重大变化,以共产党为代表的人民大众同以国民党反动派为代表的大地主、大资产阶级的矛盾上升为主要矛盾。在经过一年多的自卫战争打败国民党军队的进攻后,中国人民解放军在1947年6月转入战略反攻。随着解放战争的胜利发展,各解放区迅速扩大,在解放区建立起以工人阶级(通过共产党)领导的、人民大众的、反帝反封建的人民民主政权。

各解放区人民民主政权围绕发动广大群众、争取解放战争胜利这一中心任务,根据中国共产党在解放战争时期的方针、政策制定或修订了宪法原则、施政纲领以及刑事、经济、劳动、婚姻等各种法律条令,使人民民主政权法制得以更加充实和完善,并为中华人民共和国成立后的法制建设创造了极为有利的条件。

二、革命根据地时期法制的性质和特点

革命根据地时期的法制是人民群众的意志和利益的体现,是巩固革命政权,维护革命根据地秩序,保护人民、打击敌人的锐利武器,并为以后中华人民共和国的法制建设奠定了坚实基础,提供了宝贵经验。革命根据地的法制在不断发展和完善中主要表现出以下四个方面的特点:

(一)从整个革命根据地法制的历程看,具有暂时性、地方性的特征

尽管始终处于战争环境,但是革命根据地的人民民主政权已开始注意运用法律手段调整各种社会关系,革命根据地时期制定的法规数量很多,涉及面也很广,但这一时期的立法呈现出暂时性和地方性的特点。

立法的暂时性表现为法律内容受革命形势发展变化的影响而不断变动,以及法规立、改、废较为频繁;立法的地方性表现为各根据地政府可以根据党中央的指示,结合本地区的具体情况,分别制定适用于本地区的法律。这种立法所表现出来的暂时性和地方性是在特定历史条件下所产生的必然结果,它反映了根据地立法坚持实事求是、从实际出发的精神。由于频繁的战争、变幻的时局,阶级关系也不断发生变化,各根据地又彼此相隔、情况各异,客观上很难建立一个统一的、稳定的法律体系。

相对而言,在所有革命根据地中,抗日战争时期陕甘宁边区的革命法制是较为稳定和健全的,影响也最大。除全国工农兵代表大会和抗日战争时期参议会分别制定了一批法律文件外,中共中央、革命军事委员会(土地革命时期)等党、军机关,以及诸如全国土地会议之类的临时会议和组织在各时期都制定或颁布了许多法规性文件。

(二)立法技术不完善,法规名称不统一

立法技术的不成熟与法规的经常性变动,使得根据地时期法律和法规性文件的名称很不统一,包括纲领、法、方针、原则、命令、条例、决议、决定、通知、通令、规程、规定、办法、指示、布告等等。这种法规名称的多样性客观地反映了革命根据地的立法状况,在很多的情况下,党的政策与革命法规在当时难以划分。

(三)以马克思列宁主义、毛泽东思想为指导,中国共产党的革命纲领和政策是革命根据地法制的灵魂

马列主义、毛泽东思想是中国共产党的行动指南。中国共产党将马列主义的普遍真理与中国革命的具体实践相结合所制定的革命纲领和政策,为革命根

据地的人民民主政权的法制提供了指导原则。在实现马列主义与中国革命法制建设相结合方面,中国共产党经历了一个艰苦的探索过程,出现过或"左"倾或"右"倾的错误偏向。最终的实践表明,坚持正确的思想路线,坚持党的纲领和政策的正确领导,是革命根据地法制胜利发展的根本保证。

（四）反映以工农群众为主体的人民大众的意志和利益

革命根据地时期人民民主政权的法制与剥削阶级法制的根本区别在于它真正体现了人民大众的意志和利益,具有明显的人民性的特点。贯彻群众路线,相信群众、依靠群众,确保人民的各项基本利益,是人民民主法制的一个本质特点。

（五）坚持贯彻人民民主专政的原则

尽管在不同的革命历史时期里,人民民主政权打击的敌人范围有所差别,但总的来说,帝国主义和封建主义始终是中国新民主主义革命的主要打击对象,要对地主阶级和官僚资产阶级以及代表这些阶级的国民党反动派及其帮凶们实行专政。从《中华苏维埃共和国宪法大纲》到《中共中央关于废除国民党的六法全书与确定解放区的司法原则的指示》等一系列新民主主义的法律文件,都紧紧服务于反帝反封建的战略总目标,为巩固和发展人民民主解放事业提供法律保障。

第二节 革命根据地时期的宪法与施政纲领

中国共产党从创建的那天起,就明确提出了自己的宪法主张,并开始了宪法建设。中国共产党在1922年6月15日发布的《中国共产党对于时局的主张》中提出了十一项基本原则,同年7月通过的《中国共产党第二次全国代表大会宣言》中提出了党的最高纲领和最低纲领。这两个文件基本形成了中国共产党在新民主主义时期的基本纲领,为中国人民的解放斗争指明了方向,也为人民民主法制的创建确定了基本的指导方针,宣告了新民主主义宪法史新纪元的开始。

随着革命根据地人民民主政权的建立,宪法建设又进入了一个全新的阶段。不同时期的根据地政权为了配合中国共产党在不同时期的具体纲领和路线方针,相继制定了一些宪法性文件,这些宪法性文件有宪法大纲、施政纲领等名称,相应的也有人权保障条例、选举条例、政府组织大纲等配套法律法规,初步建立了新民主主义时期的宪法体系。这一时期的宪法性文件大都带有根本法和革命政纲的双重属性,这些宪法性文件在中国宪法发展史上占有突出的地位,谱写了中国宪法史上新的一页。以下对各时期具有代表性的宪法性文件进行介绍。

一、工农民主政权的宪法性法律

图 14.1 刊登在《红色中华报》第 149 期的《中华苏维埃共和国宪法大纲》

图 14.2 《中华苏维埃共和国宪法大纲》的主要起草者梁柏台(1899—1935)

(一) 基本情况

1927年9月，临时中央政治局提出建立苏维埃政权的口号。11月，中共江西省委制定了《江西省苏维埃临时组织法》和《江西省苏维埃临时政纲》。1928年党的"六大"召开后，各革命根据地以"六大"政纲为依据，制定了如《湘鄂赣边革命委员会革命政纲》等纲领性文件。1930年5月，全国苏维埃区域代表大会召开后，各地工农兵政府颁布了《湖南省苏维埃革命纲领》《江西省工农兵苏维埃政府布告——宣告本政府成立及政纲》《赣东北特区苏维埃政府施政大纲》等文件。

中共中央为了统一全国各个革命根据地的苏维埃政权建设，积极筹备建立全国性的政权。1930年全国苏维埃大会中央准备委员会在上海讨论确定了由中共中央提出的《中华苏维埃共和国国家根本法（宪法）大纲草案》及基本原则。1931年1月中共六届四中全会在此基础上草拟《中华苏维埃共和国宪法草案》。1931年11月7日，在江西瑞金隆重召开了中华工农兵苏维埃第一次全国代表大会，正式通过了《中华苏维埃共和国宪法大纲》（以下简称《宪法大纲》），宣告中华苏维埃共和国成立。1934年1月召开的中华工农兵苏维埃第二次全国代表大会，对《宪法大纲》作了一些修改，主要是在第1条增加了"同中农巩固的联合"的原则，使之更加符合党在新民主主义革命时期的阶级路线和基本政策。

《宪法大纲》通过后，苏维埃中央执行委员会还于1931年11月制定通过了《苏维埃地方政府的暂行组织条例》，1933年底又通过了《中华苏维埃共和国地方苏维埃暂行组织法（草案）》，1934年制定了《中华苏维埃共和国中央苏维埃组织法》，从而使苏维埃政权的组织法制建设逐步统一。

(二) 主要内容

《宪法大纲》共17条，其主要内容包括以下几个方面：

1. 确定了宪法的任务和工农民主政权的目的

《宪法大纲》第1条明确规定："中华苏维埃共和国的基本法（宪法）的任务，在于保证苏维埃区域工农民主专政的政权和达到他在全中国的胜利。"工农民主专政的目的，"是在消灭一切封建残余，赶走帝国主义列强在华的势力，统一中国，有系统的限制资本主义的发展，进行苏维埃的经济建设，提高无产阶级的团结力与觉悟程度，团结广大贫农群众在他的周围，同中农巩固的联合，以转变到无产阶级的专政"。同时，《宪法大纲》中还"宣布中国民族的完全自主与独立"，"帝国主义手中的银行、海关、铁路、商业、矿山、工厂等，一律收归国有"，否认了帝国主义在华的一切政治和经济特权。《宪法大纲》将党的反帝反封建纲领和建立工农民主专政的任务用宪法的形式固定了下来。

2. 确定了苏维埃政权的阶级本质及其政权组织形式

《宪法大纲》第 2 条规定了苏维埃政权的阶级本质:"中华苏维埃所建设的,是工人和农民的民主专政国家。苏维埃政权是属于工人、农民、红色战士及一切劳苦民众",只有工农兵有权选派代表掌握政权的管理,剥夺了"军阀、官僚、地主豪绅、资本家、富农、僧侣及一切剥削人的人和反革命分子"的政治权利,他们"没有选举代表参加政权和政治上自由的权利"。

与此同时,《宪法大纲》第 3 条规定了苏维埃政权的组织形式:"中华苏维埃共和国之最高政权为全国工农兵苏维埃代表大会,在大会闭会的期间,全国苏维埃临时中央执行委员会为最高政权机关,在中央执行委员会下组织人民委员会处理日常政务,发布一切法令和决议案。"地方之政权为各级工农兵苏维埃代表大会。这一规定表明中华苏维埃共和国采取工农兵苏维埃代表大会制度作为其政权的组织形式。这种"议行合一"的工农兵代表大会制度,便于实行民主集中制原则。

3. 确认并保障了中华苏维埃共和国公民的基本权利

《宪法大纲》规定,在苏维埃政权领域内,工人、农民、红色战士及一切劳苦民众和他们的家属,不分男女、种族、宗教,在苏维埃法律面前一律平等,皆为苏维埃共和国的公民。在政治上,公民有管理国家的权利,选举权与被选举权,言论、出版、集会、结社的自由,以及参加革命战争的权利。凡因革命行动而受到反动统治迫害的中国民众,在苏维埃区域内给予庇护的权利。在经济方面,工人实行 8 小时工作制,确立最低限度工资标准,创立社会保险制度和国家失业津贴,工人有监督生产之权。在文化上,保证工农劳苦民众有受教育的权利,在革命战争许可的范围内,施行免费的普及教育,并首先在青年劳动群众中施行。

此外,《宪法大纲》还对妇女解放的问题给予特别的关注,该大纲第 11 条明确规定:"中华苏维埃政权以保证彻底地实行妇女解放为目的,承认婚姻自由,实行各种保护妇女的办法,使妇女能够从事实上逐渐得到脱离家务束缚的物质基础,而参加全社会经济的政治的文化的生活。"

4. 规定了经济、民族和外交政策

《宪法大纲》规定,经济上以消灭封建剥削和彻底改善农民生活为目的。颁布土地法,没收一切地主阶级的土地分配给农民,同时消灭一切苛捐杂税;保障工农利益;承认中国境内少数民族的民族自决权,苏维埃政权帮助弱小民族脱离帝国主义、国民党、军阀、王公、喇嘛、土司的压迫统治而得到完全自主;外交上宣告同全世界无产阶级与被压迫民族站在同一条革命战线上,同苏联建立巩固的同盟。

(三) 评价

《宪法大纲》虽然不是正式的宪法，只是未来制定正式宪法的纲领，因而从形式上较为简单，但在当时具有宪法的效力，并且具有非常重要的历史意义。

首先，它是中国历史上第一部新民主主义性质的宪法性文件，在中国宪法发展史上具有划时代的意义，也为以后的人民民主宪法的制定提供了宝贵的经验。

其次，它是工农革命政权的根本大法，同时也是一部具有宣示性的政治纲领，把工农群众在党的领导下已取得的革命成果，用根本法的形式固定下来。明确了苏维埃政权的性质、任务、目的、组织形式、政策原则，并且把党的民主纲领具体化，为全国人民指明了革命的道路和奋斗的方向，对促进革命运动发展具有重要意义。

最后，它确认了工农劳苦民众的各项基本原则，极大地鼓舞了苏区人民为巩固工农民主政权和争取革命战争的胜利而英勇斗争的积极性，在全国产生了极大影响，给全国人民带来了希望。

但由于受王明"左"倾思想的影响，大纲也存在着一些错误和不足。主要表现在：剥夺了资本家、富农参加政权的权利以及政治上的自由权利；土地政策上强调土地国有；在民族问题上规定少数民族享有"完全自决权"等；混淆了民主革命与社会主义革命的界限。这些错误在土地革命战争后期逐步得到了克服。

二、抗日民主政权的施政纲领

(一) 基本情况

抗日战争时期，随着抗日民族统一战线的建立，抗日根据地民主政权的性质和任务发生了根本变化，中国共产党成为合法政党，根据地也成了南京国民政府的特别行政区。在此背景下，中国共产党及时地对自己的政策、方针，特别是对各阶级之间的关系作了相应的调整，于1937年8月25日提出了《中国共产党抗日救国十大纲领》。

与此相适应，各个根据地也不再进行直接的制宪活动，而是以《中国共产党抗日救国十大纲领》为指导方针，以团结、抗日、民主为宗旨，制定了带有根本法性质的施政纲领，如1939年《陕甘宁边区抗战时期施政纲领》、1940年《晋察冀边区目前施政纲领》、1941年《晋冀鲁豫边区政府施政纲领》等，在宪法上进行了新的探索。

这些施政纲领经过一段时间的实施，到1941年前后又都根据形势的变化进行了修改，在这些修改后的施政纲领中，1941年5月颁布的《陕甘宁边区施政纲领》最具代表性。该纲领由陕甘宁边区中央局提出，经中共中央政治局批准，边区政府公布实施,共计21条,是陕甘宁边区中后期边区政府各项工作的基本法,不仅为各种具体法规的制定提供了依据,还对边区政权建设,促进抗日战争的胜利起了重大的作用。

(二) 主要内容

1. 规定了团结抗日民主政权的总任务

根据《陕甘宁边区施政纲领》第1条的规定,边区政府的基本任务和奋斗目标是:"团结边区内部各社会阶级、各抗日党派,发挥一切人力、物力、财力、智力,为保卫边区、保卫西北、保卫中国、驱逐日本帝国主义而战。"

2. 规定了抗日民主政权的民主政治制度

中国共产党认为抗日根据地政权的阶级性质是"一切赞成抗日又赞成民主的人们的政权,是几个革命阶级联合起来对于汉奸和反动派的民主专政"[①]。因此,政权机关的人员分配实行"三三制"原则,即在边区各级参议会和政府中,代表无产阶级和贫农的共产党员、代表农民和小资产阶级的非党的左派进步人士、代表民族资产阶级和开明士绅的中间分子各占三分之一,在中国共产党的领导下,建立最广泛的抗日民族统一战线。《陕甘宁边区施政纲领》第5条明确规定:"本党愿与各党各派及一切群众团体进行选举联盟,并在候选名单中确定共产党员只占三分之一,以便各党派及无党派人士均能参加边区民意机关之活动与边区行政之管理。"通过在1941年的选举运动中严格贯彻"三三制"原则,陕甘宁边区改变了过去富有阶级的代表在各级参议会中所占比例极少,几乎都是工农和小资产阶级代表的状况,受到了各阶层人民的拥护,对团结抗战发挥了积极作用。

3. 保障人民自由权利

《陕甘宁边区施政纲领》第6条规定:"保证一切抗日人民(地主、资本家、农民、工人等)的人权、政权、财权及言论、出版、集会、结社、信仰、居住、迁徙之自由权。除司法系统及公安机关依法执行其职务外,任何机关、部队、团体不得对任何人加以逮捕、审问或处罚,而人民则有用无论何种方式控告任何公务人员非法行为之权利。"

同时抗日革命根据地还改进司法制度,坚决废止肉刑,重证据而不轻信口供,明确国家机关必须严守法制和提倡人民对破坏民主权利的行为作斗争,这些举措使人民的人身权利及其他民主自由权利得到了切实保障。

在各施政纲领确保人权的原则指导下,几乎所有根据地都制定了保障人权

---

① 《抗日根据地的政权问题》第2点。

条例，其中最具典型性的是1942年的《陕甘宁边区保障人权财权条例》。该条例规定了人权的法律概念，将人权分为抗日人民的各项自由权和民主平等权两个方面，还规定了保障人权的重要措施。这些人权保障条例的颁行，在我国人民民主法制史上揭开了用法律保障人权的新篇章。

4. 确立了边区政权关于土地、劳动、经济、婚姻、文教、民族、侨务、对外关系等方面的基本方针政策

在土地政策上，实行地主减租减息与农民交租交息，调节地主与农民的关系。在劳动政策上，实行10小时工作制，增强劳动生产率，适当改善工人生活，使资本家也有利可图，以调节劳资关系。在文化政策上，继续推行扫除文盲政策，大力举办各类学校，健全正规学制，普及国民教育，改善小学教员生活，实行成年补习教育，保护流亡学生与失学青年。在民族政策上，实行民族平等的原则，蒙古族、回族和汉族享有同等的权利，尊重他们的宗教信仰和风俗习惯。

抗日根据地政权的施政纲领将中国共产党在抗日时期总的方针和策略具体化、法律化，这些施政纲领的制定和施行，对于团结各边区各阶级、各民族人民进行抗日斗争，巩固抗日民主根据地，促进各地政治建设、经济建设、文化建设的发展，争取抗战胜利，都起了很大的作用。

三、解放区人民民主政权的宪法性法律

这一时期各解放区人民民主政权建设可以划分为从抗日战争胜利至1947年7月战略大反攻以前以及大反攻以后至中华人民共和国成立前夕两个阶段。战略大反攻之前最具代表性的宪法性文件是《陕甘宁边区宪法原则》。战略大反攻之后，由于全国性的人民民主政权尚未成立，因此有一些中国共产党以及中国人民解放军发布的文告、宣言，实际上起着规范各解放区人民民主政权建设的重要作用。

（一）《陕甘宁边区宪法原则》

1. 基本情况

抗日战争胜利后，为了满足人民对和平的迫切愿望以及开展解放区政治、经济、文化建设的需要，一些边区政府根据1946年重庆政治协商会议通过的《关于宪草问题的协议》中确定的省自治原则和省可以制定省宪的规定，制定了宪法原则或宪法纲领，强调解放区政权的独立自主性质，捍卫人民胜利果实。其中1946年4月由陕甘宁边区第三届参议会通过的《陕甘宁边区宪法原则》（以下简称《宪法原则》）最具代表性。

根据该《宪法原则》，1946年6月陕甘宁边区拟订了《陕甘宁边区宪法草

案》，准备经审议修改后，提请陕甘宁边区第三届参议会第二次大会通过。但由于国民党发动全面内战，制宪工作即行停顿。尽管如此，《宪法原则》仍然成为当时陕甘宁边区政府施行的临时大宪章。

2. 主要内容

《宪法原则》分政权组织、人民权利、司法、经济和文化五个部分，共24条。主要内容为：

(1) 政权组织。《宪法原则》规定：边区、县、乡人民代表会议（参议会）为人民管理政权机关；人民用普遍、直接、平等、无记名的方式选举各级代表，各级代表会选举政府人员；各级政府对各级代表会负责，各级代表对选举人负责；人民对各级政权有检查、告发及随时建议之权，每届选举时则为大检查；各级政府人员，违反人民的决议或忽于职守者，应受到代表会议的斥责或罢免，乡村则由人民直接罢免之。这些规定意味着人民民主政权的各级权力机关开始由抗日战争时期"三三制"的参议会逐步过渡到"议行合一"的人民代表会议制度，为日后的人民代表大会制度奠定了基础。此外，《宪法原则》还特别规定，边区人民不分民族一律平等，在少数民族居住集中的地区，划成民族区域，组织民族自治政权，在不与省宪抵触的原则下，还可以订立自治法规。这是解放区人民民主政权在民族区域自治法制方面的重要发展。

(2) 人民权利。《宪法原则》规定人民行使政治上的各项自由权利，受到政府的指导和物质帮助。在公民的受教育权利方面，规定实行免费的国民教育和高等教育，优待优等生，普及为人民服务的社会教育，发展卫生教育与医药设备，使人民免于愚昧及不健康。此外，在规定妇女有与男子平等的权利的同时，还应照顾妇女的特殊利益。

(3) 司法体制。《宪法原则》规定"各级司法机关独立行使职权，除服从法律外，不受任何干涉"，改变了以前司法工作由政府直接领导的做法，这是在人民民主法制历史上第一次提出司法机关独立行使职权的原则。同时规定，除司法机关、公安机关依法执行职务外，任何机关团体不得有逮捕审讯的行为。

(4) 经济举措。用公营、合作、私营三种方式组织所有的人力、资力，促进经济繁荣，消灭贫困；欢迎外来投资，保障其合理利润；有计划地发展农、工、矿各种实业；使劳动者有职业，企业有发展的机会；确立耕者有其田的原则，为即将到来的大规模的土地改革运动做好法律上的必要准备。

(5) 文化教育政策。《宪法原则》规定了边区文化教育建设的根本任务。为完成"普及并提高一般人民之文化水准"的任务，《宪法原则》要求办好完全小学和公立普通小学，继续推广民办村学，办好延安大学和各个中等学校，并且将干部教育放在文化建设第一的重要地位。为了完成"从速消灭文盲"的任务,《宪法原则》要求,每年冬季各县应认真地开办冬学与夜校,讲究实效,不求形式。各地小学、民教馆、文工团及读报识字组,应起据点与桥梁作用。

(二)《中国人民解放军宣言》

当解放战争发展到转折关头之时,中国人民解放军根据党中央的战略决策于1947年10月10日发布了著名的《中国人民解放军宣言》(简称"双十宣言")。该宣言提出了"打倒蒋介石,解放全中国"的口号,并提出了著名的八项基本政策:组成民族统一战线,成立民主联合政府;逮捕、审判和惩办内战罪犯;保障人民言论、出版、集会、结社等项自由;肃清贪官污吏,建立廉洁政治;没收四大家族及其他首要战犯的财产,没收官僚资本,发展民族工商业;废除封建剥削制度,实行耕者有其田;承认各少数民族有平等自治的权利;否认一切卖国外交,废除一切卖国条约,否认内战外债。其中最核心的内容是:"联合工农兵学商各被压迫阶级、各人民团体、各民主党派、各少数民族、各地华侨和其他爱国分子,组成民族统一战线,打倒蒋介石独裁政府,成立民主联合政府。"这一宣言严格讲并非法律文本,但属于党和人民政权的政治纲领。

(三)《华北人民政府施政方针》

1. 基本情况

《中国人民解放军宣言》发布后,革命形势发展十分迅速。1948年8月,原晋察冀边区和晋冀鲁豫边区合并,组成华北人民政府,通过了《华北人民政府施政方针》。华北人民政府是最早建立的大区人民政府(1948年5月已成立华北联合行政委员会),而且晋察冀、晋冀鲁豫根据地是抗战时期最大的敌后根据地,也是解放战争两大主力野战军的战略基地,在民主政权建设方面有着丰富的经验,其施政方针是这一时期根据地政权所制定的施政纲领中较有代表性的一部。

2. 主要内容

该施政方针由"序言"以及"军事方面""经济方面""政治方面""文化教育方面""关于新解放区与新解放城市的政策"五部分组成。其主要内容是:

(1)确定了华北解放区的基本任务。华北人民政府成立后的工作重点是:继续进攻敌人,为解放全华北而奋斗,继续以人力、物力、财力支援前线,继续配合中国人民解放军向敌军进攻,以争取人民革命在全国的胜利,推翻美蒋反动统治;有计划地、有步骤地进行各种建设工作,恢复和发展生产,在现有基础上,把工农业生产提高一寸(步);继续建设为战争和生产建设服务的民主政治,继续培养为战争和生产建设服务的各种干部,大量吸收各种有用人才,参加各项建设工作,以奠定新民主主义中国的基础。

(2) 政治方面,确立各级人民代表会议制度与人民政府体制,自上而下地建立地方各级人民代表会议,规定由各级人民代表大会选举各级人民政府,强调"必须使各民主阶层,包括工人、农民、独立劳动者、自由职业者、知识分子、自由资产阶级和开明绅士,尽可能地都有他们的代表参加进去,并使他们有职有权"。实行男女平等原则,提高妇女在社会上、政治上的地位,禁止买卖婚姻,男女婚姻自由自主,任何人不得干涉。实行民族平等原则,保障华北解放区内的蒙、回及其他少数民族在政治、经济、文化上和汉族享有平等权利,尊重蒙、回民族的宗教信仰和风俗习惯。

(3) 经济方面,阐明新民主主义的经济政策。该施政方针用了相当的篇幅阐明新民主主义的经济政策,规定在业已基本完成土地改革的地区,发放土地证,确认农民分得土地的所有权。在土地改革尚未完成的地区,应区别不同情况,适当调剂土地。强调努力发展工商业,以发展生产、繁荣经济、公私兼顾、劳资两利为发展工商业的总方针。

(4) 文化教育方面,有计划、有步骤地努力发展文化教育工作。整顿各级学校教育,建立各种正规教育制度,加强社会教育。推广卫生行政,增建医院和增进医药设备,减少人民的疾病和死亡。建立广泛的统一战线,团结和教育一切知识分子,共同为华北解放区的建设服务。

(5) 对新解放区与新解放城市采取保护和建设的方针。消灭反动武装,逮捕惩处破坏分子,没收真正属于官僚资本的企业归新民主主义国家所有,其他一切私人财产和工商业一律加以保护。对于一切遵守人民解放军和人民政府法令的人民和团体,不论其为劳动者、资本家或地主(包括逃亡地主在内),一律予以保护。

《华北人民政府施政方针》作为华北解放区革命和建设工作的指导性文件,充实和发展了人民民主法制的内容,为其他解放区的法制建设提供了经验,是党的新民主主义革命的政治纲领、经济纲领和基本方针政策的系统化、具体化、法律化。它的颁布,不仅使华北人民政府的各项工作有了法律依据,还为中华人民共和国的成立在制度上进行了有益的探索。

第三节 革命根据地时期的土地立法

地主阶级是帝国主义统治中国的主要的社会基础,是用封建制剥削和压迫农民的阶级,是阻碍中国社会前进的阶级。进行土地改革,打倒地主阶级被认为是中国革命最主要的使命。中国新民主主义革命的突出特点就是在农村发动土地革命,建立农村根据地。为了领导、推动和保障土地革命的进行,中国共产党领导的人民民主政权先后颁布了一系列关于土地问题的决议案、纲领和土地法规。

一、工农民主政权的土地立法

1927年中国共产党的"八七"会议决定在农村发动土地革命。此后,中国共产党领导各个根据地的农民进行了轰轰烈烈的土地革命。各革命根据地也相继颁布了关于土地问题的决议案和法规,并进行了多次修改。比较典型的有1928年的《井冈山土地法》、1929年的《兴国土地法》、1930年闽西第一次工农兵代表大会通过的《土地法案》以及1931年由中华工农兵苏维埃第一次全国代表大会通过的《中华苏维埃共和国土地法》等等。其中,1928年的《井冈山土地法》是革命根据地的第一部土地法,而1931年的《中华苏维埃共和国土地法》是土地革命战争时期适用时间最长、施行地域最广、影响最大的土地法。

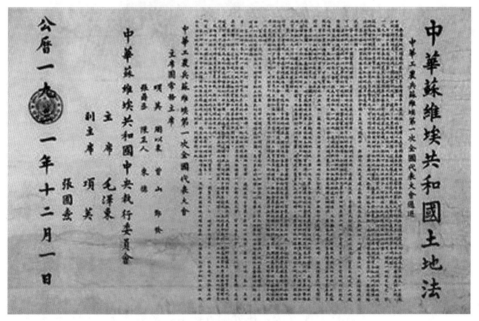

图 14.3 1931年《中华苏维埃共和国土地法》

这些土地立法反映了这一时期革命根据地的人民民主政权对土地革命道路的艰苦探索和对实践经验的总结。它们在没收土地的范围、没收后土地的分配方法以及土地所有权的归属方面有很大的相似性,但也存在一定的差异。

图 14.4 土地使用权证

第一,关于没收土地的范围。由于经验不足,加之受王明"左"倾错误的影响,这一时期土地立法关于没收土地的范围屡经变动。《井冈山土地法》规定没收的对象是"一切土地";《兴国土地法》更正为"没收一切公共土地及地主阶级的土地";《中华苏维埃共和国土地法》又规定为"所有封建地主、豪绅、军阀、官僚以及其他大私有主的土地,无论自己经营或出租,一概无任何代价地实行没收",富农的土地亦在没收之列。1935年12月中华苏维埃共和国中央执行委员会制定的《中华苏维埃共和国中央执行委员会关于改变对富农政策的命令》进一步更正为"富农自耕及雇人经营之土地,不论其土地之好坏,均一概不在没收之列",最终对没收土地的范围作出了科学的规定。

第二,没收后土地的分配方法。在分配方法上大多数土地法规都采取了以乡为单位,按人口平均分配给农民的做法。但《中华苏维埃共和国土地法》则规定采取按最有利于贫农、中农利益的方法分配土地。

《中华苏维埃共和国土地法》受"左"倾错误影响,采取了"地主不分田,富农分坏田"的极端做法,规定"被没收土地的以前的所有者,没有分配任何土地的权利","富农在没收土地后,如果不参加反革命活动,而且用自己劳动耕种这些土地时,可以分得较坏的劳动份地"。这种主张在肉体上消灭地主,在经济上消灭富农的极端做法,将地主和富农彻底地推到了对立面,给边区的工作造成了较大的损害。1935年后这一错误规定得以纠正,地主和富农也可以分得一份土地,自食其力。

第三,土地所有权的归属。这一时期大多数的土地法都规定没收后的土地归国家所有,分得土地的农民只有占有权、使用权和收益权。《中华苏维埃共和国土地法》对此稍有改变,一方面规定土地实行国有,但另一方面又规定"现在仍不禁止土地的出租与土地的买卖",实际承认了农民的土地所有权。

二、抗日民主政权的土地立法

日本帝国主义对中国的疯狂侵略,使得中国的阶级关系、社会主要矛盾和政治形势发生了深刻变化,为适应新的形势要求,中国共产党的土地政策发生了重大转变。1937年2月中共中央发表的《中共中央给中国国民党三中全会电》中首先提出,如果国民党能将"停止一切内战,集中国力,一致对外"等五项要求定为国策,则中国共产党愿意保证实行"停止没收地主土地之政策"等四项政策。1937年7月15日中国共产党在《中共中央为公布国共合作宣言》中重申了发动全民族抗战等三项基本要求和"停止以暴力没收地主土地的政策"等四项保证。1937年8月公布的《抗日救国十大纲领》,首次提出了"减租减息"的土地政策,并成为抗日战争时期根据地土地立法的中心内容和指导方针。

抗日战争时期各抗日边区政府根据党中央的指令先后发布了大量的以减租减息为中心内容的土地政策。较为典型、影响较大的有1938年的《晋察冀边区减租减息单行条例》、1939年的《陕甘宁边区土地条例》、1940年的《山东省减租减息暂行条例》、1941年的《晋冀鲁豫边区土地使用暂行条例》、1941年的《山西省第二游击区(晋西北)减租减息暂行条例》等。这些法规的主要内容如下:

第一,保护私人的土地所有权。抗日根据地的土地所有权分为公有和私有两类。公有土地属边区政府所有。私有土地分下列几种情况区别对待:凡已经进行过土地改革的地区,人民分得的土地归人民依法所有;在没有进行土地改革的地区,土地仍归原所有人所有;没收死心塌地的汉奸的土地,分配给抗日军人及其家属或贫困人民。私人依法享有的土地,经政府登记后,发给土地所有权证,确认土地的所有。凡合法土地所有人,在法令限制的范围内,"对于其所有土地有自由使用、收益和处分(买卖、典当、抵押、赠与、继承等)之权"。

第二,地主减租减息,农民交租交息。这一时期的土地法规都规定允许地主出租自己合法的土地给农民耕种,但必须降低租率,一般减租率不得少于25％,即比抗战前原租额减收25％(即"二五减租")。减租后农民必须按时足额交租,如承租人无故不交租,出租人有权请求政府依法追缴。为了保护承租人的利益,防止出租人减租后随意收回土地,不再租给农民使用,使减租政策落到实处,有些根据地还专门制定了关于租佃关系的单行法规,如1942年的《山东省租佃暂行条例》、1943年的《晋察冀边区租佃债息条例》、1944年的《陕甘宁边区土地租佃条例》等。这些土地法规规定土地出租人不得任意收回租地,对累世承租人承认其永佃权,非经承租人的同意不得撤佃。

抗日民主政权的土地法规对激发农民的生产和抗日积极性,巩固和扩大抗日民族统一战线,都起了巨大的作用。

三、解放区人民民主政权的土地立法

在第三次国内革命战争时期,中国共产党为了满足广大农民对土地的迫切要求,开展了轰轰烈烈的土地改革运动,摧毁了中国农村旧有的生产关系,实现了农村的巨大变革,为建立新中国奠定了基础。

(一)"五四指示"

中共中央于1946年5月4日发布了由刘少奇主持起草的《中共中央关于土地问题的指示》(以下简称"五四指示"),将减租减息的政策改为没收地主土地分配给农民的土地政策。"五四指示"指出,"解决解放区的土地问题是我党目前最基本的历史任务,是目前一切工作的最基本的环节"。"五四指示"标志着党的土地政策在新的革命形势下的巨大变化,揭开了土地改革运动的序幕。

"五四指示"发出后的几个月里,有2/3的解放区进行了土地改革,部分解放区制定了土地改革的单行条例,如1946年10月《山东省土地改革暂行条例》、1946年12月《陕甘宁边区征购地主土地条例草案》等。

(二)《中国土地法大纲》

随着解放战争战场向国民党统治区的推进,亟须中共中央明确统一全国的土地改革具体方式。1947年7月全国土地会议在河北省平山县西柏坡召开,经过长时间的讨论和酝酿,于同年9月通过了《中国土地法大纲》,并于1947年10月10日正式批准并公布。《中国土地法大纲》共计16条,主要内容如下:

(1)废除封建性及半封建性剥削的土地制度,明确没收、征收的土地的范围。《中国土地法大纲》第1条开宗明义规定:"废除封建性及半封建性剥削的土地制度,实行耕者有其田的土地制度。"没收的对象和范围是一切大中小地主,同时废除一切祠堂、庙宇、寺院、学校、机关及团体的土地所有权和乡村土地改革

图 14.5 《中国土地法大纲》深入至农村

前的债务;征收的对象和范围是富农多余的牲畜、农具、房屋、粮食及其他财产。通过这些规定,《中国土地法大纲》从立法上完成了从减租减息到彻底平分土地政策的过渡。

(2) 规定了土地分配的原则和方法。《中国土地法大纲》规定,大森林、大水利工程、大矿山、大牧场、大荒地及湖沼等归政府管理,不属分配范围。此外,以乡为分配土地的区域标准,"乡村中……一切土地,按乡村全部人口,不分男女老幼,统一平均分配,在土地数量上抽多补少,质量上抽肥补瘦,使全乡村人民均获得同等的土地,并归各人所有"。

(3) 确认人民对土地的所有权。《中国土地法大纲》第 11 条规定:"分配给人民的土地,由政府发给土地所有证,并承认其自由经营、买卖及在特定条件下出租的权利。"

(4) 确认保护工商业的原则。《中国土地法大纲》第 12 条规定:"保护工商业者的财产及其合法的营业,不受侵犯。"不但上层小资产阶级和中等资产阶级的工商业受到保护,就是地主、富农所经营的工商业,一样也受到保护。

(5) 规定了乡村土地改革制度的执行机关。《中国土地法大纲》第 5 条规定:"乡村农民大会及其选出的委员会,乡村无地少地的农民所组织的贫农团大会及其选出的委员会,区、县、省等级农民代表大会及其选出的委员会为改革土地制度的合法执行机关。"上述各级农会在土地改革中享有广泛的权力:一是接收和分配在土地改革中没收和征收来的土地和财产;二是调剂分配土地的区域标准;三是选举人民法庭的组成人员;四是保护土地改革的秩序和保护人民的财富;五是批评、弹劾和选举、撤换政府和农民团体的一切干部。

各解放区人民政府都接受了中共中央的建议,《中国土地法大纲》成为各解放区实行土地改革的法律依据。总体看来,《中国土地法大纲》是整个根据地时期较为成熟的土地立法,但其中在土地分配上仍然存在着绝对平均主义的不足。为了更好地贯彻中共中央所制定的"依靠贫农,团结中农"的土地改革路线,大纲颁布不久,中共中央即对平均分配土地的规定作了调整,改为"中间不动两头平"的方针,即团结中农,对于中农的土地原则上不再随意抽调。大纲的颁布拉开了解放区声势浩大的土地改革运动的序幕。通过土地改革,废除了封建的土地制度,铲除了国民党政权的统治基础。不仅如此,经过土地改革,广大农民分得了土地,还极大地激发了革命热情,促进了生产力的发展,为解放战争的最终胜利奠定了物质基础。

第四节 革命根据地时期的刑事立法

打击各种敌对势力的破坏行为,维护根据地的秩序和安全,保证中国共产党在各个时期所制定的方针政策的顺利完成,是新民主主义革命时期各革命根据地刑事立法的主要任务。从形式上看,根据地时期并未制定出统一的刑法典,刑事立法大多是为了配合各个时期的军事政治斗争的任务和需要而制定的单行条例,而且不同时期立法的侧重点也各有不同。

一、工农民主政权的刑事立法

工农民主政权是在激烈的革命战争中创建的,在这一时期,苏区在激烈的阶级斗争中建立并发展,肃清反革命是苏区的一项重要任务,因此,肃反法规是当时刑事立法的主要内容。各苏区都曾制定肃反法规,推进肃反运动。主要有1927年11月海丰县工农兵代表大会通过的《杀尽反动派决议案》、1929年江西信江工农民主政权制定的《肃反条例》、1930年6月闽西工农民主政府制定的《惩办反革命条例》、1931年赣东北特区起草的《赣东北特区苏维埃暂行刑律》、1932年4月湘赣省的《湘赣省苏区惩治反革命犯暂行条例》和《湘赣省苏政府自首自新条例》,以及川陕省的《川陕省苏维埃政府肃反执行条例》和《川陕省苏维埃政府关于反革命自首的条例》等等。

1934年4月8日，中华苏维埃共和国中央执行委员会总结了各地与反革命犯罪作斗争的经验，公布了《中华苏维埃共和国惩治反革命条例》，这是第二次国内革命战争时期最系统、最具代表性、影响力也最大的一部刑事法规。该条例共41条，规定了组织反革命武装侵犯苏维埃领土、组织反苏维埃暴动等28种反革命罪行。

这一时期刑法规定的犯罪主要有两种，即反革命罪和一般刑事犯罪。《中华苏维埃共和国惩治反革命条例》第2条规定："凡一切图谋推翻或破坏苏维埃政府及工农民主革命所得到的权利，意图保持或恢复豪绅地主资产阶级的统治者，不论用何种方式，都是反革命行为。"一般刑事犯罪是指不属于反革命罪的其他刑事犯罪。相比而言，打击反革命罪在刑事法规的制定和实施中居于突出的地位。

关于刑罚的种类，没有统一的规定，散见于各种刑事法规之中。大致有以下几种刑罚：死刑、监禁（即有期徒刑，刑期在不同法规中有所不同）、拘役、强迫劳动（3天至半年，最长不超过1年）、褫夺公权（一般是剥夺参加政权、参加一切群众组织、选举、充当红军资格）、没收财产、驱逐出境（驱逐出苏区）和罚金。

这一时期的刑事立法的特点表现在以下几个方面：

第一，刑事立法的内容较为简单，立法技术粗糙。由于当时刑事立法的不完备，加之形势瞬息万变，因此，刑事立法中仅仅列举主要的犯罪行为，在此基础上出于维护社会秩序的需要普遍实行类推原则。如《中华苏维埃共和国惩治反革命条例》第38条规定："凡本条例所未包括的反革命犯罪行为，得按照本条例相似的条文处罚之。"立法技术较为粗糙，不分编章，犯罪和刑罚及其具体运用都合在一起。

第二，工农民主政权在接受西方近现代刑法基本原则的基础上，结合中国传统观念以及根据地的实际情况确立刑法原则。罪刑法定是根据地各个时期刑法的基本原则之一，但基于现实的需要，普遍适用类推。刑罚人道主义原则表现在两个方面：一是坚持罪责自负，反对株连。早在1930年闽西苏维埃政府《裁判条例》中就已经明确规定："刑罚只适用犯罪人本身，不得连累其家属"，此后，所有的根据地刑事立法都坚持了这一原则。二是废除肉刑。此外，根据地的刑事立法继承了中国传统法律矜老爱幼原则，规定量刑时的老幼减免原则。1931年颁布的《赣东北特区苏维埃暂行刑律》规定："未满十二岁或满八十岁人犯罪者，得减本刑一等或二等"。

第三，受到"左"倾机会主义路线的影响，工农民主政权的刑事立法中也存在错误和不足。一方面,刑事立法中有"唯成分论"和"唯功绩论"的偏向。如《中华苏维埃共和国惩治反革命条例》第34条明确规定:"工农分子犯罪……得依照本条例各项条文的规定,比较地主资产阶级分子有同等犯罪行为者,酌[情]减轻其处罚"。另一方面,在肃反过程中错误估计形势,夸大敌情,怀疑一切,审理案件过程中不重视调查研究,轻信犯人口供,甚至非法指供、诱供、逼供,将肃反扩大化、简单化。

总体而言,工农民主政权的刑事立法,通过打击反革命分子,惩罚其他刑事犯罪分子,对于保卫红色政权,保障根据地各方面工作的顺利进行具有重要意义。

二、抗日民主政权的刑事立法

各边区的抗日民主政府制定了大量的刑事法规。这一时期的刑事立法不仅数量多,而且内容广,与工农民主政权的革命根据地刑事立法及政策相比有了明显的发展。抗日民主政权总结了多年来根据地革命刑法的经验教训,适应抗日战争时期刑法任务变化的要求,对于刑事立法的原则和内容作了较多的调整。

(一)抗日民主政权刑事立法的基本原则

第一,贯彻镇压与宽大相结合的刑事原则。这一时期各根据地政府的施政纲领和其他重要政策法规都强调了对犯罪分子采取镇压与宽大相结合的原则。1942年11月发布的《中共中央关于宽大政策的解释》指出:"镇压与宽大是必须同时注意,不可缺一的","对敌人、汉奸及其他一切破坏分子等,在被俘被捕后,除绝对坚决不愿改悔者外,一律施行宽大政策,予以自新之路"。在实施镇压与宽大政策时,必须区别首要分子与胁从分子。对于一切已经证明是破坏民族利益的分子,应该坚决依法严办,绝不能对其放任。一切曾经有破坏行为,但是真心悔改,确有证据者,则必须采取宽大政策,准其自新。

第二,贯彻法律面前人人平等的原则。遵义会议之后,中国共产党提出了法律面前人人平等的原则,不因被告人、罪犯的本人成分或家庭出身等加重或减轻处罚,也不再规定对革命事业有功绩的人犯罪得减免刑罚。如《晋冀鲁豫边区太岳区暂行司法制度》规定:"在人民法庭上,不论贫富、男女,一律平等,没有等级";《陕甘宁边区保障人权财权条例》规定,边区一切抗日人民,不分民族、阶级、党派、性别、职业与宗教,都有言论、出版、集会、结社、居住、迁徙及思想信仰之自由,并享有平等之民主权利。

(二) 抗日民主政权刑事立法的主要内容

1. 抗日民主政权犯罪的分类

抗日民主政权的刑事法规把犯罪分为两大类：一类是特种刑事犯罪或重大刑事犯罪；另一类是普通刑事犯罪。

特种刑事犯罪或重大刑事犯罪，包括汉奸罪、盗匪罪、破坏坚壁清野财物罪、捕杀抗日军人和抢劫抗日军用物品罪、破坏军队罪、破坏边区罪等，这些有关破坏抗战的犯罪是抗日民主政权刑罚的打击重点。

普通刑事犯罪主要涉及赌博罪、盗窃罪、烟毒罪、买卖人口及妨害婚姻家庭罪、侵犯公民人身权利罪、妨害金融贸易管理罪等。除上述罪名外，还有一些散见于其他法律条文和司法实践中的罪名。

2. 抗日民主政权的刑罚种类

各抗日民主政权刑事立法所规定的刑罚种类视各根据地的具体情况而定，一般分主刑和从刑两类。主刑有以下几种：死刑、无期徒刑（陕甘宁边区废止了死刑，其他根据地虽有无期徒刑这一刑种，但由于战争环境，基本上都未使用过）、有期徒刑（各根据地关于有期徒刑刑期规定不尽一致，最低刑期多规定为6个月，最高刑期至15年）、拘役（劳役或苦役，刑期一般为2个月以下1日以上）、罚金。从刑主要有没收财产和褫夺公权等。

此外，在刑罚执行方面，许多条例中规定了缓刑和假释制度。

三、解放区人民民主政权的刑事立法

解放战争时期刑事立法的主要任务是：摧毁一切反动组织，镇压反革命分子，保障人民解放战争的胜利。这一时期刑事立法的主要内容如下：

(一) 镇压地主恶霸

为了保障土地改革运动的顺利开展，《中国土地法大纲》规定对于破坏土地改革者要加以惩处的原则。很多解放区制定了专门的惩治破坏土地改革犯罪的刑事条例，如《晋冀鲁豫边区破坏土地改革治罪暂行条例》规定，蓄意破坏土地改革，带头组织或勾结反动武装，对农民实行倒算，杀害农民，或有其他重大危害农民利益者，处以死刑；次要分子或包庇帮助者处1年以上5年以下劳役；一般胁从或盲从分子按情节之轻重，分别判处1年以下劳役或其他处罚。

(二) 惩办战争罪犯

1947年《中国人民解放军宣言》明确提出："逮捕、审判和惩办以蒋介石为首的内战罪犯"，并宣布"对于罪大恶极的内战祸首蒋介石和一切坚决助蒋为恶、残害人民、而为广大人民所公认的战争罪犯，本军必将追寻他们至天涯海角，务使

归案法办"。1948年11月1日发布的《惩处战争罪犯命令》,具体规定了以战犯论处的各项罪行及其惩治措施。同年12月25日,中共中央公布了第一批以蒋介石为首的战争罪犯名单。

(三) 肃清政治土匪,取缔反动党员、特务组织

国民党派遣特务、破坏分子勾结地主恶霸、土匪、盗贼,组织暴乱,残害人民,严重影响解放区的社会秩序和翻身农民的人身、财产安全,肃清土匪成为新解放区最重要的任务之一。

在各新解放地区,人民政府及军管会都发布命令文告,宣布取缔解散国民党、三民主义青年团、中国青年党、民主社会党等一切反共、反人民、反民主的反动党团组织及其附属组织。一切反动党派团体的各级委员会成员及特务组织的每一个特务人员,必须向市政府或军管会所指定的专管机关(或公安局)进行登记(反动党团的普通成员均免于登记)。上述应该依法登记的反动党团人员和特务人员,如有拒绝登记,或有破坏登记行为,或藏匿与毁坏武器、电台及重要证件、文件、档案,或履行登记手续后继续进行反革命活动的,均应受到法律的制裁。

(四) 解散一切会道门封建迷信组织

中国农村社会往往有不少迷信组织,这些民间的会道门组织和国民党特务机构相勾结,严重扰乱社会治安,对革命事业和人民利益造成很大危害。1949年1月4日华北人民政府公布《华北人民政府解散所有会门道门封建迷信组织的布告》,该布告规定,所有会道门组织一律解散,不得再有任何活动;所有会道门的首要分子,应立即向当地县市政府公安机关进行登记,曾与匪特勾结或有犯罪行为者,如能悔过自新,当予以宽大处理,但如抗拒登记,继续活动,定予严惩;所有被胁迫或被诱骗而参加会道门的一般会员群众,一经脱离组织,停止活动,一律不予追究。

在刑罚制度方面,解放战争时期各地的规定仍不统一,但也有新的发展。在各地区的刑事立法中,主要有死刑、无期徒刑、有期徒刑、拘役、管制、罚金、褫夺公权、没收财产等刑罚。值得注意的是,解放战争时期创立了一种独立主刑——管制。这种方法在革命初期就曾经使用过,到解放战争后期将这一刑罚措施正式定名为"管制"。1948年11月15日《中共中央关于军事管制问题的指示》规定:各反动党团各级负责人员进行登记后,"对登记后的少数反动分子实行管制(每日或每星期须向指定的机关报告其行动)"。1949年1月27日《中共中央委员会关于国民党、三青团及特务机关的处理办法》中也作了类似规定。"管制"就是对某些反动分子,在向政府登记以后,不予关押,在有关政府机关指导下,在一定时期内,交由当地的政府和群众进行监督改造,在管制期间内,剥夺其政治权

利,限制其行动自由。如果有新的破坏罪行,即对其逮捕另行审判。在中华人民共和国成立以后,"管制"刑得到了进一步的发展和继续应用,至今仍是我国刑法规定的五种主刑之一。

第五节 革命根据地时期的婚姻立法

中国传统的婚姻家庭制度深受中国几千年封建传统思想的影响,中国的妇女深受政权、族权、父权、夫权的压迫。中国共产党领导中国人民实现解放,其中一个重要的组成部分就是破除封建的婚姻家庭制度,解放广大的妇女。婚姻立法也就成为革命根据地法制的一项重要内容。中国共产党先后在党的第二次、第三次、第四次全国代表大会上制定了《关于妇女运动的决议》《关于妇女运动的决议案》和《对于妇女运动之议决案》等,这些文件都反映了中国共产党提出的解放妇女、改革封建婚姻家庭制度的主张。另外,早在第二次国内革命战争时期,各根据地就开始相继制定婚姻条例和法规,此后不同时期的根据地也都制定了许多类似的法规。

一、工农民主政权时期的婚姻立法

这一时期的婚姻家庭立法,以1931年11月中华苏维埃共和国临时中央政府的成立为分界线,分为前后两个时期。前期的婚姻立法主要有1930年3月的《闽西第一次工农兵代表大会婚姻法》、1930年4月的《闽西苏维埃政府关于婚姻法令之决议的命令》以及1931年7月的《鄂豫皖工农兵第二次代表大会婚姻问题决议案》等。后期的婚姻立法包括1931年12月1日公布实施的《中华苏维埃共和国婚姻条例》,该条例于1934年4月进行了修订,以《中华苏维埃共和国婚姻法》的形式加以公布实施。工农民主政权时期婚姻立法的内容主要包括以下几个方面:

(一)婚姻立法的基本原则

1. 婚姻自由原则

婚姻自由原则是根据地婚姻法规所确立的基本原则之一。早在《中华苏维埃共和国婚姻条例》中就明确规定"确定男女婚姻,以自由为原则"。婚姻自由包括结婚自由和离婚自由两个方面,其含义是指婚姻的成立和解除均出自双方当事人的自由意志和愿望。为落实这一原则,各个时期的婚姻法都规定严格禁止强迫、包办、买卖婚姻,废除童养媳,严禁强迫寡妇守寡等。

2. 一夫一妻原则

各个根据地婚姻立法均明确规定任何人都只能有一个配偶,一切公开的或变相的一夫多妻或一妻多夫都是非法的,有妻妾者,以重婚论罪。

3. 着重保护妇女、儿童权益的原则

中华苏维埃共和国中央执行委员会在 1931 年 11 月第一次会议上通过的《关于暂行婚姻条例的决议》指出,旧制度下的妇女所受压迫与痛苦比男子更甚,才得以解放,身体所受损害尚未恢复,经济也尚未能完全独立,在离婚上更偏重于保护妇女。同时,该决议也贯彻了保护孩子的原则。

(二) 结婚制度

男女双方的婚姻关系的成立,需具备法定的形式要件和实质要件。

1. 形式要件

婚姻登记是男女结婚须履行的法定手续,《中华苏维埃共和国婚姻条例》和《中华苏维埃共和国婚姻法》规定,男女结婚须同到乡苏维埃或市区苏维埃进行登记,领取结婚证。

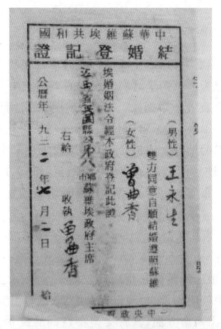

图 14.6　中华苏维埃共和国结婚登记证

2. 实质要件

(1) 男女双方自愿结婚,不许任何一方或第三方加以强迫。

图 14.7　湖南省工农兵苏维埃政府颁布的婚姻法布告

(2) 男女结婚必须达到法定年龄。结婚的年龄,男子须满 20 岁,女子须满 18 岁。

(3) 无禁止结婚的情形。1931 年的《中华苏维埃共和国婚姻条例》规定,"禁止男女在五代以内亲族血统的结婚",此规定由于实践中难以执行,1934 年的《中华苏维埃共和国婚姻法》改为"禁止男女在三代以内亲族血统的结婚"。此外,禁止神经病及疯瘫者结婚,禁止患花柳病、麻风、肺病等危险性传染病者结婚。符合一夫一妻制,也是婚姻成立必备的条件之一。

(三) 离婚制度

确定离婚自由,凡男女双方同意离婚的,即行离婚;男女双方一方坚决要求离婚的,亦即行离婚。离婚须向乡苏维埃或市区苏维埃登记,一经登记,婚姻关系即为解除。

关于离婚后财产的处理问题,《中华苏维埃共和国婚姻法》规定,男女双方原来的田地、财产和债务,由本人处理。结婚满一年,夫妻共同经营所增加的财产,离婚时由双方平分,如有子女则按人口平分。男女同居时所负的共同债务,由男方负责清偿。

关于子女抚养的问题,《中华苏维埃共和国婚姻法》规定,离婚前所生子女归女方抚养。如女方不愿抚养,归男方抚养,但年长的小孩须同时尊重小孩的意见。归女子抚养的小孩,男子担负必需生活费的 2/3,直至 16 岁为止。

(四) 保护军婚

《中华苏维埃共和国婚姻法》规定,红军战士之妻要求离婚的,必须征得其夫的同意;在通信方便的地方,经过两年其夫无信回家者,其妻才可以向当地政府请求登记离婚;在通信困难的地方,经过 4 年其夫无信回家者,其妻才可以向当地政府请求登记离婚。

二、抗日民主政权时期的婚姻立法

抗日边区各民主政权的婚姻法基本继承了苏区婚姻法的主要精神,制定了许多婚姻条例、命令和决定,主要有 1939 年 4 月颁布的《陕甘宁边区婚姻条例》、1941 年 7 月公布的《晋察冀边区婚姻条例草案》、1942 年 1 月颁布的《晋冀鲁豫边区婚姻暂行条例》、1943 年 2 月公布的《晋察冀边区婚姻条例》、1944 年 3 月公布的《修正陕甘宁边区婚姻暂行条例》、1945 年 3 月公布的《山东省婚姻暂行条例》等。

(一) 基本原则的变化

这一时期,各抗日边区民主政权的婚姻法规在细节方面略有不同,但总体上都坚持了婚姻自由、一夫一妻、解放妇女等基本原则。工农民主政权的立法者考虑到旧中国妇女所受的压迫甚于男子,经济尚未独立,因而在离婚等问题上更偏重于保护妇女。与第二次国内革命战争时期的婚姻法有所不同的是,这一时期男女平等原则得到了进一步的强调。

1942 年《晋冀鲁豫边区婚姻暂行条例》首先提出了男女平等原则。1945 年的《山东省婚姻暂行条例》对此作出了明确规定:"本条例根据山东省战时施政纲领男女平等、婚姻自由及一夫一妻制之原则制定之。"

(二) 结婚的规定

抗日民主政权的婚姻立法中对于结婚的条件和程序作了详细的规定,其内容大都是对工农民主政权时期婚姻立法中相关条款的继承和重新确立,但也存在一些重大变化。

工农民主政权的婚姻法不承认订婚这种形式,抗日民主政权的许多婚姻立法中虽规定"婚姻不以订婚为必经手续",但增加了关于婚姻的内容。婚约解除时,无过失之一方,得向有过失之一方请求赔偿其因此所受之损失。无上述之理由而故违婚约者,对于他方因此所受之损害也应负赔偿之责。

在结婚形式上,各边区的婚姻条例都规定婚姻不以订婚为条件,订婚不得索取金钱财物,婚约不得强制履行,双方或任何一方都可以在订婚后解除婚约。边区婚姻条例都坚持了登记婚制,只要男女双方向当地区乡政府登记即可结婚。

同工农民主政权时期相比,抗日民主政权婚姻立法规定的婚龄有所下降,结婚的法定手续比以前复杂,对亲属间结婚的限制更为严格。晋察冀边区、山东省、淮海区婚姻条例中增加了结婚须举行公开仪式的规定。

(三)离婚的规定

离婚形式有两种:一是双方自愿离婚,只需到县政府请求登记即可;二是一方要求离婚,由司法机关按照诉讼程序处理,必须具备一定的条件,否则不予离婚。女方在怀孕及生育期,男方不得提出离婚。

(四)保护抗日军人的婚姻

为保护抗日军人的婚姻,不少边区都颁布了单独的条例和办法,如1943年的《陕甘宁边区抗属离婚处理办法》、1943年的《山东省保护抗日军人婚姻暂行条例》、1944年的《修正淮海区抗日军人配偶及婚约保障条例》等。

各边区的法律大多规定,抗日军人之未婚妻请求解除婚约,须经抗日军人本人同意,否则不得解除。但是,超过法定年限者,经查证属实,在当地政府登记后,准予解除婚约。抗日军人之配偶,除确知其夫已经死亡、逃跑和投敌外,未经抗日军人之同意,不得离婚。妻子请求离婚时,政府或司法机关应尽力说服。坚决不同意时,则按照年限的规定,准予离婚。具体的年限,有的根据地规定5年以上,有的规定4年以上,有的规定3年以上,其丈夫无音讯者,配偶方得请求离婚。

(五)注重对子女利益的保护

法律规定,在女方怀孕期间及哺乳期间男方不得提起离婚。非婚生子女享有与婚生子女同等的权利,不得抛弃。男女离婚时,年幼的子女原则上归女方负责,但由男方承担抚养费。

三、解放战争时期人民民主政权的婚姻立法

解放战争时期婚姻法规基本上沿用抗战时期婚姻法规的规定,同时针对新出现的问题,作了一些适时的修改和补充。这一时期的婚姻法规有1946年《陕甘宁边区婚姻条例》、1948年《关东地区婚姻暂行条例(草案)》、1949年《修正山东省婚姻暂行条例》以及《辽北省关于婚姻问题暂行处理办法(草案)》等。

抗战胜利以后和解放战争后期,干部离婚的问题十分突出。为了处理此类案件,各解放区制定了一些专门规定。

首先,规定了干部离婚的原则同群众离婚一样,必须坚持"夫妻感情意志根本不合"的基本标准,针对具体问题,区别对待。其次,针对当时干部离婚多是一方坚决要离,另一方坚决不离的情况,司法机关应适当进行调解,对有错误的思想批评教育,限期改正。

总体来看,革命根据地时期的婚姻法规的颁行,摧毁了中国历史上长期形成的男尊女卑、买卖包办、一夫多妻和漠视子女利益为特征的旧的婚姻制度,打碎了几千年来束缚人民特别是束缚妇女的封建锁链,建立起了以男女平等、婚姻自由、一夫一妻、尊老爱幼为特征的新型的婚姻制度,使广大人民特别是妇女在婚姻家庭关系上得到解放。革命根据地时期的婚姻立法所确立的基本原则,仍为今天的婚姻法所采用。

第六节 革命根据地时期的劳动立法

中国共产党是工人阶级的先锋队,在中国共产党领导下的根据地革命政权自然将劳动法列为重要的立法课题。在新民主主义革命的各个时期,革命根据地相继制定了劳动法。

一、工农民主政权的劳动立法

早在中华苏维埃共和国成立前,各革命根据地就已经开始了劳动立法活动。1929年10月,闽西上杭县第一次工农兵代表会议通过了《上杭县劳动法》(即"劳动问题九条提案");1930年2月,闽西永定县第二次工农兵代表大会通过了《劳动保护法》;1930年3月,闽西第一次工农兵代表大会通过了适用于闽西全境的较为完备的《闽西劳动法》。这三部早期的劳动法体现了维护个人政治经济权益的精神。但是,这三部劳动法也带有一定的"左"的思想倾向,某些条款规定了不切实际的过高要求和不恰当的做法。

中华苏维埃共和国成立后,于1931年11月制定颁布了《中华苏维埃共和国劳动法》。该法共计12章75条。从形式上讲,该法是根据地时期所制定的同类法规中较为规范的一部。但由于受王明"左"倾错误路线影响,该法在注重对工人阶级的权利进行保护的同时,也对工人的福利作了许多不切实际的规定。这部法律在中央苏区实施了一年多后,经修正,于1933年10月重新公布。同时还公布了这部法典的配套法规《中华苏维埃共和国违反劳动法令惩罚条例》,成为

当时苏区最重要的劳动法规。1933年修改后的《中华苏维埃共和国劳动法》共有15章121条,主要有以下几个方面的内容:

第一,修改适用范围。1931年劳动法规定,凡在企业、工厂作坊及一切生产事业和各种机关(包括国家的、协作社的、私人的)的雇佣劳动者,都受此法保护。1933年劳动法对这一适用范围作了必要的变通,凡雇用辅助劳动力的中农、贫农、小船主、小手工业者及手工业生产合作社,经工人与工会的同意,可不受本法某些条文的限制。

第二,废除雇用过程中的封建剥削和压榨,规定雇用工人的手续。"私人设立的工作介绍所或雇佣代理处及委托工头招工员,买办或任何个人私自雇用工人,一律禁止之",禁止"要被介绍人付出金钱或物品作为介绍工作的报酬,或从工资中克扣介绍工作的报酬"。雇用工人必须经政府设立的失业劳动介绍所或职工会,从而消灭了私人操纵劳工市场剥削压榨工人的现象,保障了工人劳动就业的权利。

第三,规定工人有集会、结社的自由。工人有权组织工会。苏区成立了中华全国总工会及省、县、区各级工会组织,在各企业、作坊、乡村设立了工会组织。劳动法规定雇主对于工会机关的活动不得有任何阻碍,工会有宣布罢工和领导罢工的权利,可以代表工人签订集体合同,并有权成立特别机构监督私人企业的生产经营活动。

第四,规定了工人的工作时间和工资待遇。工人通常每日工作时间不得超过8小时,16岁以下的未成年人每日的工作时间不得超过4小时。被雇用者每一个星期内至少应有连续42小时的休息。不满18岁的未成年人及从事危害工人身体健康之工作的人,每一年必须有4周休假,照给工资。各纪念节日须一律停止工作,工资照给。工人的工资不得少于当地政府在各该时期依照当地生活程度与各项劳动者职业的等级所规定的工资之最低限度。工资数额应在集体合同及劳动合同内规定。超过法定工作以外的额外工作应给额外工资。

第五,保护女工、未成年人工作的特殊利益。禁止雇用14岁以下的童工。妇女怀孕5个月以上不经本人同意不得调动工作地点,产前5个月、产后9个月内不得解雇。在工作特别繁重或危险的工作部门,不得雇用女工及未成年人从事工作。除劳动法另条规定的情形外,不得任意辞退女工。女工哺乳期间,每隔3小时应有半小时休息来哺乳小孩,不得克扣工资。废除封建性的旧学徒制和养成工制,对青工、学徒的合法利益进行保护。同时还规定男女同工同酬的原则,青工、童工应按照等级发给全日工资。

第六,实行劳动保护和社会保险制度。规定各企业、各机关采用适当的设备,以消灭及减轻工作者的危险,预防事故发生及保持工作场所内的卫生。在特别危害工人健康的企业,须发给工作衣服及各种防护用品。对于凡受雇用的劳动者,均得施行社会保险。雇主应在付给职工工资之外,支付全部工资总数的5%—20%交给社会保险局,作为社会保险基金,用以向职工提供免费的医药帮助、暂时丧失劳工能力者的津贴、失业津贴、残疾及衰老时的优恤金等。

第七,规定解决劳资纠纷和违反劳动法的处理办法。各级劳动部得对劳资双方的争议进行调解和仲裁。劳动纠纷及违犯劳动法的案件,由劳动法庭审理判决。违犯劳动法所受的惩罚为罚款、强迫劳动或监禁。

《中华苏维埃共和国劳动法》是中国历史上首部确认并大力保障工人基本权利的劳动法,具有重要意义。但是,由于"左"倾路线的干扰,当时的劳动立法中也存在一些"左"倾错误,这些错误在1935年12月瓦窑堡会议后逐渐得到纠正解决,为以后根据地的劳动立法提供了历史经验和教训。

二、抗日民主政权的劳动立法

抗日民主政权纠正了工农民主政权时期过"左"的劳动政策。随着抗日统一战线的形成,中国共产党领导下的各抗日根据地采取了既保护工人利益,又强调团结资产阶级及开明绅士参加抗日,在一定条件限制下鼓励资本主义发展的劳动法原则。

根据党的抗日民族统一战线方针,结合根据地的实际情况,在总结工农民主政权时期劳动立法的基础上,各抗日民主政权先后制定了劳动法规,主要有1941年的《晋西北工厂劳动暂行条例》和《晋冀鲁豫边区劳工保护暂行条例》、1942年的《陕甘宁边区劳动保护条例(草案)》和《山东省改善雇工待遇暂行办法》等等。这些法规从以下几个方面作了规定:

第一,在保护工人的权利方面,规定工人享有言论、出版、集会、结社、参军、组织农会、组织工会、参加文化教育活动、参政以及参加各种抗日活动的权利。工会的费用应由雇主负担,按工资总额的2%提供,工会有权调解劳资纠纷,可代表工人与资方订立集体合同,有权代表工人向政府提出要求。

第二,在工作时间和工资方面,一般实行8—10小时工作制,雇主要求加班应征得工人同意,发给额外工资。农村雇工、畜牧工人和家庭雇工的工作时间,概依当地习惯,法律不作硬性规定。在工资方面,规定了最低工资标准。农村成年雇工每年工资除本人食宿外,以能维持当地农民一个人至一个半人生活为原则。劳动合同规定的工资,资方不得借故减少或拖欠,工人亦不得有额外要求。

第三,在劳动保护方面,详细列举了各类保护措施。《晋察冀边区行政委员会关于保护农村雇工的决定》规定：雇工因工作而致伤病者，雇主应负责疗养；因工作致死者，除购买棺材埋葬外，应酌给雇工家属抚恤费。晋冀鲁豫边区关于劳动保险的法规规定：工人病休期在一月以内，工资照发并由资方负责医疗费；工人因工致伤，除工资照发外，医疗费应全部由资方负担，工人因工致残者，根据情况予以治疗费、工资等抚养救济；工人因工致死者，由资方给以埋葬费和抚恤金；因工作致遭敌奸捕捉或杀害者，资方得酌予其家属以救济金或抚恤金。

这一时期的劳动立法从实际情况出发，合理调整了劳资关系，既保护了工人利益，又照顾了资方的利益，从而促进了抗日根据地的经济发展，巩固和发展了抗日民族统一战线。

三、解放区人民民主政权的劳动立法

解放战争期间，为了适应解放区迅速扩大和大批城市解放的形势要求，恢复和发展生产，根据党的"发展生产、繁荣经济、公私兼顾、劳资两利"方针，劳动法规都注重"劳资两利"原则。此外，这一时期的劳动立法还具有以下特点：

第一，建立集体合同的统一规范。集体合同制度在工农民主政权时期的劳动法中就已经有所规定。集体合同内各条款对于在各该企业、机关和商店内的全体工作人员均适用，不论他是否为缔结合同之职工工会的会员，但不及于享有开除与录用工人权力的管理人员。

解放战争初期，原各根据地基本上沿用了抗日战争时期的既有规范。1947年以后，一些解放区的劳动关系发生了变化，各解放区根据各地实际情况，出台了一些集体合同制度文件。1948年在哈尔滨召开的第六次全国劳动大会通过了《关于中国职工运动当前任务的决议》。该决议实际上起到了劳动法令的作用。在集体合同制度方面，该决议规定：劳动必须要有契约并尽可能地采用集体合同的形式，以便约束双方的行为；集体合同应当包括劳动条件、职工的任用解雇与奖惩、劳动保护与职工福利、厂规要点等规章制度方面的内容。在该决议的推动下，各解放区也开始了劳动及集体合同立法工作。

第二，强调工人有参与企业管理的权利。1949年8月，华北人民政府公布了《关于在国营、公营工厂企业中建立工厂管理委员会与工厂职工代表会议的实施条例》，规定在国营、公营工厂企业中成立由厂长、副厂长、总工程师、工会主席、工人职员代表等组成的管理委员会，根据上级领导机关下达的计划，讨论与决定一切有关生产及管理的重大问题。同时该条例还规定，华北解放区所有的国营、公营工厂，凡有职工在200人以上的，都要组织工厂职工代表会议，200人以下的工厂虽然不组织职工代表会议，但每月由工会主席召集全厂职工会议一

次或两次。职工代表会议的代表以基层生产组织为单位选举产生,每年改选一次。此外,陕甘宁边区政府也颁布了《国营、公营工厂企业中建立工厂管理委员会与工厂职工代表会议的组织规程》。

解放战争时期制定的劳动法规,适应了新的形势要求,大量劳动争议案件得到正确及时的解决,调动了工人的生产积极性,保护了解放区的工商业生产,支援了解放战争,同时也为中华人民共和国成立后的劳动立法提供了直接的经验。

第七节 革命根据地时期的司法制度

新民主主义革命时期根据地的司法制度是在战争环境下发展起来的,并且不断发展成为适合中国革命的司法制度。在人民民主政权法制的发展过程中,通过不断总结司法实践经验,实行和创造了许多带有人民性和革命性特点的诉讼和审判方面的新型原则与制度。

一、工农民主政权的司法制度

(一) 司法机关

工农民主政权建立初期,由于各根据地各自为政,因此各地司法机关的组织形式和名称很不统一,有裁判部、惩治反革命委员会、革命法庭等,表现出多样化的特征。

中华苏维埃共和国成立后,于1931年12月13日通过了《处理反革命案件和建立司法机关的暂行程序》,规定苏区各地"在未设立法院之前,得在省县区三级政府设立裁判部,为临时司法机关"。自此,各地政府相继成立了苏维埃裁判部。1932年2月19日,中华苏维埃共和国中央人民委员会作出决定,决定组织临时最高法庭,以审理重要案件,临时最高法庭自此正式成立,成为苏区的最高审判机关,开始领导全苏区的审判工作,并亲自审理在苏区范围内有重要影响的各类案件。1932年6月9日,中央执行委员会颁布了《裁判部的暂行组织及裁判条例》,共6章41条,统一规范了苏区的司法审判程序和职责权限,规定裁判部在审判方面受临时最高法庭节制。自此,司法机关分为中央、省、县、区四级。审级上采取四级二审终审制。

在中央,采取审判权和司法行政权"分立制",即临时最高法庭专管审判工作,司法人民委员会专管司法行政事务。临时最高法庭下设刑事法庭、民事法庭和军事法庭,分别审理不同性质的案件。临时最高法庭设主席一人、副主席二人,由中央执行委员会任命,凡属法庭内部的重大事项和重大案件均由委员会集体讨论决定。临时最高法庭的职权为:对现行法律条文进行司法解释;审理不服地方司法机关审理的上诉案件;审查地方司法机关的判决书等。1934年2月17日,临时中央政府执行委员会颁布了《中华苏维埃共和国中央苏维埃组织法》,其中第七章为"最高法院",专门规定了最高法院的职能、管辖、建制和审判组织等。至此,中华苏维埃共和国最高法院正式宣布成立。自1934年2月以后,最高法院开始履行审判职能,积极开展审判工作。据不完全统计,最高法院在1934年2月至10月红军长征前止,前后审理和复核了有关刑事、民事、军事案件一千余件。

在地方实行"合一制",地方上在省、县、区各级地方政府内设立裁判部,既行使裁判权,又管理司法行政事务。裁判部在审判事务上受临时最高法庭(最高法院)的指导,在司法行政上受司法人民委员会指导。司法人民委员会可以委任、撤换裁判部工作人员。

根据《中华苏维埃共和国中央苏维埃组织法》《中华苏维埃共和国地方苏维埃暂行组织法(草案)》及《中华苏维埃共和国裁判部暂行组织及裁判条例》等有关法律、法规,工农民主政权不设独立的检察机构,最高法院内设检察长一人、副检察长一人、检察员若干;省裁判部设正、副检察员各一人;县裁判部设检察员一人;区裁判部则不设检察员。最高法院、各级裁判部内设的检察机构检察人员主要负责预审和刑事公诉工作。此外,在鄂豫皖区和川陕省苏维埃政权的革命法庭内,设"国家公诉处",由公诉员代表国家向法庭提起公诉。

此外,还有一些特别司法机关。1927—1930年,在各级苏维埃政府或工农革命委员会下设的"肃反委员会",为公、检、法三者合一的苏维埃政权临时性专政机关,兼侦查、逮捕、审讯、判决、执行等职能。

1931年11月,中华苏维埃共和国中央临时政府成立,国家政治保卫局作为国家政权的组成部分也随之成立。它负责执行侦查、压制和消灭政治上、经济上一切反革命组织活动,以及侦探缉捕盗匪的任务,还有保卫工农群众的合法权益和保卫苏维埃政权的使命。为此,中央执行委员会赋予它对一切反革命和盗匪有侦查、逮捕、预审的权力,因此国家政治保卫局成为根据地最早的公安机关。国家政治保卫局的工作一直持续至1937年1月党中央迁到延安成立陕甘宁边区政府,为边区保安处所取代。

(二) 审判制度

工农民主政权时期的《中华苏维埃共和国裁判部暂行组织及裁判条例》《革命法庭的工作大纲》《中华苏维埃共和国司法程序》等法律文件都规定了审判公

开原则。审判案件必须公开,但是涉及军事秘密的案件,可采用秘密审判方式,在宣布判决时仍须公开。公开审判时,允许一切苏维埃公民旁听,经主审同意,旁听观众可以发表意见。审判以后,必须张贴判决书,宣布案由和判决的内容。

审判合议制是民主集中原则在审判工作中的具体体现。工农民主政权时期规定,除简单而且不重要的案件外,一般案件均采取合议制,决定判决前,实行少数服从多数的原则。

人民陪审员制度是审判工作民主化的一项重要制度。1932年《中华苏维埃共和国裁判部暂行组织及裁判条例》建立了人民陪审员制度。该条例规定,陪审员是法庭的法定组成人员,除简单而不重要的案件可由裁判部部长或裁判员一人审理外,一般案件由陪审员参加法庭审理。陪审员由职工会、雇农工会、贫农团及其他群众团体选举产生,军事裁判所的陪审员由士兵选举产生。陪审员是不脱产、义务性的,他不能因为参加陪审工作而向裁判部索取报酬。进行裁判时,以法庭多数意见为标准,如果争执不下,以主审的意见决定判决书的内容,陪审员可以保留自己的意见,报上级裁判部参考。

为了保护被告人的合法权益,实行辩护制度。《中华苏维埃共和国裁判部暂行组织及裁判条例》第24条规定:"被告人为本身的利益,可派代表出庭辩护,但须得法庭的许可。"

在工农民主政权时期,人民调解制度也已经出现萌芽,开始了法律化的过程,但没有形成一套确定、完备的规则和程序。

图14.8 瑞金县苏维埃裁判部判决书

图 14.9 中华苏维埃共和国最高特别法庭判决书

二、抗日民主政权的司法制度

(一)司法机关

抗日民主政权的司法机关一般设边区高等法院和地方法院两级。各边区高等法院院长一般由边区参议会选举。高等法院在各分区设立分庭或分院,作为其派出机构。县或市设立司法处或地方法院,作为一般刑民案件的一审机关,各边区实行审检合署制,检察机关附设于审判机关内。

为了照顾与国民党的统一战线的关系,各根据地名义上实行三级三审制,以南京国民政府最高法院为第三审级,但实际上从不与其发生任何事实上的联系,边区高等法院是边区的最高司法机关,其二审判决即为终审判决。

在当时特殊的历史条件下,为更好地发挥司法机关的效能,各边区都强调党与抗日民主政权对司法工作的指导,反对单纯提倡"司法独立"的观点,实行"行政司法合一制"。各边区往往由行政首长兼任司法机关首长,如由分区专员兼任高等法院分庭庭长、由县长兼任司法处处长,这在当时是完全必要的。

(二)审判制度

抗日民主政权也实行公开审判的原则,只有法律另有规定者(如涉及国家、军事秘密及隐私案件等)不公开审理。实行公开审判制度,有利于人民群众监督司法工作,提高办案质量,同时也有助于对群众进行法制教育,增强其法律观念。

抗日民主政权时期,人民陪审制度有了更大发展,许多地区还制定了陪审条例。同时,辩护、诉讼代理制度有所发展。陕甘宁边区规定:开庭时允许诉讼当事人请其亲属或有法律常识的人出庭,充当刑事被告的辩护人或民事代理人。各人民团体对于其所属成员的诉讼,可派代表出庭帮助辩护或代为诉讼。

这一时期,上诉和复核制度有了进一步的发展,分为死刑案件的复核和一定刑期以上的案件的复核。除战时特殊情况外,对死刑判决,不论当事人是否上诉,原审机关必须报请上级司法机关复核,经批准后,才能付诸执行。下级司法机关对于判处一定刑期以上的案件,除法律另有规定外,在宣判以前也必须呈送上级复核。这种复核制度也为解放区人民民主政权所沿用,在当时的历史条件下,对保证办案质量具有重要意义。

这一时期的人民调解制度也进入一个新的发展阶段,不论是调解的组织形式还是调解的内容和程序都有了进一步的完善,实现了人民调解制度的制度化和法律化。各抗日民主政权制定了许多有关调解工作的单行条例、办法,如1941年4月18日公布的《山东省调解委员会暂行组织条例》、1942年3月1日公布的《晋西北村调解暂行办法》、1943年6月11日公布的《陕甘宁边区民刑事件调解条例》等。人民调解制度有利于及时、合理地解决民间纠纷,减少讼累,增强人民内部团结,是人民司法工作的必要补充和得力助手。

(三)马锡五审判方式

马锡五(1898—1962),陕西保安(今志丹县)人,1930年参加革命,抗日战争时期曾担任陕甘宁边区陇东分区专员兼边区高等法院陇东分庭庭长,1946年任陕甘宁边区高等法院院长,中华人民共和国成立后曾任最高人民法院副院长,1962年病逝。

马锡五同志1943年起兼任陇东分庭庭长。他在任期间,经常携带案卷深入基层,联系和依靠群众,调查研究,查清案情,实事求是、不拘形式、公平合理地处理了一系列长期缠讼不清的疑难案件,惩罚了违法行为,保护了当事人的合法权益,提高了干部的思想水平,教育了当事人和群众,受到广大人民群众的称颂,被誉为"马青天"。边区政府对其经验加以总结,将其审判方式正式命名为"马锡五审判方式"。1944年1月6日,陕甘宁边区首次提出"提倡马锡五同志的审判方式,以便教育群众"。同年3月13日,《解放日报》以《马锡五同志的审判方式》为题发表社论。从此,"马锡五审判方式"在各个根据地得到推广,有力地推动了司法工作的民主化和群众化。

图 14.10　马锡五像

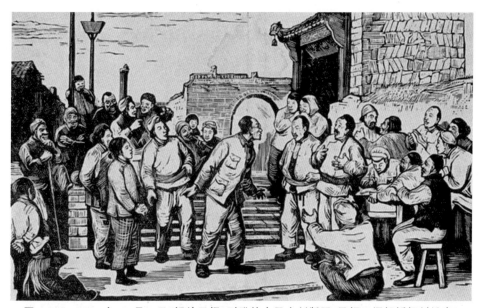

图 14.11　1944 年 10 月 9 日《解放日报》刊登的古元木刻版画《马锡五调解婚姻纠纷案》

马锡五审判方式是党的群众路线与司法工作相结合的典型。其基本特点是：第一，深入基层，调查研究，搞清案件的真相；第二，注意倾听群众的声音，尽量做到将边区的法律和群众的意见相结合，让人民群众满意；第三，手续简便，不拘形式，便于人民进行诉讼。

马锡五审判方式在陕甘宁边区和其他抗日根据地得到普遍推广，有力地去除了旧司法传统对抗日根据地的不良影响，使人民司法工作的面貌有所改变，受到了人民群众的拥护，对以后人民民主政权的司法工作也有深远影响。

三、解放区人民民主政权的司法制度

（一）司法机关

解放战争前期，除东北解放区外，其他各解放区司法机关仍基本沿用抗日时期的体制和名称。到解放战争后期，随着解放区的扩大，为了与人民民主政权机构相适应，建立了大行政区、省、县三级司法机关，审判机构一律改成人民法院。很多解放区制定了单行法规，强调审判权必须由人民法院行使。各级人民法院都受同级政府领导，法院一般都是政府的组成部分。解放区大都实行审检合一或由公安机关代行检察职责，不设立独立的检察机构。

此外，为了保卫土地改革的顺利进行，各解放区都建立了人民法庭，专门审判一切违反和破坏土地法实施的案件。土地改革结束后，人民法庭即撤销。

在新解放的城市，在军事管制委员会下设立特别法庭，负责审判重大的反革命案件，以维护革命秩序，保护人民利益。

（二）解放区司法原则的确立

为粉碎蒋介石保存伪法统的企图，克服解放区司法干部中存在的对国民党"六法全书"的错误和模糊认识，以适应人民民主法制建设的需要，1949年2月中共中央发布了《关于废除国民党的六法全书与确立解放区的司法原则的指示》（以下简称《指示》）。《指示》揭露了国民党"六法全书"的阶级实质，"只能是保护地主与买办官僚资产阶级反动统治的工具，是镇压与束缚广大人民群众的武器"，并宣布废除国民党"六法全书"。

《指示》确定人民民主政权的司法工作必须以人民政府的新的法律为依据。"在人民新的法律还没有系统地发布以前，应该以共产党政策以及人民政府与人民解放军所已发布的各种纲领、法律、条例、决议作依据。"在人民的法律还不完备的情况下，司法机关的办事原则应该是："有纲领、法律、命令、条例、决议规定

者,从纲领、法律、命令、条例、决议之规定;无纲领、法律、命令、条例、决议规定者,从新民主主义的政策。"《指示》还要求司法机关要批判、蔑视旧法律,学习、掌握新法律,提高司法干部的思想及法律素质,对留用的旧国民党司法人员加强思想改造。

《指示》彻底废除了伪法统,为人民司法工作规定了正确的原则并指明了方向,为中华人民共和国成立后的法制建设工作奠定了基础。

第十五章　中国古代的民事法律

相较于罗马法，中国古代的民事法律规定比较有限，并且也从未制定过一部专门的民法典来规范婚姻、家庭继承、物权及债的内容。民事纠纷相关的法律规定往往与刑事、行政法律规定收入在同一部法典或法律规定之中。以唐律为例，民事问题集中在《户婚律》与《杂律》中。这并不意味着中国古代法律规定轻视民事内容。恰恰相反，在唐律中，《户婚律》的位置在分则的第三篇，排在维护皇权和政权的《卫禁律》以及对官吏管理的《职制律》之后，可见在国家管理层面对婚姻家庭问题的重视。"户婚"的内容以户口、婚姻、田宅、土地为核心，这也是当代民事法律关系的内容。此外，商事行为也构成了中国古代经济社会的重要推动力量，也在本章讨论之内。本章依照中国古代民事法律调整的重心依次排列各节。

第一节　婚　　姻

从史料可见，早在商周时期已经形成了一套成熟的婚姻礼制规范。婚姻是家庭的基础，在婚姻的背景之下，才可以讨论家庭亲属问题。婚姻的原则、婚姻成立的条件、婚姻成立的限制、离婚等相关规定都是古代民事法律的重要组成部分。更重要的是，婚姻还关系到家庭内部的等级关系、赡养问题、继承规定等。它直接反映了社会生活的基本面貌，也体现了国家对社会基本单位的重视，因此婚姻问题成为中国古代民事法规的核心问题。

一、婚姻的目的与原则

在中国古代，婚姻的首要目的在于继承先人宗祧。早在《礼记·昏义》中就明确提出婚姻的目的："昏礼者，将合二姓之好，上以事宗庙，而下以继后世也。"即婚姻有以下目的：首先，通过婚姻加强两个宗族势力的联合；其次，通过繁衍子孙祭祀祖先，并将宗族血缘及势力世世代代传承下去。这是非常现实的因素，也是宗族的政治、经济权利传承发展的重要手段。

由婚姻的目的可以明确在夫妻婚姻中以男性宗祧继承为核心,由此确立了男性在夫妻关系中的强势地位。夫妻之间,夫为妻之君,妻有从夫之义。同时为了保证后嗣的需求,一个丈夫可以拥有多个配偶,以保证"继后世"。在数量众多的后嗣之中,明确嫡庶之别,一方面可以减少后嗣主祭权的争夺,另外一方面保证家庭内部管理权。嫡之配偶即为妻。"妻者,齐也,与夫齐体。"①

由此确立了婚姻的基本原则——"一夫一妻"制,或者可以称为"一夫一妻多妾"制,妻妾之别即为嫡庶之别。婚姻的程序仅适用于正妻,法律也只保护妻的地位。

历代法律严格禁止重婚行为,《唐律疏议·户婚》规定:"诸有妻更娶妻者,徒一年。"《疏》议曰:"一夫一妇,不刊之制。有妻更娶,本不成妻。"重婚将扰乱男性宗族的宗祧继承顺序,与婚姻目的不符。

法律还禁止以妾为妻或以妻为妾的行为。《唐律疏议·户婚》规定:"诸以妻为妾,以婢为妻者,徒二年。以妾及客女为妻,以婢为妾者,徒一年半。各还正之。"《疏》议解释,妻是与夫"齐体"的,妾的地位比妻低,婢女是贱民群体,与妻都不是一个等级序列的,妻、妾、婢女之间地位混乱,一方面违背了婚约,有伤夫妻关系的本义;另一方面亵渎人伦,破坏了宗法嫡庶秩序,与礼相冲。

二、婚姻成立的要件

周礼非常重视昏(婚)礼,认为"昏礼者,礼之本也"②。婚姻的成立需要符合一定的要件。

(一)父母之命、媒妁之言

中国古代婚姻并不考虑当事人男女双方的意愿,而是宗族借以繁衍子孙、延续政治经济力量的重要手段。婚姻的决定权在家长即父母手中,这也是家长的主婚权的体现。因此,子女的婚姻必须得到家长的同意,才为合法。早在《诗经·南山》中有载:"娶妻如之何?必告父母。"如果父母去世,子女也没有婚姻的决定权,而是由家中尊长,如祖父母、伯叔父母、姑、兄、姊等近亲尊长决定。唯一的例外见于《唐律疏议·户婚》:"诸卑幼在外,尊长后为定婚,而卑幼自娶妻,已成者,婚如法。"

除"父母之命"外,还需要有"媒妁之言",《诗经·伐柯》:"娶妻如之何?匪媒

---

① 《白虎通·嫁娶》。
② 《礼记·昏义》。

不得。"因为"男女非有行媒,不相知名;非受币,不交不亲。……以厚其别也。"①即使像鲁桓公这样的贵人,不由媒介自成其婚,也遭史家以非礼贬之。至于女子就更不能自媒了,否则将被视作丑而不信的事。在整个婚娶程序中,父母与媒妁成为促成婚姻的重要主体。

(二)许婚——婚书与聘财

许婚是婚姻双方家长对婚姻的认同性行为,从形式上表现为书面的婚书、实体的聘财。许婚行为必须由家长出面完成,这是家长"主婚权"最重要的体现,许婚是婚姻合法成立的重要标志。

1. 婚书是书面的婚嫁协议

《唐律疏议·户婚》"许嫁女报婚书"条《疏》议曰:"谓男家致书礼请,女氏答书许讫。"从敦煌出土文献可见,婚书包括了男方书写交予女方,请求结为姻亲之家的"通婚书",女方一般在收到后,写具愿与男方结姻的"答婚书"。无论是"通婚书"还是"答婚书",都必须在末尾有家长具名。婚书完具即表示婚姻的合法有效成立,无须再报备官府。

以下是敦煌出土的两件唐代婚书样文②:

通 婚 书

某顿首顿首。触叙既久,倾瞩良深(如未相识,即云久藉徽猷,未由展觌,倾慕之至,难以名言)。时候伏惟。某位,动止万福,原馆舍清休(如前人无妻,即不用此语)。即此某蒙稚免,展拜未由,但埤翘称重。谨奉状不宣。某郡姓名 顿首顿首。

(别纸)某自第几男(或第(弟)或侄某任言之),年已成立,未有昏媾。承贤第某女(或妹、侄女),令淑有闻,四德兼备,愿结高援。谨同媒人某氏某乙,敢以礼请脱月正。若不遗,伫听嘉命。某自。

答 婚 书

某顿首顿首,久仰德风,意阙批展(如先相识即云:求展既久,倾慕良深),忽如辱荣问,慰沃逾增。时候伏惟。某位止万福,愿馆舍清休(前人无妻,不要此语)。即此某蒙稚免,言叙未由,但增企除,谨奉状不宣。某郡姓名 顿首顿首。

---

① 《礼记·曲礼》。
② 参见张艳云:《从敦煌的婚书程式看唐代许婚制度》,载《敦煌研究》2002年第6期。

（别纸）某自第几某女（或妹、侄、孙女任言之），年尚初笄，未闲礼则，承贤第某男（或弟或侄）未有伉俪，愿存姻好，愿托高援。谨回媒人某氏，敢不敬从。某自。

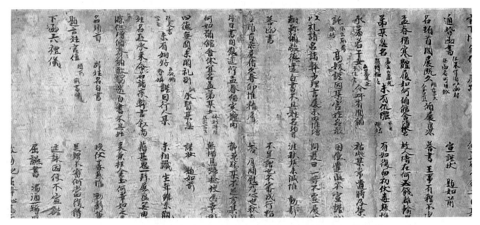

图 15.1　敦煌莫高窟《新集吉凶书仪》（法国国家图书馆藏）

2. 聘财是实体的许婚行为

《唐律疏议·户婚》中对"受聘财"有明确的规定，认为：女方收受了男方请求女方嫁女的聘礼财物，即表示许婚，不论有无书面婚书，聘财不限多少和种类。即"婚礼先以聘财为信"，以"受聘财"为婚姻成立的主要条件。

（三）六礼

自西周时六礼即成为婚礼成立的必要条件之一，同时也是婚娶程序中最重要的一环。六礼即纳采、问名、纳吉、纳征、请期、亲迎。

纳采，"采"通"彩"，是男方家长请媒人带礼物向女方家长提出结亲的意思表示，又称"提亲"。纳采所带礼物多少不拘，但从西周后，多执雁而行，这是因为雁随天候而南来北往，守时不失其节，雁又是随阳之鸟。

问名，男方家长具书或遣人到女方家中，向女方家长了解女子情况。所了解的情况包括女子的姓名、排行、生辰、嫡庶等。

纳吉，指男方家长将青年男女的生辰及嫡庶等在祖庙占卜得吉兆，即意味着经过祖先的许可，备礼通知女家。

纳征，即纳聘财，是婚姻程序中最重要的步骤，法律上也以收受聘财作为婚姻成立的标志。纳征是男方家长遣人送聘礼于女家，"征，成也"，纳了聘财意即婚成，又称纳币。聘财之多少并无法律规定，但在民俗中多有发生女方竞相攀比聘财的情况，因此在各朝均有出台聘财限额的规定。女方只要接纳聘财，婚姻即宣告成立。"聘财无多少之限,即受一尺以上,并不得悔。"①

请期,即男方家长请人与女方家长商定婚嫁之期,以表示男家不敢自专的谦敬之意。后世一般由男方决定成婚之日后,请媒人送帖至女方家中通知女方,因此又称为"告期"。婚期一般由男家确定,但也不得无故拖延,法律上规定,纳征后,除丧期等重大原因外,一般三年或五年必须成婚,否则女方可以告官府解除婚约。

亲迎,男女双方至此正式出场,新郎承父命迎娶新娘,是婚娶程序最后的重要仪式。

六礼程序由于其烦琐性,到唐宋时已少有人完全遵循,庶民之家多以"纳征"为核心,合并了纳采、问名、纳吉和请期之礼,只行纳征、亲迎二礼。明清时皇室行六礼或五礼。

另外,完成六礼,并不意味着婚礼程序完成,六礼又称为"成妻之礼",完成六礼后的三日内或三月内,新郎带新娘拜祭祖先、"谒舅姑",才完成"庙见之礼",又称"成妇之礼"。此时,女子才正式成为男子宗族之中的一员。

三、婚姻的解除

婚姻的解除包括自然解除和法定解除。婚姻当事人一方死亡,婚姻即自然解除。婚姻的法定解除又称为离婚,在中国古代多表现为以下三种情况:

(一)"七去""三不去"

1. "七去"

"七去"又称"七弃",是丈夫单方面休妻的七种理由或借口,妻子如有"七去"中任一条,丈夫即可单方面提出离婚。"七去"行为无须经过官府的甄别,丈夫以"七去"条款而写就的文书即为"休书",一经成文,即具有法律效力。在这种离婚形式下,妻子没有反抗质疑之权。不仅丈夫有休妻的权力,公婆也可迫使儿子休妻。

《唐律疏议·户婚》中规定的"七去"依次为:无子、淫佚、不事舅姑、口舌、盗窃、妒忌、恶疾。其中,无子是指妻子年满五十岁而未生儿子的,不论原因出于何方,丈夫均可休妻。淫佚是指妻子生活作风淫乱。不事舅姑是指妻子不孝顺公婆。《大戴礼》中将"不顺父母"列为"七去"的第一条,可见其重要性。中国传统社会中女子以此条被出者甚多,而原因往往是鸡毛蒜皮之小事。孝顺与否并无严格界定,也无任何标准可言。口舌是指妻子离间丈夫的亲属关系,尤其是挑拨夫之兄弟关系。盗窃是指妻蓄私财。妒忌是指妻妾之间争风吃醋,或不许丈夫纳妾。恶疾是指妻

---

① 《唐律疏议·户婚》。

患有恶性疾病,不能与丈夫共同生活。

"七去"之中,以无子与恶疾两条为最不合理。

2."三不去"

为防止丈夫肆意休妻而造成的社会不稳定,在立法上同时还规定了对"七去"条款的限制,即妻子有以下三种情形时,丈夫不可以"七去"之条休妻。这三种情形是:一、"经持舅姑之丧;二、娶时贱后贵;三、有所受无所归。"①但是,《唐律疏议》中补充规定,如妻子有恶疾及奸的情况时,不受"三不去"的限制,丈夫仍然可以单方面休妻。

(二)协议离婚——"和离"

中国古代也有协议离婚,称为"和离",又称为"两愿离"。《唐律疏议·户婚》中规定:"若夫妻不相安谐而和离者,不坐。"考虑到人情社会,"和离"在实际生活中应用较多。"和离"在双方家长见证下,由男方写给女方的《放妻书》作为离婚证书,无须向官府登记,有时男方亦会给女方"三年衣粮"作为补偿。

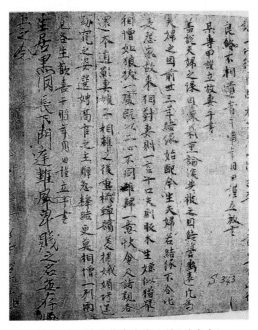

图 15.2 敦煌莫高窟出土的《放妻书》

---

① 《唐律疏议·户婚》。

某专甲谨立放妻手书

盖说夫妇之缘,恩深义重,论谈共被之因,结誓幽远。凡为夫妇之因,前世三年结缘,始配今生夫妇;若结缘不合,比是怨家,故来相对。妻则一言十口,夫则反木(目)生嫌,似猫鼠相憎,如狼犬一处。既以二心不同,难归一意,快会及诸亲,各还本道。愿妻娘子相离之后,重梳蝉鬓,美扫娥眉,巧逞窈窕之姿,选聘高官之主。解怨释结,更莫相憎。一别两宽,各生欢喜。于时年月日谨立手书。

(三) 强制离婚——断离

断离,是指经官府审断,判决夫妻强制离婚。两种情况下官府可以断离:"义绝"和"嫁娶违律"。

1. 义绝

即夫妻情义已绝,由官府强制离婚。《唐律疏议·户婚》规定:"诸犯义绝者离之,违者,徒一年。"立法中规定适用义绝的情况有:(1) 夫妻一方殴打或杀害对方之近亲属;(2) 夫妻一方与对方亲属通奸;(3) 双方之近亲属自相杀;(4) 妻欲害夫或夫有卖妻之行为;(5) 招婿之家,妻父母趁夫在远方将妻改嫁,或将夫逐出重别招婚等等。以上义绝情况,虽经大赦,但夫妻之间仍为义绝。

2. "嫁娶违律"

在立法过程中,对婚姻家庭的管理设置了诸多限制,尤其对婚姻问题管理细致。一旦违反这些限制性规定强行结婚,即构成"嫁娶违律"。官府在处理"嫁娶违律"情况时,重点处罚家长、主婚人及媒人等,除了宣布婚姻无效外,对家长等还有刑事处罚手段。《唐律疏议·户婚》规定:"诸嫁娶违律,祖父母、父母主婚者,独坐主婚。"

四、婚姻的限制

婚姻是成立家庭的基础行为,依照礼的要求与婚姻的目的,在立法上对婚姻的成立条件有诸多限制。虽然不同朝代有不同的法律规定,但有些规定具有持久性。

1. 同姓不婚

历代在立法上都禁止"同姓为婚",《唐律疏议·户婚》规定:"诸同姓为婚者,各徒二年。"这主要是考虑到:一是同姓者有可能是同宗者,彼此有一定的血缘关系,同姓为婚有可能造成遗传学上的疾病;二是婚姻的目的在于"合二姓之好",以达到"附远厚别"。

2. 亲戚不得为婚

亲戚不得为婚既包括五服内的亲属不得为婚,也包括姻亲亲属之间不得为婚。婚姻关系形成了五服和姻亲内的伦理秩序,这种伦理秩序严格界定了亲戚间的等级尊卑问题。尊卑失序、人伦混乱是对礼的最大冲撞和伤害,这是历代统治者严格禁止的。当然,在历代对亲戚的限定略有不同,处罚也有差异。

3. 良贱不得为婚

良人一般指有人身自由者,贱民主要指无人身自由或人身自由受到限定的群体。在唐律中明确规定"奴婢贱人,律比畜产",对贱民中奴婢群体的人格权进行了清晰的界定。贱民主要包括奴婢、官户、工户、杂户、乐户等。古代社会有着严格的等级划分,并且各等级之间界限森严,在立法上通过多种方式严格界定良贱之间的等级差异。婚姻是最容易混乱良贱等级的一种方式,在中国古代严禁良贱之间的嫁娶,《唐律疏议·户婚》规定:"诸与奴娶良人女为妻者,徒一年半;女家,减一等。离之。其奴自娶者,亦如之。主知情者,杖一百;因而上籍为婢者,流三千里。即妄以奴婢为良人,而与良人为夫妻者,徒二年。"对此,《疏》议解释称"人各有耦,色类须同,良贱既殊,何宜配合。"此外,在唐律中还规定官户、工户、杂户、乐户还需要"当色为婚"。即工户只能和工户结婚,官户只能和官户结婚。

4. 居丧禁止

丧是中国古代家庭亲属制度的基础,为表达对丧的重视,古代法律对丧期内的行为立法管理严格。

首先,禁止斩衰丧期内嫁娶。斩衰是指对父母、丈夫及帝王去世时所应遵守的丧服和丧期制度。唐宋律规定,居父母丧嫁娶,徒三年,并离之。此外,居父母丧嫁娶,入"十恶"的"不孝"。

其次,禁止期亲尊长丧期内婚嫁。期亲尊长(祖父母、伯叔父母、姑、兄姊等)丧期内,禁止嫁娶。唐宋时禁止期亲卑幼丧期内嫁娶,至明清时期立法上不再限制。

最后,唐宋律规定,丈夫在妻子丧期十五个月内,禁止再娶。但至明清,仅限制妻子在丈夫丧期内出嫁,不限制丈夫在妻子丧期内再娶。

5. 其他婚嫁的禁止

除以上带有普遍性的立法规定外,在立法上还有一些其他禁止婚嫁的规定。

(1)僧道禁止婚嫁。僧侣、尼姑、道士、女冠由于宗教上的限制,在立法上严禁婚嫁,一旦出现婚嫁行为,一般强令还俗,同时还禁止僧道为媒。

(2) 限制一些与特殊的不法行为相关联的婚嫁。首先,先奸后娶不得为婚。已婚妇女有通奸行为,官府强制离婚后,奸妇禁止嫁与奸夫。其次,禁止故意娶犯罪后逃亡的妇女,但不知情者不处罚。

(3) 官吏婚姻的限制。官吏因为身份特殊,在立法上管理严格,在婚嫁上,严禁官吏娶监临女。所谓监临女,是指主管官吏监管范围内的下级或百姓之女。这主要是防止监管官吏通过婚嫁与地方势力勾结。

第二节 家 庭

维护和巩固家庭伦理制度是中国古代稳固统治的重要手段之一,这也成为传统法律的基本任务之一。因婚姻而形成了父母子女关系,同时也有了亲属关系,婚姻是家庭的基础,亲属关系是家庭的内容。在家庭中家庭成员的等级地位和相互关系,与宗祧和财产继承等民事法律问题关系密切。这些直接或间接地反映了社会经济、政治的面貌,是中国古代民事法律中的重要组成部分。

汉朝时,中国古代的家庭纲常伦理关系开始成形稳定,在法律内容上,礼法开始融为一体,基本奠定了中国古代社会的基础。董仲舒将家庭伦理关系概括提炼为"三纲五常",即君为臣纲、父为子纲、夫为妻纲,以及仁、义、礼、智、信。在家庭伦理中,女性一直处于从属地位,子女也一直处于从属地位。从家庭开始就确立了尊卑秩序,并推广至全社会,从而最终达到"移孝为忠"的根本目的。

从西晋开始进入法律的"准五服以制罪"原则,逐步成为管理家族事务的基本原则,并不断强化形成具有严格法律意义的五服九族结构。至明朝时,在《大明律》的开篇即添加了"本宗九族五服图"以示重视。

一、家长的权利与义务

家长拥有对家庭事务的全面管理权。在家庭内,家长处于至尊地位,对外代表家庭,对内统辖家庭。《墨子·天志上》载:"恶有处家而得罪于家长而可为也",反映出家长与家庭成员之间的尊卑主从关系。由于传统家族关系基于父系血缘关系构建而成,因此,这类家长就是所谓的"父家长",在家族之中拥有多种权利,包括教令权、财产权、主婚权等。

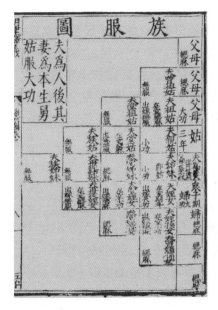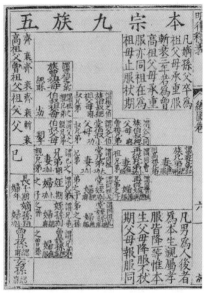

图 15.3 《大明律》本宗九族五服图

1. 教令权

教令权是家长对家庭内成员教育、命令的权利,要求子孙要服从家长的意志,唯家长之命是从。为保证这项权利的实现,教令权又具化为积极的教育、命令权和消极的约束、惩戒权。惩戒权又成为保障教令权实现的最重要的手段。

惩戒权是父母对违反教令的子女进行惩罚的权利,包括直接的惩戒和间接的惩戒。直接的惩戒是指家长有权惩戒子孙,"笞怒废于家,则竖子之过立见"①。家长惩戒子孙成为一种常见的治家手段。《郑氏家范》规定:"卑幼不得抵抗尊长,其有出言不逊、制行悖戾者,姑诲之,诲之不悛者则重笞之。"②间接的惩戒是家长的送惩权,即家长有权将违反教令的子孙送交官府惩戒。子孙违反教令本身即构成犯罪,并且属"十恶"重罪。唐宋律规定,祖父母、父母告子孙违反教令,即处子孙徒刑二年。这种处分一般家长告发即行成立,一般不会加以审讯。"父母控子,即照所控办理。"③

---

① 《颜氏家训·治家》。
② 《古今图书集成》卷二。
③ 《大清律例》。

2. 财产权

即家长对家庭财产拥有所有权和全面处分权,家庭其他成员对家庭财产一般只拥有使用权,而无处分权。唐宋明清律中有"卑幼私用财"或"卑幼私擅用财"条,规定子孙私自动用家庭财产的,根据财产数量处以笞十至杖百的刑罚。此外,子孙背着家长私自分家分割财产,也是立法严格惩罚的犯罪行为。唐律中对"子孙别籍异财"的处罚是徒三年,即使家长去世,子孙也要符合丧期的规定才能分家,否则也要徒一年。

3. 主婚权

即决定是否缔结婚姻关系的权利。"娶妻如之何?必告父母。"在传统社会中,婚姻问题是中国宗族社会的重要问题之一。婚姻的目的在于"合二姓之好,上以事宗庙,而下以继后世也"①。祭祀祖先和延续家世是婚姻的核心要务,由此,婚姻成为家族事务,并不体现当事人意见,家长也因此获得婚姻的主婚权。如果婚姻本身违法,被追究法律责任的也是家长而不是结婚者本人。《大明律·户律·婚姻》规定:"凡嫁娶违律,若由祖父母、父母……主婚者,独坐主婚。"

中国传统法律在明确保护家长的权利的同时,也规定了家长的责任义务。由于在法律上家长是家庭对外关系特别是家庭与国家法律关系中的唯一代表,因此如有家人的共同违法行为,则主要追究家长责任,这在法律上称为"家人共犯,止坐尊长"。此外,家长对家庭成员人口管理承担着义务,在《唐律疏议·户婚》中规定,有在户籍上做手脚,脱漏户口、增减年龄的违法行为的,家长处以三年徒刑。又如《唐律疏议·卫禁》规定,凡家人无公文违法通过水陆关卡者,只要家长知情,不论家长是否实际参与,均"独坐家长"。

二、夫妻的法律地位

在中国古代,夫妻地位是男尊女卑,妇女处于从属的、被压迫和被奴役的地位。妇女没有独立的经济地位,在法律上也没有完整的权利。西周确立了一夫一妻制后,夫妻地位在法律上有了从属性,以日月来象征夫妇之义,明确了夫妻关系的不平等。

首先,女子一经出嫁,便脱离了父宗,而加入夫宗。根据"三纲""三从",在家"父为子纲",女子未嫁以父为纲,在家从父,出嫁之后,"夫为妻纲","已嫁从夫"。所以,女子未嫁与已嫁只是从族权、父权的统治下转到夫权和夫家族权的统治下

---

① 《礼记·昏义》。

而已。女子入了夫宗,自然"必敬必戒,无违夫子"①,同时她与丈夫的关系则依宗法、服制而定尊卑。自西晋开始,法律就规定了"准五服以制罪"的原则,女子出嫁后,以丈夫的亲属关系为自己的亲属关系,对娘家的亲属所服丧期降一等,对父母由斩衰三年降为期服。

其次,夫妻双方的法律地位并不平等。以夫妻间的斗殴为例,妻殴夫加重处罚,夫殴妻则减轻处罚。"诸妻殴夫,徒一年。若殴伤重者,加凡斗伤三等(须夫告,乃坐)。死者,斩。""诸殴伤妻者,减凡人二等;死者,以凡人论。"②同样的斗伤,因为尊卑差异,夫妻处罚,上下异刑竟差五等。又如在诉讼行为上,唐律规定,夫妻相为容隐,若妻告发夫,如同告发期亲尊长一样,"虽得实,徒二年……诬告重者,加所诬罪三等。"③

最后,离婚权利上的不平等,丈夫可以用种种借口"休妻",将妻赶出家门,不再承认夫妻关系,而妻绝无同样权利。即使是唐朝时的"和离",丈夫给妻子的离婚文书亦称为"放妻书"。这些离婚文书无须经过妻子的同意,也不需要政府的背书,即可生效。

三、家庭成员间的责任与义务

家庭成员间的法律关系包括家庭成员的法律连带责任和家庭成员间的法律关系。

(一)家庭成员的法律连带责任

家庭成员的法律连带责任在古代被称为"连坐"或"缘坐"。连坐在秦时登峰造极。至汉萧何定律曾"除参夷连坐之罪",但事实上连坐、缘坐的废除是一个漫长的过程。秦律关于家庭成员法律连带责任的规定主要表现在家庭成员连坐。商鞅变法时规定:"令民为什伍,而相牧司连坐。"④这是邻居连坐,另有"盗及者(诸)它罪,同居所当坐"⑤。"隶臣将城旦,亡之,完为城旦,收其外妻、子。子小未可别,令从母为收。"⑥一人犯法,全家"收孥",很小的孩子也要随母一起被"收"。至于秦时死刑"夷三族",则将死刑牵连范围扩大到范围更广的亲属。

秦律鼓励告奸,为了防止连坐,家属中有自首或先告发的称"先告",对于先

---

① 《孟子·滕文公下》。
② 《唐律疏议·斗讼》。
③ 同上。
④ 《史记·商君列传》。
⑤ 《睡虎地秦墓竹简·法律答问》。
⑥ 同上。

告者一般是不处罚,所谓"夫有罪,妻先告,不收"①,说明秦律中夫妻之间同样负刑事监督责任,这同后世法律所贯彻的"亲亲得相首匿""同居相为隐"的原则显然有别。

至唐朝,连坐范围和连坐罪行被限定在一定范围内,从《唐律疏议》所见,只有"十恶"中的"谋反""谋叛""谋大逆"三种罪行涉及家人连坐,并且在连坐的过程中区分了"恶言犯法"和"兴师动众"两种犯罪行为,连坐范围也有所不同,这可以说是法律文明的巨大进步。

汉时因儒家思想对法制的影响,严禁家人告奸行为,规定了"亲亲得相首匿",至隋律确立"十恶"原则时,将"告祖父母、父母"纳入"不孝"条,在《唐律疏议·斗讼》中规定:"诸告期亲尊长、外祖父母、夫、夫之祖父母,虽得实,徒二年。"②至此严格禁止家庭成员的告奸行为。

(二)家庭成员间的法律关系

家庭成员间的法律关系在西晋《泰始律》中用"准五服以制罪"进行了规定。在中国传统法制下的家庭中,家长处于统御地位,子女处于服从地位,家庭内部尊卑分明,尊卑相犯较于普通人相犯处罚差异较大。家长的统御地位在"家长的权利与义务"部分已论述,这里主要谈子女的服从义务。

子女的服从性在礼教和法律中都体现为一个"孝"字。《孝经》云"五刑之属三千,而罪莫大于不孝"。秦汉法律对"孝"都有规定,自北齐律定下"重罪十条"以来,历代法律都将"不孝"列入"十恶"。隋唐律中甚至将对尊亲属的暴力行为归为"恶逆",排在"十恶"第四,位置仅次于"谋反""谋大逆""谋叛"犯罪,以示重点打击。此外,"十恶"条中另有"不孝""不睦""不义""内乱"四条涉及家庭成员间纠纷的罪名,在"十恶"中的总占比一半,总体的处罚原则与"准五服以制罪"相互一致,在尊卑冲突中,以尊犯卑处罚较常人同类纠纷减轻,以卑犯尊处罚较常人同类纠纷加重,可见国家对家庭制度的重视。

此外,子孙在法律上对犯罪的父母、祖父母等还有容隐的义务,如子女不履行这个义务,而向官府告发,唐宋时纳入"十恶"的"不孝"和"不睦"条,处以死刑。

子孙有与父祖同居的义务,未经父祖许可,子孙不得与父祖分家。同时在生活期间需要对父祖侍奉赡养,如赡养有缺,亦构成"不孝"。

---

① 《睡虎地秦墓竹简·法律答问》。
② 《唐律疏议·斗讼》。

第三节 继　　承

继承是把自己拥有的身份、财产传递给有一定血缘婚姻关系的人,这是随着私有财产出现而产生的人类社会的共同现象。与当代继承法律规定中的配偶、子女、父母、兄弟姐妹之间相互继承行为不同,在中国古代父系家长社会中,继承主要表现为由上而下的男性血统的纵向传递行为,又称为"承""承继"。按照不同的标准,古代继承有不同的分类。

从继承的方式来看,继承包括兄终弟及、父死子继、嫡长继承、诸子均分。一般认为殷商时期实行的是"兄终弟及"和"父死子继",传说中的夏禹传位于启,就是父死子继式继承。到西周和春秋时期,兄终弟及现象仍屡见不鲜,但总体趋势来看兄终弟及制的地位在不断下降。在西周还有一种继承方式,就是嫡长继承。这与西周时期确立的宗法制关系密切,确立嫡庶有别,宗族内乱的情况也逐步减少。这个时期的嫡长继承既继承了身份也继承了财产。至汉朝,在财产继承上则开始采用诸子均分制继承模式。

从继承的对象看,继承包括财产继承和身份继承两种。财产继承的内容主要是家庭财产,身份继承主要是宗祧继承,此外还有爵封继承,既包括了身份(爵位)也包括了财产(食封)。

西周宗法制下,宗祧继承、爵封继承与财产继承几乎合为一体,春秋战国时期三种继承开始出现分化,到汉朝三种继承在法律上已划分得较为清晰。

一、身份继承

身份继承是由某些特殊的身份所带来的一系列的权利和义务,在某种特别的情况下可以继承,但由于身份继承具有明确的人身依附性,因此一般具有不可分性,多为一人所承袭。中国古代的身份继承主要有两种,即宗祧继承和爵封继承中的爵位继承,这两种继承多采用嫡长继承的方式。

(一) 宗祧继承

宗祧继承的核心是祭祀祖先,《礼记·祭义》中说:"筑为宫室,设为宗祧,以别亲疏远迩,教民反古复始,不忘其所由生也。"通过祭祀祖先确立了男性在宗族血缘群体中的尊卑等级,即宗法制。继承的对象除了在宗族群体中的管理权外,还包括宗族财产的管理权。就继承关系而言,宗法就是继承法。宗法关系通过继承确立了父子之间的传承问题。

早在夏启之时,父死子继就已经出现。至西周政权确立后,为了维系家国一体的管理模式,在宗祧继承上确立了以嫡长子("大宗")为宗族祭祀的继承人,这就是嫡长继承。在这种模式下,长幼尊卑关系分野清晰,嫡长子成为宗族的唯一继承人,即"大宗祧制",继承宗族的祭祀权及财产;嫡长之外皆称为"小宗","小宗"依附于"大宗"生活。

春秋以后,人员离散,宗系崩塌,世卿世禄制度受到破坏,加之商鞅"分户令"的推动,其他诸子在经济上需要更多的生活保障,同时由于秦汉中央一统政权对大宗豪族的打击,家庭财产在继承上的平均化成为社会和政治统治的必须。因此,自秦汉后,在宗祧继承上将宗祧主祭权继承和宗族财产继承分离开,宗祧主祭权带有强烈的人身属性,同时为了维护家长对宗族管理的稳定性和权威性,在宗祧主祭权继承上仍然采用嫡长继承的模式,仍然称为宗祧继承;宗族财产继承在原则上则采用"诸子均分"的模式。

由于宗祧继承的人身性和唯一性,宗祧继承的核心任务是保障男性在宗族中的管理权,这种管理权的外部表现形式为祭祀中的主祭权,由此,无子问题成为宗祧继承的最大矛盾。立嗣是解决这一矛盾的重要手段。无子立嗣是父母没有生育儿子而立他人的儿子为自己的宗祧继承人,又称"立后"。由于"立后"的重要性,法律对"立后"有严格的限制。

首先,同宗同姓方能立嗣。《唐律疏议·户婚》规定:"养异姓男者,徒一年;与者,笞五十。"唐以后立法虽然出于人道考虑,不限制收养异姓三岁以下弃儿,但仍然禁止立为嗣子。

其次,同宗同姓中只有辈分相当者可以立为嗣子。在西周时期,由丧服制度构建而成宗族内成员的辈分结构,这一结构成为宗法制的核心问题,即尊卑问题,也是婚姻家庭法律制定的基础,是儒家人伦之大要,绝不允许混淆。立嗣子必须在同宗子侄辈中选择,立嗣孙必须在同宗孙辈中选择。

再次,独子不可出嗣。独子为一宗族唯一的嗣子,如果出本宗为他人嗣子,将会使得本宗无嗣。但至清乾隆四十年(1775),为解决同宗他人无嗣的情况,允许"兄弟两人共以一子为后",即"独子兼祧"[①],一子娶双妻,二妻所生之子再分承两房宗祧。

最后,女性任何时候都不可为嗣。与财产继承的变化不同,中国古代任何时候女性都不可以为嗣子。由于宗祧继承的核心任务,女性在任何时候在宗祧继承过程中都不被考虑,没有生育男性继承人的家庭为"户绝"。即使"户绝"家庭无人可立嗣,也需由女儿招婿养老立嗣。

---

① 《清史稿·礼志十二》。

(二) 爵封继承

爵封继承的内容包括爵位和食封。爵位带有人身属性,而食封则涉及财产。

爵位制度始于西周,即诸侯有公、侯、伯、子、男五等,有封地,嫡长继承的方式世袭。战国时期秦设立二十等爵制,爵级之间可以凭借战功等迁移。汉初采用郡国制,宗爵分为王、侯二等,并可辖国,武帝前爵位原则上采用嫡长继承的原则。武帝时期"推恩令"将爵与封明确区分,食封采用诸子均分的方式继承。唐代爵位分九等,在爵位继承上明确规定了降爵的原则,并为后世历代王朝沿用。此后宋明清各朝在爵位继承上严格管理,强化中央集权。

食封是给受爵人一定数量的食邑或封邑赋税。食封和爵位关系密切,但继承方式不同,爵位带有强烈的人身属性,不可分割,属于身份继承,由嫡长子继承。食封属于财产性质,在汉以后纳入家庭财产范畴,诸子均分。唐朝在食封继承上,通过立法严格限制,《唐六典》规定:食封人死亡之后,所封户租赋的继承采诸子均分制,不论嫡庶,但继承爵位之子(嫡子)可多分一份。诸子中有已亡者,可采用代位继承原则,由子承父,或孙承祖,但至曾孙为止,玄孙以下不在分限,唯嫡长子房可例外。诸子中已亡而无子者,由其寡妻代领夫份。夫妻均亡无子而有女的,不论女儿数量,可合得本房该得份额之一半。食封人虽有子,同时又有未出嫁的姑、姊妹者,姑、姊妹可分得该房份额的三分之一。公主虽也有食封,但不得继承,公主死后,食封户租赋即由国家收回。

二、财产继承

财产继承的对象是父祖去世后的遗产。西周时期财产继承附属于宗祧继承之中,均采用嫡长子继承的模式。秦时"分户令"促成了财产继承与宗祧继承分离,在财产继承上,照顾到各个儿子分户后的独立生活经济基础。财产继承自汉后基本稳定为诸子均分的模式,但在具体分异家产的时间上,唐以前允许生前继承,唐以后为了保障宗法制家长权,在立法上一般禁止生前析产。

(一) 从继承时间上分类

财产继承在时间上的分类主要指在被继承人生前或死后对财产进行分割的行为。

1. 生前继承

秦为保障耕战政策,迫切需要增殖人口,秦孝公三年(公元前359)商鞅变法时规定:"民有二男以上,不分异者,倍其赋。"[①]强迫百姓家族分异,即使父

---

① 《史记·商君列传》。

母尚存,儿子也可依法从父母处取得一份家产,这促成了家庭财产的生前继承。

汉人陆贾晚年处分家产时就采用了生前诸子均分的模式。"(陆贾)乃病免家居。以好畤田地善,可以家焉。有五男,乃出所使越得橐中装卖千金,分其子,子二百金,令为生产。陆生常安车驷马,从歌舞鼓琴瑟侍者十人,宝剑直百金,谓其子曰:'与汝约:过汝,汝给吾人马酒食,极欲,十日而更。所死家,得宝剑车骑侍从者。一岁中往来过他客,率不过再三过,数见不鲜,无久慁公为也。'"①儿子们无论伯仲季,每人得到相同的一分家产(二百金),陆贾自己保留的那些"宝剑车骑侍从",由最后接待他的儿子继承,也与嫡庶长幼身份无关。

但至西汉中期以后,由于礼法制度的兴起,生前分异行为在实践中逐步被抛弃,"颖川、韩都……民以贪遴争讼生分为失。"②"生分"即父母在分析家产,被认为和"贪遴争讼"一样是"失"的行为。但对生前继承还是死后析产,并无法律限定,直至南北朝时,刘宋"士大夫以下,父母在而兄弟异计,十家而七矣;庶人父子殊产,亦八家而五矣"③。

至唐,妆奁和聘财在财产继承法律中规定为父辈留给子女的遗产之一,只不过他们的继承行为有时在父辈生前完成,被认为是某种可以合法生前继承的财产。

2. 死后析产

到唐代,诸子均分已完全法制化,且唐律中禁止生前继承:"诸祖父母、父母在,而子孙别籍异财者,徒三年。"④对于祖父母、父母下令别析家产者,祖父母、父母徒二年。

(二) 亲生子的继承权

秦汉以后,在财产继承上,原则上确立了诸子均分的财产继承方式。至唐,对于财产继承的方法,在唐令"应分条"中也进行了明确而详细的规定:

> 诸应分田宅及财物者,兄弟均分(其父祖亡后,各自异居,又不同爨,经三载以上,逃亡,经六载以上,若无父祖旧田宅、邸店、碾硙、部曲、奴婢,见在可分者,不得辄更论分)。妻家所得之财,不在分限(妻虽亡没,所有资财及奴婢,妻家并不得追理)。兄弟亡者,子承父分(继绝亦同)。兄弟俱亡,则诸子均分(其父祖永业田及赐田亦均分,口分田即准丁中老小法。若田少者,

---

① 《史记·郦生陆贾列传第三十七》。
② 《汉书·地理志》。
③ 《宋书·周朗传》。
④ 《唐律疏议·户婚》。

亦依此法为分)。其未娶妻者,别与聘财;姑姊妹在室者,减男聘财之半。寡妻无男者,承夫分;若夫兄弟皆亡,同一子之分(有男者不得别分,谓在夫家守志者。若改适,其见在部曲、奴婢、田宅,不得费用,皆应分人均分)。①

此条明确规定了遗产继承的原则和方法,不仅在唐时使用,也成为后世继承制度的基本原则。对于遗产继承:首先,原则上明确对父辈遗产兄弟均分;其次,遗产内容排除了健在的母亲的嫁妆;再次,兄弟中有人去世,可以由兄弟儿子代位继承;又次,对兄弟姊妹中未娶未嫁者在均分家产之前先行留出结婚费用;最后,在无子继承家产的前提下,寡妻方可继承丈夫遗产。

(三) 女儿的继承权

中国古代在立法上将女儿分为在室女(未出嫁的女儿)、出嫁女(已经出嫁的女儿)、归宗女(出嫁后因离婚或夫死等原因回到娘家的女儿)。针对不同身份属性,有不同的继承权。

唐令"应分条"中规定,在分割父母遗产时,在室女得到的妆奁,在数额上相当于未婚儿子聘财的一半,此外,不再参与遗产继承。从立法上看,唐朝时女儿只有在未出嫁(在室女)的情况下,才能在财产继承的过程中取得一份嫁妆,已经出嫁的女儿(出嫁女)则完全不参与父辈财产继承。但在实践上,唐代的开成敕令也规定了户绝家庭的女儿可以参与财产继承:"自今后如百姓及诸色人死绝无男,空有女,已出嫁者,令文合得资产。"②此后的立法都确认了户绝之女的财产继承权。

归宗女的地位近似于在室女,北宋将"不曾分割得夫家财产入己"的归宗女视为在室女,也可以全额继承户绝家庭的遗产,而南宋时,归宗女只能继承一半户绝家庭财产,"归宗者减半"③。

出嫁女在出嫁时取得妆奁,表示她已经在父辈生前完成了法律上的继承份额,一般情况下不再参与母家遗产的继承。但在户绝情况下,按照前文所引唐开成敕令,也可以继承母家财产。但"其间如有心怀觊望,孝道不全,与夫合谋有所侵夺者,委所在长吏严加纠察,如有此色,不在给与之限"④。可见由于出嫁女的特殊身份,在户绝财产继承上,政府持谨慎的态度。宋朝对出嫁女的继承权规定非常严格。户绝情况下,家中若有在室女,出嫁女不可分享遗产。

---

① 〔日〕仁井田陞:《唐令拾遗》,东京大学出版会1964年复刻版,第245—246页。
② 《宋刑统·户婚律》"户绝资产"条引唐开成元年(836)敕令。
③ 《名公书判清明集·户婚门·立继》"立继有据不为户绝"条。
④ 《宋刑统·户婚律》。

《名公书判清明集》中多处引用的《户令》,总结了多种家庭成员情况,规定在绝户的情况下,出嫁女不能回娘家与在室归宗女分享遗产;在正常情况下,出嫁女更不能回娘家与儿子(即其兄弟)分享遗产。所以,南宋"父母已亡,儿女分产,女合得男之半"①的规定,虽然没有言明女儿的身份,但肯定不适用于出嫁女。

(四)养子的继承权

养子是中国古代解决家中无子继承宗祧的主要方法。养子的来源分为同宗和异姓两类。同宗养子又称为"嗣子""继子"等,异姓养子又称为"假子""螟蛉子""义子"等,但在《唐律疏议》《宋刑统》中不分同宗异姓,统称为"养子"。

宋在立法上根据收养时间的不同,将养子又分为"立继"和"命继"。"立继"是指丈夫去世后,妻子收养儿子的行为;"命继"是夫妻皆去世后,族中其他尊长为承继宗祧而为其择选养子的行为。"立继子"虽在丈夫去世后收养,但对养母仍然尽到了赡养的义务,一般被认为与亲子相同,因此在继承权上与亲子一样拥有同等份额的继承权。"命继子"是在养父母皆去世后所立,并未尽到赡养义务,同时政府也为防止侵夺家产,规定只能继承三分之一遗产。②

对异姓养子而言,由于血缘不同,严格来说是没有资格继承宗祧的。法律仅允许收养三岁以下异姓弃儿,因此收养后一般情况下都会为其改姓,从而成为同姓。至南宋,明确了"听养子之家申官附籍,依亲子孙法"③,即与亲子享受同等继承权。

第四节 所 有 权

所有权是指所有人依法对自己的财产所享有的占有、使用、收益和处分的权利,是一种财产权。所有权是物权中最重要也最完全的一种权利,具有绝对性、排他性、永续性三个特征。所有权的对象一般包括不动产和动产。不动产是历代所有权问题的重心;在动产所有权中,无主物的所有权问题容易引起争端。

一、不动产所有权

中国古代的不动产以土地为核心,另外还包括房屋、树木等附着于土地之上

---

① 《名公书判清明集·户婚门·立继》。
② 同上。
③ 《皇宋中兴两朝圣政》。

的物。

(一)不动产所有权形式的发展变化

土地是中国古代最重要的生产资料,是民事财产关系中最核心的不动产。土地的所有权影响民事财产关系和政治权利主体,是历代政权调控关注的核心对象。

史料记载,夏商周三代时期在国家土地政策上采用"井田制",对于井田制的记载各有差异,一般是后人对三代土地制度的总称,但可以肯定的是,井田制是土地氏族所有,或土地王有;在这一时期,还不存在严格意义上的土地私有制。西周初年实施分封制,在制度层面将土地的所有权和使用权分离,周天子拥有天下土地所有权,同时将部分土地的使用权分封或部分赏赐给受封贵族。到西周中后期,诸侯对受封国内土地的处分权增大,"王土"观念逐渐淡薄,土地流转情况增多,土地王有制逐步崩塌。

至春秋,诸侯国势力渐盛,公元前715年郑国用祊田交换了鲁国的许田,祊田是周天子祭泰山的"汤沐邑",许田是鲁国国君朝觐周天子的休息地,这两块田都与周王室关系密切,但郑、鲁两国并不通知周王室,直接进行交易,说明诸侯王已经在实际上取得了土地的所有权。公元前645年晋惠公宣布"做辕田","赏众以田,易其疆畔"[①],将土地赏给实际占有人,并设立田界,这可能是承认土地私有的开端。战国时期,土地私有权已经基本得到法律的确认,秦国商鞅变法时"除井田,民得卖买"[②]。可见通过买卖行为可以合法取得土地所有权。土地王有制度彻底终结,公元前216年秦始皇下令"使黔首自实田",土地私有权得到法律的全面确认和保护。

在土地私有道路上,大土地所有者屡屡对中央政权产生威胁,自西晋开始为防止土地兼并、稳定社会秩序,各种旨在保障自耕农经济的政策频繁出台。西晋有"占田制",规定百姓男丁占田限额为70亩,官吏占田限额为10—15顷。北魏、北齐至隋唐皆有"均田制"。到宋"限田"政策仍然存在,并具有"抑兼并"的含义。至明清时期,土地私有化进一步深入。

(二)不动产所有权所衍生的其他不动产权利

在土地所有权的基本问题上,由于土地所有问题的复杂性,在不动产所有权的基础上衍生出永佃权和典权两种与不动产所有权密切相关的其他物权。

---

① 《左传·僖公十五年》。
② 《汉书·食货志》。

1. 典权

典权是基于不动产转移中的典卖行为产生的权利。唐末开始有了"典"或"典当"的用法,至五代时期典与卖合称,有时指典、卖两种行为,有时指单纯的典当契约行为。明代在《大明律》中首次明确区分了典、卖两种法律行为:"以田宅质人而取其财曰典,以田宅与人而易其财曰卖。典可赎也,释义曰:卖不可赎也。"① 至清更加细致地区分典、卖两种不同的契约,以保护典权。

典当是指不动产所有权人以低于市场价格出卖不动产,但在买卖中约定一定期限,期限届满后可以随时以原价回赎田宅。典卖契约成立后,买主称为"典主",获得田宅的典权,可以对不动产占有、使用和收益,但在契约规定的期限内,并无处分权。当出典人(原业主)打算绝卖田宅时,典主拥有优先购买权。至于契约期满后典主不得阻挠出典人按照原典价回赎田宅。关于回赎期,民间习惯不设下限,即"一典千年活"。

2. 永佃权

永佃权基于土地的租佃行为产生,唐宋时期租佃行为成为乡村最常见的民事行为;至明清,由于租佃行为复杂化,逐步形成了基于"一田二主"甚至"一田三主"的永佃权。

永佃权是租佃人基于租佃行为取得土地的实际使用权,在永久实际占有土地的基础上形成了类似于土地所有人一样的占有、使用、收益、处分的权利。永佃权又称为"田皮""田面",永佃权人又称为"皮主";土地所有权又称为"田骨",所有权人又称为"田主""骨主"。皮主可以转让处分田皮,也可以另招佃收取皮租。田主也可以转让处分田骨,向承佃人收取固定的地租,但不可另外租佃土地,除非向皮主收买田皮,做到"皮骨归一"。由于田面的实际使用权和原田主实际田底所有权的分离,在土地所有权上形成了"一田二主"的形式。

二、无主物的所有权

此处无主物主要指动产,在古代立法中无主物又称为"宿藏物""阑遗物"。唐宋立法与明清规定有差异。

宿藏物又称为"埋藏物",唐《杂令》规定:在他人地内发现宿藏物,"合与地主中分",即发现人与土地所有人各得二分之一。如"于他人地内得宿藏物,隐而不送者,计合还主之分,坐赃论减三等"②。如发现古器、钟鼎等,应该送官府,由官

---

① 《大明律·户律·田宅》。
② 《唐律疏议·杂律》。

第十五章 中国古代的民事法律

民商事習慣調査錄

海門崇明之崇劃田

海門縣崇劃田頂首輕而取租重故佃戶如有抗租及延欠等情得由業主將地收回另行招種並禁佃戶私佃他人

崇明縣崇劃田頂首重而取租輕業主對於佃戶祇有收租之權而不能禁其私佃

右據調查員林福貽於民國七年八月三日根據花載仁訴蔡邦亮案內調查報告

第三十六節 松江舊府屬各縣之習慣

田底田面

本邑田畝素有田底田面兩種名稱歷來已久松江舊府屬各縣大同小異所謂田底者係業主所有田畝招佃承種冬季收租者是也所謂田面者係佃戶向業主承種之田出過頂首每畝或十千或二十千甚有出至三四十千者不能一律以該田墾種上便利與否定頂首之多寡此種頂首作為該佃永遠承種之價值如該佃欠租不還逐年積欠過鉅須扣清該佃所繳之項首業主可收回田面另招他佃承種但承種時新佃戶祇繳招價每畝五千至十千不等此為招田非田面則田底田面係業主完全所有權

三八四

图 15.4 民国时期习惯调查中有关"一田二主"的记载

府收购。至明清朝,只有古器、钟鼎需要送官府。其他在官私地内所得埋藏物完全归发现人所有。

阑遗物又称"遗失物"。唐宋法律强调拾得人必须交还原主,或送交官府。送官后,官府公示三十日,无人认领,官府代为保管,满一年无人认领,财物没官。如拾得人不将拾得物送官以"坐赃"论。明清律对此有不同的规定,在公告期内,拾得物被主人领回,应分给拾得人二分之一;公告期满仍无人认领的,拾得人拥有对拾得物的所有权。但拾得人在拾得后如不送交官府,仍然构成犯罪。

第五节 债

债的概念很久以前就产生了,古代"责"是"债"的本字,《说文解字》载:"责,求也。"即有要求、请求的含义,说明中国古代所说的债的概念与现代民法中债的权利义务特点非常近似,表示财产方面特定的权利义务关系。早期史料中也有很多有关债(责)的记载,《周礼·秋官·朝士》载:"凡有责者,有判书以治,则听。"意思是涉及债权债务问题的纠纷,有书面证据的才能受理。从债的来源和形成分类看,中国古代的债与当代债的来源非常近似,包括契约行为之债和侵权行为之债。在这两者之中,中国古代的债主要是契约之债,而对他人人身财产侵害的侵权行为被视为犯罪行为,以刑罚的方式加以处罚,在债的问题中规定相对比较简单。

一、契约行为之债

(一) 契约的形式

世界各个早期文明都有契约,原始契约的签订往往需要一定的仪式,至西周时书面契约已经成形,并根据不同的用途分别有傅别、质剂等。

傅别是借贷契约,《周礼·天官·小宰》载"听称责以傅别"。郑玄注:傅别之意为"傅著约束于文书",把双方协议内容记载于竹木简上,然后"别为两,两家各得一也"。

质剂是买卖契约,《周礼·地官·质人》载:"凡卖儥者质剂焉,大市以质,小市以剂"。郑玄注称质剂与傅别不同,"谓两书一札,同而别之。长曰质,短曰剂"。即在竹木简的两面写上相同的契约内容,在简侧刻上记号,然后从中一剖为二,各执其一。长的为质,用于奴隶、田土、马牛交易,又称"长券";短的为剂,用于珍奇异物交易,又称"短券"。

至秦汉书面契约已经成为大宗交易行为的主要形式,契约的材料仍然用竹木简。从出土的东汉简牍中也可以发现,至东汉时契约争讼行为比较频繁,买卖布袍、皮袄等也要签订契约。①

魏晋时,契约签订逐步成熟化,契约形式更为完善,在契约订立的过程中,为强化订立契约的仪式性,订立契约双方共同喝酒,并平分喝酒费用,因此在吐鲁番出土的高昌章和十一年(541)的买地契约中有记录"沽各半"。

此外,值得注意的是,1996年在湖南省长沙市五一广场走马楼街西南侧出土了大量东吴时期的简牍,其中最为著名者为《嘉禾吏民田家莂》,莂为可剖分的契约文书,一式两份或多份,今见田家莂皆于上端大书"同"字或其变形,一侧或两侧有被剖分的痕迹。《嘉禾吏民田家莂》所记为嘉禾四年(235)与五年(236)收取租税事,这种合写"同"字并一式多份的形式结构,对研究三国时期的民事契约意义重大。

至隋唐以后书面契约渐趋成熟,民间契约形式愈加多样,开始出现"画指为信"的署名形式。及至明清,随着民商事行为的多样化,印刷的格式合同"契纸"也开始出现,但国家对于契约的形式管理一直处于宽松的状态,并无严格的规定,所谓"官有正条,民有私约"。

(二) 主要的契约种类

契约的种类五花八门,以下介绍几种中国古代常见的契约。这些契约大多涉及不动产的权利分配问题,明清以前的立法对这些契约管理多沿用地方习惯,及至明清,在契约纠纷解决上,官府也尽量附会习惯规则,中央政府对此作出的立法规定非常少,这也是中央政府立法和民间习惯之间的妥协。

1. 不动产买卖契约

总的来说,中国古代不动产买卖契约与现代买卖契约的主要内容差别不大,同样包括标的、价金、担保三项主要内容。对于不动产买卖行为而言,至晚到魏晋南北朝时期已经有法定程序。北魏均田令规定:"诸远流配谪无子孙及户绝者,墟宅桑榆,尽为公田,以供授受。授受之次,给其所亲;未给之间,亦借其所亲。"②可见北魏时期亲族就拥有了优先受田权及优先占有权,可能也拥

---

① 2019年11月,为配合南阳市广苑食品商贸城征地建设,河南省南阳市文物考古研究所对该工地进行考古发掘,其中M13为东汉建宁四年(171)周世雅墓,内出土一件铅质买地券,保存完好,券文清晰,个别字迹稍模糊。买地券是中国古代为逝者买墓地的证券,是一种反映土地私有权及其观念的文书,从东汉开始作为丧葬礼仪中的重要组成部分。与其他朝代相比,东汉买地券更加接近于真实的土地买卖契约,这对研究东汉不动产买卖行为有重要意义。

② 《魏书·食货志》。

图 15.5 长沙走马楼三国吴简《嘉禾吏民田家莂》中记载的收税相关情况

有优先购买权,这对唐宋以后在田宅买卖过程中"先问亲邻"制度的形成有一定的影响。

唐朝的《田令》从法律上规定了土地买卖行为。只有贵族、官僚所得赐田和五品以上官员的官勋田、永业田可以自由买卖;百姓的永业田在丧葬费用不够或迁居的情况下方可出卖;口分田原则上不许出卖。此外,《田令》还规定了土地买卖的程序："凡卖买（田地）皆须经所部官司申牒，年终彼此除附。若无文牒辄卖买，财没不追，地还本主。"①但具体买卖程序规定仍然较为简单。

至宋朝对土地房屋等不动产买卖流程有了详细的规定。首先应"先问亲邻"，这是起源很早的一项民间惯例，"亲"指"房亲"，即同宗同族者，"邻"指与所卖不动产地理意义上毗邻的不动产所有人，在这两者之中强调有亲之邻的优先购买权，"有亲而无邻，与有邻而无亲，皆不在问限"②。此规定的主要目的在于保障宗族财产的稳固性以及卖田人的生活，同时为未来可能购回田宅保留便利性。

其次，"印契""税契"。宋太祖时规定，典卖田宅需要向国家缴纳契税，这种印契带有一定的公证性质，由官牙人证明，买主缴纳，又称"牙契钱"。随着印刷术的普及，北宋崇宁年间开始规定：民间不动产买卖先草契，再至官府购买印刷好的官契誊抄，再加盖官印，缴纳契纸钱和契税。如有违者，契税加倍处罚。民间草契又称为"白契"，没有法律效力。但由于两宋不动产买卖契税过高，民间白契仍然较为普遍。

再次，过割赋税。由于土地上往往附带赋税，因此在田宅买卖契约上除了标明土地的四至和价格外，还需要写清标的所附带的赋税、役钱，并要求官府在登记田宅转移的时候也需要在赋税账簿中改换登记并加盖官印。

最后，原主"离业"。这一规定在两宋被反复立法强调，其核心原因在于防止原主卖田后继续租种原田，从而形成佃户，减少了自耕农的数量。

宋朝的这四条不动产买卖契约的规定，对于后世民法中的买卖契约制度影响极大，成为后世不动产买卖制度的主要内容。

2. 典当契约

在民间习惯与法律上都将典当看作是一种附有回赎条件的特殊买卖契约，都是针对不动产转移占有行为的一种约定。与买卖不动产不同的是，不动产的买卖一旦完成，不动产所有权随即转移，原主希望再次买回原产业需要重新与田主议价。典卖契约中附一定的回赎条件，原主一旦符合回赎条件即可以原价赎回原产业。

---

① 《唐律疏议·户婚律》引《田令》。
② 《名公书判清明集·户婚门·取赎》。

图 15.6　清嘉庆年间房屋土地买卖契约（山东省利津县档案馆藏）

图 15.7　乾隆年间土地典卖文书

唐末开始使用"典"或"典当"一词替代"贴凭""典贴"。两宋开始典当盛行，法律往往将典当与买卖一起规定，合称"典卖"。真正的不动产买卖一般称为"永卖""绝卖""断卖"等。如南宋时期的《名公书判清明集·户婚门·争业上》载："今游朝之契，系是永卖。"法律上"绝卖"的规定，如先问亲邻、印契税契、过割赋役、原主离业等同样适用于典卖行为。

《宋刑统·户婚律》中专设"典卖指当论竞物业"门，集中规定了典卖的法律规定。典当与买卖的主要区别在于，出典人在契约约定的期限届满后的一段时间内，可随时以原价赎回田宅。如敦煌出土的后周广顺三年（953）罗思朝典地契：

> 广顺叁年，岁次癸丑，十月二十二日立契。莫高乡百姓龙章祐、弟祐定。伏缘家内窘阙，无物用度，今将父祖口分地两畦子共贰亩中半，只（质）典已（与）莲畔人押衙罗思朝。断作地价，其日见过麦壹拾伍硕。字（自）今已后，物无利头、地无雇价。其地佃种限肆年内不喜（许）地主收俗（谷）。若于年限满日，便仰地主还本麦者，便仰地主收地。两共对面平章为定，更不喜（许）休悔，如若先悔者，罚青麦拾驮，充入不悔人。恐后无信，故勒次（此）契，用为后凭。

地主弟龙祐定（押）

地主兄龙章祐（押）

只典地人押衙罗思朝

知见父押衙罗安进（押）

知见人　法律福海知①

此契中规定典期为四年，四年以后才允许收赎。其中"物无利头、地无雇价"，为当时典当契约特有的惯语，强调典价不等同于债务，而出典的土地也不同于出租。在契尾签署处，出典人兄弟画押，而典主仅写姓名而不画押，显出其地位高出一头。

宋代法律对于典当契约形式也有明确规定，要求典当契约必须是"合同契"，即有骑缝记号的复本书面契约。在典卖契约成立后，钱主或称典主获得土地房屋的典权，可以行使占有、使用、收益的权利，但在契约规定的期限内没有处分权，仅在出典人（业主）欲出卖该项田宅时，典主拥有先买权。典主在契约期满

---

① 中国科学院历史研究所资料室编：《敦煌资料》（第一辑），中华书局1961年版，第324—325页。

后,并不取得该项产业的全部处分权,因为法律规定,出典人可以保留三十年的收赎权。

宋代对典当行为的全面规定,明代沿用,但由于典卖不分,回赎期长,明中期时立法禁止重叠典卖。至清朝乾隆年间,要求契约明确区分典、卖,并且规定典契可以不用向官府缴纳契税,保护典权人的权利。在具体司法处理上,追求简洁实用、易于裁处。

3. 租佃契约

租佃专指土地所有人将土地出租并收取地租的民事行为,租佃契约关系至晚在战国已经出现。秦汉时期随着政局的稳定,租佃行为发展很快,称为"假"。"佃"字在秦汉时意为耕田,《汉书·韩安国传》颜师古注:"佃,治田也。"秦汉时期的租佃关系与后世有所不同,不仅仅是单纯的土地租种关系,还有严重的人身依附关系。主要原因在于,秦汉时期民间租佃契约所规定的地租高达收获量的50%,这使得农民很难再应付政府的赋役,只能依附于豪强,失去身份自由,这种农民在两汉时期被称为"宾客""徒附"。后由于汉光武帝起兵及东汉末期社会动荡多与"宾客"关系密切,曹操设土地制度"屯田制",以法律的形式将农民固定于农田,成为"屯田客",将农民的人身依附性与租佃关系剥离。

至隋唐时,租佃关系在法律上称为"租",民间称为"夏"。唐中期玄宗天宝十一年(752)诏:"致令百姓无处安置,乃别停客户,使其佃食。"①称逃亡农民为"客户",承租土地的农民为"庄客"或"佃客",至此,租佃的名称基本稳定。由于租佃行为在隋唐时被认为是"私契",官府对其管理细则不多,多沿用各地习惯规则处理。

宋代租佃行为成为农村最基本的契约行为,租佃关系中人身依附色彩逐步减弱,契约色彩加强。主户(田主、地主)与客户(佃户、佃客)之间,因契约关系,地位逐渐平等。天圣五年(1027)的"易佃法"规定,佃农可以在收获后退佃自由迁徙,有解除租佃关系的权利,并可以自由选择田主订立契约,也可以自由购得土地耕种。"易佃法"明确了佃户在法律上身份与平民相等,基本完全消除了租佃行为的人身依附性。

元代租佃关系是最普遍、最常见的农村土地契约关系。元代民间有专门的"佃田文字式":

> 某里某都住人姓某,今托得某人作保,就某里某人、宅,承佃得晚田若干段,坐落土名某处,计几亩。前去耕作,管得不致抛荒,逐年到冬,实租白米

---

① 李隆基:《禁官夺百姓口分永业田诏》。

若干,挑赴某处仓所交纳,不致少欠,如有此式,且保人甘当代还无词。今立佃榜为用者。

  年 月 日   佃人姓某押文字   保人姓某押[①]

  元代法律对于租佃契约形式没有具体的规定,仍沿袭传统的"任依私契"原则。至元成宗大德八年(1304)正月,公布了中国民法史上第一个减租法令:"钦奉诏书内一款:江南佃户承种诸人田土,私租太重,以致小民穷困。自大德八年,以十分为率,普减二分,永为定例。"[②]该法令规定土地私租一律减轻20%,并成为永制。此外,元代法律还强调田主对于佃户负有救济责任,田主借贷给佃户度荒的粮食不得计息归还,试图从立法上保护佃农的利益。

  明清时期租佃契约进一步复杂,形成了"一田二主"甚至"一田三主"等特殊类型的永佃权。与之前的永佃权不同,明清时期的永佃权人可以自由转让永佃权,而不必征得原土地所有人的同意;土地所有权人也可以转让处分土地抽有权,向官府纳税,但要自耕或另行找佃,必须向永佃权人收回永佃权,做到"皮骨归一"。

  这种"一田二佃"的现象起因复杂,多为民间惯例发展演变而成,在明清立法上并未严格管理,处于"官不为理"的情形之下,在清代刑部档案中,由于"一田二主"引发的人命纠纷,刑部在处理时也尽量避免讨论土地的租佃关系,而是顺从民间习惯。甚至到民国时期,这种"一田二主"的现象仍然在很多地区流行,甚至产生了一批"二地主",以至于"依皮压骨"的情况时有发生。

  4. 借贷契约

  宋代在借贷契约方面形成了一系列对后世有重大影响的原则。虽然在《宋刑统》中关于借贷的法律规定多来自于唐,但大量的敕条从实质上补充修改了《宋刑统》的内容。南宋《庆元条法事类》中专列"财用"门,在"杂"门中专设"出举债务"条。

  首先,在借贷契约的分类上,专用"债负"一词统称债务,无息借贷称为"债负",有息借贷逐步用"有利债负"替代"出举"。在法律上对"有利债负"规定得更加细致。

  其次,借贷利率仍沿袭唐中期的规定,月利不过四厘,一本一息。对于违法取利者,"任依私契,官不为理",但发生纠纷时,对超出法律规定的利率部分,不受法律保护。

---

  ① 《新编事文类聚要启劄青钱》卷十《杂题·交易契书》。
  ② 《通制条格》卷十六《田令·江南私租》。

最后,两宋对债务的担保方式作了严格的限制。虽然《宋刑统》的内容仍然延续了唐律的规定,但此后在敕条中将"保人代偿"规定为主要的债务担保方式,取消了唐朝"牵掣家资""役身折酬"的规定,主要是防止因私债而剥夺债务人的财产和人身独立性。

二、侵权行为之债

侵权行为指侵犯他人的人身权、财产权,依法应承担民事责任的违法行为。侵权行为发生后,在侵害人与受害人之间就产生了特定的民事权利义务关系,即受害人有权要求侵权人赔偿损失。

(一)唐宋之前的规定

唐以前对他人财产、人身的侵权损害被认为是一种犯罪行为,要处以刑罚,并不认为构成损害赔偿之债。唐律中虽然并无"侵权"一词,但在《唐律疏议·名例》中对"侵损"行为有解释:"侵,谓盗窃财物;损,谓斗殴杀伤之类。"即故意或过失侵害他人人身或财产的行为。对于这些行为,唐律规定的处罚与后世相比略有差异。

首先,一般情况下侵害人身的行为作为犯罪行为处理,处罚时也不附带民事赔偿措施。但是,当有过失杀伤人时,伤人者可以铜赎罪,"其铜各入被伤杀家"[①]。

其次,主要处罚具有主观故意或过错侵害他人财产的行为。如《唐律疏议·厩库》"故杀官私牛马"条规定,故杀者要处刑罚,"误杀伤者,不坐,但偿其减价"。严格计算"减价"成为唐朝计算赔偿额的限制性原则。

最后,损害赔偿的数额严格限制于被侵损人(物)的直接损失。同时规定,如被侵损人接受了超过官府规定的损失赔偿数额,可能会被认定为"坐赃"罪。《唐律疏议·杂律》"坐赃致罪"条《疏》议曰:"谓非监临主司,因事受财。"律疏对"因事受财"举例解释:"假如被人侵损,备偿之外,因而受财之类,两和取与,于法并违",因此"取者""与者"都要治罪,只是"与者"减"取者"五等。此外,官府对于损害赔偿数额的计算是相当细致的,严格限制于被损害人的直接损失。如《唐律疏议·厩库》"官私畜毁食官私物"条《疏》议解释:"假有一牛,直上绢五匹,毁食人物,平直上绢两匹,其物主登时伤杀此牛,出卖直绢三匹,计减二匹。牛主偿所损食绢二匹,物主酬所减牛价绢亦二匹之类。"

(二)元至明清的规定

明清律在侵权赔偿问题上更多地受到了元代法律的影响。

关于侵害人身的犯罪,元代法律规定除对侵害人科刑外,同时给予被侵害人

---

① 《唐律疏议·杂律》。

一定的财产赔偿。明律继承了这一原则,规定"杀一家三人""采生折割人""屏去人服食"的情况中,致人死亡或残疾者,除处以刑事处罚外,还需将犯人的全部或部分财产给付被伤之家。对于"过失杀伤人"致人死亡的,不再处以刑罚,而是将行为人的财产给付被害人及其亲属,"以为营葬及医药之资"①。此外,在明律的"诬告"条款中,因诬告行为致人受刑及典卖田宅者,诬告人除反坐其刑外,还需要赔偿"用过路费""取赎田宅",被诬告人及其家属因此身亡者,诬告人处绞,并"将犯人财产一半断付被诬之人"②。

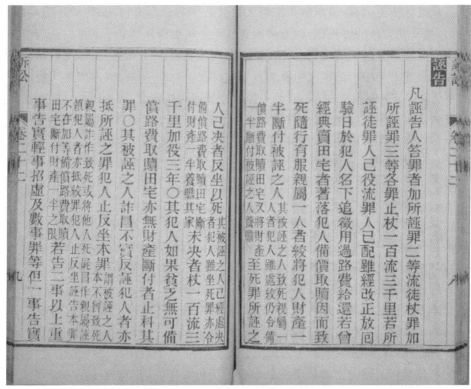

图 15.8 《大明律》中有关诬告的规定

关于侵害财产的犯罪,元代法律规定财产侵害人可以通过"役身折酬"的方式赔偿受侵害方的财产折损。明清时继承了唐朝严格计算"减价"原则,对杀伤畜产仍严格计算减价,在计算方法上力求简单实用,同时以行为人主观过错为赔偿的要件。

---

① 《大明律·刑律·人命》。
② 《大明律·刑律·诉讼》。

第十六章　中国法律史视野下的西方法

从世界历史上看,中华法律文明无疑代表了古代东方法的最高水平。与此同时,在欧亚大陆的另一端,西方诸国在数千年间也同样创造了高度发达的法律文明。由于自身独特的地理、历史与文化,西方法律文明在制度、原则与精神等方面都呈现出与中华法律文明截然有别的特质。1840年后,西方法律文明开始大规模影响中国法律的发展,并与中国的传统法制相融合,锻造出今日中国的现代法律文明。因此,要更深刻地理解中华法律文明的历史与特质,还有必要将其置于与西方法律文明的对照之中,从对于"他者"的认知中反观自身。

第一节　夏至春秋时代的西方法(前21世纪—前476年)

从地理意义上说,西方法律文明的起点是古代希腊。但从法制源流上看,西方法的源头却可以追溯至两河流域。两河的地理位置虽属东方,但却地处东西方世界的交汇点,并成为"两希文明"(希腊与希伯来)的源头,进而影响整个西方。因此,对西方法律源流的考察也从两河文明开始。

本节所涉时段始于夏代建立(约前2070),下至春秋时代结束(前476)。这一时期大致相当于两河文明的乌尔第三王朝(前2113—前2006)至希波战争(前499—前449)之间的一千多年的历史。这一时期是中国法律文明肇始的时代,也同样是两河流域与古希腊文明最灿烂的历史时期,初步奠定了西方法律文明的基本精神与特质。

一、两河法律文明概况

两河文明的楔形文字法是世界历史上最古老的成文法。大约从公元前3000年开始,已出现以楔形文字记载的零星法律规范,但这一时代的出土文献中尚未发现较系统的成文法典。迄今为止发现的第一部成文法典是公元前22世纪末的《乌尔纳姆法典》,其制定者是乌尔第三王朝的创建者乌尔纳姆。大约在公元前2113年,乌尔纳姆统一了两河流域南部,建立中央集权,颁布了《乌尔纳姆法典》。这一时间大致相当于我国夏朝发端的时代(约前21世纪)。

1952年,在一次日常的通信中,美国楔形文字学家克莱默(S. N. Kramer)教授偶然得知,在土耳其伊斯坦布尔博物馆存有两块刻有楔形文字法的泥板;后经研究发现,这两块字迹模糊、残缺不全的泥板上所记载的内容,正是历史上的《乌尔纳姆法典》。至今,楔形文字学家仍在探索更早的成文法典,但目前仍未有更早的发现。因此,《乌尔纳姆法典》也被视作迄今可见的世界历史上最早的成文法典。

遗憾的是,这部法典的内容并不完整。经过研究者复原,我们目前可知的条文有40条。法典由序言和正文两部分构成,序言主要是对于君权神授的宣告,但其中也体现了保护贫弱、抑制豪强的朴素正义观。正文条目涵盖民法、刑法等诸领域。在民法方面,对所有权的规定远多于债,债的种类十分贫乏,这与后来的楔形文字法中债法的发达有很大不同。在刑法部分,与古代法流行的残酷刑罚不同,除犯通奸的女性被处死刑外,其他侵权与犯罪都只被处以罚金。

乌尔第三王朝灭亡后,两河流域南部又陷于分裂,这一时期的城邦国家也制定了诸如《苏美尔法典》《俾拉拉马法典》等楔形文字法典。但可惜的是,这些法典的内容如今均已残缺不全。今天我们能看到的最完整的一部楔形文字法典,就是历史上著名的《汉穆拉比法典》。这部法典制定于公元前18世纪,是古巴比伦王国第六代国王汉穆拉比(前1792—前1750年在位)重新统一两河流域后颁行全国的法典。1901年,法国考古队在伊朗苏萨城遗址无意中发现了这部失落数千年的法典。由于法典被刻在玄武岩石柱上,因而得以完整保存。

图16.1　汉穆拉比法典石碑顶端的浮雕,现存于罗浮宫内

从历史上看,人类早期法典的完整保存是非常罕见的。比如,在中国古代,虽然法典文明有数千年历史,但唐代以前的法典均未能完整保留下来。较之中国历史上第一部完整保存的法典《唐律疏议》(653年),《汉穆拉比法典》的时间要早了近两千五百年,这不能不说是历史的奇迹。也因此,《汉穆拉比法典》成为世界历史上迄今可见的最早的保存完整的法典。它不仅是研究楔形文字法的重中之重,也是研究两河流域政治、经济、文化诸领域的最重要的文献来源。

《汉穆拉比法典》由序言、正文、结语三部分构成。序言与结语都是对于君权神授的宣扬,强调汉穆拉比的权力得自神授,以增强法典的权威性与威慑性。法典正文共282条,涉及民事、刑事、诉讼等诸领域,其内容之丰富、体系之庞大,在人类早期法中实属罕见。具体而言,法典的特点如下:

(1)在土地制度上,公有制与私有制并存。土地所有制的主要形式是王室土地和公社土地的公有制,但也确认和保护私有土地制度。

(2)法典的债法发达,对买卖、借贷、租赁、承揽、寄存、合伙等契约关系都作出了详尽规定,反映出两河流域地区的商品经济已经发展到很高的水平。

(3)婚姻家庭法体现了浓厚的父权制的特点,婚姻由男女双方父亲订立,丈夫允许纳妾,并可随意离弃妻子。

(4)刑罚手段残酷,除广泛适用死刑外,还施行残害肢体刑,如挖眼、割舌、断指等;此外,还明确规定了"以牙还牙、以眼还眼"的同态复仇制度。

汉穆拉比死后,帝国很快瓦解,楔形文字法也逐渐走向衰落,再无大的建树。虽然后期的赫梯帝国、亚述帝国也先后制定了《赫梯法典》《亚述法典》等法典,但其立法水平较之《汉穆拉比法典》已大为逊色。公元前539年,新巴比伦王国被波斯帝国吞并,楔形文字不再使用,楔形文字法的历史也就此终结。

如果从《乌尔纳姆法典》开始,到公元前6世纪结束,楔形文字法的这段历史大致相当于中国的夏、商、西周时代。相较于这一时期的中国法,楔形文字法呈现以下三方面的特点:首先,与夏商的神权法相似,楔形文字法中大多宣扬君权神授的思想,借助神权来巩固法律权威。其次,与商周时代由宗族血缘关系构成的邑制国家不同,两河文明盛行由核心家庭组成的城市国家,因此很早就出现了以自由民的权利与义务为中心的成文法;相比之下,商周邑制国家的纠纷解决主要依靠宗族内部的习惯和宗族之间的实际政治规则。[①] 最后,楔形文字法中有关商品交换的债法异常发达,契约精神渗透到日常生活的方方面面,对于各种债

---

① 参见李峰:《中国古代国家形态的变迁和成文法律形成的社会基础》,载《华东政法大学学报》2016年第4期。

务法律关系的规定也极其细致,其水平远在一般的古代东方法之上。①

二、古希腊法律概况

古希腊法并非原生的法律文明,其最初的发展较多受到东方文明的影响。希腊文明最早发端于爱琴海的克里特岛,这里距离两河流域与埃及最近,文明萌生的时间也最早。大约在公元前 20 世纪,也就是中国的夏代之前,克里特岛就已经出现早期城邦。此后,从公元前 15 世纪开始,在希腊本土的迈锡尼地区,也出现了较大规模的城邦文明。据说这一时期已经出现了以"线形文字"写成的法律,但可惜并没有明确的考古发现能够证实这些法律的内容。

公元前 12 世纪,来自北方的多利亚人入侵希腊,迈锡尼文明灭亡,希腊历史进入"黑暗时代"。由于文字的衰退,这一时期的法律也只能以习惯的形式存在。到公元前 8 世纪,城邦文明开始重新出现。这些城邦大多出现了成文的法律,但得以留存后世的很少。我们目前可见的最早的古希腊法是 19 世纪 50 年代发现于克里特岛上的《哥尔琴法典》(The Law Code of Gortyn),这部法典由于被刻在石墙上因而得以较完整保存。据考证,这些法律大约形成于公元前 5 世纪。

当然,在城邦时代的法律中,最著名的还是雅典城邦的立法。但须注意的是,这些立法的原貌在今天已不可见,我们今天所知的内容大多来自亚里士多德等的记载,但这些记载并不可靠。雅典的成文法据说开始于公元前 621 年的《德拉古法》。雅典的法律最初是习惯法,但在公元前 7 世纪,随着商业、手工业的发展,富裕平民地位上升,反对贵族利用习惯法操纵司法,主张制定并公布成文法。《德拉古法》据说就是由执政官德拉古在平民的压力下制定的,但很可惜,我们今天对这部法律的内容并无可靠的知识。

如果《德拉古法》真的存在,那么我们可以看到,雅典公布成文法的时间与中国春秋时代的公布成文法运动具有很大的相似性。尤其巧合的是,作为雅典第一部成文法的《德拉古法》,其制定时间与晋国赵宣子"著刑书"的时间为同一年(前 621)。此后,子产铸刑书(前 536)、赵鞅铸刑鼎(前 513)的时间也都大体处于梭伦立法与克里斯提尼立法之间。尽管这一时期的雅典与中国所处社会阶段有较大差距,但相似的处境是,雅典城邦时代与中国春秋时代均为新旧转换的历史时期,传统习俗不断遭遇新兴阶层的挑战,"礼崩乐坏"之后急需谋求新秩序的建立,这或许可视作公布成文法的共同背景与条件。

《德拉古法》之后,贵族与平民的矛盾并未完全解决,在公元前 594 年和公元

---

① 参见于殿利:《巴比伦法的人本观》,生活·读书·新知三联书店 2011 年版,第 81—187 页。

前509年,又先后出现了梭伦立法与克里斯提尼立法。这两次立法的目标都旨在打破贵族对城邦统治权的垄断,推动平民阶层的政治参与。梭伦立法以财产重新划分公民等级,使得富裕起来的平民得以担任高级官职;同时,梭伦还设立了四百人议事会和公民法庭(又称"陪审法庭"),以扩大平民对立法、行政与司法的参与。克里斯提尼改革则进一步以地域划分选区,清除血缘贵族对政治的影响;创设五百人议事会,加强公民大会的权力。克里斯提尼还创立了有特色的"陶片放逐法",防止阴谋颠覆民主制的僭主政治,使民主制度在雅典基本稳固下来。

图 16.2　作为选票使用的碎陶片,上面刻着被提名放逐者的名字

从历史上看,人类早期氏族制度中都存在不同程度的民主因素。在中国古代,尧舜禹的原始民主制、西周春秋的"国人"议政,都可谓这种古代氏族民主的遗留。只不过在从氏族向国家转变的过程中,由于地理因素形成的小国寡民,以及工商业发达带来的平民崛起,希腊城邦的氏族民主得以长期保留,并创造出古代世界最完备的民主形态。相比之下,由于地缘政治与农业社会的格局,中国从春秋时代已开启朝向大型共同体的演进,残存的氏族民主也不断为君主官僚制

所取代。① 在这个意义上,春秋与雅典的成文法运动虽属同一历史时期,但在制度演进的方向选择上却大相径庭,中西方法律文明的历史殊途亦由此发端。

第二节 战国至唐时代的西方法(前475—公元907)

希腊文明在公元前5世纪达到顶峰,其后由于雅典与斯巴达的争霸战争而趋于衰落。公元前4世纪,随着马其顿帝国的扩张,希腊文明被带到了两河流域、埃及和波斯等东方地区,东地中海世界进入"希腊化时代"。但与此同时,随着罗马的崛起,西地中海文明开始成为西方文明发展的重点。最终,随着罗马的扩张,地中海成为罗马帝国的内海,西方历史也进入罗马时代。

本节涉及的时间段为战国至唐前期的历史。在西方历史上,即罗马共和国至东罗马帝国前期这一千年的历史。巧合的是,这一时期的中国与罗马,都各自经历了法律发展从奠基走向成熟的全过程。公元前5世纪,中国与罗马同时出现了《法经》和《十二表法》这两部重要法典,奠定了中西方法典编纂的基础;而在600年前后,罗马与中国又先后诞生了《国法大全》和《唐律疏议》这两部古代世界中最伟大的法典,几乎在同一时期进入两大法律文明的成熟时期。

一、罗马共和国时代的法律

公元前450年,《十二表法》的制定,拉开了罗马成文法编纂的序幕。在此之前,随着平民力量的增强,平民与贵族不断斗争,主张编纂成文法,以打破贵族对于立法和司法的垄断。《十二表法》虽由平民提议,但仍由贵族制定,因此仍注重对于贵族权利的保护,如法律详细规定了对私有财产的保护和债务奴役制度。但同时,法律也体现了平民斗争的胜利成果,如法律规定立法者不得为个人利益立法,任何人非经审判不得被处以死刑等。许多学者认为,这其中已经蕴含了西方法中约束统治者权力、重视正当程序的"法治"精神的起源。②

《十二表法》与战国时代《法经》(成书于公元前407年)不仅制定时间相近,而且在背景与内容上亦有相似之处。战国变法源于井田制的破坏和新兴阶层的崛起,因此改革的目标旨在削弱传统贵族特权,维护新兴阶层的统治。同样,《十二表法》的制定,也来自平民力量的崛起和对贵族权力的限制。在法典内容上,两部法典都具有诸法合体的特点,但侧重点有所不同。《法经》奉行"王者之政莫

---

① 参见苏力:《大国宪制——历史中国的制度构成》,北京大学出版社2018年版,第9—22页。
② 参见陈可风:《罗马共和宪政研究》,法律出版社2004年版,第122—125页。

急于盗贼",因此内容以刑法为主,重点打击威胁统治秩序的各种犯罪行为;相比之下,《十二表法》中的内容更多是与所有权、占有、买卖、借贷、婚姻、家庭、继承相关的民事法律规范,被视作罗马私法的起源。

此外,与《法经》的真伪存在激烈争论一样,《十二表法》的真实性也同样存疑。《十二表法》制定之初据说被刻在"石表"或"铜表"上,并置于古罗马广场。但在公元前390年,高卢人入侵罗马,将《十二表法》连同建筑物一起烧毁。据说,《十二表法》的内容由于祭司手抄本得以保存,但遗憾的是,这些手抄本业已佚失。今天我们所看到的版本是现代学者根据西塞罗、盖尤斯、加图等留下的文献重构而成,其中许多内容并不可靠。因此,也有学者依据其他史实质疑《十二表法》在历史上是否真的存在,对此问题的争论迄今未绝。就此而言,《十二表法》在学术史上的命运也与《法经》相似。①

二、罗马帝国时代的法律

公元前1世纪,罗马进入帝国时代。这一时期法律的主要渊源是皇帝的敕令和法学家的学说。随着皇权的加强,共和国时代传统的立法形式逐渐衰落:罗马人民大会的立法权实际上已不复存在,裁判官颁布"告示"的权力也受到限制。元老院虽然拥有名义上的立法权,但对于皇帝提出的法案只具有形式上的表决权。因此,皇帝敕令逐渐成为帝国时代主要的法律渊源。

与此同时,法学家的解答与著述也在帝国时代日趋繁荣。哈德良皇帝(117—138年在位)规定,取得特许解答权的法学家如果解答意见一致,其意见即具有法律效力。在2、3世纪,出现了许多后世著名的法学家,其中以帕比尼安、乌尔比安、盖尤斯、保罗、莫迪斯蒂努斯这"五大法学家"最为知名。426年,东罗马皇帝狄奥多西二世和西罗马皇帝瓦伦提尼安三世共同颁布《学说引证法》,规定五大法学家的解答和著述具有当然的法律效力。

3世纪后,罗马帝国日趋衰落,罗马法的发展也进入总结时期,出现了大规模的法典编纂。最初,法典由私人编纂,如3世纪的《格里哥安法典》,就是法学家格里哥安对皇帝敕令的汇编。东罗马皇帝狄奥多西二世(408—450年在位)颁布了第一部官方皇帝敕令汇编。但在所有这些法典中,最大规模、系统的法典编纂还是东罗马皇帝查士丁尼(527—565年在位)下令编纂的《国法大全》。

《国法大全》包括四部法典。其中,《查士丁尼法典》(529年)和《查士丁尼新律》(565年)都是对皇帝敕令的汇编,将当时有效的皇帝敕令整理汇总,并按照

---

① 参见徐国栋:《〈十二表法〉的制定、灭失与还原(下)》,载《交大法学》2015年第4期。

一定体例重新编排。颁布于533年的另外两部法典《学说汇纂》与《法学阶梯》，其内容都是罗马法学家的著述与学说。前者是对40位罗马历代法学家(1—4世纪)著述的汇编；后者是以盖尤斯的同名著作为蓝本，按照"人法""物法"和"诉讼法"的三编体例编写的罗马法钦定教科书。《学说汇纂》与《法学阶梯》是《国法大全》中对于后世影响最大的部分。

差不多是在同一时期，中国与罗马这两大帝国都进入法典文明的成熟阶段。《国法大全》编纂的时期(529—565)，正对应于中国的南北朝时期，同时也是中国传统法典编纂定型的关键时期。在这一时期，北朝的西魏、东魏、北周、北齐政权，先后诞生了《大统式》(535年)、《麟趾格》(541年)、《北周律》(563年)、《北齐律》(564年)四部重要的法典。尤其是《北齐律》，不仅是南北朝时期最高水准的法典，而且奠定了后世法典的总则篇《名例律》和十二篇编纂体例，直接构成了隋律与唐律编纂的基础。

在罗马帝国《国法大全》编纂完成后的一百年间(565—665)，中国的法典编纂也迎来了传统法典编纂的巅峰时刻。隋代的《开皇律》(583年)和《大业律》(607年)，唐代的《武德律》(619年)、《贞观律》(637年)、《永徽律》(651年)、《永徽律疏》(653年)相继制定。尤其是《唐律疏议》(即《永徽律疏》)的制定，代表了中国传统法典编纂的最高水平。此后，宋明清律都是对《唐律疏议》的继承，其立法成就都未超过《唐律疏议》。《唐律疏议》还影响到朝鲜、日本、越南等国家，成为中华法系得以形成的最重要的基础。

就此而言，在600年前后，欧亚大陆两端的帝国同时诞生了各自历史上最伟大的法典。两部法典的诞生都并非偶然，而是建立在各自法律学术长期发展与积累的基础之上。《国法大全》的编纂是数百年来罗马法学的总结，其中《学说汇纂》和《法学阶梯》直接来源于帕比尼安、盖尤斯等法学家的学说和著作。同样，《唐律疏议》也是中国历史上最早的注释法典，其中包含了大量对于律条的学理解释与阐述，其制定者中唐临、韩瑗都是唐初律学大家，并全面吸收了以杜预、张斐等人为代表的魏晋律学的成果，堪称中国古代律学的集大成之作。也因此，两部法典在立法体例与技术上都达到中西方古代法典编纂的高峰。

当然，相较而言，两者也有诸多不同。在立法思想上，《唐律疏议》的指导思想是"德礼为政教之本，刑罚为政教之用"，主张礼法结合、德主刑辅，强调人的道德伦理与义务，将儒家的道德原理贯穿法律精神之中；而《国法大全》的哲学基础却是斯多葛学派以来的自然法学，建立在人的自由与平等的基础之上，呈现出东西方不同的法律世界观。① 在法典内容上,《唐律疏议》以责任为本位,以刑法为主体,代表了世界古代刑法典的最高峰;而《国法大全》以权利为本位,以私法为主体,它所代表的罗马法被视作"简单商品生产基础上的最完备的法律体系"。

三、日耳曼"蛮族法典"的制定

在东罗马帝国发展到法典文明顶峰的同时,西罗马帝国却是完全另外一幅景象。大约从4世纪后期开始,来自东方的匈奴人对欧洲发起进攻,引发了日耳曼诸部落的民族大迁徙。以376年西哥特人进入西罗马帝国为标志,日耳曼诸部落开始了在帝国境内的大规模迁徙与建国,最终导致西罗马帝国在476年灭亡。西欧历史也由此进入黑暗的中世纪,古典文明在西欧几乎被完全摧毁。

从时间上看,日耳曼人对西罗马的入侵(376—476),与中国历史上的"五胡乱华"(304—439)大致处于同一时期。在日耳曼人入侵的大约半个世纪前,匈奴、鲜卑等中国北方少数民族开始了对西晋王朝的大举进犯,并在北方地区先后建立十六个国家,直至439年由北魏重新统一北方。但与西欧历史不同的是,这些游牧民族在进入中原后被迅速汉化,很快完全接受了中国的古典文明。在进入南北朝后,以《北齐律》为代表的北朝立法甚至全面赶超南朝。

相比之下,西欧在进入日耳曼人统治的时代之后,虽然也制定了一大批"蛮族法典",但其立法水平较之罗马法却显著退步。最早制定的"蛮族法典"是西哥特王国的《尤列克法典》,其颁布时间正是西罗马帝国灭亡的476年。此后,在6世纪至9世纪,先后出现了法兰克王国的《撒利克法典》、勃艮第王国的《狄多巴德法典》、伦巴德王国的《伦巴德法典》、威塞克斯王国的《阿尔弗雷德法典》等,其中以《撒利克法典》最为著名,影响也最大。

较之罗马法,这一时期的"蛮族法典"几乎没有任何的体系性和抽象性可言。一方面,法典的编排毫无体例,不仅条目名称拗口,而且在条款次序上也充满了混乱。比如,在《撒利克法典》中,关于杀人罪的规定,就分散在第15、19、24、35、41等十余个毫无逻辑关系的条文之中。另一方面,法典的条款多数采取列举方式,罗列具体的伤害行为及其处罚,而缺乏必要的概括与抽象。比如,《撒利克法典》中许多条款涉及盗窃,但没有确立盗窃罪概念,而是分别具体列举了关于盗窃猪、牛、绵羊、山羊、狗、蜜蜂等条款。②

较之同一时期的以《北齐律》为代表的中国立法,"蛮族法典"虽然在内容上

---

① 参见张中秋:《中华法系与罗马法的原理及其哲学比较》,载《政法论坛》2010年第3期。
② 参见李秀清:《日耳曼法研究(修订版)》,社会科学文献出版社2019年版,第55—56页。

都以刑法为主体,但在立法精神与技术上却远远落后于中国。在同样遭遇了北方"蛮族"的入侵之后,中国文明在一百年时间内即完成了对"蛮族"的驯化,使古典法制文明得以传承和发扬;而西方古典文明对于"蛮族"的驯化时间却要缓慢得多,直至11世纪的罗马法复兴运动之后才开始缓慢恢复。

第三节 宋元明时代的西方法(907—1644)

10世纪是中世纪的分水岭。843年,《凡尔登条约》签订,法兰克王国一分为三,分别构成法国、意大利与德国的基础。因此,这一时间标志着以属人法为基础的日耳曼法时代的结束,以及民族国家法律史的开端。同时,从这一时期开始,战争逐渐停止,商业渐次恢复,文化得以复兴。此后的11、12世纪,被称作欧洲的"第一次文艺复兴",罗马法复兴亦是这一历史运动的结果。

本节所涉时段为后梁篡唐(907年)至明亡清兴(1644年)的历史。在西方历史上,即中世纪后期与文艺复兴时代,也正是欧洲从黑暗走向文明的时代。虽然此前经历了漫长的"黑暗时代",但黑暗中也孕育着光明与希望。在日耳曼的封建法与基督教法的影响下,中世纪的宪法传统与法治文明开始萌生,并在很大程度上改变了西方法律史的轨迹。日耳曼法、教会法与复兴的罗马法一起构成欧洲三大法律渊源,共同构成大陆法系与英美法系的基础。

一、罗马法的复兴

大约从11世纪开始,以意大利为发源地,罗马法复兴拉开帷幕。有如前述,从10世纪开始,欧洲商业逐渐恢复,城市开始兴起,新兴市民阶层渴望更高水平的知识与文化,也寻求更完备的法律制度。同时,文化也在这一时期复兴,大学开始出现;随着十字军东征,东方的古典文化也得以重返西方。所有的这些有利条件最终汇集在一起,共同推动了罗马法复兴运动的展开。

1088年,伊纳留斯在博洛尼亚大学开设《国法大全》的课程,标志着罗马法复兴运动的开始。伊纳留斯最初讲授的《学说汇纂》文本,依据的是并不完整的"博洛尼亚手抄本"。1135年,比萨征服意大利南部的阿马尔菲,发现了保存更完整的《学说汇纂》抄本,即"比萨手抄本"(后为佛罗伦萨获取,又称"佛罗伦萨手抄本")。[①] 这些更完善版本的罗马法文献的出现,进一步促进了罗马法的研究。在意大利,先后出现了"注释法学派"与更注重解决现实问题的

[①] 参见舒国滢:《〈学说汇纂〉的再发现与近代法学教育的滥觞》,载《中国法律评论》2014年第2期。

"评论法学派"。

16世纪后,罗马法复兴运动的中心又转移到法国,出现了以居亚斯为代表的人文主义法学派。随着文艺复兴的深入,希腊文的古典文献重新回到西方。因此,人文主义法学派主张以历史学的方法研究罗马法,力图恢复被评论法学派歪曲的罗马法原貌。德国在15世纪末也出现了以《学说汇纂》为主要内容的"普通法",适用于神圣罗马帝国全境。18世纪后,德国罗马法的复兴也进入全盛时期,出现了"潘德克顿中兴运动",其成果直接影响了《德国民法典》的制定。

如果与这一时期的罗马法研究相比,同时代中国的法学研究也达到古代史上的最高水平。1073年,宋代国子监开设律学;元丰末期(1085年)又设律学博士,几乎与伊纳留斯开始讲授罗马法的时间(1088年)相同。宋代法律教育主要包括经术(《诗经》《论语》《孟子》等)、律义(《宋刑统》、令、格、式等)和断案(案例教学)。同时,法学研究作品也大量出现,孙奭的《律 附音义》、傅霖的《刑统赋解》、沈仲纬的《刑统赋疏》等作品都是对《宋刑统》的逐词注释与疏解,[①]亦与同时期的罗马法注释法学派有异曲同工之处。

二、封建法与中世纪宪法

9世纪后,日耳曼法的一个重要变化是封建法的建立。8世纪30年代,为解决兵源问题,法兰克王国宫相查理·马特进行"采邑改革",变无条件封赏土地为有条件封赏。封臣领受采邑要承担义务,包括服兵役的义务、纳税等。最初,采邑只能终身享有,不得世袭。但至9世纪后半期,采邑实际上成为世袭地,并可再次分封给下级封臣。到10世纪,封建体制已遍及欧洲。

封建制的建立,带来的不仅是土地法上的变化,而且也带来了中世纪宪制的变革。正是在领主与封臣的相互关系中,一种早期的以权力制衡为核心的宪制结构开始萌生,并构成中世纪法治观念的来源。具体来说,封建法的这种影响主要来自两方面:一是封建契约关系;二是"法律至上"的观念。

首先,封建法多为领主与封臣在互惠基础上的合意,因此双方存在类似契约的相互关系。封臣权利和领主义务构成了约束统治者的法律规范,使国王与贵族都不得不服从共同的法。当封臣受到领主侵害而又无法获得救济时,封臣甚至可以"撤回效忠",解除封建契约。如果"撤回效忠"仍不能阻止领主的侵害,封建法还允许封臣反抗,强迫领主改正错误。1215年英国《大宪章》的签订,正是建立在封建契约的反抗权基础之上。当然,在实际情况中,国王很少受到实际的

---

① 参见何勤华:《中国法学史》(第二卷),法律出版社2000年版,第45—56页。

图 16.3 《大宪章》抄本

约束,但这种观念的存在本身,确为贵族限制王权提供了法理依据。

其次,封建法也孕育了"法律至上"的观念。法律被认为源于古老的习俗,国王的法令只是对古代习俗的"发现",而非"发明"。既然国王只是法律的执行者,而非创造者,国王的行为就必须符合法律。如果违背法律,国王就不再是国王,而成为暴君;对于暴君,人民拥有反抗的权利。这种"王在法下"的观念,在很大程度上也构成了中世纪法治观念的来源。当然,也必须注意,这种观念并不完全等于现实,其中不乏后世学者的夸大与渲染。事实上,国王究竟能够在多大程度上遵守法律,还是更多取决于真实政治力量的对比。①

较之以上变化,同时期的宋元明时代却呈现出皇权与中央集权不断加强的趋势。由于汲取了唐末以来割据的教训,宋太祖以法律推行中央集权,将军事权、财政权、人事权、司法权统一于中央。同时,中国传统的"相权"也不断被削弱。较之唐朝宰相的"事无不统",宋朝反其道而行之,由中书门下、枢密院与三

---

① 参见孟广林:《"王在法下"的浪漫想象:中世纪英国"法治传统"的再认识》,载《中国社会科学》2014 年第 4 期。

司分理民政、军政、财政，分割原属于宰相的权力，从此相权再无与君权相抗争的地位。① 当然，宋以后相权的衰落，也与科举制和世家贵族在唐后期的衰落有关，而这一趋势也与中世纪欧洲贵族力量的强势背道而驰。

三、教会法的影响

中世纪西方法的另一重要特点是教会法的影响。西罗马帝国虽在5世纪灭亡，但新建立的日耳曼王国却普遍接受了基督教信仰。只是在11世纪之前，基督教的影响力仍然有限，各地教会都在世俗君主的控制之下。但从利奥九世教皇（1049—1054年在位）开始，教会开始谋求更加独立的权威。之后，格里高利七世（1073—1085年在位）启动了更大规模的改革，并导致教权与王权的激烈冲突。

教皇改革的主要措施是确立罗马教皇的至上地位、禁止教士结婚和垄断主教任命权。其中，对主教任命权的争夺侵害了属于世俗君主的权力，导致了神圣罗马帝国皇帝亨利四世与教皇的激烈冲突。这一事件导致亨利四世被革除教籍，并引发了诸侯反叛的连锁反应。最终，战败的亨利四世不得不在1077年前往卡诺莎城堡祈求教皇的原谅。此后，教权与王权的斗争不断，直至1122年《沃尔姆斯宗教协定》，双方就主教任命权达成妥协，并接受彼此共同承认的法律。

教权与王权的二元对立格局，对中世纪的宪制结构亦产生深远影响。一方面，教皇试图在教会史的记载中寻求法律依据，以支持教皇高于世俗社会的主张。另一方面，世俗君主也着手查找经典，以反对教皇的篡权。这一过程客观上促进了教会法学的繁荣；同时，由于双方的力量势均力敌，都不愿服从对方的意志，而不得不转而寻求双方共同接受的法律。"两种权力只有通过对法治（rule of law）的共同承认，承认法律高于它们两者，才得以和平共处。"②

除此之外，教会法的影响几乎贯穿所有的部门法领域。在婚姻法方面，教会法确立了自主合意与一夫一妻制的原则，对现代婚姻法的塑造具有重要影响。在财产法方面，教会法在占有取得、土地信托等方面都有重要贡献。在刑法领域，教会法坚持上帝前人人平等，因此法庭面前也同样人人平等，从而确立了刑法的平等适用原则。在诉讼法方面，教会法废除了日耳曼法中的神明裁判，创造了纠问式诉讼程序，深刻影响了欧洲大陆的诉讼模式的选择。

较之西方法，中国古代法律受到宗教法的影响很小。中国自西周时代以来，

---

① 参见吴宗国主编：《中国古代官僚政治制度研究》，北京大学出版社2004年版，第222—226页。
② 夏勇：《法治是什么——渊源、规诫与价值》，载《中国社会科学》1999年第4期。

神明裁判既已绝迹,刑讯与口供成为中国古代审判方式的主流。当然,中国传统法律中亦不排除宗教的影响。比如,佛教中的"十恶"观念对唐律中"十恶"的形成有间接影响;佛教中的"业报"观念也对古代法官的执法活动产生某些影响,这使司法实践中的滥施酷刑的现象有所缓解,但一定程度上又有可能导致滥施宽免、法令废弛的消极后果。① 从总体上说,宗教对中国传统法律的影响依然有限,较之基督教对西方法的全方位影响更是相去甚远。

第四节 清至民国时代的西方法(1644—1949)

1644年,清军入关,明朝灭亡。同一年,英国议会军与王党军在马斯顿荒原展开内战中最大规模的战争,议会军大获全胜,并成功扭转战局。清军入关与英议会的胜利,都改变了中国与欧洲的历史走向,也被视作世界近代史的开端。从这一时期开始,西方逐渐走上现代化道路,并开始赶超东方。

本节所涉时段为清至民国的历史。在这一时期,以启蒙运动和英法美革命为先导,西方法发生了深刻变革,法律的现代化渐次展开。相比之下,清代前中期的法律发展相对停滞,再无显著创新。但从晚清开始,在西方的坚船利炮之下,中国也开启了自己的法律现代化进程,并开始大规模移植西方法。至此,中国与西方文明逐渐汇合、交融,碰撞出全新的中国现代法律文明。

一、西方现代宪法的制定

现代宪法的制定是其中最深刻的变革。有如前述,宪法并非只是现代的,在古代世界,雅典民主、罗马共和与中世纪宪制都可被视作前现代的宪法,但这些宪法都存在各自的缺陷,并在实践中遭遇困境。启蒙运动的展开,为现代宪法的诞生提供了一套全新的哲学基础;在英法美革命的推动下,一种以人权保障与权力制衡为核心的新的宪法形态诞生了。

1. 英国宪法

英国是现代宪法的发源地。1640年的英国革命,不仅拉开了世界近代史的序幕,也构成了现代英国宪制的发端。经过内战、共和、复辟与"光荣革命",英国最终确立了议会主权与君主立宪的新宪制。这一新宪制的重要标志就是1689年的《权利法案》与1701年的《王位继承法》。

---

① 参见周东平、姚周霞:《论佛教对中国传统法律中罪观念的影响》,载《学术月刊》2018年第2期;陈义和:《佛教观念对中国古代法律的影响初探》,载《比较法研究》2014年第4期。

1688年光荣革命后,议会邀请荷兰执政威廉与妻子玛丽共同入主英国,但同时也提出《权利法案》,以限制国王的权力。《权利法案》的内容首先是剥夺了诸多本属于国王的特权,比如,未经议会同意,国王不得暂停或中止法律实施、不得征收税款、不得召集和维持常备军、不得设立特别法庭等。另外,《权利法案》还加强了议会的权威,比如,规定臣民有权向国王请愿,议员在议会的自由言论不受议会以外任何机关的讯问等。这些规定实际上将国家的核心权力从国王转移到议会,从而奠定了议会主权与君主立宪制度的基础。

1701年《王位继承法》要解决的问题是天主教徒的王位继承权问题。由于安妮女王无子女可继承王位,导致王位可能重新回到天主教徒的手中,因此,《王位继承法》根据嫡长优先的原则,直接规定了王位的具体顺位,并彻底排除天主教徒继承王位的可能性。此外,该法还规定,非经议会解职,法官品行端正即可终身任职,以保障法官的独立性;还规定凡在王室担任官职者,均不得担任下议院议员,以减少国王对议员的控制。总之,这些规定进一步将君主权力(甚至君主继承顺位本身)置于议会的控制之中,从而进一步确立了君主立宪政体。

由于坚持不成文宪法传统,英国至今没有宪法法典。除宪法性法律外,英国宪法还包括宪法惯例和宪法判例。比如,责任内阁制度就来自汉诺威时代(1714—1901)的一系列宪法惯例。由于汉诺威王朝来自德国,乔治一世因不懂英语而无法主持内阁,许多事务交给时任财务大臣的沃波尔处理,使沃波尔成为事实上的首相;1742年,沃波尔在下议院未能取得多数信任,选择内阁辞职,首创内阁向议会负责的先例。1783年,小威廉·庇特因得不到下议院支持,下令解散下议院重新选举,由此开创解散权的先例。这些重要制度均来自习惯,直至20世纪后才出现于制定法之中。

这一时代的英国宪法也影响到19世纪的中国。鸦片战争后,英国宪法思想进入中国,魏源的《海国图志》、徐继畬的《瀛寰志略》都详细介绍了英国的议会制度。甲午战争后,维新派人士康有为、梁启超、何启、胡礼垣等人也都大量引介英国宪法思想,倡导效仿英国"设议院、立议员、复民权"。1905年,清廷预备立宪,派出五大臣出洋考察宪政,出使英国的戴鸿慈、汪大燮等人编撰著作全面介绍英国宪法文化,宣传议会制度之利君利民,最终推动清廷在1907年相继设立了资政院、谘议局和议事会,构成中国近代宪法的开端。[①]

2. 美国宪法

美国最早开创了成文宪法的先例。1775年北美独立战争爆发后,各州就开

---

① 参见迟云飞:《清末预备立宪研究》,中国社会科学出版社2013年版,第20—41页。

始制定州宪法。1777年,大陆会议又通过《邦联条例》,宣布十三州共同组成"美利坚合众国",建设"牢固的友谊性联盟"。邦联由合众国国会行使宣战、缔约、结盟等权力。但《邦联条例》没有给予国会征税权、关税权以及管理州际贸易等重要权力,也没有建立独立的中央执法机构。严格说来,《邦联条例》并不是一部国家宪法,而只是一部同盟条例,但在当时也可视作宪法的雏形。

图16.4 《邦联条例》正本第一页(现存放于美国国家档案馆)

《邦联条例》的实施效果并不好,合众国在内政外交上都陷于困境。因此,1787年5月,各州在费城召开修订《邦联条例》的会议,但在麦迪逊等人的推动下,与会代表却超越权限,制定了一部新的宪法草案。草案在1787年9月通过,之后交各州批准;至1788年7月,在纽约州批准草案后,参加联邦宪法的州达到11个,宪法正式生效。《美利坚合众国宪法》是世界历史上第一部国家宪法意义上的成文宪法,对于世界各国的立宪运动都产生了深远的影响。

1787年宪法的正文共7个条文,贯彻分权制衡的原则,立法权、行政权、司法权分别属于国会、总统和法院。国会由两院制构成,议员由选举产生,参议院与众议院的任期分别为6年和2年。国会有权制定法律、批准预算、弹劾总统、批准总统对高级官员的任命。总统是国家元首,也是政府首脑,也由选举产生,任期4年。总统可以对参众两院通过的法律行使否决权,但参众两院也可以2/3多数票推翻总统的否决权。联邦法官由总统提名并经参议院同意后任命,可终身任职,并有权对国会立法和总统命令进行司法审查。

除正文外,1787年宪法迄今还有27个修正案,其中最重要的是第1—10条关于公民基本权利的规定,又称《人权法案》。其主要内容包括:国会不得制定限制公民言论、出版、集会、请愿权利的法案;公民的人身、住宅、文件和财产不受无理之搜查和扣押;任何人不得因同一犯罪行为而两次遭受生命或身体的处罚,不得在任何刑事案件中被迫自证其罪;不经正当法律程序,不得被剥夺生命、自由和财产。《人权法案》成为后世各国宪法中有关公民权利条款的重要渊源。

美国宪法也同样直接影响了近代中国的宪法。魏源的《海国图志》中就已出现对美国共和政体的介绍。孙中山更是以美国宪法为蓝本,明确提出"中国革命之目的,系欲建立共和政府,效法美国,除此之外,无论何项政体皆不宜于中国"①。辛亥革命爆发后,独立各省派代表组织联合会,讨论并通过《中华民国临时政府组织大纲》,也旨在效仿美国独立时的13州联合制宪,并引入美国的总统制和三权分立原则。此后,从1912年的《中华民国临时约法》到1946年的《中华民国宪法》,中国近代的历次立宪都在不同程度上模仿与移植了美国宪法的制度与条款。②

3. 法国宪法

美国宪法生效后不到三年,法国也制定了第一部宪法——1791年法国宪法。这部宪法的背景是1789年法国大革命的爆发。该宪法将大革命后颁布的《人权宣言》置于开端,以孟德斯鸠的三权分立为基础,建立了君主立宪制的宪法体制。宪法将立法权授予一院制的国民议会,但国王对议会通过的法案有否决权;行政权被授予国王,任命各部部长之权专属国王,军队亦由国王统帅,但国王只能根据法律治理国家;司法权委托给选举产生的法官行使。在公民权利上,宪法依据财产多少将公民划分为积极公民和消极公民,只有积极公民才有选举权。

1792年8月,君主立宪派统治被推翻,法兰西第一共和国成立。1793年6月,雅各宾派上台执政,通过新的宪法草案,史称"1793年宪法"。该宪法的序言

---

① 《孙中山全集》(第一卷),中华书局1981年版,第563页。
② 参见聂资鲁:《一部宪法与一个时代:〈美国宪法〉在清末民初的传入及对民初中国立宪的影响》,载《政法论坛》2005年第5期。

是罗伯斯庇尔起草的新《人权宣言》，将平等置于人权的首位，并增加了受教育权、社会保障权等保护下层利益的新权利。1793年宪法以卢梭的"人民主权"取代"国民主权"，规定主权的不可分割，反对三权分立，将最高的不可分割的权力赋予立法议会，并规定最高行政机关执行会议从属于立法议会。1793年宪法是法国第一部共和宪法，也是法国大革命时期最激进的民主宪法。

此后，法国的君主制与共和制经历了多次反复，也导致了宪法的频繁废立。直至1870年第三共和国后，共和制度才最终得以稳固，并长期坚持议会制政体。1958年阿尔及利亚危机爆发，戴高乐将军起草新宪法，即法国现行的第五共和国宪法。该宪法确立了以总统为中心的新宪政体制，赋予总统以非常立法权和紧急命令权。同时，宪法削弱了议会权力，对议会的不信任投票施加诸多限制，使得内阁地位得以稳固。此外，宪法还完善了宪法委员会制度，使其成为一种重要的合宪性审查机构。总之，法国现行的1958宪法很大程度上修正了法国传统的议会制政体，形成了独特的半议会制、半总统制政体。

较之英美，法国宪法对中国的影响较小。但从发展历程上看，中法两国的宪法都经历了不断革命的历史，先后诞生了十余部宪法性文件，并且伴随着君主与共和、总统制与内阁制的反复斗争。此外，从宪法文化上看，卢梭的人民主权与孟德斯鸠的三权分立学说，都对中国近代宪法尤其是孙中山的宪法思想产生了深远影响。在《中华民国临时约法》的制定中，为制约袁世凯，引入内阁制来限制总统权力，由国务员副署总统命令，也在一定程度上受到法国议会制宪法的影响。

二、西方民法的现代化历程

在现代宪法生成的同时，这一时期西方法的另一重要变化是私法现代化的启动，其标志是以《法国民法典》和《德国民法典》为代表的法典编纂运动的展开。在此基础上形成的大陆法系和民法文化也深刻影响了整个世界，对于中国近代私法的生成与发展同样产生了深刻而持久的影响。

1.《法国民法典》

1804年《法国民法典》的制定是世界法律史上的大事，也是欧洲整体社会发展进程的产物。文艺复兴所倡导的个人主义与启蒙运动带来的理性主义共同为《法国民法典》奠定了理论基础。1789年法国大革命爆发，推翻了旧制度的统治，亦为《法国民法典》确立民事主体平等提供了政治基础。在拿破仑的领导下，法国结束了政治动荡，开始了"六法"的编纂。1800年，拿破仑任命普雷阿梅纽、波塔利斯、特龙歇、马勒维尔四人组成民法典编纂委员会，完成民法典草案的起草。草案交参事院讨论通过,在 1804 年 3 月正式公布生效。

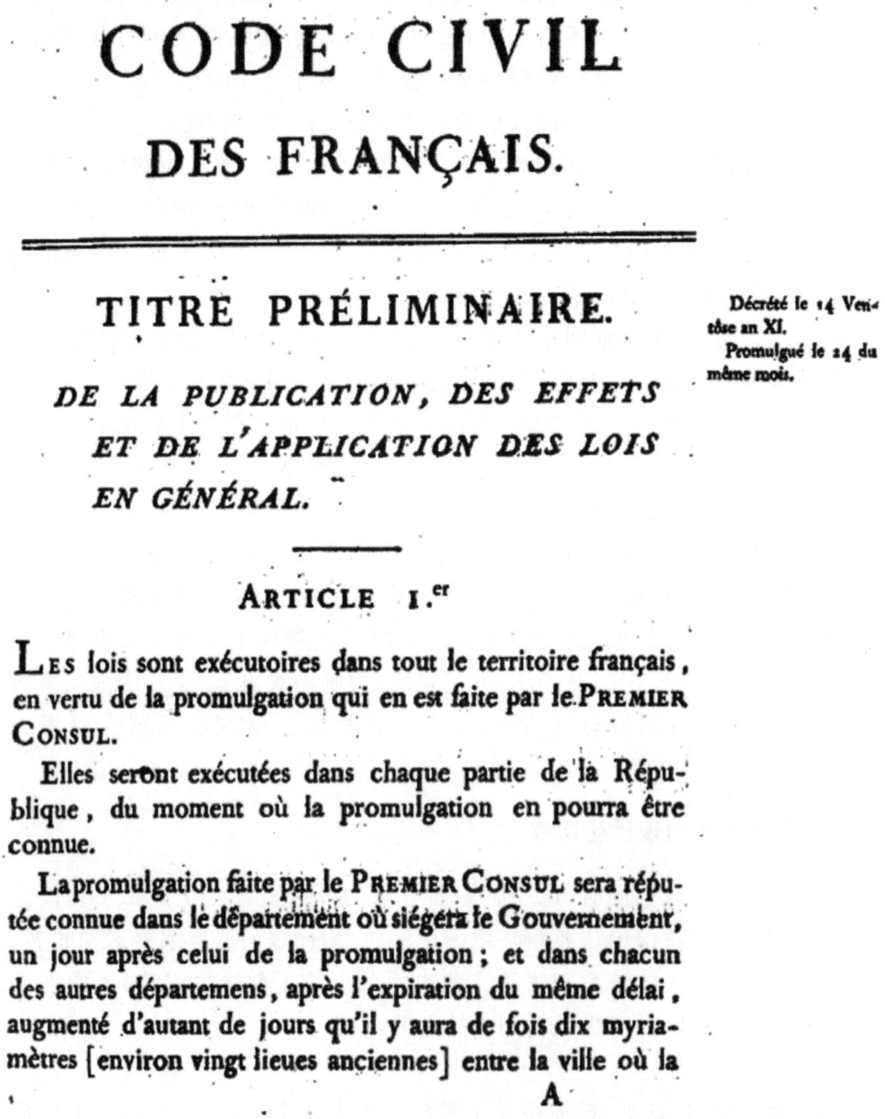

CODE CIVIL DES FRANÇAIS.

TITRE PRÉLIMINAIRE.

DE LA PUBLICATION, DES EFFETS ET DE L'APPLICATION DES LOIS EN GÉNÉRAL.

Décrété le 14 Ventôse an XI.
Promulgué le 24 du même mois.

ARTICLE 1.er

LES lois sont exécutoires dans tout le territoire français, en vertu de la promulgation qui en est faite par le PREMIER CONSUL.

Elles seront exécutées dans chaque partie de la République, du moment où la promulgation en pourra être connue.

La promulgation faite par le PREMIER CONSUL sera réputée connue dans le département où siégera le Gouvernement, un jour après celui de la promulgation; et dans chacun des autres départemens, après l'expiration du même délai, augmenté d'autant de jours qu'il y aura de fois dix myriamètres [environ vingt lieues anciennes] entre la ville où la

A

图 16.5 1804 年《法国民法典》原始版本的第一页

《法国民法典》采罗马法《法学阶梯》的"三编制"体例,由"人""财产以及所有权的变更"和"取得财产的方式"三编构成。该法典是一部典型的自由资本主义时代的民法典,贯彻了体现自由主义精神的近代民法四大基本原则。在民事主体方面,贯彻平等原则,强调所有法国人的民事权利平等。在物权法上,主张财产所有权的无限制,主张所有权人对私有财产的自由使用与处分。在契约法上,贯彻契约自由原则,强调契约在当事人之间具有相当于法律的效力。在侵权法上,坚持过错责任,加害人只对因自身过错致他人损害负担赔偿责任。

《法国民法典》也存在与传统的妥协和折中。比如,在婚姻家庭法领域,法典放弃了革命高潮中的一些激进措施,更多回归传统原则。此外,由于法典的四名起草委员都是来自实务界,因此法典的风格更具实用性,在具体编排上也是使用方便的考虑超过了理论演绎。由于拿破仑的个人影响,法典的语言也力求通俗易懂,形成了言简意赅的文风。随着拿破仑帝国的扩张,《法国民法典》迅速影响到西欧的大部分地区,进而影响到拉丁美洲与亚非诸多地区,最终在此基础上形成了世界性的法律体系——大陆法系。

相较于1804年《法国民法典》,《大清律例》以刑法为主,较少涉及"民法"的内容。但这并不意味着中国传统"民法"的缺失,相反,在明清社会中存在大量有关田土、契约的规范。只不过,这些规范更多来自国家法之外的民间习惯。这种习惯本位的私法,来自中国传统法文化的特质——更多诉诸内在道德所维系的和谐关系,而非外在力量的强制。[①] 在这个意义上,较之于《法国民法典》所体现的自由精神,明清私法或许更彻底地贯彻了"国家最小限度干预"的自由主义原则,也更加尊重当事人的意思自治及其自发规则。就此而言,《法国民法典》与同时代的中国私法亦可谓殊途同归。

2.《德国民法典》

《德国民法典》的制定也是历史长期累积的结果。15世纪后,罗马法复兴运动在德国兴起,并形成理论深厚的"潘德克顿法学",为民法典的制定提供了理论基础。18世纪后,神圣罗马帝国内部各邦也开始编纂民法典,其杰出代表有1756年《巴伐利亚民法典》、1794年《普鲁士普通邦法》和1811年《奥地利普通民法典》。拿破仑战争后,法学家蒂堡出版《论制定一部德意志统一民法典之必要性》,主张以统一民法典来统一德国。蒂堡的观点遭到了历史法学派的萨维尼的反对,引起法学界内部的长期论争,也导致民法典的编纂被大大推迟。

1870年普法战争后,普鲁士完成德国统一,德意志帝国建立,也为民法典制定创造了政治基础。1874年,联邦议会成立法典编纂委员会,公布民法典草案,但因遭到普遍批评而被否决。联邦议会在1890年又另行组织编纂委员会,在普

---

① 参见王帅一:《明月清风——明清时代的人、契约与国家》,社会科学文献出版社2018年版,第121—122页。

朗克的领导下于1895年完成第二部草案。经联邦议会审定后,提交帝国议会讨论,并于1896年通过,1900年1月1日正式生效。《德国民法典》以罗马法《学说汇纂》的体例为基础,采潘德克顿法学的"五编制"体例,由总则、债务关系法、物权法、家庭法、继承法五编构成。

《德国民法典》的制定正值世纪之交,亦是自由资本主义向垄断资本主义过渡的历史时期,因此呈现出新旧交织的时代特征。比如,法典强调私有财产权的保护,但也根据工业化社会的需要,对所有权的行使有所限制。在契约领域,法典肯定了契约自由原则,但也开始由强调个人意志转向社会义务。在侵权责任上,规定过错责任与无过错责任并存,以应对工业社会的到来。在家庭法领域,女性地位有所提高,但仍保留家长制残余。总之,《德国民法典》继承了近代民法的基本原则,但也反映了工业化与垄断资本主义发展对现代民法的深刻影响。

在民法理论与立法技术上,《德国民法典》代表了那个时代的最高水平,并取代《法国民法典》成为世界各国效仿的对象。在欧洲,《德国民法典》成为瑞士、奥地利、希腊等国民法典编纂的基础;在亚洲,日本最初移植法国民法失败,转而学习正在制定中的《德国民法典》草案,并几乎与《德国民法典》同时颁布了《日本民法典》(1898年)。1907年,清政府聘请日本法学家松冈义正起草民律草案,大量参照德国与日本的立法条文,完成《大清民律草案》(1911年),同样采取潘德克顿体例,由总则、债权、物权、亲属和继承五编构成。

在《大清民律草案》中,身份法较多延续中国固有礼教风俗,而财产法则主要继受德国与日本,全面移植了这些法典中关于物权、债权的规定。这一做法固然推进了中国民法的现代化,但由于照章抄录也导致许多条文与中国社会实际相脱节,难以规范中国人的生活世界。此后,北洋政府在制定《中华民国民律草案》时,即着手调查各省民商事习惯,力求将德日民法与中国传统相结合。在此基础上,南京国民政府在制定《中华民国民法》时,同样以德日民法典为蓝本,但亦吸纳"典权"制度等中国传统民法要素,达到了当时世界上较高的立法水平。①

---

① 参见何勤华、李秀清:《外国法与中国法——20世纪中国移植外国法反思》,中国政法大学出版社2003年版,第203—263页。